Medienbildung und Gesellschaft

Band 29

Herausgegeben von
J. Fromme, Magdeburg, Deutschland
W. Marotzki, Magdeburg, Deutschland
N. Meder, Essen, Deutschland
D. M. Meister, Paderborn, Deutschland
U. Sander, Bielefeld, Deutschland

Bianca Meise

Im Spiegel des Sozialen

Zur Konstruktion von Sozialität in
Social Network Sites

 Springer VS

Bianca Meise
Universität Paderborn
Deutschland

Dissertation, Universität Paderborn, Paderborn, 2013

Medienbildung und Gesellschaft
ISBN 978-3-658-06244-6   ISBN 978-3-658-06245-3 (eBook)
DOI 10.1007/978-3-658-06245-3

Die Deutsche Nationalbibliothek verzeichnet diese Publikation in der Deutschen Nationalbi-
bliografie; detaillierte bibliografische Daten sind im Internet über http://dnb.d-nb.de abrufbar.

Springer VS

Gedruckt auf säurefreiem und chlorfrei gebleichtem Papier

Springer Fachmedien Wiesbaden ist Teil der Fachverlagsgruppe Springer Science+Business Media
(www.springer.com)

Inhaltsverzeichnis

Abbildungsverzeichnis

1

Social Network Sites, insbesondere Facebook, sind derzeit wohlbekannte Phänomene und Teil des öffentlichen Diskurses. Ganz anders stellte sich dies noch vor einiger Zeit dar: Im Laufe des Jahres 2006 war an deutschen Hochschulen immer wieder von einer Internet-Plattform namens *studiVZ* die Rede. Dort, so hieß es, könne man eine Webseite zu seiner Person anlegen und mit Freunden und Bekannten kommunizieren. Schon bald wurde viel über *studiVZ*-Gruppen geredet, vom sogenannten ›Gruscheln‹[1] berichtet und darüber, wer was auf seinem Profil einträgt. Im Vergleich zu anderen Plattformen wie *Youtube*[2] oder *MySpace*[3] wurde mit *studiVZ* explizit der Austausch mit dem vorhandenen Freundeskreis in den Vordergrund gerückt. *Facebook* war derweil ein amerikanisches Phänomen. Zu Beginn dieser Forschungsarbeit 2008 wurden also mit dem Begriff *Social Network Sites* in Deutschland vor allem *studiVZ* und im weiteren Verlauf die VZ-Netzwerke verbunden. Es waren vor allem Jugendliche und junge Erwachsene, die diese Seiten nutzten. Die Mitgliederzahlen der Plattformen stiegen stetig. Im Verlaufe des Jahres 2010 zeichneten sich jedoch bereits erste Veränderungserscheinungen ab. So stieg die Zahl derer, die auf *Facebook* als, zumindest in Deutschland, neu angeeignete Plattform, registriert waren.[4] Zum Ende des Jahres

---

1 ›Gruscheln‹ ist eine Wortschöpfung der *studiVZ*-Entwickler und bezeichnet mehr oder weniger ein Konglomerat aus Grüßen und Kuscheln. Siehe dazu: www.studivz.net.

2 Siehe: www.youtube.com.

3 Siehe: www.myspace.com.

4 Siehe dazu ausführlich Kapitel 4 und www.facebook.com.

2010 hatte sich die Lage verändert und *Facebook* hatte sich zur wichtigsten *Social Network Site* für die Nutzer entwickelt.[5] Darüber hinaus ließ sich feststellen, dass dieser Dienst zunehmend nicht nur von Jugendlichen und jungen Erwachsenen genutzt wurde, sondern immer mehr Nutzerschichten hinzu kamen, bis es letztlich den Anschein hatte, dass *Facebook* eine fast lückenlose Abbildung der Gesellschaft, mit privaten Profilen, öffentlichen Institutionen, Prominenten und Firmen darstellte (vgl. Mende et al. 2013). Diese Entwicklung korrespondiert mit einer zunehmenden öffentlichen Relevanz der Netzwerke, die sich anhand der regelmäßigen Berichterstattungen in den Medien nachvollziehen lässt.[6] So sind Datenschutz (vgl. etwa Haupt 2010) und die soziale Relevanz (vgl. etwa Trotier 2013; Seidler 2009) der Netzwerke omnipräsente Themen.

Mit dem starken Zuwachs der Mitgliederzahlen wuchs auch das wissenschaftliche Interesse an diesem Phänomen. Waren es 2009 noch in der überwiegenden Zahl Studien aus dem amerikanischen Raum, die *Facebook, Friendster*[7] und *MySpace*[8] zum Gegenstand hatten, änderte sich dies im weiteren Verlauf (vgl. Boyd, Ellison 2007). Es wurden zunehmend auch Entwicklungen in Europa aufgegriffen. So stellt *studiVZ* ein spezifisch deutschsprachiges Phänomen dar, wohingegen bspw. die Plattform *Hyves*[9] vor allem in den Niederlanden populär war.[10] Zunächst konnte im deutschen Forschungsraum größtenteils auf Überblicksstudien zurückgegriffen werden, wie etwa die regelmäßig herausgegebenen Analysen der *Media Perspektiven*.[11] Hier wurde jedoch zu Beginn nur nach der Nutzung von Online-Communities gefragt (vgl. etwa Gscheidle/Fisch 2007; Trump et al. 2007) und erst später konkrete Bezüge zu *Social Network Sites* wie *studiVZ, Wer-kennt-Wen*[12], *Lokalisten*[13] oder *Facebook* hergestellt (vgl. Busemann et al. 2011). Die erste Studie, die sich in Deutschland mit diesem Phänomen aus-

---

5   Zugunsten der besseren Lesbarkeit werden in der gesamten Forschungsarbeit keine genderspezifischen Formulierungen wie bspw. Nutzerinnen und Nutzer oder NutzerInnen eingesetzt, sondern jeweils neutrale Termini verwendet.

6   Die gesamte Berichterstattung ist hier aufgrund der Publikationsdichte nicht darstellbar.

7   Siehe: www.friendster.com.

8   Siehe: www.myspace.com.

9   Siehe: www.hyves.nl.

10 Siehe dazu ausführlich Kapitel 4.3.

11 Siehe hierzu Zeitschrift Media Perspektiven. Online verfügbar: http://www.mediaperspektiven.de/.

12 Siehe: www.wer-kennt-wen.de.

13 Siehe: www.lokalisten.de.

einandersetzte, fokussierte eine pädagogische Perspektive und stellte die spezifischen Nutzungsgewohnheiten im Social Web insgesamt und den Selbst- und Sozialbezug innerhalb von *Social Network Sites* im Besonderen heraus (vgl. Schmidt et al. 2009). Letzterer konnte angesichts des Gesamtüberblicks, den diese Studie bietet, also bedingt durch die Breite der Forschungsperspektive, nicht im Detail erschlossen werden. Darüber hinaus setzen sich mittlerweile viele Disziplinen mit dem Phänomen *Social Network Sites* mittels unterschiedlicher Perspektiven und Fragestellungen auseinander, so etwa die Informatik, Wirtschaftswissenschaften oder Publizistik (vgl. etwa Kammleitner 2012; Bernecker/ Beilharz 2012; Wanhoff 2011). Zudem gibt es zahlreiche Veröffentlichungen, die sich der Thematik in Zeitschriften, Weblogs und Büchern alltagstheoretisch und belletristisch annehmen (vgl. etwa Koch 2010). Diese Publikationsfülle suggeriert möglicherweise zunächst, dass bereits alle Dimensionen der *Social Network Sites* erschlossen seien, jedoch fehlen bislang, bis auf wenige Ausnahmen, ausführliche monographische Auseinandersetzungen mit der Thematik. Aus dem Bereich der Medienwissenschaft gibt es zwei Arbeiten, die verschiedene Perspektiven und Anknüpfungspunkte einer medienwissenschaftlichen Positionierung verhandeln. Dies ist zum einen eine Studie zu Repräsentationsstrategien auf *studiVZ* (vgl. Prommer et al. 2009) und zum anderen eine theoretische Aufsatzsammlung zum Phänomen *Facebook* (vgl. Leistert/Röhle 2011). Aus der Kommunikationswissenschaft sind besonders die Arbeiten von Interesse für den Forschungsgegenstand, die soziale Sichtweisen thematisieren (vgl. Neumann-Braun 2010, Kneidinger 2010). Entsprechend der beschriebenen Entwicklungsdynamik der Netzwerke verlief die Interviewakquise innerhalb dieser Forschungsarbeit: 2009 berichteten alle Interviewten noch über *studiVZ*. Verweise auf *Facebook* gab es bereits, aber lediglich in der Hinsicht, dass dort ein Profil vorhanden sei, jedoch nicht regelmäßig genutzt würde. Da ab 2010 Facebook zunehmend populärer wurde, zeichnet sich dieser Wandel durch Interviews mit *Facebook*-Nutzern ebenfalls in der Forschung ab.

Ziel der vorliegenden Forschungsarbeit ist es, die Forschungsdesiderate im Hinblick auf die Sozialität[14] innerhalb der Netzwerke zu untersuchen. Eine explizit auf Sozialität fokussierende Perspektive, die sowohl individuelle, soziale sowie mediale Aspekte integrativ berücksichtigt, fehlt bislang. Die Sozialität innerhalb von *Social Network Sites* zu erforschen ist zudem eine äußerst komplexe Thematik, die vielschichtige Perspektiven umfasst und sich nicht singulär bspw. aus den Kommunikationen der Nutzer oder der Anzahl der Freunde erschließen lässt. Vielmehr sind damit Diskurse der Identität, der sozialen Prozesse und der

---

14 Zur Definition von Sozialität siehe Kapitel 2.

Medienumgebung verbunden, die jedoch hinsichtlich der Netzwerke zutiefst miteinander verwoben sind und keine abgeschlossenen Forschungsbereiche darstellen. So ist Sozialität nie ohne Aspekte des Individuums, der sozialen Bezugnahme und, sobald computervermittelte Arten des Austauschs betrachtet werden, auch deren Implikationen zu erforschen.

Forschungsperspektive: Zwischen Theorie und Empirie

Social Network Sites stellen ein interessantes Forschungsphänomen für unterschiedlichste Fachdisziplinen dar, die sich in je spezifischer Weise einen Zugang zum Forschungsgegenstand erarbeiten. In diesem Sinne gibt es diverse Möglichkeiten den Forschungsgegenstand zu konturieren und ein adäquates Forschungsdesign zu entwickeln. Da diese grundlegenden Konzeptionen und Akzentuierungen die Forschungen elementar prägen, wird das diese Arbeit rahmende Forschungsverständnis kurz erläutert. Die Arbeit stellt eine Forschungsvariante zwischen medienpädagogischer qualitativer Sozialforschung und medienwissenschaftlicher Rezeptionsanalyse dar. Mit dieser Positionierung wird zugleich ein Zwischenraum von Forschung artikuliert, der nicht ohne weitere Explikation nachvollzogen werden kann. Die qualitative Sozialforschung legt großen Wert auf Methodologien, Erhebungs- und Auswertungsstrategien, um den Forschungsprozess und die damit verbundenen Ergebnisse valide und nachvollziehbar zu gestalten. Schließlich hat es sich die qualitative Forschung, auch insbesondere die Grounded Theory Methodologie, zur Aufgabe gemacht, neues Wissen zu generieren und nicht nur Hypothesen zu testen, wie dies von quantitativen Forschungen praktiziert wird (vgl. Mey/Mruck 2011, S.13f.). In einschlägigen Handbüchern zur Qualitativen Forschung spielen theoretische Konzepte jenseits der Beschreibung der Ausgangslage indes kaum eine Rolle, oder leiten zu hypothesentestenden Verfahren über (vgl. Flick 2002; Flick et al. 2000). Gleichwohl gibt es viele Beispiele qualitativer Sozialforschung, die sich durch theoretische Konzeptionen auszeichnen (vgl. etwa Schäffer 2003). In den Medienwissenschaften nimmt die Theorie grundsätzlich eine wichtige Funktion ein. Um Medienanalysen vor dem Hintergrund spezifischer Begriffe und Konzepte überhaupt erst systematisch durchführen zu können, bilden Theorien und damit verbundene Konzepte und Termini das Grundgerüst, um die Analysen begründen und fundiert argumentieren zu können. Die Medienanalyse wird jedoch überwiegend auf Medienprodukte bezogen, obwohl durchaus eine Ausdifferenzierung zur Analyse der Rezeption stattgefunden hat (vgl. Hickethier 2010 S. 336ff.). Die vielfältigen empirischen Verfahren und Forschungshaltungen zur Analyse der Medienrezeption werden in der Medienwissenschaft hingegen kaum thematisiert. Diese Ausrichtungen und Schwerpunktsetzungen implizieren ein je unterschiedliches Verständnis für die Relevanz von und den Umgang mit Theorie und Empirie sowie deren Gewichtungen untereinander.

Um diesen Zwischenraum der Forschung methodologisch zu überbrücken, basiert diese Forschungsarbeit auf der Grounded Theory Methodologie, die forschungslogisch eine Reziprozität von Theorie und Empirie verfolgt. Gleichwohl ist mit dieser Arbeitsweise die Erkenntnis verbunden, die grundlegende Problematik der verschiedenen disziplinären Sichtweisen nicht auflösen, sondern lediglich für die Forschungsarbeit explizieren zu können. An den jüngsten, sehr überzeugenden Veröffentlichungen aus der Medienpädagogik, die mit der Grounded Theory Methodologie arbeiteten, lässt sich die Relevanz und die differenzierte Auseinandersetzung mit der empirischen Konzeption ablesen (vgl. Kamin 2013; Aßmann 2013). In diesem Sinne wird im Folgenden zunächst auf die Verwendung der Grounded Theory Methodologie innerhalb dieser Forschung eingegangen und daran anschließend ein kurzer Überblick zur Struktur der Arbeit gegeben.

Mit Rekurs auf die Grounded Theory ist der Prozess der Forschung zutiefst mit den damit verbunden Ergebnissen verwoben. Theorie und Empirie befinden sich während des gesamten Forschungsverlaufs in einem reziproken Verhältnis und beeinflussen sich gegenseitig, so dass die theoretischen Heuristiken kontinuierlich anhand ihrer Tragkraft im Hinblick auf die empirischen Daten gemessen werden. Dieses Verhältnis lässt sich bei Udo Kelle sehr gut nachvollziehen:

»Bei der Formulierung abduktiver Schlussfolgerungen sind Forschende dabei auf theoretisches Vorwissen stets angewiesen. Dieses versorgt sie mit dem notwendigen kategorialen Rahmen für die Interpretation, Beschreibung und Erklärung der empirischen Welt. Wenn ein innovativer Forschungsprozess erfolgreich sein soll, darf dieser Rahmen allerdings nicht als Prokrustesbett dienen, in das empirische Beobachtungen hineingezwungen werden. Stattdessen muss es möglich sein, den theoretischen Rahmen, der die empirischen Untersuchungen anleitet, auf der Basis empirischen Materials zu modifizieren und umzugestalten« (Kelle 2011, S. 249).

Dementsprechend sind Theorien innerhalb des Forschungsprozesses permanent auf der Basis der empirischen Daten zu prüfen und zu hinterfragen, bis sie letztlich, bei entsprechender Erklärungskraft einbezogen werden. In diesem Sinne wurden während dieser Forschung auch theoretische Konzepte aufgrund mangelnder empirischer Relevanz wieder ausgeschlossen. Da die Auswertung mittels des Codierens jedoch verschiedene Phasen durchläuft und auf jeder Stufe sukzessiv tiefergehende Erkenntnisse ermöglicht, kann es ebenso vorkommen, das Theorien zunächst innerhalb des offenen Codierens nicht adäquat sind, später aber innerhalb des selektiven oder axialen Codierens relevant werden. Innerhalb dieser Arbeit wurden bspw. Michel Foucaults (1976) Überlegungen zum Panoptismus zunächst im offenen Codieren aufgrund mangelnder empirischer Adäquanz verworfen. Erst später beim selektiven Codieren deutete sich die Relevanz von Öffentlichkeit, aufgrund von Persistenz, Sichtbarkeit und Beobachtung an, die innerhalb des axialen Codierens deutliche Konturen annahm und somit aufgrund der empirischen Evidenz einbezogen werden musste. Dieses Beispiel belegt die Komplexität und Vielschichtigkeit des Auswertungsverfahrens und des Prozesses des ständigen Vergleichens und Prüfens zwischen Theorie und Empirie. Da die Dokumentation des linearen Forschungsprozesses viel zu umfangreich und zudem der Nachvollziehbarkeit nicht förderlich gewesen wäre, sind die Heuristiken als Ergebnis des Forschungsprozesses zu sehen und nicht als zuvor entwickelten Annahmen, die widerspruchsfrei an die empirischen Daten herangetragen wurden. Dies bedeutet im Umkehrschluss jedoch auch, dass die empirischen Daten und die ausgehandelten Heuristiken einen begrenzenden Rahmen der Forschung darstellen. Viele andere Aspekte der Netzwerke, wie bspw. die Überwachungsfunktion der Seitenbetreiber wären sicherlich lohnenswerte Forschungsperspektiven, die aber zugunsten des Fokus auf Nutzungs- und Bedeutungskonstruktionen nicht einbezogen werden konnten. Vielmehr standen die sukzessive und adäquate Verbindung und Aushandlung von empirischen Daten und entsprechend tragfähigen theoretischen Konzepten im Vordergrund, die einen Einblick in die empirisch fundierte Konstruktion von Sozialität innerhalb der Netzwerke seitens der Nutzer ermöglichen.

Struktur und Aufbau der Arbeit

Um eine Orientierung zur Struktur und zum Aufbau der Arbeit anzubieten und somit auch eine gezielte Lesart zu ermöglichen, wird im Folgenden ein kurzer Überblick über die nachfolgenden Kapitel und die verhandelten zentralen Aspekte gegeben.

Da Sozialität sehr unterschiedlich ausgelegt und aufgefasst werden kann, wird in Kapitel 2 die Konzeption und Definition von Sozialität unter soziologischen, individuellen und symbolischen sowie medialen Aspekten entwickelt und somit die grundlegende Forschungsfrage entfaltet. Diese wird weder ausschließlich empirisch noch rein theoretisch behandelt, sondern explizit, mittels der Grounded Theory Methodologie, eine integrative Perspektive zwischen Theorie und Empirie herausgearbeitet. Da das Verhältnis von Theorie und Empirie einen substantiellen Grundpfeiler dieser Forschungsarbeit bildet, wird diese Konzeption bereits in Kapitel 3 mit der forschungsperspektivischen Positionierung der Grounded Theory Methodologie expliziert und auf die Netzwerke übertragen. Im Sinne der Forschungsmethodologie werden hier grundsätzliche Forschungshaltungen thematisiert.

Das vierte Kapitel behandelt die *Social Network Sites* als Gegenstand der Forschung und die bisherigen Erkenntnisse zu diesem Phänomen. Dadurch wird deutlich, dass Sozialität in *Social Network Sites* ein Thema ist, welches bislang wenig oder nur partiell untersucht wurde. Auf der Basis der bisherigen Erkenntnisse zu den Plattformen ist mit dieser Forschungsarbeit jedoch das Ziel verbunden, die Sozialität der Netzwerke zwischen individuellen, sozialen sowie medialen Bezügen nachzuvollziehen. Das theoretische Forschungsfeld und die damit verbundenen Diskurse sind ohne ein Verständnis des empirischen Zugangs nicht vollständig, so dass auch dieser einer eingehenden Betrachtung bedarf. Ausgehend von einem Forschungsverständnis der qualitativen Sozialforschung wird im fünften Kapitel ein exploratives Forschungsdesign zugrunde gelegt, um die Bedeutung der *Social Network Sites* zu erschließen. Da die Grounded Theory Methodologie keine Erhebungsstrategie zur Erforschung kultureller Phänomene bereitstellt, wird auf die Forschungsmethodologie des symbolischen Interaktionismus zurückgegriffen, die in der Auslegung von Norman Denzin um die Grundperspektiven der Cultural Studies erweitert wurden (vgl. Denzin 2000). Auf dieser Basis wurden 14 qualitative leitfadengestützte Interviews zur Bedeutung von *Social Network Sites* geführt, wovon 13 in die Auswertung eingingen.[15] Die Auswertungsmethode der Grounded Theory des Codierens nach Przyborski und Wohlrab-Sahr bietet dabei die allgemeinste Methode der Bearbeitung des qualitativen Datenmaterials an, die es erlaubt, die theoretischen Heuristiken mit den qualitativen Daten ohne eine Festlegung auf eine konkrete Auswertungsschablone zu verbinden (vgl. Przyborski/Wohlrab-Sahr 2009, S. 204ff.). Damit wird ein Auswertungsverfahren ermöglicht, das dem Forschungsgegenstand angemessen ist (vgl. Flick et al 2007, S. 22f.).

Die Identifizierung und Verwendung der dazugehörigen Heuristiken[16], wie *Selbstthematisierung, soziale Zugehörigkeit* und *mediale Umgebung*, bilden den Rahmen dieser Forschungsarbeit, um die Fragestellung zu konturieren und die Explikation des theoretischen Rahmens offenzulegen (vgl. Kelle 2007, S. 48). Diese Heuristiken wurden während des gesamten Forschungsprozesses immer

---

15 Das konkrete Forschungsdesign sowie Erhebungs- und Auswertungsverfahren finden sich in Kapitel 5.

16 Die Heuristiken sind die theoretischen Konzepte und Theorien, die der Analyse des empirischen Materials dienen. Diese werden nicht einfach an die Daten herangetragen, sondern müssen ihre Tragfähigkeit im Prozess des ständigen Vergleichens und Codierens am empirischen Material beweisen. Vgl. hierzu Kelle 2007, S. 48.

wieder auf ihre Tragfähigkeit im Hinblick auf das empirische Material überprüft, so dass einige Konzepte innerhalb dieses Prozesses verworfen wurden und die dargelegten Heuristiken ausschließlich als Ergebnis und nicht als Ausgangspunkt der Forschung zu verstehen sind.

Die drei Grundperspektiven *mediale Bezüge, soziale Aushandlungsprozesse* und *Selbstthematisierung* sind miteinander verwoben und bilden insgesamt die Ausdifferenzierung der Forschungsfrage nach der Sozialität in *Social Network Sites* ab. Sie können grundsätzlich nicht gänzlich voneinander getrennt analysiert werden. Dennoch ist es für die Forschungslogik sinnvoll, die verschiedenen Perspektiven zunächst in ihrer Komplexität darzustellen, um die Teildimensionen der Sozialität erschließen zu können. In diesem Sinne beginnt das sechste Kapitel mit einer Einführung in (post-) moderne Identitätsproblematiken, welche die Basis für *Selbstthematisierungen* bilden. *Selbstthematisierungen* ihrerseits bestehen aus speziellen Selbstbeschreibungen, also verschiedenen Ausdruckselementen. Die Heuristik dient dazu einen analytischen Rahmen zu schaffen, der es ermöglicht, das Datenmaterial hinsichtlich relevanter Elemente der Selbstbeschreibung zu sichten. Durch diese Elemente ist es in einem zweiten Schritt möglich, die Schwerpunkte der Selbstbeschreibung bezüglich Inhalt und Form zu identifizieren und diese abstrakter als *Selbstthematisierungen* zu fassen. *Selbstthematisierungen* verweisen bereits auf die soziale Konstitution des Individuums, die in der folgenden Heuristik des Sozialbezugs vertieft wird. Die Relation zwischen Gesellschaft, Gemeinschaft und Individuum steht hier im Vordergrund und verdeutlicht die komplexen und tiefgreifenden Zugehörigkeitsstrukturen und deren Bedeutungen für das Individuum. Mit dieser Heuristik wird das Datenmaterial auf gesellschaftliche, gemeinschaftliche und grundsätzlich soziale Elemente untersucht. Die abschließende Heuristik *mediale Bezüge* erläutert eingangs die reziproke Beeinflussung von Mensch und Medien, um darauf aufbauend verschiedene medienwissenschaftliche Aspekte herauszustellen. Die Relevanz verbindender medialer Technologien, von Medien als soziale Umgebungen und letztlich Medien als Spiegel, sind hierbei die Schwerpunkte dieser Heuristik. Insgesamt werden dadurch konkrete Beeinflussungsdynamiken zwischen medialer Umgebung und Nutzenden ebenso bearbeitet, wie die Relevanz von Online- und Offline-Kontexten, die Strukturen der Öffentlichkeit und Sichtbarkeit sowie die Auswirkungen der medialen Anordnung auf soziale und individuelle Prozesse.

Die Auswertung der Forschungsergebnisse erfolgt im siebten Kapitel. Dies beginnt mit den Motivationen, Wünschen und Auslösern, welche die Nutzer zur Anmeldung auf einer *Social Network Site* bewegen. Ebenso wird die Entwicklungsdynamik der Nutzung aber auch der Netzwerke insgesamt der Auswertung der Heuristiken vorangestellt, um einen Einstieg in die Analyse zu schaffen. Im Anschluss werden die Ergebnisse der Heuristiken dargestellt. Diese beginnen zunächst jeweils mit ausführlichen deskriptiven Darstellungen der Konzepte aus der Sicht der Nutzer. Schrittweise werden diese Beschreibungen abstrahiert, um die Konzepte zu Kategorien zu verdichten und die Theoriegenese voranzutreiben. Da die Heuristiken sich teilweise überlagern, werden zwar die einzelnen Heuristiken separat gefasst, zugleich aber bereits Bezugslinien zu den anderen Heuristiken aufgegriffen, um der integrativen Perspektive auf Sozialität Rechnung zu tragen.

Ein zusammenfassendes Resümee bildet den Überblick über die bisherigen Forschungsergebnisse im achten Kapitel. Dadurch wird jedoch auch offensichtlich, dass einige Fragen der Sozialität unbeantwortet oder diffus bleiben, wenn sie nicht im Dialog mit weiteren theoretischen Konzeptionen reflektiert werden. Dazu erfolgt eine Diskussion der Ergebnisse mit Bezug auf die in Kapitel 2 entwickelte Forschungsfrage der Sozialität. Dies geschieht im neunten Kapitel, in dem die Bedingungen des Sozialen theoretisch diskutiert und an ihrer empirischen Relevanz gemessen werden, um eine grundlegende und fundierte These der spezifischen Sozialität in *Social Network Sites* zu entwickeln. Diese Vorgehensweise erschließt sich aus dem komplexen Zusammenwirken unterschiedlichster Facetten von Sozialität, wie sie anfangs durch die Heuristiken beschrieben wurden. Diese wiederum führen im Auswertungsteil zu Fragen der Verortung von Sozialität, die ohne Exkurse auf Nähe und Distanz des Sozialen, die Bedeutung von Raummetaphern und ohne die Relevanz sozialer Räume lediglich an der Oberfläche verharren würden. Auf dieser Basis wird im zehnten Kapitel die Zusammenfassung der Sozialität in *Social Network Sites* resümierend dargestellt. Reflexionen des Forschungsprozesses erfolgen in Kapitel 11, in dem das Forschungsdesign sowie die damit verbunden Ergebnisse abschließend diskutiert werden. Letztlich erfolgen im zwölften Kapitel, *Fazit und Ausblick*, eine Betrachtung der wichtigsten Forschungserkenntnisse sowie ein Ausblick auf weitere Forschungsentwicklungen.

Theoretische Konzeption

Sozialität ist ein Terminus der zunächst unproblematisch erscheint, da sicherlich jeder bestimmte Vorstellungen damit verbindet, die jedoch sehr diffus und breitgefächert ausfallen können. Um Sozialität und damit einhergehend den Forschungsfokus dieser Arbeit eindeutig zu klären, ist eine Differenzierung und Definition dieses Begriffs notwendig. Dazu werden nachfolgend verschiedene Konzeptionen von Sozialität diskutiert, um den Forschungsfokus auf Sozialität darzulegen.

Das Internet und insbesondere die neueren Entwicklungen des Social Web bzw. des Web 2.0[17] betrachtet Caja Thimm als Sozialraum (vgl. Thimm 2011). Dazu geht sie zunächst auf die Mediatisierung des Alltags im Sinne von Friedrich Krotz (2007) ein. In Analogie zu Globalisierung oder Individualisierung wird Mediatisierung hier als übergreifender Wandlungsprozess gesehen, der sich auf alle Lebensbereiche auswirkt. Darauf aufbauend beschreibt Thimm wie sich die Internetnutzung von wenigen Rezipienten zu vielen aktiv gestaltenden Nutzern wandelte. Diese Partizipation der Nutzer fasst sie mit Rekurs auf Axel Bruns mit dem Terminus »produsage« (Bruns 2008, S. 2) zusammen. So stellt Thimm die vielfältigen Möglichkeiten des sich entwickelnden Social Web heraus, in dem Chats, Computerspiele, Webseiten sowie *Social Network Sites* vielfältige Optionen der sozialen Teilhabe bereitstellen. Sie attestiert dem Social Web vor allem einen sozialen Charakter und plädiert dementsprechend dafür, das Internet als relevanten sozialen Raum zu sehen (vgl. Thimm 2011, S. 29ff.). Um diesen relevanten sozialen

---

17 Die Termini Social Web und Web 2.0 werden in Kapitel 4.1 ausführlich besprochen.

Raum erfassen zu können, geht sie auf verschiedene Perspektiven ein, die Bedingungen von Zeit, Raum und Ort im Internet skizzieren. So sieht Benke das Internet als Ort ohne Ort (vgl. Benke 2005, S. 5), wohingegen Bahl (1997) für die Sicht einer Bedeutungsverschiebung von Raum und Zeit plädiert, da das Internet es den Nutzern ermöglicht raum- und zeitunabhängig miteinander zu interagieren. Darüber hinaus erläutert Thimm die Verbindung des Lokalen mit dem Medialen und dessen Durchlässigkeit und folgert mit Bezug auf Daniela Ahrens daraus, dass das Internet kein Behälterraum mit eindeutigen Begrenzungen wie Innen und Außen ist (vgl. Thimm 2011, S. 30). Durch kommunikativen Austausch entstehen, so Ahrens, erst offene Ergänzungsräume im Internet. »Das Soziale spielt sich damit nicht nur *im* Raum ab, sondern *kreiert* ihn. Anstelle der Containeridee wird somit die *Entwurfs*idee des Raums virulent« (Ahrens 2001, S. 198, Hervorhebungen im Original). Thimm verweist darauf, dass dieser Raum, obwohl er Kommunikationen vom Ort ablöst, dennoch oftmals mit konkreten geographisch motivierten Metaphern umschrieben wird. Diese sind jedoch nicht Ausdruck der materiellen Beschaffenheit der Vorstellungswelt, sondern stellen einen «Kosmos der sozialen Verortung und Kommunikation« (Niedermeier/Schroer 2004, S. 129) dar. Thimm wirft hier durchaus interessante Anknüpfungspunkte auf. Doch spätestens an dieser Stelle wird offensichtlich, dass die Termini Raum, Ort und Zeit grundsätzlich einer eingehenderen theoretischen Auseinandersetzung bedürfen, um schlüssige Argumentationen aufzubauen. Dabei ist von Interesse, wie sich die Schlüsselwörter ›Zeit, Raum, Ort‹, ›virtuell versus real‹ und letztlich ›Gemeinschaft‹ für die Argumentation ausbilden. Daran wird deutlich, wie wichtig es ist, diese Begriffe zu klären und auszudifferenzieren um nachvollziehbar zu argumentieren, welche Form von Sozialität die Grundlage der Betrachtung bildet. Dies kann, so wird in der vorliegenden Forschungsarbeit argumentiert, aber nur gelingen, indem konkrete Anwendungen des Internet in den Blick genommen und deren spezifische Ausprägungen im Hinblick auf Sozialität erforscht werden. Dazu ist zunächst eine Definition von Sozialität erforderlich, die im Folgenden dargestellt wird.

George Herbert Mead charakterisiert Sozialität als ein allen Arten der gesellschaftlichen Interaktion zugrunde liegendes Bedürfnis (vgl. Mead 1978, S. 273ff.). Als Basis dieses Bedürfnisses argumentiert er zunächst vor einem biologischen Hintergrund mit Triebmotivationen wie Nahrungssicherung und Arterhaltung, die gewisse Formen des Umgangs mit anderen Menschen erfordern. Darüber hinaus verweist er darauf, dass Individuum und Gesellschaft sich gegenseitig bedingen und so jegliches Verhalten auch sozial motiviert ist, da es in einem größeren Rahmen, Gemeinschaft oder Gesellschaft, stattfindet oder zumindest dadurch geprägt ist. Diese Prägungen lassen sich durch Meads Verständnis von

Institutionen fassen. Institutionen sind in diesem Sinne Regeln und Normen, bzw. Handlungsleitungen, die den Umgang miteinander determinieren. Diese stellen also für bestimmte Situationen einen Verhaltenskonsens mit mehr oder weniger ausgeprägten Variationsmöglichkeiten dar, die das Miteinander vorhersehbar gestalten und somit Sicherheit bzw. Vertrauen in der Form der Situation herstellen, die darauf basiert, dass es situationsspezifisch begrenzte Variationsbreiten von erwartbarem Verhalten gibt (vgl. ebd.).

Dieser Verhaltenskonsens wird einerseits entwicklungsbedingt und situationsspezifisch gelernt und andererseits durch Kommunikation vermittelt. In diesem Kontext ermöglicht Kommunikation Sozialität. Jens Jetzkowitz (2010) geht auf die verschiedenen Ausprägungen von Zeichen, wie sie von der Semiotik entwickelt wurden, ein. So unterscheidet die Semiotik ikonische, indexikalische und symbolische Zeichen gemessen an ihrem Grad von Konventionalisierung und abhängigem kulturellen Wissen. In dieser Argumentationslogik lassen sich verschiedene Dimensionen von sozialen Beziehungen klassifizieren, die sich, so Jetzkowitz, auf der individuellen, gemeinschaftlichen oder sprachlichen Ebene manifestieren. Dementsprechend kann jedes Individuum auf Sprache zurückgreifen und sie in den Grenzen der Verständlichkeit für sich selbst anpassen, um dem sprachlichen System einen persönlichen Ausdruck der individuellen Art und Weise hinzuzufügen. Bedeutungsunterstützende Handlungen wie Mimik und Gestik sind ebenso Teil der persönlichen Anwendung des Systems Sprache. Damit bilden System und persönliche Interpretation eine Weiterentwicklung des Zeichensystems. Auf der gemeinschaftlichen Ebene wird eine bestimmte Ausprägung eines Zeichensystems in Differenz zu anderen Zeichensystemen konsensuell genutzt und damit sowohl innere Einheit in der Gemeinschaft als auch Distanz zu anderen Gemeinschaften hergestellt. Die individuellen wie kollektiven Identitäten, die durch Sprachsysteme gebildet werden, üben ihrerseits Einfluss auf das Sprachsystem aus, indem sie es durch praktizierte Kommunikation diversifizieren und weiterentwickeln. Dieses dynamische Prinzip kommt bspw. in Veränderungen von Wortbedeutungen zum Ausdruck, sowie im Verschwinden von Worten oder Symbolen, die in manchen Gemeinschaften oder Gesellschaften keinerlei Relevanz mehr besitzen. Dabei gilt es jedoch zu beachten, dass diese Zeichen nicht gänzlich verschwinden, sondern in kulturellen Artefakten weiterhin konserviert werden. Jetzkowitz benutzt in diesem Zusammenhang das reziproke Verhältnis von Vergegenständlichung und Verselbständigung von Zeichensystemen, um ihr kulturstiftendes Potenzial zu unterstreichen. Dadurch, dass die Möglichkeit besteht, Symbole zu vergegenständlichen, können sie durch Speichermedien überindividuell konserviert und tradiert werden. Die Bedeutungen der Worte können aber nicht durch ein schlichtes Auswendiglernen ergründet werden, sondern erschließen sich erst in sozialen Situationen. In diesem Sinne erlernen Menschen im sozialen Kontext, auf Zeichen zurückzugreifen, die für die kulturelle Bezugsgruppe verständlich sind. In dieser Konstellation finden sowohl die Gemeinschaft als auch das Individuum und die Sprache ihre bedeutungsstiftenden Relevanzen (vgl. ebd., S. 262ff.).

Den umgekehrten Weg geht Friedrich Krotz (2010), indem er von der Perspektive des Menschen als Symbolwesen ausgeht.[18] In diesem Sinne ist der Mensch, sein Denken und seine Sozialität, symbolisch geprägt. Gesellschaft und Individuum sind somit nicht nur grundsätzlich aufeinander verwiesen, sondern explizit durch Kommunikationsmuster, die in täglicher Praxis aktualisiert und tradiert werden, miteinander verwoben. Ohne symbolische Aushandlungsprozesse ist weder der Mensch als Symbolwesen noch die dazugehörige Gesellschaft zu erfassen. Individuum und Gesellschaft werden somit symbolisch geprägt und beeinflussen das Symbolsystem und die entsprechenden Kommunikationsmuster ihrerseits (vgl. ebd., S. 92ff.).

Da die vorangegangenen Perspektiven allgemeiner Natur sind, lässt sich mit Rekurs auf Michael Paetau eine konkrete Argumentation von Sozialität im Cyberspace erschließen (vgl. Paetau 1997). Paetau interessiert sich dafür, wie Sozialität in virtuellen Umgebungen entstehen kann. Dazu geht er zunächst auf den soziologischen Diskurs zur Verortung des Sozialen ein. In diesem Sinne wird und wurde das Soziale an geographische Orte gebunden und konnte sich nur dort vollziehen. So entsteht Gemeinschaft nach Tönnies (1963) nicht nur durch Bluts- und Geistesbindung sondern eben auch durch die Ortsbindung.[19] Bei Georg Simmel (1908) wird Sozialität im Zusammenhang von Ort und sozialer Interaktionen begründet. Sozialität entsteht in diesem Sinne dann, wenn der physische Ort von Interaktionen erfüllt ist.[20] Demgegenüber argumentiert Paetau mit Anthony Giddens, der die »Konsequenzen der Moderne« (Giddens 2010) vor allem in veränderten Bedingungen von Zeit und Raum charakterisiert sieht. So konstatiert er eine Trennung von Ort und Raum, wobei die Relevanz des Raums zunimmt. Dies resultiert daraus, dass Soziales immer stärker von weit entfernten Orten (physische Abwesenheit) beeinflusst wird. Damit zeigt sich, dass Ablösungsprozesse des Sozialen von auf physischer Anwesenheit basierenden Interaktionen stattfinden. Auf dieser Basis äußert Paetau Bedenken über die tatsächliche Relevanz geographischer Bindungen, da auf physischer Anwesenheit basierende Kommunikation keinesfalls Zugehörigkeit garantiert (vgl. Paetau

---

18 Die konkrete Argumentation in Kapitel 6.4: Mensch und Medien.

19 Eine ausführlichere Auseinandersetzung mit Tönnies erfolgt in Kapitel 6.2.2.

20 Auf diese Theorie wird in Kapitel 9 konkreter Bezug genommen.

1997, S. 106f.). Umgekehrt beschreibt er die Entwicklung von Medien und deren gesellschaftlicher Aneignung nicht als desozialisierenden Prozess. Wie er am Beispiel des Mediums Geld verdeutlicht, stellt dieses in einem ersten Schritt die Eliminierung persönlicher sozialer Geschäftsbeziehungen dar, da es Vertrauen durch generalisierte Werte ersetzt. Im zweiten Schritt jedoch werden durch diese Generalisierung vielfältige soziale Austauschprozesse ermöglicht, indem auf unterschiedlichen globalen Märkten mit unterschiedlichsten Produkten gehandelt werden kann. Diesen Mechanismus spricht er auch medienvermittelter Kommunikation zu, so dass diese auf Abwesenheit basierende Interaktion möglicherweise neue Formen sozialer Einbindungen evoziert (vgl. ebd.).

Die explizierten Annahmen konstatieren also, dass Menschen grundlegend sozial verwiesene Wesen sind. Nach Mead sind Individuen immer sozial geprägt, da sie sich immer in mehr oder weniger ausgeprägten sozialen Strukturen bewegen. Diese wiederum werden durch Regeln und Normen, Meads sogenannte Institutionen zusammengehalten, innerhalb derer bestimmte Verhaltenskonsense konstitutiv wirken. Jetzkowitz und Krotz fokussieren, in je spezifischer Argumentation, Verhalten auf Kommunikation und somit auf die symbolische Prägung des Sozialen. Paetau wiederum legt besonderen Wert auf die Bedingungen von Sozialität, wenn Kommunikation medial vermittelt stattfindet. Sozialität wird dementsprechend durch das Individuum, dessen Zugehörigkeit und Interaktionsprozessen konstruiert.

Mit diesen Bezugslinien von Sozialität ist es möglich und für diese Forschung zudem sinnvoll, die verschiedenen relevanten Ebenen von Individuum, Gesellschaft und Gemeinschaft sowie das Symbolsystem und dessen sozialer Verortung zu betrachten. So besteht die Substanz von *Social Network Sites* grundlegend aus eben diesen drei Elementen. Hierbei nehmen das Symbolsystem und die Kommunikationsmuster eine entscheidende Vermittlungsfunktion ein, um die drei Ebenen in einem Kontext zu denken. Die konkrete Argumentation der drei Ebenen bezogen auf das Phänomen *Social Network Sites* erfolgt im Kapitel 6 mit den drei zentralen Heuristiken. Die Analyse der Begriffe Raum und Ort im Kontext der Sozialität kann jedoch erst nach Auswertung der Heuristiken im Kapitel 9 erfolgen, da diese eine abstraktere Sicht auf das Phänomen und die grundsätzlichen Aushandlungsprozesse in *Social Network Sites* erfordert. Im Anschluss werden zunächst in Kapitel 3 grundsätzliche Überlegungen und die dazugehörigen theoretischen Bezüge verdeutlicht, die diese Forschungsarbeit durchgehend begleiten.

Die Grounded Theory kennzeichnet diese Arbeit nicht nur als Auswertungsmethode, sondern auch als übergeordnetes Forschungsparadigma. Im Sinne der Forschungslogik nimmt die Grounded Theory Methodologie in der Empirie eine besondere Rolle ein, da sie den jeweiligen Stellenwert von Theorie und Empirie innerhalb des Forschungsprozesses anerkennt und diese beiden Dimensionen produktiv miteinander verbindet und so die Genese bzw. Weiterentwicklung von empirisch begründeter Theorie unterstützt (vgl. Strauss/Corbin 1996). Die Forschungselemente Theorie und Datenerhebung, sowie deren Analyse stehen in einem ständigen reziproken Verhältnis, beeinflussen sich gegenseitig und tragen durch eine sinnvolle und nachvollziehbare Kombination zu der Entwicklung einer empirisch gestützten Theorie bei. Da die Rolle der Theorie in diesem Zusammenhang einer Explikation bedarf, wird im Folgenden auf Überlegungen von Udo Kelle (2007) und Jörg Strübing (2004) zurückgegriffen. Sowohl Kelle als auch Strübing weisen auf das historisch gewachsene Missverständnis der Grounded Theory als theorielose Forschungspraxis hin (vgl. Kelle 2007, S. 32ff.; vgl. Strübing 2004, S. 49ff.). Dieses Missverständnis resultiert aus der anfänglichen Positionierung der Grounded Theory als Opposition zu den damals vorherrschenden theorieprüfenden Verfahren. Strauss und Glaser wollten mit ihrer Etablierung der Grounded Theory also die empirische Arbeit insofern bereichern, als dass sie den erhobenen Daten eine stärkere Gewichtung zusprachen, um so neue Erkenntnisse zu ermöglichen (vgl. Strauss/Glaser 1967). Diese Erkenntnisse wären mit den theorieprüfenden Verfahren grundsätzlich nicht zu eruieren, da die selektierende Funktion der Theorie, die Sicht auf Forschungsdimensionen versperren, die nicht in dieser Theorie vorkommen (vgl. ebd.).

Was jedoch Strauss und Glaser in der Entwicklungsphase der Grounded Theory so vehement kritisierten, war die damals durch die Naturwissenschaften dominierende Forschungslogik des hypothetiko-deduktiven Ansatzes, der auch von den Sozialwissenschaftlern praktiziert wurde, jedoch oftmals durch Einbezug später aufscheinender Dimensionen aufgeweicht wurde. So wurden quantitative Zusammenhänge hergestellt, die im Untersuchungsdesign nicht angelegt waren und somit die Forschungsergebnisse verzerren konnten (vgl. Kelle 2007, S. 33f.). Dies weist auf die Diversität und Komplexität sozialer Wirklichkeit hin, welche durch die hypothetiko-deduktiven Verfahren nicht erfasst werden können und eines anderen Forschungsverfahrens bedürfen. Von diesem Standpunkt aus entwickelte sich das, was Kelle als das »›induktivistische Selbstmissverständnis‹ der Grounded Theory« (Kelle 2007, S. 34) bezeichnet. Dieses resultiert einerseits aus der mangelnden Stellungnahme von Strauss und Glaser (1967) bei der Entwicklung der Theorie, andererseits aus der Ausdifferenzierung der Grounded Theory in verschiedene Richtungen. Glaser nahm dabei immer mehr die Perspektive der theorielosen Grounded Theory ein, bei der Erkenntnisse aus dem empirischen Datenmaterial emergieren. Im Gegensatz dazu vertritt Strauss zusammen mit Juliet Corbin eine Forschungslinie, die Theorie und Empirie zusammendenkt (vgl. Strauss/Corbin 1996). Doch auch sie spezifizieren ihre Vorstellung von der Operationalisierung des theoretischen Vorwissens, über das selbstverständlich jeder Forscher verfügt und welches seine Forschungsperspektive rahmt, nicht explizit. Es ist jedoch maßgeblich für Wissenschaftler, sich mit dem konzeptionellen Verhältnis zwischen Theorie und Empirie, Deduktion und Induktion auseinanderzusetzen, so dass in dieser Reflexion die eigene Position deutlich und in der Explikation des Forschungsverständnisses die Ergebnisse derselben transparent und somit nachvollziehbar sind. In diesem Zusammenhang plädiert Kelle, in Anlehnung an Glaser und Strauss, für folgendes Verständnis des theoretischen Vorwissens: »*Theoretische Sensibilität bedeutet die Verfügbarkeit brauchbarer heuristischer Konzepte, die die Identifizierung theoretisch relevanter Phänomene im Datenmaterial ermöglichen*« (Kelle 2007, S. 38, Hervorhebung im Original). Damit der Forschungsprozess aber nicht durch Theorie prädeterminiert, also enggeführt wird, sollten die Theorien hinreichend offen sein, um potenziell der Vielgestaltigkeit sozialer Wirklichkeit Rechnung zu tragen und somit alle relevanten Dimensionen der Forschungsperspektive einbeziehen zu können (vgl. ebd.).

An dieser Stelle muss die spezifische Relevanz der Theoriegenese als Resultat der Grounded Theory Methodologie genauer gefasst werden. Für Glaser und Strauss war der Dualismus von quantitativer Forschung als hypothesentestendes Verfahren und qualitativer Forschung, die bestenfalls zur groben Einschätzung des Forschungsfeldes dient, eine zu begrenzende Sichtweise. Aufgrund dessen sprechen sie sich für eine Perspektive aus, in der sich qualitative Forschung von quantitativer Forschung emanzipiert und somit selbstständig ›Substantive Theory‹ oder, wie es in späteren Publikationen hieß, ›Grounded Theory‹ hervorbringen kann. Nun können diese Termini aber sowohl als gegenstandsbezogene als auch als formale Theorie übersetzt werden. Eben diese beiden Grundpfeiler resultieren auch aus dieser Forschung, indem gegenstandsbezogen geforscht und interpretiert wird und diese Ergebnisse in einem ständig dialogischen bzw. iterativen Prozess mit theoretischen Bezugspunkten, den Heuristiken, zu einer Theoriegenese beitragen. So lässt sich der Fokus, der mit der Grounded Theory Methodologie verbunden ist, am ehesten mit dem Begriff »empirisch fundierte Theoriebildung« (Alheit 1999, S. 1) übersetzen.

Social Network Sites als Forschungsgegenstand der Grounded Theory

Um Theorie und Empirie in ein ausbalanciertes und konzeptionelles Verhältnis zu bringen, gilt es, den theoretischen Hintergrund mit dem empirischen Material transparent in Verbindung zu bringen. In diesem Sinne bilden sozialwissenschaftliche Theorien zum gesellschaftlichen Wandel mit deren Auswirkungen auf das Individuum, sowie auf dessen Identitäts- und Sozialitätsverständnis zentrale Heuristiken, die die Sichtung des Datenmaterials rahmten. Grundlegend für diese Theorien ist die veränderte Rolle des Individuums in (post-)modernen Gesellschaften, die sich einerseits in Identitätsproblematiken aber auch in den Beziehungen zu Mitmenschen manifestiert. Da *Social Network Sites* in ihrer oberflächenarchitektonischen Substanz aus eben diesen Ebenen von Identität und Sozialität bestehen, eignen sich diese theoretischen Bezugspunkte insbesondere, um deren Spezifika innerhalb der Netzwerke anhand der tatsächlichen Bedeutungen für die Nutzer zu eruieren. Da die Netzwerke auch einen gewissen technischen Rahmen implizieren, der auf die Nutzung zurückwirkt, wird dieser die Forschungsdimensionen komplettierend einbezogen. Dies geschieht einerseits auf der theoretischen und andererseits auf der empirischen Ebene im Hinblick auf die Möglichkeiten und deren konkrete Ausgestaltung. Die Grounded Theory stützt diese Konzeption, da auch sie, begründet durch ihre Nähe zum symbolischen Interaktionismus, die Existenz von Strukturen anerkennt, die gewisse Handlungen nahelegen, die jedoch von den sozialen Akteuren gemäß ihrer Präferenzen aktiv genutzt oder umgangen und somit gewählt werden (vgl. Denzin 2000). Zudem konstatiert die Grounded Theory Wandlungsprozesse, die sich während der Forschungspraxis ergeben (vgl. Przyborski/Wohlrab-Sahr 2009, S. 194f.). Wie die Forschung von Boyd und Ellison verdeutlicht, unterliegen die

Social Network Sites als kulturelle Phänomene entsprechenden Lebenszyklen, die Veränderungen im Umgang mit der Plattform bewirken können (vgl. Boyd/ Ellison 2007).[21] Diese Veränderungen galt es im Forschungsprozess aufzugreifen und zu verstehen. Den Grundprinzipien der Grounded Theory entsprechend fanden mehrere Erhebungsphasen von 2009 bis 2011 statt. Durch den iterativen Prozess von unterschiedlichen Datenerhebungsphasen, Analyse- und Auswertungsprozessen, sowie die Verbindung und Weiterentwicklung der Theorie wurden verschiedene Phasen der Induktion, Abduktion und Deduktion durchlaufen (vgl. Strübing 2004, S. 47), die die Forschung sukzessive auf die zentralen Kategorien verdichteten und somit zur Theoriegenese beitrugen.

---

21 Siehe dazu ausführlicher Kapitel 4.3 und 4.4.

4

Um sich dem Phänomen *Social Network Sites* als einem Bestandteil des Web 2.0 anzunähern, erfolgt in diesem Kapitel zunächst ein Rekurs auf die Entwicklung des Internet, um so wichtige Innovationszyklen nachzeichnen zu können, unter deren Einfluss sich diese Plattformen überhaupt entwickeln und etablieren konnten. Im Anschluss an diese Rahmung werden *Social Network Sites* gegenüber anderen zentralen Nutzungsdiensten im Web 2.0 dargestellt, um so die Spezifika der Netzwerke auf einer allgemeinen Ebene zu eruieren. Auf dieser Basis ist es im Weiteren möglich, *Social Network Sites* eingehender als genuines Phänomen zu betrachten und durch den bisherigen Stand der Forschung[22] zu konturieren.

4.1 Vom Internet zum Web 2.0

Gegenwärtig wird im Zuge der Diskussion um das Web 2.0 viel über das Internet und dessen Potentiale, wie etwa die Tendenz zur Gemeinschaftsbildung und Selbstdarstellung sowie die vielfältigen Möglichkeiten zur Partizipation, diskutiert. So bietet beispielsweise die Online-Enzyklopädie Wikipedia dem Nutzer die Möglichkeit, selbst als Produzent von Wissen aufzutreten und gemeinsam

---

22 Der Stand der Forschung konzentriert sich auf die Studienlage der Jahre 2009 und 2010, da die vorliegende Studie in diesem Zeitraum entwickelt wurde. Neuere Studien wurden vereinzelt, bei entsprechender Relevanz für die Thematik, im späteren Verlauf aufgenommen.

mit anderen Nutzern an Wissensprojekten zu arbeiten. Durch die Eingabe von Schlagworten in Suchmaschinen ist es möglich, Informationen über Firmen und Produkte, Ton- und Bilddateien, wissenschaftliche Artikel, Reiserouten und vieles mehr zu finden. Innerhalb der Plattformen *studiVZ* und *Facebook* stellen sich Nutzer persönlich dar. Hier lassen sich Informationen wie Fotos, Hobbys, Freunde, besuchte Vorlesungen und Seminare sowie teilweise stündlich aktualisierte Meldungen über derzeitige Aktivitäten einstellen und nachlesen. Es wird deutlich, dass das Internet im Zeitalter des Web 2.0 verschiedene Potentiale birgt. Darunter fallen der Ausbau von Kontakten innerhalb der Communities, Wissensproduktion und Wissensaustausch durch Online-Enzyklopädien, sowie Orientierungshilfen durch Suchmaschinen, die Informationen aus der Datenfülle des Internet filtern.

Im Vergleich zum Internet in den 80er und 90er Jahren haben mit dem Web 2.0 qualitative und quantitative Verschiebungen in Bezug auf Möglichkeiten, Verfügbarkeit und Nutzung des World Wide Web stattgefunden, die einer eingehenden Betrachtung bedürfen. Der Rekurs auf technische Entwicklungsprozesse ist insofern relevant, als dass diese die Basis für den Umgang und das Verständnis innerhalb von *Social Network Sites* darstellen und die Plattformen ein integraler Bestandteil dieser Entwicklung sind. Sherry Turkle (1999) beschreibt das »Lebens im Netz« als einen anonymen oder pseudonymen Raum, in dem die Nutzer verschiedene Identitäten ausprobieren können. Zunächst wurde das Internet nur von wenigen technisch versierten Nutzern frequentiert, die über die technische Hardware und über die Kompetenz verfügten, sich mittels Programmiersprachen zu beteiligen (vgl. Gehrke/Gräßer 2007, S. 12f.). Dies hat sich bis heute mit der Entwicklung zum sogenannten Web 2.0 deutlich gewandelt.

Web 2.0 ist ein diffuser Begriff, der vielfältige Entwicklungen umschreibt und je nach Perspektive unterschiedlich ausgelegt wird. Grob kategorisiert beschreibt diese Wortschöpfung den Ausbau infrastruktureller Rahmenbedingungen (vgl. ebd.), technische Neuerungen (vgl. O'Reilly 2005) und veränderte Nutzungsformen (vgl. Jörissen/Marotzki 2008) des Internet. Diese drei Entwicklungen bedingen einander und sind weder einzeln noch hierarchisch als Zentralentwicklung zum Web 2.0 zu interpretieren, da erst das komplexe Zusammenspiel dieser Faktoren dem Phänomen Web 2.0 eine neue Qualität verleiht.

Zu den infrastrukturellen Rahmenbedingungen zählen vor allem die Verbreitung von Breitbandanschlüssen und geringere Internet-Zugangskosten. Ebenso sind in diesem Zusammenhang schnellere und stabilere Internetleitungen, der Ausbau von Drahtlosnetzwerken, steigende Serverkapazitäten, sinkende Preise für Soft- und Hardware und zunehmende Digitalisierung zu nennen (vgl. Gehrke/ Gräßer 2007). Auf technischer Seite ermöglichte die Entwicklung neuer Browser-

und Programmtechnologien den zeitgleichen Zugriff sehr vieler Nutzer. Darüber hinaus ist das Internet durch bestimmte Implementierungen heute einfacher und komfortabler zu bedienen als früher. Der Technikstandard AJAX beispielsweise lässt das Internet dynamischer und interaktiver werden, da er das partielle Laden von Seiten erlaubt (vgl. ebd., S. 15). Eine weitere zentrale Entwicklung zeigt sich in der Hinwendung zu freier Software. Da bei freier Software viele Entwickler an der Optimierung der Programme arbeiten, werden die Lebenszyklen der Versionen immer kürzer und neue Updates stehen fortlaufend bereit. Zudem werden die Programme immer einfacher, können leichter weiterentwickelt und mit völlig anderen Programmfragmenten rekombiniert werden. Die Software befindet sich ebenso zunehmend nicht ausschließlich auf dem PC, sondern auch verstärkt auf mobilen Endgeräten, mit denen Daten aus dem Internet abgerufen und gesandt werden können. Die Speicherung und Verarbeitung von terminlichen, geographischen und persönlichen Daten entwickelt sich zu einem enormen Wettbewerbsvorteil für die Internet-Firmen (vgl. O'Reilly 2005). Als gutes Beispiel lässt sich der Online-Versandhändler Amazon anführen. Dieser speichert Daten über das Konsumverhalten der Käufer, um daraus Statistiken zu generieren, die als Grundlage für Kaufempfehlungen dienen. Die Kaufinteressenten wiederum greifen häufig auf Bewertungen vorheriger Käufer als Produktinformation zurück (vgl. ebd.).

Mit den technischen und infrastrukturellen Bedingungen haben sich auch die Verwendungsgewohnheiten der Internetnutzer gewandelt. Durch sinkende Verbindungs- und Hardwarekosten sowie der vereinfachten Handhabung der Technik ist das Internet für viele Menschen zum festen Bestandteil ihres alltäglichen Medienhandelns geworden. Kenntnisse über Programmiersprachen sind nicht mehr notwendig, da Inhalte über einfache Content-Management-Systeme eingestellt werden können (vgl. Gehrke/Gräßer 2007, S. 13). Analog dazu stellt die grundlegendste Innovation innerhalb des Web 2.0 die Entwicklung der Nutzer von Konsumenten zu Produzenten von Inhalten dar. Darüber hinaus ist das Internet, wie im Vorangegangenen beschrieben, dynamischer geworden. Diese Neuerungen ermöglichen eine qualitativ bessere Handhabung für die Nutzung: Surfen, Arbeiten und Organisieren gestalten sich nun schnell, einfach und effizient. Um persönliche Kontakte zu pflegen, greifen die Nutzer bspw. auf Online-Communities, E-Mail-Programme oder Instant Messenger zurück. Ebenso zählen Online-Recherchen, Online-Banking, sowie der Kauf, Tausch und die Bewertung von Waren und Dienstleistungen zu typischen Aktivitäten im Internet.[23]

4.2   Abgrenzung zu anderen Web 2.0 Diensten

Auch die Gewohnheiten der Internetnutzer haben sich mit den technischen und infrastrukturellen Bedingungen gewandelt und werden folgend konkreter betrachtet. Es werden die drei zentralen Nutzungsformen, nämlich die Sphäre des Bloggens, der Kollaboration und des Sharings, sowie das Phänomen *Social Network Sites* kurz vorgestellt und abgegrenzt. Diese sind längst nicht so eindeutig voneinander zu separieren wie die Kategorisierung derselben vermuten lässt. Vielmehr muss beachtet werden, dass sich diese Dimensionen gegenseitig beeinflussen, was sich vor allem durch die Überlagerung diverser Nutzungspraktiken und -möglichkeiten verdeutlicht. Dennoch gibt es zentralperspektivische Unterschiede, die so zu einer stärkeren allgemeinen Konturierung von *Social Network Sites* beitragen.

Die Wortschöpfung Weblog leitet sich aus der Verbindung der Worte Web und Logbuch ab (vgl. Schmidt 2006). Die Blogsphere bezeichnet dementsprechend die Gesamtheit aller Blogger. Zu den Besonderheiten von Blogs gehören die regelmäßige Aktualisierung und das ausgeprägte Verweissystem untereinander. Jeder Blogeintrag wird mit einem Zeitstempel oder Permalink versehen und ist somit einzeln adressierbar, woraus die starke Vernetzung resultiert. Eine andere Art der Vernetzung stellen Trackbacks dar. Alle Beiträge, die sich auf einen Blogeintrag beziehen, werden durch Trackbacks unter diesem aufgeführt. Dies ermöglicht es, alle weiteren Kommunikationen, die auf diesen ersten Beitrag rekurrieren, nachzuverfolgen und eventuell auf diese Kommunikationen reagieren zu können. Um direkt auf einen Blogeintrag zu antworten, wurde die Kommentarfunktion entwickelt, die sich jeweils unter jedem Eintrag befindet. Gegenlesen und Kommentieren fungiert in diesem Kontext somit als Partizipations- und Anerkennungsform, die auch zu einer Gemeinschaftsbildung führen kann. So etablieren sich kleinere Gruppen innerhalb der Blogsphere, die sich im ständigen Austausch miteinander befinden (vgl. Jörissen/Marotzki 2008, S. 210ff.). Durch dieses Prinzip der Vernetzung sind Weblogs jenseits des Internets kaum sinnvoll zu gebrauchen, denn die Texte erschließen sich gerade durch die Struktur der Links und Verweise.

---

23 Teile dieses Kapitel wurden bereits veröffentlicht. Vgl.: Meister/Meise 2008 sowie Meister/Meise 2010.

Die vernetzte, interaktive Struktur von Weblogs kann auch als Resultat technischer Besonderheiten gesehen werden, denn sie werden in der Regel mit Hilfe von einfach zu bedienenden Content-Management-Systemen erstellt. Während die ersten Blogger noch gute HTML-Kenntnisse benötigten, braucht ein Blogger heute weder umfassende Kenntnisse einer Auszeichnungssprache noch detaillierte Webdesign-Kenntnisse. Die Programmierung und Gestaltung von Weblogs sind mittlerweile durch Programme von Dienstleistern (Typo3, Frontpage etc.) so stark automatisiert und derart vereinfacht, dass sich das Weblog-Genre auch unter Nutzern ohne Web-Editor-Kenntnissen verbreiten konnte (vgl. Lohmöller 2005; Schmidt 2006; Möller 2005). Inhaltlich stellen sich Blogs sehr differenziert dar, da sich die Bandbreite von persönlichen Blogs bis hin zu thematischen Blogs jeglicher Art erstreckt.

Innerhalb der Sphäre der Kollaboration und des Sharings wird gemeinsam an Projekten gearbeitet und es werden verschiedene Arten von Daten ausgetauscht. Die Anbieter dieser Plattformen fungieren nur noch als Mittler, indem sie die Infrastruktur bereitstellen. Produzenten der Inhalte sind die User selbst (vgl. O'Reilly 2005). Als illustrierendes Beispiel kann an dieser Stelle die Wissensplattform Wikipedia angeführt werden. Auf dieser produzieren die Nutzer das Wissen und handeln untereinander durch Verbesserungen an den Artikeln einen Wissenskonsens aus (vgl. ebd.). Im Rahmen dieser Auseinandersetzungsprozesse können bisherige Wissensbestände und Annahmen erweitert, korrigiert oder konkretisiert werden. Ein typisches Beispiel für Sharing bietet *Youtube*, da die Nutzer hier audio-visuelles Material er- und/oder einstellen.

Die Mitglieder von sozialen Netzwerken stellen sich im Web mit einem persönlichen Profil dar. Die Beschreibung der eigenen Person, die sozialen Kontakte, sowie deren Pflege stehen bei diesen Plattformen im Vordergrund. Auch hier gibt es eine große thematische Bandbreite, die sich von Singlebörsen, über Musik-Communities und Schüler- bzw. Studenten-Netzwerken bis hin zu Plattformen, die einen beruflichen Hintergrund haben, wie *Xing*[24], erstreckt. Durch die Gestaltung der Netzwerke werden meist schon bestimmte Normen und Regeln impliziert. So werden die Kontaktaufnahme (standardisierte oder individuell zu produzierende Kontaktanfragen), Zugang (Name, Avatar, Homepage), Gratifikationen und Sanktionen (Meldung bei Verstößen) durch diese Gestaltungselemente festgelegt (vgl. Jörissen/Marotzki 2008). Darüber hinaus kann der Nutzer zumindest teilweise darüber entscheiden, welche Informationen er bestimmten Usern oder Usergruppen zugänglich macht. Zudem zeigen sich auf dieser Ebene verstärkt auch die Auswirkungen der technologischen Innovationen

---

24 Vgl.: www.xing.com.

zu vereinfachten Programmen bzw. Programmteilen, die leicht kombiniert werden können. So nutzen mittlerweile verschiedene Plattformen die Implementierung von Teilen anderer Plattformen, um ihre Oberfläche für die Nutzer attraktiver zu gestalten und Zusatznutzen anzubieten. Solche Entwicklungen zeigen sich beispielsweise bei *Youtube*, wo durch entsprechende Implementierungen Videos sofort zum *MySpace-* oder *Facebook*-Account hinzugefügt werden können. Damit findet ein Ablösungsprozess der Inhalte statt, indem diese in beliebige Plattformen eingebunden werden können und nicht nur innerhalb einer geschlossenen Community verfügbar sind. Wie diese kurze Darstellung zeigt, findet Vernetzung sowohl innerhalb der Sphäre von Kollaboration und Sharing als auch des Bloggens statt. Dennoch besitzt die Vernetzung innerhalb der *Social Network Sites* eine ausgeprägtere Relevanz, da diese Netzwerke konstitutiv auf die Verbindung der Nutzer angewiesen ist, um ihre spezifische Charakteristik auszubilden. Umgekehrt ist innerhalb der Plattformen der Austausch von medialen Inhalten im Sinne der Kollaboration und des Sharings ebenso möglich. Dies stellt jedoch nicht den zentralen Aspekt der Kommunikation dar, da diese über viele verschiedene Optionen wie dem implementierten Chat, Posts, Nachrichten etc. verlaufen kann, die diese medialen Versatzstücke beinhalten können, aber nicht müssen. Letztlich existiert noch eine gewisse Nähe zu den Weblogs durch die Profilseite der Nutzer. Diese ist jedoch eher allgemein gehalten und weniger auf aktuelle Beiträge ausgerichtet, wie in Weblogs, in denen die Verbindungen zu anderen Nutzern vor allem über die Kommentierung resultiert. Im Anschluss an diese eher ex negativo erschlossene Annäherung an die *Social Network Sites* erfolgt eine erste Definition, die sich durch den Stand der Forschung erschließt.

4.3   Konkretion *Social Network Sites*

Social Network Sites können aus verschiedenen Perspektiven betrachtet und dementsprechend beschrieben werden. Zunächst bestehen *Social Network Sites* aus einem Konglomerat verschiedenster technischer Dienste, die auch innerhalb anderer Internetangebote offeriert werden. Die Anordnung und Gestaltung der einzelnen Social Network-Dienste stellen die Oberflächenarchitektur dar, die bestimmte Plattformelemente hervorhebt. Zur Weiterentwicklung und Prägung der Plattformen tragen auch die Nutzer mit ihren Gewohnheiten, Präferenzen und Ausdrucksmöglichkeiten bei.

    Social Network Sites bestehen aus den Profilseiten ihrer Nutzer. Diese beinhalten zumeist mehr oder weniger explizite Steckbrief-Angaben zum Profilinhaber, wie Name, Wohnort, Geburtsdatum, Hobbies und Interessen, Geburtsort und Ähnliches. Ergänzt wird jedes Profil durch ein Foto, auf dem der Profilinhaber zu sehen ist oder aber ein entsprechender Avatar. Sobald das Profil erstellt ist, können Profile von Freunden, Bekannten etc. gesucht und über eine Kontaktanfrage, die zumeist vom Adressaten verifiziert werden muss, eine Verbindung hergestellt werden. Die verbundenen Kontakte werden innerhalb des Profils als Freundesliste dokumentiert. Auf dieser Basis bieten die Netzwerke verschiedene Kommunikationsmöglichkeiten. So können alle Kontakte durch Statusmeldungen über aktuelle Aktivitäten, Neuigkeiten, informiert werden. Dies geschieht bei *studiVZ* über den *Buschfunk*, bei *Facebook* über die *Neuigkeiten*. Wie in einem Blog erhält der Profilinhaber, nach Aktualität sortiert, Meldungen bzw. Nachrichten seiner Kontakte. Grundsätzlich beinhaltet jedes Netzwerk die Möglichkeit, E-Mails zu senden und mit Kontakten über einen Instant Messenger zu chatten. Zudem können Fotoalben eingerichtet und mit hochgeladenen Fotos versehen werden. Über die Gründung bzw. Zuordnung zu Gruppen können auch dort Kommunikationen mitgelesen und mitgestaltet werden. In diesem Rahmen sind viele verschiedene Kommunikationsformen zu finden, die den Adressatenkreis festlegen. Selbstverständlich stellt das Profil an sich mit seinen verbundenen Kontakten, persönlichen Einträgen, Pinnwänden, Gruppenmitgliedschaften, Fotos und Verlinkungen eine Kommunikationsform dar, die, wenn nicht vollständig abgeschlossen, an das gesamte Plattformnetzwerk gerichtet ist. Die Anordnung der verschiedenen Inhalte und Dienste ist ebenso prägend für ein Netzwerk. So sind bei *Facebook* und *studiVZ* die neusten Meldungen der Kontakte sehr exponiert positioniert. Dies lässt sie, besonders deutlich bei *Facebook*, zu einem Fokus des Netzwerkes werden.

Social Network Sites sind so gesehen Internetplattformen, die es den Nutzern ermöglichen, persönliche Profile anzulegen, um dort in einem öffentlichen bis eingeschränkt öffentlichen Rahmen Kontakt zu Freunden aufzunehmen, zu pflegen und anderen Nutzern die eigenen sozialen Kontakte zu zeigen. Die Profilangaben, die individuelle Gestaltung und der Modus der Kontaktaufnahme variieren von Plattform zu Plattform erheblich (vgl. Boyd/Ellison 2007). Die Netzwerke lassen sich, je nach Ausrichtung, in interessen-orientierte (*Dogster, Care2* etc.), personenorientierte (*Facebook, Lokalisten, studiVZ*) und jenen Plattformen kategorisieren, bei denen der Austausch medialer Produkte im Vordergrund steht (*Youtube, Lastfm* etc.). Die Nutzung wird bereits durch diese Klassifikation vorstrukturiert. Je nach Ausrichtung des Netzwerks stellt sich das Mitglied dementsprechend entweder hauptsächlich über seine Interessen und Medien oder aber durch Selbstbeschreibung und Freundeslisten dar. Diese erste Differenzierung der Plattformen markiert so grundlegend andere Strategien der (Re-) Präsentation. Zu den zentralen Merkmalen dieser Webseiten zählen im Unterschied zum Face-to-Face Kontakt die Dauerhaftigkeit durch die Speicherung im Internet, die Such- und Sichtbarkeit der Profile, die Kopierbarkeit[25] und das (un-)sichtbare Publikum (vgl. ebd.).[26]

Bisher steht die Forschung zu digitalen sozialen Netzwerken, vor allem im deutschsprachigen Raum, noch am Anfang, was sich in der Mehrzahl der Überblicksstudien zu dieser Thematik manifestiert. In einigen Forschungen (vgl. Gscheidle/Fisch 2007; Trump et al. 2007) werden im Zusammenhang mit den Nutzungsgewohnheiten im Web 2.0 am Rande auch *Social Network Sites* thematisiert. In diesem Kontext wird verdeutlicht, dass diese Dienste sehr bekannt sind und auch in Anspruch genommen werden. Die Forschungsreihe Media Perspektiven erfragte 2008 auch Partizipationsmotivationen innerhalb von Online-Communities. Etwa 41% der Jugendlichen nutzen demnach täglich Soziale Netzwerke. Als Nutzungsmotive heben die Jugendlichen hervor, dass sie gerne Profile anschauen, die einfache Kontaktaufnahme schätzen, sowie die geringere kommunikative Hemmschwelle (vgl. Feierabend/Kutteroff 2008). Allerdings werden Online-Communities als allgemeines Phänomen betrachtet und nicht zwischen Personen-zentrierten und Interessen-orientierten Plattformen differenziert. Eine Studie von Liu (2006) vollzieht eine statistische Analyse zum Zusammenhang von Profilinhalten und demographischen Datenmaterial. Im Rahmen einer qualitativen Vorstudie wurde dafür eine Nutzertypologie erstellt. Demnach gibt es vier verschiedene Nutzertypen auf der Plattform *MySpace*, die sich anhand des Abweichungsgrades zu anderen Nutzern in Prestigeorientiere, Differenzierungsorientierte, Authentizitätsorientierte und theatralische Persönlichkeiten kategorisieren lassen (vgl. ebd.). Auch diese Forschung hebt eher auf die alleinige Evidenz der Profildaten ab, als nach den spezifischen Charakteristiken der Nutzer der Plattformen zu fragen. Dies wäre aber umso wichtiger, um einen fundierten Einblick in die Bedeutungsstruktur zu erhalten, welche die Nutzer den Netzwerken zuschreiben. Nur so kann die Relevanz und Besonderheit dieser Art der Selbstrepräsentation und Sozialität und deren Auswirkungen auf das Alltagsleben erschlossen und nachvollzogen werden.

Innerhalb der Netzwerke werden keine fremden Kontakte gesucht, sondern Freundschaften nach Offline-Verbindungen geknüpft sowie bestehende Kontakte intensiviert und bekräftigt bzw. öffentlich legitimiert (vgl. Ellison et al. 2007; vgl. Lampe et al. 2007). Der Umgang der Nutzer mit ihren privaten Daten und ihren Privatsphäre-Einstellungen war das Forschungsinteresse von Barnes (2006). Sie

---

25 Hierbei gibt es keinen Unterschied zwischen Original und Kopie.

26 Teile dieser Argumentation wurden bereits veröffentlicht. Vgl. hierzu: Meister/Meise 2009 sowie Meise/Meister 2011.

konstatiert in ihrer Studie, dass sich Jugendliche der Öffentlichkeit innerhalb der Communities häufig nicht bewusst sind. Nach Dwyer, Hiltz und Passerini (2007) geben Mitglieder einer Plattform umso mehr private Daten preis, je mehr Vertrauen sie in die Plattform haben. Unklar bleibt bei diesen Untersuchungen, welche emotionale Wirkung die Suggestion einer beständigen Gemeinschaft in diesem Zusammenhang auf die Nutzer ausübt und wie die Nutzer dies bewerten. Erkenntnisse über den Austausch und die Freundschaftspflege wurde durch die Analyse privater Nachrichten auf *Facebook* gewonnen (Golder et al. 2007). Wie sich die persönlichen Netzwerke der Nutzer entwickeln und welche strukturellen Merkmale diese aufweisen wird in Studien zur Netzwerksvisualisierung thematisiert (vgl. Adamic et al. 2003, Heer/Boyd 2005; Paolillo/Wright 2006).

Aktuelle Untersuchungen von Nutzern deutschsprachiger sozialer Netzwerke unterstreichen mehr implizit als explizit die Relevanz der partizipativen Identität, indem die Gruppenzugehörigkeiten von den Nutzern als besser geeignet eingeschätzt werden, um sich selbst zu beschreiben, als die individuelle Selbstbeschreibung. Ebenso weist die Präferenz der Mitglieder zum Einstellen von Fotos mit sozialem Kontext auf die soziale (Re-) Präsentation des Individuums bzw. die individuelle Demonstration von Sozialität hin. Ein ambivalentes Verhältnis von Individuum und Kollektiv resultiert aus dem Ergebnis, dass die große Mehrheit der Mitglieder ein authentisches Bild von sich vermitteln will und gleichzeitig den ästhetischen Anspruch der Fotos hervorhebt, wobei sie im Gegensatz dazu den Profilen anderer Mitglieder misstraut und diese als unwahr einschätzt (vgl. Prommer et al. 2009). Schmidt, Paus-Hasebrink et al. folgern durch ihre Forschungsergebnisse, dass innerhalb sozialer Netzwerke (hier am Beispiel von *SchülerVZ*) Identitätsmanagement und Beziehungsmanagement aufs engste miteinander verknüpft sind (vgl. Schmidt et al. 2009). So bieten diese Plattformen auf der einen Seite Informationen über die Normen und Relevanzsysteme der Bezugsgruppe sowie eine stetige Auseinandersetzung bzw. Fixierung sozialer Beziehungen. Auf der anderen Seite erhalten die Mitglieder die Möglichkeit, ihre eigene Person zu thematisieren und Aufmerksamkeit und Anerkennung zu genießen. Anerkennung ist auch bei einer Studie über die Selbstdarstellung auf *Youtube* ein zentrales Motiv. Im Rahmen derer betonen die Jugendlichen die Möglichkeiten der Plattform, sich vermittels medialer Beiträge, die im Vorhinein auf ihre positive Wirkung hin überprüft werden können, darzustellen. Die Überprüfung der Repräsentation schließt auch die Manipulation zum Zweck der optimalen Selbstdarstellung nicht aus (vgl. Eisemann 2008). Gerade die zuletzt genannten Ergebnisse lassen sich nur bedingt übertragen, da sich die Nutzer bei *Youtube*, wie durch die vorangegangene Abgrenzung zu der Sphäre des Sharings verdeutlicht, vor allem über ihre medialen Erzeugnisse repräsentieren und nicht unmittelbar über Angaben zu Ihrer Person. Diese grundlegend andere Darstellungsweise ist, so Boyd und Ellison (2007), in die Betrachtung sozialer Netzwerke einzubeziehen. So verlaufen Beteiligungen innerhalb Interessen-orientierter Netzwerke anders als innerhalb Personen-orientierter Netzwerke. Diese Perspektive greift auch Bernadette Kneidinger auf, indem sie die verschiedenen Ausprägungen von *Social Network Sites* ausdifferenziert und Formen der Zugehörigkeit diskutiert (vgl. Kneidinger 2010). Dabei arbeitet sie die besondere Stärkung der schwachen Bindungen, sowie deren Auswirkungen auf die Beziehungspflege in Offline-Kontexten heraus und kommt zu dem Schluss, dass diese Beziehungsintensivierung auch jenseits von *Facebook* stattfindet (vgl. ebd.). Roman Sonnberger hingegen geht den Nutzungsweisen der *Facebook*-Mitglieder nach und versucht, die empirischen Ergebnisse mit theoretischen Perspektiven zu verbinden (vgl. Sonnberger 2012). Die Ergebnisse seiner Untersuchung bleiben jedoch an die Funktionen von *Facebook* gebunden und thematisieren vor allem Verweildauern im Internet und insbesondere auf *Facebook*. Diese Ergebnisse werden anschließend grundsätzlich auf Medien bezogen diskutiert, so dass eine eingehende Auseinandersetzung mit den Bedeutungsstrukturen zugunsten dieser übergreifenden Sichtweise vernachlässigt bleibt. Klaus Neumann-Braun analysiert seinerseits die Beziehungsstruktur auf den verschiedenen *Social Network Sites Facebook* und *Festzeit*[27] und stellt fest, dass die Nutzer auf *Facebook* ihr Profil gegen unerwünschte oder unbekannte Besucher abschirmen (vgl. Neumann-Braun 2010). Die Kommunikationen auf den Plattformen, so eine weitere Erkenntnis dieser Studie, sind sehr komplex mit den Offline-Erfahrungen der Nutzer verbunden, so dass sich diese Sphären durchwirken und Einfluss aufeinander ausüben. Eine Ausdifferenzierung dieser Beeinflussungsprozesse findet im Rahmen der Studie nicht statt (vgl. ebd.). Es sei jedoch darauf verwiesen, dass Neumann-Braun vielfältige weitere Forschungen zur Bildkommunikation sowie Privatsphäre und Datenschutz durchführte (vgl. Walser/Neumann-Braun 2012; Pfeffer/Neumann-Braun/Wirz 2011). Außerdem sind in diesem Kontext auch die Forschungen von Ulla Authenrieth zu nennen, die die Bedeutung der Bilder innerhalb von *Social Network Sites* herausarbeitete (vgl. Autenrieth 2011a/2011b). Eine neuere Publikation, wenngleich sie für die Ausarbeitung dieser Forschungsarbeit nicht einbezogen wurde, soll dennoch aufgrund ihrer argumentativen Parallelen aufgegriffen werden: Wolfgang Reißmann (2013) diskutiert theoretische Anknüpfungspunkte und Widerstände Social Network Sites als Räume zu betrachten und widmet sich damit einer Thematik, die auch in dieser Studie in der Abstraktion der Ergebnisse relevant wurde.

---

27 Siehe: www.festzeit.ch.

Vor allem die Forschungen von Prommer et al. (2009) sowie Schmidt et al. (2009) verdeutlichen die Notwendigkeit, sich mit der spezifischen digitalen Identitätsrepräsentation zwischen Individualität und Kollektiv im Besonderen auseinanderzusetzen. Einerseits werden Misstrauen und Authentizitätsanspruch artikuliert, andererseits aber ebenso Orientierungsfunktionen, die, so die bisherigen Forschungsergebnisse, greifen. Aus diesen Studien resultiert der Schluss, dass medienspezifische Besonderheiten der Identitätsrepräsentation und ihr soziales Funktionieren eruiert und hinterfragt werden müssen.

4.4 Social Network Sites als kulturelle Phänomene: Eine Historie

Ein erster Anknüpfungspunkt in der Geschichte von *Social Network Sites* wird von Danah Boyd und Nicole Ellison (2007) geboten. Nach Ihrer Definition von *Social Network Sites* ist die erste nach diesen Kriterien gestaltete Plattform *Sixdegrees* im Jahr 1997. Auch wenn andere Seiten wie *AIM* und *ICQ* bereits vorher Freundeslisten als Seiteninhalt anboten, war es doch bei diesen Angeboten nicht möglich, eben diese Listen anderen Mitgliedern zu zeigen. *Sixdegrees* hingegen bestand bereits 1998 aus Nutzerprofilen, Freundeslisten und der Option, sich die Profile in der Freundesliste anzuschauen. Die Idee dieser Seite war es, Menschen miteinander zu verbinden und den Nachrichtenaustausch zu ermöglichen. Dennoch schaffte es *Sixdegrees* nicht, eine der führenden *Social Network Sites* zu werden, so dass die Seite im Jahr 2000 geschlossen wurde. Boyd und Ellison vermuten in diesem Zusammenhang, dass *Sixdegrees* mit diesem Konzept seiner Zeit zu weit voraus war. Zwar gab es bereits einige Menschen, die das Internet nutzten, die breite Akzeptanz in der Bevölkerung war jedoch noch nicht erreicht, so dass die adäquate Abbildung des Freundeskreises aufgrund zu geringer Beteiligung nicht eintreten konnte. In der Folgezeit entstanden einige weitere *Social Network Sites* wie *LiveJournal*, *BlackPlanet* oder *AsianAvenue*. Auf diese wird jedoch aufgrund zu geringer kultureller wie ökonomischer Relevanz nicht eingegangen (vgl. ebd.). Erst mit der Entwicklung der Plattform *Friendster* im Jahr 2002 lassen sich faktisch längere Nutzungsphasen und kulturelle Entwicklungen nachvollziehen. *Friendster* verzeichnete sehr schnell wachsende Mitgliederzahlen und damit einhergehend technische Probleme. Die Serverkapazitäten waren für den rasanten Mitgliederzuwachs nicht ausreichend, was lange Wartezeiten und letztlich frustrierte Nutzer zur Folge hatte. Gleichwohl kamen auf diesem Wege auch die ersten soziale Probleme auf. Ursprünglich war *Friendster* eine Online-Dating-Plattform, wobei aber die Beziehungsanbahnung zwischen Freundesfreunden im Vordergrund stand. Mit zunehmenden Mitgliederzahlen wurden dadurch soziale Schwierigkeiten offensichtlich: *Friendster* war nicht länger eine kohärente Gruppe. Durch die Konstruktion der Freundesfreunde wurde es möglich, dass Arbeitgeber und Arbeitnehmer oder ehemalige Klassenkameraden neben den Freunden nun auch dort aufeinandertrafen. Diese Entwicklung stellt eine hochproblematische Vermischung von privaten und öffentlichen sozialen Rollen dar. Zudem begann *Friendster* die Aktivitäten der Intensivnutzer zu beschränken. Zunächst gab es dort nur die Option, Profile bis zum vierten Verbindungsgrad einzusehen. Deshalb fügten Mitglieder vermehrt interessante, unbekannte Personen, die sie in den Freundeslisten des Bekanntenkreises fanden, als Freunde hinzu, um mehr Profile einsehen zu können. Einige begannen so exzessiv Freunde zu sammeln. Dadurch, dass *Friendster* die beliebtesten Personen der Plattform in einem Most Popular Feature aufführte, war die Sammlung von möglichst vielen Freunden zu Beginn sogar durchaus gewünscht. So etablierten sich auch sogenannte Fakesters. Diese Profile stellten keine realen Personen dar, sondern öffentliche Persönlichkeiten, Interessen oder Institutionen, wurden aber nicht von diesen selbst erstellt sondern von anderen Personen. Die Mitglieder nutzten die Fakester um auf diesen Profilen zu Unterhaltungszwecken zu lesen oder um über funktionale Fakester von Institutionen, wie beispielsweise Universitäten, weitere Bekannte zu finden. Die Verbreitung dieser gefälschten Accounts veranlasste *Friendster* dazu, diese zu löschen und die Sektion mit den beliebtesten Leuten zu entfernen. Dadurch wurde einigen Nutzern bewusst, dass nicht nur sie sondern auch die Seitenbetreiber in die Kultur der Plattform eingriffen und diese entgegen den Nutzerinteressen veränderten. In der Folge der technischen und sozialen Probleme verließen einige Nutzer *Friendster*, so dass *Friendster* in Amerika an Bedeutung verlor. Dahingegen nutzten andere Regionen der Welt wie beispielsweise die Philippinen und Singapur diese Plattform intensiv (vgl. ebd.).

Seit 2003 etablierten sich eine Menge von *Social Network Sites*. Diese reichten von berufszentrierten Seiten wie *Xing* und *LinkedIn*, bis zu *Dogster*, *Lastfm* und *MySpace*. *MySpace* war in diesem Kontext das Phänomen, welches die meisten Mitglieder anzog. Mit dem Gerücht, dass *Friendster* kostenpflichtig werden sollte und User wiederum andere User zu Tribe.net und *MySpace* einluden, wechselten viele Nutzer zu *MySpace*. Vor allem Indie Rock Bands, die die Beschränkungen auf *Friendster* als unpraktisch empfanden, nutzten nun *MySpace*. Von dieser Seite waren sie zwar nicht von Anfang an als Zielgruppe angesprochen aber willkommen. Sie richteten sich Profile ein und Promoter nutzten die Seite, um auf Auftritte der Bands aufmerksam zu machen. Schon bald entwickelte sich ein symbiotisches Verhältnis zwischen Bands und Fans. Bands hatten Kontakt zu ihren Fans und die Fans hatten die vermeintliche Aufmerksamkeit der Bands.

Zudem konnten die User durch die Musik Identitätsfacetten zeigen und soziale Beziehungen aufbauen. Darüber hinaus erlaubte *MySpace* die Personalisierung des Profils und implementierte auch regelmäßig andere, an den Wünschen der User orientierte Funktionen. Ab 2004 fand die Seite großen Anklang bei Jugendlichen. Zu dieser Zeit waren mit Musikern bzw. Künstlern, Teenagern, und jungen Erwachsenen aus städtischen Gebieten drei verschiedene Nutzergruppen auf *MySpace* vertreten. Im Jahr 2005 traten bei *MySpace* Sicherheitsprobleme in Form von sexuellen Annäherungen Erwachsener an Jugendliche auf (vgl. ebd.). Mittlerweile hat die Plattform an Bedeutung verloren. So finden sich 2010 nur noch 4 Millionen Nutzer bei *MySpace* während *Facebook* zum selben Zeitpunkt 13 Millionen registrierte Nutzer verzeichnen konnte (vgl. Neumann-Braun/Autenrieth 2011, S. 10). Die Relevanz verschiedener *Social Network Sites* entwickelte sich auch in Deutschland kulturspezifisch.

Im Jahr 2009 waren die VZ-Netzwerke mit insgesamt 15 Millionen Mitgliedern der einflussreichste Anbieter von *Social Network Sites* (vgl. Meister/Meise 2009, S. 22). Bis 2010 stieg diese Zahl auf 17 Millionen (vgl. Neumann-Braun/Autenrieth 2011, S. 11) und im September 2011 waren nach eigenen Angaben 16 Millionen User registriert (vgl. VZ Netzwerke Ltd 2011). Auch wenn *Facebook* die Mitgliederzahlen der VZ Netzwerke 2010 noch nicht erreichte, lässt sich ab diesem Zeitpunkt eine Relevanzverschiebung ablesen. So war *studiVZ* im Laufe dieser Forschung 2009 noch die populärste Plattform, was sich auch darin manifestierte, dass viele bereits einen *Facebook*-Account hatten, diesen jedoch nur als Zusatz sahen. Dieses Verhältnis wandelte sich seit 2010, so dass es ein Jahr darauf nur noch vereinzelt möglich war, Interviewpartner zu finden, die regelmäßig die VZ Netzwerke nutzten. Eine weitere Differenzierung ergibt sich, wenn in Deutschland nach regional relevanten Plattformen gefragt wird. Demnach ist regional gesehen in Bayern die Plattform *Lokalisten* mit 3,5 Millionen Mitgliedern beliebt, in Rheinland-Pfalz und Hessen *Wer-kennt-Wen* mit 8 Millionen und in Baden-Württemberg *Kwick!* mit 1 Millionen Nutzer (vgl. Neumann-Braun-Autenrieth 2011, S. 11). Doch wie im Vorangegangenen am Stand von 2010 verdeutlicht, sind nicht nur die Mitgliederzahlen für die Bedeutung der Netzwerke interessant, sondern vielmehr die regelmäßige Nutzung und der soziale Austausch über die jeweilige Plattformen.

Die besondere Bedeutung kultureller Aneignungsprozesse zeigt sich in der Tatsache, dass verschiedene *Social Network Sites* in verschiedenen Ländern populär sind. So war *QQ* ursprünglich ein Instant Messenger, zu dem dann *Social Network Sites* Features wie Profile und Freundeslisten implementiert wurden. Im weiteren Verlauf wurde *QQ* die erfolgreichste *Social Network Site* weltweit.

Manche kombinieren auch Homepages und Freundeslisten, sowie Blogs und *Social Network Site* Features (vgl. Boyd/Ellison 2007).

Facebook war zuerst nur eine Plattform, die sich auf die Universität Harvard bezog. Das bedeutet, dass es nur Nutzern mit einem Harvard-Mail-Account möglich war, sich auf *Facebook* anzumelden. Im weiteren Verlauf kamen andere Universitäten hinzu, bis die Plattform schließlich gänzlich geöffnet wurde. Bis zu diesem Zeitpunkt gab es verschiedene Grenzen zwischen den unterschiedlichen Teilnetzwerken, die nicht durchlässig waren. Profile waren nicht für alle sichtbar. *Facebook* lässt auch die Überarbeitung durch Entwickler zu, die Applikationen entwickeln, die auf der Seite bereitgestellt werden (vgl. ebd.) oder die seit kurzem verbreitete Funktion der Chronik, die das gesamte Profil mit seinen öffentlichen Inhalten in eine chronologische Reihenfolge bringt. Seit 2008 ist unter anderem auch eine deutschsprachige Version von *Facebook* zugänglich (vgl. Wilson et al. 2012, S. 207).

Darüber hinaus gibt es weitere kleinere Nischencommunities, die explizit nur ein bestimmtes Publikum ansprechen. Ebenso hat sich mit *Ning* eine Plattform etabliert, die es den Nutzern ermöglicht, ihr eigenes Netzwerk zu erschaffen. Während *Social Network Sites*, wie im Vorangegangenen dargestellt, auf der einen Seite immer beliebter werden, tauchen auf der anderen Seite auch Restriktionen auf. So war es US-Soldaten im Jahr 2007 verboten, auf *MySpace* zu sein, während Mitarbeitern der Kanadischen Regierung die Beteiligung an *Facebook* verboten war und der US-Kongress ein Gesetz erlassen wollte, das Jugendlichen in Schulen und Bibliotheken den Zugang zu den *Social Network Sites* verweigert (vgl. Boyd/Ellison 2007). Auf weitere Evolutionsstufen von *Facebook* und *studiVZ* wird im Forschungsteil[28] Bezug genommen, da sich diese während der Forschungsarbeit vollzogen.

---

28 Der Überblick über die Social Network Sites erhebt keinen Anspruch auf Vollständigkeit. Dadurch, dass sich der Forschungsprozess über die Jahre 2009 bis 2011 erstreckte, wurden die relevanten Studien aus dieser Zeit aufgegriffen. Jedoch gilt es zu bedenken, dass dieses Phänomen fortwährend beforscht wird und zahlreiche weitere Publikationen nach sich zieht, die hier nicht abgebildet wurden.

Forschungsdesign 5

Wie durch den Stand der Forschung skizziert, wird durch viele Studien die Relevanz von Identität und Sozialität innerhalb von *Social Network Sites* belegt. Unklar bleibt hingegen, wie Selbstbeschreibung[29] und Sozialität entstehen, reziprok ausgehandelt werden und welche besonderen Qualitäten oder Eigenheiten diese beinhalten. Da solche komplexen wie tiefgreifenden Fragestellungen nicht durch quantitative Forschungen bearbeitet werden können und bisher noch nicht verfolgt wurden, liegt dieser Arbeit ein exploratives Forschungsdesign zugrunde (vgl. Flick 2006, S. 12ff.; Flick et al. 2007, S. 14ff.). Die in Kapitel 3 dargestellte Grounded Theory Methodologie fokussierte das Forschungsverständnis dieser Perspektive und die Relation von Theorie und Empirie und bildet so dass übergreifende Forschungsparadigma. Innerhalb des nun folgenden Forschungsdesigns werden die konkrete Forschungssicht sowie Erhebungs- und Auswertungsstrategien betrachtet. Zunächst werden die Sichtweisen des Symbolischen Interaktionismus und der Cultural Studies vorgestellt, um den Forschungsgegenstand *Social Network Sites* vor dem Hintergrund dieser Forschungstraditionen zu konturieren. Darauf aufbauend wird eine systematische Verbindung der Bezüge für die Forschungsarbeit vollzogen. Im Anschluss wird die Grounded Theory noch einmal aufgegriffen, um damit die Prozesshaftigkeit der Forschung zu ver-

---

29 Der Begriff Selbstbeschreibung wird im Folgenden verwendet, um die Elemente der Aussagen und Informationen zu erfassen, die das Individuum beschreiben. Selbstbeschreibungen sind somit nicht mit dem komplexeren Terminus der Identität gleichzusetzen, obwohl die Selbstbeschreibung Elemente der Identität beinhaltet.

deutlichen. Abschließend erfolgen detaillierte Beschreibungen zur Auswahl der Interviewten und der Erhebungs- sowie Auswertungsmethode. Die zentralen Perspektiven[30] dieser Theorien und ihre Relevanz für das Forschungsdesign werden nachfolgend eingehender betrachtet. So bilden Symbolischer Interaktionismus in Kombination mit den Grundperspektiven der Cultural Studies und die Grounded Theory die Grundvoraussetzungen, um den Forschungsgegenstand mit adäquaten Methoden zur Datenerhebung und -auswertung in einer dementsprechenden Forschungslogik zu bearbeiten.

5.1   Symbolischer Interaktionismus

Der Symbolische Interaktionismus ist insofern konstitutiv für diese Forschungsarbeit, als dass das Verständnis für Individuum, Sozialität und Bedeutungskonstruktion zentrale Grundvoraussetzungen sind. Diese Theorie qualitativen Forschens geht direkt auf den Pragmatismus und die Chicagoer Schule zurück. Erkenntnis basiert im Sinne der Philosophie des Pragmatismus auf drei Annahmen: Erstens, dass biologische und soziale Prozesse auf das Wissen, Erkenntnis und das Denken einwirken und dass diese Prozesse eine Anpassung und Kontrolle erfordern, um Wirklichkeit zu erfassen. Wirklichkeit wird zweitens als veränderbar und demnach prozesshaft und nicht als starre Gegebenheiten aufgefasst. Daraus resultiert drittens die Annahme, dass alle Erkenntnis vorläufig ist und einer Prüfung bedarf und durch diese Prüfung verändert werden kann. Eng damit verbunden ist der Wahrheitsbegriff des Pragmatismus (vgl. Spree 2003, S. 562f). Wahrheit ist nach William James zunächst der Abgleich einer Vorstellung mit der Wirklichkeit (vgl. James 1994, S. 74f.). Da die Übereinstimmung zwischen Vorstellung und Wirklichkeit nicht einfach zu fassen ist plädiert James für eine veränderliche Definition von Wahrheit, indem er postuliert, dass Aussagen oder Vorstellungen weder wahr noch falsch sind, sondern sich erst im Akt ihrer praktischen Aneignung und Überprüfung als wahr oder falsch erweisen (vgl. ebd., S. 76). Eine weitere Strömung des Pragmatismus lässt sich als philosophische Haltung auffassen, die essentialistische Zuschreibungen ablehnt.

---

30 Die Darstellung der zentralen Perspektiven bleibt dabei notwendigerweise ausschnitthaft. Innerhalb des Forschungsdesigns werden nur die Theorien skizziert, die dem Erkenntnisinteresse der Arbeit dienen. Insgesamt bildet diese forschungsmethodologische Positionierung aber nur einen kleinen Teil der Diskurse über Symbolischen Interaktionismus, Grounded Theory und insbesondere Cultural Studies ab.

»Im Kern pragmatistischen Denkens steht somit ein vermeintlicher Widerspruch, nämlich die These der Unmöglichkeit absoluter, endgültiger Aussagen über die Wirklichkeit auf der einen Seite und die Einsicht in das offensichtliche praktische Funktionieren unserer Wirklichkeitsauffassungen auf der anderen« (Spree 2003, S. 563).

Dieser Widerspruch ist jedoch das zentrale Anliegen des Pragmatismus, indem er das Verhältnis zwischen philosophischen Überlegungen und deren praktischen Konsequenzen verhandelt, um zu einer treffenderen Beschreibung von Wirklichkeit zu gelangen (vgl. ebd.). Diese Grundprinzipien finden sich auch im Symbolischen Interaktionismus wider. Da Menschen nach dem Symbolischen Interaktionismus »"Dingen" gegenüber auf der Grundlage der Bedeutungen handeln, die diese Dinge für sie besitzen« (Blumer 1981, S. 81, Hervorhebung im Original), gilt es zu erforschen, welche Bedeutungen mit *Social Network Sites* verbunden sind und wie diese ausgehandelt werden. Grundlegend für den Symbolischen Interaktionismus sind die Begriffe der Handlung und der Handlungsinstanz. Handlungen stellen die Erfahrungen des Individuums dar, die Bedeutung erlangen. Mit Handlungsinstanz sind die Strukturen oder Ausdrucksmöglichkeiten des Individuums angesprochen, durch die Bedeutung kommuniziert wird. Wie durch das Wort symbolisch bereits impliziert, bezieht sich die Handlungsinstanz auf Sprache, Prozesse und Strukturen. Mit dem Aushandlungsprozess von Bedeutung ist das Verhältnis zwischen Individuum und sozialer Bezugsgruppe angesprochen. Individuen produzieren Bedeutungen nicht singulär, sondern in wechselseitigen Interaktionsprozessen, so dass sowohl das Individuum als auch die soziale Bezugsgruppe sich gegenseitig beeinflussen (vgl. Keller 2012, S. 112ff.). Auch wenn sowohl die individuellen als auch sozialen Komponenten dieser Konzeption wirkmächtig sind, sind sie dennoch nicht voraussetzungslos. Um diese Dimension in den Symbolischen Interaktionismus einzubeziehen, erweitert Denzin denselbigen mit den Grundannahmen der Cultural Studies (vgl. Denzin 2000). Individuelles Handeln und Aushandlungsprozesse werden somit durch kulturelle Prägungen strukturiert, die sich nicht nur durch soziale Interaktionen fortschreiben, sondern auch durch Medien tradiert werden (vgl. ebd.).

5.2   Cultural Studies

Wie im Plural des Begriffs Cultural Studies bereits angelegt, umschreibt diese keineswegs eine stromlinienförmige kongruente Denktradition, sondern verbindet vielmehr verschiedene Zugangsweisen, um die Bedeutungen von Kultur und ihren Bedeutungsentstehungsprozessen konkret erschließen zu können. Dementsprechend können die Cultural Studies hier nicht in Gänze, wohl aber zentrale Theorien und Positionen dargestellt werden, die ein Grundverständnis dieser Zugangsweise ermöglicht. Das semiotische Fundament der Cultural Studies ist von Ferdinand de Saussures Sprachtheorie geprägt (de Saussure 1967, S. 9ff.). De Saussure kategorisiert Sprache zunächst in Parole, das heißt die gesprochene Sprache, und in Langue, das Gesamtsystem Sprache. Indem die Parole demnach mit dem Sprechakt und somit mit dem Sprecher verbunden ist, stellt sie die individuelle und situative Komponente von Sprache dar. Die Langue ist das übergeordnete System der Sprache, die für den Einzelnen nicht zugänglich ist, sondern sich über gesamtgesellschaftliche sprachliche Artikulation entwickelt und tradiert. Darüber hinaus differenziert er das Sprachsystem in ein Zeichensystem, um die Beziehungen der einzelnen Elemente der Sprache zueinander bestimmen zu können. So stellt der Signifikat das Bezeichnete, also die mentale Vorstellung einer Sache dar, der Signifikant das Lautbild oder Wort und der Referent (chose bei Saussure) die tatsächliche physische Entsprechung. Dieses dreigliedrige System ist keine natürliche Gegebenheit. Es gibt kein tiefergehendes, sozusagen gewachsenes Motiv dafür, dass, um Saussures Beispiel zu bemühen, das Lautbild Baum ein Gewächs im Garten mit grünen Blättern beschreiben müsste. Deswegen nennt er die Beziehung zwischen den Zeichen arbiträr. Dass dieser Terminus jedoch verbindlich ist, liegt daran, dass Menschen in einem kulturellen System sozialisiert werden und damit die Regeln von Lautbildern und deren Entsprechung lernen. Diese Sprachsozialisation ist so grundlegend, dass die Verbindung des Lautbildes Baum mit dem physisch existenten Gewächs und unserer Vorstellung des Lautbildes als natürliche Einheit erscheinen kann. Sprache als System trägt somit in sich schon kulturelle Bedeutung und dies in einem zweiseitigen Verhältnis. Einerseits trägt Sprache mit ihren Zeichenelementen zur Konstruktion von Sinn bei, indem eine Sache artikulierbar wird und somit nicht nur beschreibt sondern auch die Vorstellung dieser Sache konstruiert. Andererseits wirken die Mitglieder der Gesellschaft auf das Sprachsystem und seine Zeichen ein, da es entwickelt und tradiert wird, um maßgebliche Phänomene und Praktiken eben wiederum beschreiben und sprachlich verfügen zu können. Bedeutungen können dementsprechend in verschiedenen soziokulturellen Umfeldern anders besetzt sein. Um diese soziokulturelle Situierung von Bedeutungen erschließen zu können, wird von Peirce (1983) die Differenzierung der Zeichen zwischen Index, Ikon und Symbol vorgeschlagen (vgl. Hepp 2010, S. 30f.). Indexalische Zeichen haben eine Beziehung zu dem Phänomen, das sie bezeichnen und haben an sich keinen Adressaten oder Urheber. Dennoch werden oder können sie interpretiert werden. Ikone haben sowohl Urheber als auch Adressaten. Sie werden von Jemandem benutzt, um etwas Bestimmtes mitzuteilen. Sie finden sich häufig als Piktogramme und stellen vereinfachte Schematismen des Bedeutungsgehalts dar, wie bspw. auf Verkehrsschildern. Die Symbole schließlich haben keinerlei lebensweltliche Entsprechung, sind somit arbiträr und beim Urheber und Adressaten auf ausgeprägtes kulturelles Wissen angewiesen, um kommunikativ handelnd benutzt und interpretiert werden zu können (vgl. ebd).

Während de Saussure die Sprache als System in ihren Strukturen betrachtet, fokussiert Valentin Volosinov (1975) eher die Austauschprozesse von Individuum und Sprachsystem, da seiner Meinung nach Sprache im lebensweltlichen Alltag ausgehandelt wird (vgl. Hepp 2010, S. 31f.). So sind für Volosinov Zeichen keine singulären Erscheinungen sondern immer in einen Kontext eingebettet. Die einzelnen Elemente des Kontextes, oder auch größer gefasst, des Diskurses, wirken reziprok aufeinander zurück und sind auf soziokulturelle Praktiken angewiesen, um Bedeutung zu erlangen. In dieser Perspektive ist nicht nur Sprache in Diskursen gebunden, sondern beispielsweise auch Fernsehsendungen oder Musik. Daraus entstehen kulturelle Texte, die einem höheren systematischen Paradigma zugrunde liegen, was sich besonders gut mit Genrezugehörigkeiten erklären lässt. Der Begriff des Diskurses rekurriert auf Foucault (1992), der damit das Resultat von Techniken beschreibt, die Wissen gestalten und verbreiten (vgl. Hepp 2010, S. 32f.). In diesem Sinne sind Zeichen nicht nur in der Vorstellungswelt des Einzelnen vorhanden, sondern besitzen ebenfalls eine materielle Evidenz. Im Rahmen dieser Argumentation sind Zeichen weder Abbilder der Wirklichkeit noch sind sie rein flüchtige Phänomene, die nur gedanklich in der Vorstellung gefasst werden können. Da die Bedeutung der Zeichen im Folgenden in sozialer Interaktion ausgehandelt wird, gilt es zu bedenken, dass es nicht nur eine soziale Gemeinschaft gibt, sondern viele Zugehörigkeitsstrukturen, die in unterschiedlichen kulturellen und subkulturellen Praktiken andere Bedeutungszuschreibungen generieren. Das bedeutet, dass derselbe Zeichendiskurs in den je spezifischen Kulturen ganz andersartige oder gar divergierende Lesarten erzeugt, was mit dem Begriff Polysemie gefasst wird (vgl. Fiske 2001, S. 122ff.). Diese verschiedenartige Bedeutungskonstruktion lässt sich mit Roland Barthes (1990) Modell der Denotation und der Konnotation verdeutlichen (vgl. ebd., S. 28ff.). Die Denotation ist die konventionalisierte Ebene der Bedeutungsgehalts eines Zeichens, doch die Bedeutungskonstruktion endet nicht damit. Vielmehr können solche Zeichen Teil einer zweiten Sinnzuschreibung werden und bilden somit die Konnotation. Auch auf dieser zusätzlichen Ebene entsteht Bedeutung nicht singulär sondern als kultureller Prozess, der die denotative Ebene mit anderen Zuschreibungen auflädt (vgl. Hepp 2010, S. 33f.).

Auch wenn Bedeutung so gesehen nie vorgeschrieben und unveränderbar ist, gilt es dennoch zu bedenken, dass Medien aufgrund ihrer Position als kultureller Bedeutungsproduzent eine enorm große Reichweite besitzen. So repräsentieren Medien, aufgrund ihres konstruktiven Charakters, die Relation zwischen Zeichen, Bezeichnetem und den Vorstellungen, die davon existieren. Um diese Wirklichkeitskonstruktion von Medien zu fassen, bezieht sich Hepp auf Stuart Halls Interpretation der »diskursive[n] Formationen« (Foucault 1973, S. 48ff.). Damit sind alle gesellschaftlich möglichen Arten von Kommunikationen, Ereignissen und Praktiken gemeint, die im Kontext einer Thematik verhandelt werden können und über eine bestimmte Strukturlogik verfügen. Demnach sind damit alle Handlungen und Kommunikationen verbunden, die dazu geeignet sind, bestimmte Themen zu verhandeln und zu repräsentieren. Die Repräsentation beschränkt sich dabei nicht nur auf Dinge, sondern besitzt auch Relevanz bei der Konstruktion des Subjekts, da die Diskurse immer auch auf dieses zurückwirken und somit eine soziale Verortung des Individuums anbieten (vgl. Hall 1997, S. 44f.). Ob das Individuum diese eingeschriebenen Verortungen und Haltungen annimmt, bleibt jedoch offen (vgl. Hepp 2010, S. 38f.).

Innerhalb dieser Betrachtung sind gewisse Determinismen und Intentionen in das Kulturprodukt *Social Network Sites* in der Gestaltung der Plattformen und deren Anwendungsoptionen eingeschrieben, die als Eigendynamik auf den Nutzer zurückwirken. Dennoch ist die spezifische Aneignung der Plattformen dadurch nicht festgelegt, sondern wird sich erst in der konkreten Auseinandersetzung zwischen Oberfläche, Individuum und sozialer Aushandlungsprozesse erschließen lassen. So gibt das kulturelle Produkt *Social Network Sites* eine Struktur zur Nutzung vor, jedoch handeln die Individuen im sozialen Austausch mit ihren Bezugsgruppen die Bedeutungen und Relevanzen dieser Struktur aus. Aus semiotischer Perspektive bildet die Gestaltung der Plattformen lediglich die Ebene der ersten Bedeutungskonstruktion ab, welche durch die verschiedenen Sinnsetzungen der Nutzer im sozialen Aushandlungsprozess spezifisch erweitert oder umgedeutet wird. Die Plattform stellt damit die denotative Ebene der Bedeutung dar, die durch die Nutzer und die sozialen Praktiken auf konnotativer Ebene aufgeladen werden können.

Der Kulturbegriff der Cultural Studies ist maßgeblich geprägt durch die Perspektive Raymond Williams (1983/1985), der sich zunächst eingehend mit den Bedeutungsdimensionen des Terminus beschäftigt und diese analytisch differenziert (vgl. Hepp 2010, S. 40f.). So bestimmt er mit der idealen, der dokumentarischen und der gesellschaftlichen Verortung drei verschiedene Definitionen von Kultur. Die ideale Dimension von Kultur ist dabei die hochkulturelle Idealvorstellung von der selbigen als System der zu schützenden allgemeinen Werte wie beispielsweise Schönheit, Bildung und Moral. Die dokumentarische Sicht auf Kultur lässt sich als Spurensuche des menschlichen Geistes in künstlerischen Artefakten beschreiben. Beide Positionen sind kaum dazu geeignet alltägliche Techniken und die Alltagskultur von Individuen zu fassen. Dementsprechend schlägt Williams vor, diese als gesellschaftliche Kultur zu definieren, um diese Sphäre ebenfalls als Kultur einzuordnen (vgl. Williams 1985).

Der gesellschaftlichen Dimension der Kultur liegt eine je spezifische Art von Gefühlsstruktur zugrunde. Damit sind jegliche kulturell mit anderen erschlossenen und geteilten Erfahrungen mit einer unmittelbaren emotionalen Verbindung aufgrund der Relevanz dieses kulturellen Erlebens verbunden. Diese zeichnet sich sowohl im Individuum, als auch in den Techniken und Ausdrucksmöglichkeiten dieser kulturellen Erfahrung von außen, materialisiert in Handlung, ab. Hepp verweist zwar hier auf die Unschärfe des Gefühlsstruktur-Begriffs, doch löst er diese Ungenauigkeit mit dem Verweis auf die Differenz zwischen Hochkultur und kulturellen Werken sowie deren Aneignung. Kulturelle Werke und Produkte, gleichgültig ob es sich hierbei um tradierte hochgeschätzte Werke, massenmediale oder als trivial bezeichnete Werke und Produkte handelt, bedürfen eines aktiven Aneignungsprozesses in einer kulturellen Auseinandersetzung, um mit Bedeutung aufgeladen zu werden. Somit wird die gesellschaftliche Ebene von Kultur von Williams als ganzheitliche Sphäre als »Gesamtheit einer Lebensweise« (Hepp 2010, S. 41) betrachtet, die alle Erfahrungen und Handlungen des Lebens umfasst. Allerdings optimiert Williams im historischen Verlauf diesen Entwurf, um ihn systematischer für kulturelle Analysen nutzen zu können (vgl. ebd.).

So entsteht bei Williams das Konzept von Kultur als Bedeutungssystem, welches sich dadurch auszeichnet, dass mehrere Ebenen der Sinnkonstruktion einbezogen und differenziert werden können. In diesem Sinne können sowohl diverse Institutionen, Techniken und Kulturprodukte analysiert werden, sowie deren Interdependenzen untereinander. Eine weitere zentrale Perspektive bildet sich durch den Fokus auf unterschiedliche, spezifische Kulturen. Die Cultural Studies gehen nicht von der absoluten Existenz großer nationaler Kulturen aus. Vielmehr herrscht die Vorstellung, dass es viele unterschiedliche Kulturen und Subkulturen gibt, die sich innerhalb bestimmter territorialer Grenzen entwickeln und von dazugehörigen Gruppen gelebt werden. Über diese Zentralperspektiven wird der Anspruch der traditionalen Kulturelite überwunden. So lehnen die Cultural Studies die Verwendung negativer Begriffe wie den der Massen- oder Trivialkultur ab, da diese a priori das System der klassischen Kulturelite verfestigen und somit jegliche Kulturformen, die nicht daran anschließen als Nicht-Kultur diffamieren. Dementsprechend findet hier der Terminus Populärkultur

Verwendung, um diesen negativen Assoziationen zu entgehen und dafür eine neutralere Bezeichnung zu etablieren. John Fiske setzt bei diesem Bemühen an Bourdieus Kapitalsortenansatz (1983) an und entwickelt seine Theorie eines kulturökonomischen Systems von Populärkultur (Fiske 2001). Dieses System basiert maßgeblich darauf, dass ein kulturelles Produkt in zwei verschiedenen Kreisläufen, dem ökonomischen und dem kulturellen, zirkuliert. Kulturelle Waren erhalten ihren Wert zunächst schlicht in einer herkömmlichen finanziellen Logik, in dem beispielsweise eine Fernsehsendung als Ware an einen Fernsehsender verkauft wird. Darauf aufbauend wechselt sie bei Fiske in der kulturellen Ökonomie die Vorzeichen und wird selbst zum Produzenten ›der Ware‹ Zuschauer, die nun ihrerseits an interessierte Werbekunden verkauft werden. Dieses Modell bleibt jedoch so lange unabgeschlossen, so Fiske, bis der Zuschauer in einem weiteren Schritt zum Produzenten ›der Ware‹ Bedeutung wird. Schreibt der Zuschauer dem Kulturprodukt durch die Aufladung mit Bedeutung, sozialen Identitäten oder Vergnügen keine Relevanz zu, kippt auch der finanzielle Kreislauf. Filme, Musik oder Plattformen treffen in diesem Fall auf keinerlei Rezeptionsinteresse, so dass keine Zielgruppe an Werbekunden verkauft und somit eine weitere ökonomische Verwertung unmöglich wird (vgl. ebd., S.114ff.).

Die Cultural Studies bieten hier einige wichtige Bezugspunkte, *Social Network Sites* nicht als randständiges Phänomen ohne kulturellen Eigenwert zu betrachten, sondern die Chance der gesellschaftlichen Bedeutung dieser populär gewordenen Art der Selbstbeschreibung und des sozialen Austauschs Rechnung zu tragen und entsprechend als kulturelle Praktik zu erforschen. Darüber hinaus wird das kulturelle Produkt, *Social Network Sites*, in sozialen Interaktionsprozessen mit Bedeutungen aufgeladen. So bilden die Oberflächen der Netzwerke eine Bedeutungsfolie, auf deren Basis wiederum durch die Nutzer, Bedeutungen, soziale Identitäten und Vergnügen produziert und ausgehandelt werden. In diesem Kontext stellen die *Social Network Sites* ein Phänomen dar, welches für unterschiedliche kulturelle Gruppen je spezifische Relevanzen erhalten kann. Entscheidend ist hierbei, dass der Nutzer in diesem Zusammenhang als aktiv bedeutungskonstruierend verstanden wird.

5.3 Verbindung von Symbolischem Interaktionismus und Cultural Studies

Für die Konzeption der Forschung muss eine Verknüpfung zwischen Cultural Studies und symbolischem Interaktionismus hergestellt werden, um diese im Verlauf der Forschung nutzen zu können. Dies ist mit dem Rekurs auf Denzin bereits geschehen.

Er plädiert grundsätzlich für eine Perspektive, die Cultural Studies und symbolischen Interaktionismus zusammenführt (vgl. Denzin 1992; Denzin 2000). Über die Kritik aus anderen Wissenschaftsbereichen (vgl. Denzin 1992, S. 46ff.) beschreibt er den Weg zu einem symbolischen Interaktionismus, der strukturalistische Perspektiven und politische Fragestellungen im Sinne der Cultural Studies einbezieht. Zudem findet sich bei Denzin auch eine Forderung nach Reformulierung des Pragmatismus im Sinne einer Schwerpunktsetzung auf Medien und Kommunikation, die bereits in seine Konzeption des symbolischen Interaktionismus einfließt (vgl. Denzin 2000). Durch die Aufarbeitung von Friedrich Krotz wird zudem deutlich, dass symbolischer Interaktionismus und Cultural Studies voneinander profitieren können, indem dadurch einerseits das Individuum in seiner symbolischen und sozialen Situierung betrachtet werden kann und es andererseits möglich ist, die übergeordneten Strukturen mit den Cultural Studies einzubeziehen (vgl. Krotz 2006, S. 134 ff.). Jedes Paradigma für sich hat nach Krotz einen blinden Fleck, der sich erst in der Verbindung der Theorien auflöst. Dies geschieht in den Konzeptionen von Bedeutung und Kultur. Weder Bedeutung noch Kultur sind objektiv sondern reziprok zu sehen. Es gibt gesellschaftliche Kontexte des Individuums, die Erfahrungen prägen, die aber wiederum individuell in Interkation erst ihre gesellschaftliche Bedeutung entfalten müssen. Krotz legt den Schwerpunkt der Cultural Studies auf die strukturelle Ebene der Bedeutungskonstruktion. Dies lässt sich dadurch erklären, dass die Strukturen in den Cultural Studies zugänglicher für Forschungstätigkeiten sind als die Wirkmächtigkeit des Individuums bzw. die individuelle Betrachtung des Subjekts. Diese Seite des Prozesses verbindet er mit dem symbolischen Interaktionismus. In der Verbindung dieser Perspektiven sieht er einen umfassenden Blick auf den jeweiligen Forschungsgegenstand verwirklicht (vgl. ebd.).

Diese grundsätzliche Argumentation lässt sich mit den Ausführungen von Keller zum Symbolischen Interaktionismus verdeutlichen. Er stellt fest, dass sowohl soziale als auch symbolische Strukturen vorhanden sind, in die Individuen mit der Geburt hineinwachsen, diese verstehen, aneignen und interpretieren müssen (vgl. Keller 2012, S. 117). In der Folge konstatiert er für den gesamten Interaktionskontext, insbesondere im Hinblick auf die ausgehandelten Normen, Werte und Institutionen:

>»Solches gemeinsames Handeln geht immer schon aus historisch vorangehenden Handlungs- und Bedeutungszusammenhängen hervor; es stellt also eine je spezifisch zu bestimmende Mischung aus Anschluss, Wiederholung und Neuerung dar. Gleichwohl impliziert das nicht die Kontrolle der Beteiligten über die ablaufenden Prozesse; und keineswegs sind emergente, nicht intendierte Effekte ausgeschlossen, die sich aus den zahlreichen Interaktionsvollzügen ergeben« (ebd., S. 121).

Diese bereits existierenden Handlungs- und Bedeutungszusammenhänge gelten grundsätzlich auch für mediale Aspekte. So lässt sich an dieser Stelle die zuvor mit Rekurs auf Hall artikulierte Relevanz und Reichweite der Medien als kultureller Bedeutungsproduzent anführen.[31] Medien repräsentieren und konstruieren mit ihren Bildern, Texten und eingeschriebenen Bedeutungen Wirklichkeit. Sie rahmen im Sinne von Stuart Halls Rekurs auf Foucaults »diskursive Formationen« (Foucault 1973, S. 48ff.) alle gesellschaftlich möglichen Arten von Kommunikationen, Ereignisse und Praktiken und beeinflussen so maßgeblich die Perspektiven und Repräsentation von Themen. Diese Repräsentationen prägen ebenso die Subjektkonstitution, da sie immer auch auf das Subjekt zurückwirken und somit eine soziale Verortung des Individuums anbieten. Dabei wird nicht eine schlichte, einseitige Manipulation des Individuums durch Medien ins Zentrum des Fokus gerückt sondern vielmehr die komplexen individuellen, sozialen, kulturellen und medialen Beeinflussungsprozesse sowie deren Aushandlung in den Blick genommen (vgl. Hepp/ Winter 2006, S.11f.).

Bezüglich dieser Forschung sind damit die grundlegenden Säulen in *Social Network Sites* angesprochen: das Individuum, seine soziale Bezugsgruppe und die Oberflächengestaltung solcher Plattformen, die den Rahmen für Selbstbeschreibung und Sozialität bilden. Aufgrund der zeitintensiven Pflege der Profile und Kontakte ist eine Signifikanz dieser Plattformen offensichtlich. Doch die Genese und Ausgestaltung der Bedeutung, welche zwischen Individuum, sozialer Bezugsgruppe und medialer Implikationen in Aushandlungsprozessen erzeugt wird, stellt ein Forschungsdesiderat dar, das durch die symbolische Praxis des Interviews erfragt und interpretierend nachgezeichnet wird. Dementsprechend werden durch den Symbolischen Interaktionismus die Aushandlungsprozesse in den Blick genommen und gleichzeitig der Relevanz und prägenden Kraft der Oberflächenarchitektur der Plattformen mit den Cultural Studies entsprochen. Studien, die sich ausschließlich auf die Cultural Studies berufen, fokussieren jedoch stärker Fragen von kultureller oder sozialer Ungleichheit, als dies bei dieser Studie der Fall ist. Angesichts der Forschungslage ist das komplexe Gefüge zwischen Individuum, sozialer Bezugsgruppe und medialer Implikationen nicht nur eine Deskription der Plattformen. Vielmehr werden dadurch die Bedeutungszuschreibungen der Interviewten, die Prägung durch die mediale Anordnung sowie das Wirken sozialer Disziplinierung diskutiert und differenziert, um einen möglichst umfassenden Blick auf die Netzwerke zu erarbeiten.

---

31 Siehe hierzu Kapitel 5.2.

5.4   Grounded Theory

Die Forschung mit der Grounded Theory bringt einige Schwierigkeiten mit sich. So gibt es einerseits nicht eine Variante der Grounded Theory, da mit der Spaltung von Strauss und Glaser mindestens zwei etabliert wurden.[32] Andererseits wird mit dem Begriff Grounded Theory, wie Strübing bemerkt, sowohl das Ergebnis als auch die Methodologie dieser Forschungsweise beschrieben, was zu Missverständnissen führen kann (vgl. Strübing 2004, S. 13). Letztlich sind die epistemologischen Bezüge der Grounded Theory im Buch von Strauss und Glaser nicht in Gänze verhandelt, sondern eher implizit oder in Nebensätzen. Die wissenschaftstheoretische Verortung beeinflusst den Forschungsprozess jedoch grundlegend, weil dadurch die Perspektiven auf das Forschungsphänomen und somit auch die Ergebnisse geprägt werden. Aufgrund dessen werden an dieser Stelle die Forschungstheorien, auf denen die Grounded Theory basiert, dargestellt.

Jörg Strübing weist durch Passagen der Grounded Theory nach Strauss und Corbin, sowie der Biographie von Anselm Strauss, die theoretischen Wurzeln des Pragmatismus und des symbolischen Interaktionismus nach (vgl. ebd.). Im Sinne des Pragmatismus berufen Strauss und Corbin sich auf die sprachliche Wendung »truth is enacted« (Strauss/Corbin 1994, S. 279). Die Realität oder Wahrheit ist demnach nicht universell. Der Pragmatismus geht davon aus, dass Multiperspektivität herrscht, d. h. Wahrheit und Bedeutungen vom einzelnen Individuum konstruiert werden. Der Begriff der Konstruktion bedarf ebenfalls einer eingehenden Betrachtung, da der Pragmatismus nicht von einer starren Wirklichkeit ausgeht. Vielmehr entsteht diese prozesshaft und in Aushandlung mit dem sozialen Umfeld. So gesehen gibt es zwar eine objektive Welt, die jedoch durch verschiedene Interaktionszusammenhänge und Sichtweisen des Individuums perspektivisch interpretiert wird. Diese Perspektiven der philosophischen Tradition des Pragmatismus klingen zunächst sehr eindeutig, obwohl sich selbst zwischen den Klassikern dieser Denktradition deutliche Unterschiede feststellen lassen (vgl. Spree 2003).

Ein eben solcher Zugang zur Welt findet sich auch im Forschungsprozess. Die gewonnenen Erkenntnisse stellen einen Ausschnitt der Wirklichkeit dar, wie er sich zum Zeitpunkt der Forschung darstellt. Wie Strübing es ausdrückt:

> «Weil Theorien nicht Entdeckungen (in) einer als immer schon gegeben zu denkenden Realität, sondern beobachtergebundene Rekonstruktionen repräsentieren, bleiben auch sie der Prozessualität und Perspektivität der empirischen Welt unterworfen.« (Strübing 2004, S. 39)

---

32 Siehe Kapitel 3.

Analog zu diesen Grundannahmen gestaltet sich die Untersuchungslogik der Grounded Theory als iterativer Prozess. Horst Jürgen Helle verweist seinerseits auf die symbolisch interaktionistische Prägung von Anselm Strauss (vgl. Helle 1999, S. 155ff.). Jedoch weist er darauf hin, dass Strauss die mikrosoziologische Perspektive des Symbolischen Interaktionismus bemängelt, in dem vor allem gruppenspezifisch, also begrenzte Zugehörigkeitsstrukturen und deren Einfluss auf Identität und Persönlichkeit erforscht werden. Für Strauss haben in Ergänzung dazu auch gesellschaftliche Rahmenstrukturen Einfluss auf die Konstitution des Individuums. In dieser Hinsicht sieht er in makrosoziologischen Untersuchungen ebenfalls einen blinden Fleck, da das Subjekt zugunsten der Metaperspektive der gesellschaftlichen Prozesse zu randständig betrachtet wird. Dementsprechend spricht er sich für eine sinnvolle Verbindung von mikro- und makrosoziologischen Überlegungen aus, die die zuvor skizzierten Probleme überwindet (vgl. ebd.). Diese Überlegungen werden in die Auswertungsmethode einbezogen und für die Forschungsarbeit transferiert.

5.5   Auswahl und Erhebungsmethode

Für die Erhebung des empirischen Materials zur Sozialität in *Social Network Sites* hätten sich verschiedene Strategien angeboten. So wäre es möglich gewesen, anhand der Profile auf diesen Plattformen sowohl die Selbstbeschreibung, als auch über Freundschaftsbekundungen und gemeinsame Kommunikation die Sozialität zu rekonstruieren. Da die Netzwerke den Nutzern jedoch viele verschiedene Optionen zur Festlegung ihrer potenziellen Öffentlichkeiten[33] bereitstellen, wäre diese Erhebungsform lückenhaft oder nur auf bestimmte Personengruppen, d. h. auf diejenigen die nicht wissen, dass sie ihr Profil abschließen können oder diejenigen die bewusst eine breitere Öffentlichkeit suchen, beschränkt. Auch ein Beobachtungsverfahren im Verbund mit Surfgrammen (vgl. Schuegraf 2008) wäre denkbar gewesen, stellte aber aufgrund der sensiblen privaten Daten und der komplexen Fragestellung keine adäquate Herangehensweise dar. Letztlich erschien das narrative Leitfadeninterview, mit problemzentrierten Anteilen das

---

33 Der Begriff der Öffentlichkeiten wird gewählt, um zu unterstreichen, dass die Netzwerke den Profilinhabern die Markierung verschiedener Zugangsberechtigungen für die Freunde ermöglicht und so ein erweiterter Kreis adressiert werden kann, als dies in den meisten Offline-Kontexten der Fall wäre. Jedoch sind Teile des Profils immer im ganzen Netzwerk, also auch für nicht befreundete Personen, sichtbar. Es gibt auch die Option, das Profil für alle unsichtbar zu schalten. Von den Interviewten hat dies jedoch niemand in Anspruch genommen.

Erhebungsinstrument, mit dem auf alle Fragedimensionen eingegangen und verschiedene Nutzer ausführlich befragt werden können (vgl. Hopf 1995, S. 177ff.; Przyborski/Wohlrab-Sahr 2009, S. 138ff.; Keuneke 2005, S. 259ff.), als geeignet. Darüber hinaus stellte sich im Forschungsprozess die Frage nach einem Abgleich der Interviewaussagen mit den Profilangaben. Dieser Ansatz wurde jedoch wieder verworfen, da mit einer solchen Konzeption unterstellt würde, dass entweder die Interviewaussagen oder aber die Profilgestaltung die Wahrheitsreferenz dieser Forschung darstellt. Da, wie in der theoretischen Explikation deutlich werden wird, keine dieser beiden Ebenen einen höheren Authentizitätsanspruch als die andere hat, wurde darauf verzichtet. Zudem ergäbe sich hierdurch wieder das Problem der teilweise abgeschlossenen Profile und einer interpretativen Deutungshoheit. Wie die Profile gestaltet sind und wie die soziale Bezugsgruppe auf diese Nutzungsweise reagiert, kann sicherlich nur der Profilinhaber selbst ermessen und nicht durch Dritte, ohne vollständige Informationen definiert werden. Da private Nachrichten und persönliche Profilinformationen für Forscher mit einer ethischen Forschungshaltung niemals sichtbar wären, wäre die Informationsgrundlage immer unvollständig.

Zur Auswahl der Interviewpartner/innen wurden im Sinne des Theoretical Sampling (vgl. Przyborski/Wohlrab Sahr 2009, S. 176f.; Keuneke 2005, S. 263f.) die Logik der Plattformen benutzt und nach dem Schneeballsystem unbekannte Freundesfreunde befragt. Entscheidend war, dass weibliche und männliche Nutzer/innen befragt wurden. Da zu Beginn dieser Forschung die Hauptnutzer der Netzwerke Jugendliche und junge Erwachsene im Alter von 18 bis ca. 30 Jahren waren, wurden Personen dieser Altersgruppe interviewt. Diese ist auch insofern von besonderem Interesse, als dass sich diese im Gegensatz zu jüngeren Mitgliedern von *Social Network Sites* zu einem Großteil nicht mehr in einer Schulausbildung befinden. Durch die Forschung lässt sich somit herausarbeiten, ob alte Kontakte etwa aus der Schulzeit bzw. Studienzeit weiter gepflegt werden. Darauf aufbauend kann somit eruiert werden, ob und wie physische Distanz zu Freunden durch die Netzwerke überbrückt wird und welche Potenziale die Netzwerke beinhalten, solche Kontakte bei Bedarf zu intensivieren. Insgesamt wurden 14 Interviews mit sieben weiblichen Studentinnen und sieben männlichen Studenten geführt, wovon 13 in die Analyse eingingen.[34]

---

34 Ein Interview mit einer weiblichen Studentin wurde ausgeschlossen, da das Gespräch über Skype stattfand und im Vergleich zu den anderen Interviews sehr oberflächlich und kurz ausfiel. An dieser Stelle sei zudem noch angemerkt, dass bei der Interviewakquise der Studentenstatus keine Bedingung war. Dennoch verblieben die Interviewempfehlungen im studentischen Milieu.

Als Erhebungsform für die Gespräche wurde das teilstandardisierte, narrative Interview gewählt, das zwar einem Leitfaden folgt, in der Interviewsituation allerdings größtmögliche Spielräume hinsichtlich der Frageformulierungen, Nachfragestrategien und der Reihenfolge der Fragen zulässt (vgl. ebd.). Der Leitfaden fokussierte besonders Regelstrukturen der Handlungs- und Nutzungsweisen, indem die Befragten nach ihrer Reaktion in bestimmten Nutzungssituationen und den damit verbundenen Bedeutungen und Relevanzen befragt wurden.[35] Diese Nutzungssituationen und Bedeutungen wurden allen interviewten Personen gleichermaßen vorgegeben. Die von den Befragten formulierten Antworten konnten anschließend aufeinander bezogen werden. Zudem verdeutlicht sich durch die Antworten der hohe Vergesellschaftungsgrad dieser Plattformen, da die Interviewten immer auch um die Nutzungspraktiken ihres Freundesnetzwerkes wissen und sich so in den Interviews viele Hinweise auf Konventionen und Normen innerhalb dieser Art von Sozialität wiederfanden, die zur Theorieentwicklung beitrugen.

Nach den ersten Probeinterviews wurde deutlich, dass die Forschungsfragen oftmals nicht eindeutig den Fragen aus dem Leitfaden zuzuordnen waren. Die Überlagerung der Fragen resultierte scheinbar aus dem komplexen Spannungsgefüge von Individualität und Sozialität sowie der Interdependenz von On- und Offline-Kontexten der Netzwerke. Durch die Dimensionsbreite des Leitfadens wurden jedoch im Gesamtzusammenhang alle Forschungsfragen tangiert, so dass aussagekräftige Ergebnisse erzielt und interpretativ im Sinne der Grounded Theory erschlossen wurden. Insgesamt gab es drei Erhebungszeiträume, die sich von April 2009 bis Oktober 2011 erstreckten. Innerhalb des Forschungsprozesses wurde der Leitfaden leicht modifiziert (vgl. Strauss/Corbin 1996; Przyborski/Wohlrab-Sahr 2009, S. 194f.)[36], da durch die Verbindung von Theorie und Empirie und dem Wechselprozess von Erhebung und Auswertung spezifische Fragedimensionen einer eingehenderen Betrachtung bedurften. So wurden die Forschungsfragen sukzessiv spezifiziert und fokussiert. Diese Vorgehensweise erschließt sich maßgeblich durch die Konzeption der Auswertung.

---

35 Der Leitfaden umfasste offene, erzählgenerierende Fragen zu den Themenbereichen Beginn der Nutzung, Profilgestaltung, Alltagsrelevanz, Nutzung, Gruppenzugehörigkeiten, Freundschaften, On- und Offline-Kontexte sowie persönliche Entwicklung während der Nutzung.

36 Der überarbeitete Leitfaden nahm als Erweiterung Facebook als Social Network Site auf. Zudem wurden Kommunikation, Information und die Bedeutung der Plattformen als separate Fragen aufgenommen. Insgesamt wurden die Fragen mehr auf die persönliche Bedeutung ausgerichtet.

5.6 Auswertungsmethode: Codierung mit der Grounded Theory

Auch die Auswertung der Grounded Theory hat unterschiedliche Traditionslinien. Innerhalb dieser Forschung wurde das Auswertungsparadigma von Strauss und Corbin in leicht abgewandelter Form verwendet (vgl. ebd.). Das theoretische Codieren nach Glaser ist für diesen Forschungsgegenstand unangemessen, da es zu starr auf für diese Forschung irrelevante Dimensionen ausgerichtet ist (vgl. Glaser 1978). Dementsprechend wurde eine modifizierte Variante des Codierens nach Strauss und Corbin, wie es Przyborski und Wohlrab-Sahr vorschlagen, präferiert (vgl. Przyborski/Wohlrab-Sahr 2009, S. 204f.). Obwohl bei dieser Forschung die Entdeckung von Strukturen und nicht die einzelnen befragten Personen im Zentrum stehen, muss das Material dennoch in der jeweils ersten Phase des offenen Codierens eine subjektive Kontextualisierung erfahren. Nur so kann auch die Struktur eruiert werden, da diese ebenso einem Bedeutungszusammenhang entstammt. Mit Bezug auf die zentralen Heuristiken, die im Anschluss an dieses Kapitel dargestellt werden, wurde also jedes Interview auf dessen Phänomene analysiert. In diesem Sinne stellen die Heuristiken eine Auswertungsfolie dar, die, flexibel und im Zuge der stetigen Überprüfung im Hinblick auf die Entsprechung in den empirischen Daten, auf die Sichtung des Materials angewandt wurde.[37] So galt es im Kontext der Selbstbeschreibung, die verschiedenen Elemente der Beschreibung des Individuums zu identifizieren. Anhand dieser wurden Schwerpunkte der Beschreibung deutlich, die auf der abstrakteren Ebene der Selbstthematisierung, also der Form dieser Art von Beschreibung, relevant wurden. Diese verweisen zudem bereits auf soziale Prozesse der Selbstbeschreibung und Selbstthematisierung. Auf der Ebene des Sozialbezugs wurden zunächst der Aufbau des Netzwerks und die Pflege der Beziehungen als Elemente der sozialen Auseinandersetzung in den Blick genommen. Darauf aufbauend waren Bezugslinien der sozialen Bindung im Sinne von Zugehörigkeit und Verbundenheit der Forschungsfokus, um die Bedeutung des Sozialbezugs zu eruieren. Dabei waren nicht nur die Zugehörigkeitsstrukturen der Netzwerke von Interesse, sondern auch die Bindungen jenseits dieser computervermittelten Sphäre. Die mediale Umgebung als dritte Heuristik lieferte Erkenntnisse über die Bedeutung der Plattformen als vermittelnde Instanzen. So wurden dadurch Orientierungsstrukturen, sichtbare Verbindlichkeiten, das Verhältnis von On- und Offline-Kontexten und letztlich die Auswirkungen von Speicherung und Sichtbarkeit herausgearbeitet. Auf jeder dieser Ebenen erfolgte die Untersuchung der Interviews auf redundante

---

37 Siehe hierzu das Verhältnis von Theorie und Empirie im Kapitel 1.1.

Phänomene. Durch einen ersten Abstraktionsprozess wurden die Redundanzen in Konzepte überführt. Diese waren selbstverständlich zunächst vorläufiger Natur und mussten sich im fortschreitenden Forschungsprozess bestätigen, um in die Weiterentwicklung der Theorie einbezogen zu werden. Die komplexen Zusammenhänge sich bedingender und zusammengehöriger Konzepte wurden in einem weiteren Abstraktionsschritt, dem axialen Codieren, bearbeitet und zu Kategorien verdichtet. Dabei ist eine einfache Zusammenfassung von Konzepten nicht ausreichend. Vielmehr entstehen Kategorien durch Interpretation im Hinblick auf die sinnstiftenden Kontexte, so dass an dieser Stelle Bedingungen, Folgen, Eigenschaften und Ausdruckselemente zusammen die speziellen Qualitäten der Kategorien darstellen. Zusätzlich durchzog das Schreiben theoretischer Memos den gesamten Forschungsprozess, um so, Schritt für Schritt, die Abstraktion zur Theoriegenese voranzutreiben (vgl. Przyborski/Wohlrab-Sahr 2009, S. 200ff.). Die Abbildung 1 stellt den Auswertungsprozess zwischen Theorie und Empirie exemplarisch anhand ausgewählter Forschungsstationen dar.

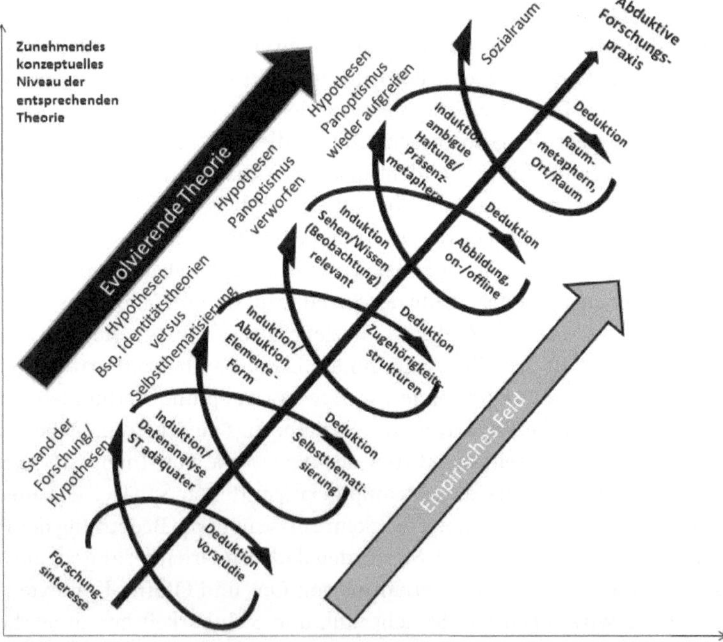

Abbildung 1   Exemplarische Skizzierung des Forschungsprozesses
(vgl. Strübing 2004, S. 47).

Das Sampling des empirischen Materials ist innerhalb dieser Forschung nicht an den einzelnen Fällen orientiert sondern an Strukturen. So trugen redundante Konzepte zur Erklärung von Kategorien bei, die wiederum der Fortschreibung der Theorie dienten. Im Zentrum stehen also sich wiederholende Strukturen von Ereignissen, Situationen und Bedeutungen, die zur Sättigung der Theorie beitrugen. Auf dieser Basis erschließt sich der Sättigungsgrad der Forschung: Erst wenn keine neuen Erkenntnisse, die zur Veränderung von Konzepten beitragen, durch die Interviews erarbeitet werden können, wird die jeweilige Kategorie als vollständig erforscht angesehen (vgl. Przyborski/Wohlrab-Sahr 2009, S. 177ff.).

Die sich ausbildenden Konzepte und Kategorien wurden im Forschungsprozess immer wieder auf ihre Relevanz überprüft. So wurde die sich entwickelnde Theorie im Verlauf ihrer Genese permanent an der empirischen Evidenz gemessen. Dementsprechend galt es Beziehungen zwischen den Konzepten und den Kategorien herzustellen und zu spezifizieren, um so Zusammenhänge schrittweise zu erarbeiten. Der Abgleich mit dem empirischen Material erfolgte teilweise fallimanent, wenn dadurch ein Phänomen besonders gut beschrieben und dadurch Gesamtzusammenhänge, die in anderen Interviews nur am Rande aufschienen, verdeutlicht werden konnten. Auch die Verifikation ex negativo fand vor allem fallimanent statt, in dem konterkarierende Interviewaussagen einander gegenübergestellt und so eingehender interpretiert wurden. Der Schwerpunkt des Vergleichs wurde jedoch durch die Orientierung an Strukturen geleistet, indem redundante Phänomene die Konzepte und Kategorien verifizierten.

Um der Veränderlichkeit von Phänomenen im Sinne von Verlaufsformen und sich verändernden Rahmenbedingungen Rechnung zu tragen, gab es mehrere Erhebungszeiträume, die theoretisch von der Grounded Theory mit Rekurs auf den Symbolischen Interaktionismus vorgesehen sind. Ebenso sind mit diesen Metaentwicklungen auch Veränderungen auf der Interaktionsebene der Individuen verbunden, die sich durch erneute Erhebungen ebenfalls abbilden lassen. Diese Veränderlichkeit ist in Bezug auf die *Social Network Sites* konstitutives Element, wie sich bereits aus der historischen Beschreibung der Entwicklung verschiedener Plattformen bei Boyd und Ellison (2007) nachvollziehen ließ. So war diese Perspektive von Beginn an für die Forschungskonzeption maßgeblich, damit die kultureigenen Wandlungsprozesse der Netzwerke einbezogen und abgebildet werden können. Dadurch erklärt sich auch die Modifikation des Leitfadens zu den verschiedenen Erhebungszeitpunkten, die vollzogen werden musste, um die diversen Entwicklungsphasen im Forschungsprozess sinnvoll mit den Fragestellungen zu verbinden. Da in den Erhebungszeitraum sowohl die Hochphase der Nutzung von *studiVZ*, als auch dessen Sättigungs- und Ablösephase durch *Facebook* fällt, wurden durch die Anpassungen des Leitfadens wichtige Bedeutungsebenen dieser Veränderungen erschlossen, die bei einer statischen Forschungskonzeption unerforscht geblieben wären. In diesem Sinne führten die iterativen Prozesse von Induktion, Deduktion und Abduktion zur Anpassung des Leitfadens und somit zur fokussierten Bearbeitung der Spezifika von Sozialität innerhalb der Plattformen (vgl. Strübing 2004, S. 47; Przyborski/Wohlrab-Sahr 2009, S. 194f.).

Abschließend sei noch angemerkt, dass sich der komplexe Auswertungsprozess zwischen Theorie und Empirie nicht wie im Forschungsprozess verlaufen abbilden lässt, da dies aufgrund der vielen theoretischen sowie empirischen Codierungsschleifen nicht zu einem besseren Verständnis oder zu einer stringenten Nachvollziehbarkeit führen würde.[38] So wurden Theorie und Empirie im Prozess der Induktion, Deduktion und Abduktion immer wieder auf Anschlussfähigkeit geprüft und einige theoretische sowie empirische Überlegungen zugunsten einer kontinuierlichen Theorieentwicklung verworfen, so dass hier ein gradlinigerer Eindruck entsteht, als sich dies während der Forschung gestaltete. Dementsprechend setzt die Verschriftlichung der Ergebnisse auf der Ebene der Konzepte an, um sowohl deren Genese zu Kategorien als theoretische Anknüpfungspunkte zu diskutieren und zu verdeutlichen. Im Rahmen des Forschungsprozesses ging damit eine kontinuierliche theoretische Diskussion der empirischen Ergebnisse einher, um die Basis für eine abstraktere Interpretation der Kategorien vorzubereiten und die abschließende Theoriebildung einzuleiten.

---

38 Zunächst gab es mehrere Codierungsversuche, um das Datenmaterial aufzubrechen. Auch im Zuge des offenen und axialen Codierens wurden die Konzepte und Kategorien immer wieder auf ihre Stabilität überprüft. Würden nun alle Versuche, Codierungsschleifen und stetiges Vergleichen abgebildet, wäre keinerlei Systematik und Zusammenhang mehr darstellbar. Vielmehr stellt der Auswertungsteil das Resultat der gewissenhaften Auseinandersetzung mit diesen Auswertungsschritten im Zusammenhang mit den theoretischen Perspektiven dar.

Drei zentrale Heuristiken

Im Folgenden werden die drei zentralen Heuristiken, die diese Forschungsarbeit rahmen, vorgestellt. Diese bieten in ihrer je spezifischen Auslegung Anknüpfungspunkte, um die Sozialität der Plattformen zu erschließen. Dabei wurden die Theorien und Konzepte der Heuristiken nicht unreflektiert auf den Forschungsgegenstand übertragen, sondern zunächst bis zu deren Anschlussfähigkeit argumentiert. Darauf aufbauend wurden die Heuristiken im Forschungsprozess immer wieder auf ihre empirische Tragfähigkeit überprüft, so dass an dieser Stelle nur noch die Heuristiken zu finden sind, die mit dem empirischen Material korrespondieren. Jede Heuristik dient dabei dazu, einen Teilaspekt von Sozialität zu betrachten.[39] Demnach lässt sich ein Gesamteindruck von Sozialität, der aus Selbstthematisierung, Sozialbezügen und medialer Umgebung resultiert, erst in der Zusammenführung der Ergebnisse der verschiedenen Teilaspekte nachvollziehen. Zu Beginn wird das Konzept der Selbstthematisierung dargestellt, welches die Art und Weise, wie Menschen sich selbst thematisieren, historisiert und wichtige Funktionen und Bedeutungen dieser spezifischen Narration offenbart. Dieses Konzept basiert auf den Schriften von Alois Hahn, Cornelia Bohn

---

39 Mit der Heuristik Selbstbeschreibung/Selbstthematisierung standen beispielsweise zunächst Motivation und Inhalt der Selbstbeschreibungen im Vordergrund. Auf Basis dieser Erkenntnisse konnten abstraktere Ebenen der Struktur der Selbstthematisierung erschlossen werden, so etwa die kommunizierte Identitätsfigur, Vollständigkeit, Standardisierung, Biographieautorisation, Persistenz und Publikum. Abschließend wurden die sozialen Anknüpfungspunkte von Selbstbeschreibung/Selbstthematisierung untersucht.

und Markus Schroer. Mit den Autoren wird eine historische Annäherung an Selbstnarrationen verfolgt, die erklärt, wie individuelle Erzählungen mit gesamtgesellschaftlichen Entwicklungen korrespondieren und welche Motive, Ausdrucksmöglichkeiten und Auswirkungen mit den jeweiligen Spezifika der Selbstthematisierungsdiskurse verbunden sind. Darauf aufbauend folgt, als zweite zentrale Heuristik, die Entwicklung einer soziologisch begründeten Basis, die das komplexe Interdependenzgefüge von Individuum, Gesellschaft und Gemeinschaft entfaltet. Innerhalb dieser Heuristik des Sozialbezugs verdeutlichen die Theorien zu Gesellschaft und Gemeinschaft sowie sozialökologische und rollentheoretische Überlegungen grundlegende soziale Strukturen, in denen das Individuum eingebunden ist. Darüber hinaus werden dadurch einschneidende historische Wandlungsprozesse skizziert, mit denen sich Individuen im 21. Jahrhundert konfrontiert sehen und die ein grundsätzliches Verständnis für soziale Rahmenbedingungen der Individuen evozieren. Schließlich umfasst die Beziehung von Mensch und Medien die dritte grundlegende Heuristik der medialen Bezüge, die vor allem mediale Selbstexternalisierungspraktiken sowie deren soziale Auswirkungen und Implikationen beschreibt und für diese Forschung konturiert. In diesem Kontext stellen Theorien von Sherry Turkle, Michel Foucault, Jaques Lacan und Reinhard Keil die Grundlage dar, auf der die medialen Einflüsse der *Social Network Sites* eingehender betrachtet werden können.

Die theoretische Rahmung aus Selbstthematisierung, sozialen und medialen Bezügen, bilden das reziproke Verhältnis zwischen Individuum, Gesellschaft und Medien ab und stellen insgesamt die Operationalisierung von Sozialität für diesen Forschungsprozess dar. Mit dieser theoretischen Trias wird eine medienpädagogische, mediensoziologische und medientheoretische Kontextualisierung der Forschungsinteressen entwickelt, auf der der gesamte weitere Forschungsverlauf aufbaut. So stellen die drei Heuristiken die Grundpfeiler dar, die den iterativen Prozess von Datenerhebungsphasen und Auswertungszwischenergebnissen ständig begleiten. Die sukzessiv gewonnen Ergebnisse werden mit weiteren theoretischen Bezugspunkten kontinuierlich evolviert, um das Phänomen der Sozialität in *Social Network Sites* in Bezug auf diese theoretischen Grundpfeiler eingehend zu analysieren und zu beschreiben.

6.1   Selbstthematisierung

Um die Relevanz von Selbstthematisierung als Konzept zu erschließen, erfolgt zunächst mit Stuart Hall eine Analyse verschiedener Identitätskonzepte und deren Verortung in gesellschaftliche, historische und theoretische Perspektiven. Im Anschluss werden das Konzept der Selbstthematisierung und die darin enthaltenen Selbstbeschreibungen erklärt.[40] Damit wird dargelegt, dass Selbstbeschreibungen mehr sind als banale Aussagen des Individuums, sondern zusammengefasst als Selbstthematisierungen in historische, gesellschaftliche und soziale Prozesse eingebunden sind. Mit der Historisierung verschiedener Selbstthematisierungen werden exemplarisch eben solche Kontexte verdeutlicht. Letztlich wird dieses Konzept explizit an soziale Dimensionen zurückgebunden, um die gesellschaftlichen und zugehörigkeitsstiftenden Potenziale aufgreifen zu können. Innerhalb dieser Perspektive werden auch die Überlegungen Goffmans zur Selbstdarstellung einbezogen, da es einerseits sinnvoll ist Selbstthematisierung und Selbstdarstellung gegenüber zu stellen. Andererseits wird der konkrete soziale Charakter von Selbstbeschreibungen bei Goffman eindringlich vermittelt und ermöglicht so ein besseres Verständnis der sozialen Dimension des Selbstbezugs. Die verschiedenen Zugangsweisen werden jeweils auf die *Social Network Sites* bezogen, um diese als Selbstthematisierung eingehender zu betrachten und für die Forschung wichtige Überlegungen anzuschließen.

6.1.1　Prolog: Identitäten im Wandel

Zeitgenössische Identitätskonzepte betonen, analog zu diffusen Gesellschaftsbedingungen, die Existenz fragmentierter Identitäten. Identitätsproblematiken sind Voraussetzung für sich eröffnende Selbstthematisierungsdiskurse, wie nachfolgend eingehender differenziert wird. Zuvor gilt es jedoch zu klären, wie sich fragmentierte Identitäten konkret äußern und wie diese Diffusionserscheinung ursächlich erfasst werden kann. In diesem Zusammenhang kategorisiert Stuart Hall verschiedene epochal determinierte Vorstellungen von Identität (vgl. Hall 1999, S. 393ff.). Ausgangspunkt für Halls Forschungen zur Identität ist die gegenwärtige Diskussion um die Krise der Identität. Grundsätzlich sieht auch er Identität nicht als ein in sich geschlossenes, kohärentes und unbewegliches Konzept, jedoch versucht er, über die verschiedenen Definitionen und Lesarten von aktuellen, fragmentierten Identitäten, Erklärungsmuster für diese Beschreibungen zu finden. Dazu differenziert er zunächst drei Konzepte der Identität: die Identität der Aufklärung, die soziologische Beschreibung von Identität und postmoderne Identitätskonzepte (vgl. ebd., S. 394f.). In dieser bewusst vereinfachten Lesart rekonstruiert

---

40 Selbstthematisierung ist als übergreifende Struktur von Selbstbeschreibung zu verstehen. Selbst-beschreibungen hingegen sind einzelne Elemente von Selbstaussagen. Dieser Aufbau eignet sich insbesondere, um zunächst die Elemente der Selbstbeschreibung darzustellen, um darauf aufbauend Strukturen und Schwerpunkte, also die Selbstthematisierung identifizieren zu können.

er somit verschiedene historisch prägende Identitätsvorstellungen (vgl. ebd., S. 401). Das Subjekt der Aufklärung ist seiner Auffassung nach maßgeblich durch die Annahme eines inneren, unveränderlichen Kerns der Identität beeinflusst. Zur Zeit der Aufklärung war die Vorstellung eines in sich ruhenden Subjekts vorherrschend, welches einen Kern, der nicht veränderlich ist, besitzt. Diese Sichtweise, die zudem durch die Theorien Kants und die Durchsetzung des Protestantismus mit »Vernunft, Bewusstsein und Handlungsfähigkeit« (ebd., S. 395) aufgeladen waren, deklariert er als individuelles Identitätskonzept. Anders hingegen argumentieren soziologische Konzepte, die Identität als sozialen Prozess begreifen. Sie stellen die Perspektive eines soziologischen Subjekts dar, welche das zuvor eher innerlich aushandelnde Subjekt der Aufklärung in das Außen seiner sozialen Bezugswelt einbindet und prägt, indem es in einem ständigen Aushandlungsprozess zwischen individuellen und sozialen Impulsen zirkuliert. Identität wird somit unter bestimmten Rahmenbedingungen und in sozialen Aushandlungsprozessen konstruiert und entwickelt. Nach dieser Vorstellung gibt es, wie bereits angedeutet, ein Außen und ein Innen des Identitätskonzepts, welche zueinander in ein dialogisches Verhältnis treten. Dem Individuum kommt dabei die Aufgabe des Vermittlers zwischen diesen beiden Polen zu einer Identität zu. Darüber hinaus liegt solchen Konzepten zugleich eine stete Identitätsarbeit zugrunde, da die Aushandlungen zwischen Individuum und Gesellschaft lebenslang stattfinden (vgl. ebd.). Das postmoderne Subjekt, als dritte von Hall genannte Identitätsvorstellung, besitzt schließlich keinen einheitlichen Kern mehr, ist von den es umgebenden Wandlungsprozessen zersetzt und nimmt somit nur sporadisch Identitäten an, die ebenso schnell wieder abgelegt werden können und nicht miteinander vereinbar sein müssen. Da die Gesellschaft sich im Wandel befindet und immer mehr kulturelle Werte und damit auch Identitätsentwürfe mit persönlichen Sichtweisen, die sich oftmals überlagern oder auch unvereinbar zueinander stehen, verhandelt werden müssen, ist eine Integrationsarbeit kaum noch leistbar. Dieser Tatbestand untergräbt das Konzept einer einheitlichen Identität. Ein unveränderlicher Kern kann angesichts vielfältiger, teilweise konkurrierender und sich gegenseitig ausschließender, Identitätsangebote nicht gewährleistet werden, was zu einer Fragmentierung, einer Zerrissenheit des Subjekts führt, womit postmoderne Identitätskonzepte angesprochen sind. Die einzige Möglichkeit, eine möglichst einheitliche Sicht auf sich selbst zu entwerfen ist demnach die einer individuellen sinnhaften Narration über uns selber, die jedoch eine Konstruktion und Reduktion der tatsächlichen Fragmentierung darstellt (vgl. ebd., S. 395f.).

Hall stellt in diesem Kontext das zentrale Argument für Moderne, Spät- oder Postmoderne in Gestalt der Diskontinuität heraus (vgl. ebd., S. 396ff.). Der Grundtenor dieser Gesellschafts- und Identitätstheorien fokussiert einen beständigen

Wandel zahlreicher Lebensbedingungen, der die jeweils vorherrschende Ordnung immer wieder untergräbt und neu strukturiert und so Gesellschaften und ihre Orientierungen in einem unendlichen Erneuerungsprozess einschließt. An dieser Stelle verweist er auf das Konzept der Zerstreuung von Laclau (1990), der aktuelle Gesellschaften vor allem durch Dezentralisierung charakterisiert sieht. Demnach existieren verschiedenste Entwürfe von Lebensweisen nebeneinander, was eine Orientierung kaum möglich macht. Analog der Lebensentwürfe existieren entsprechend viele Brüche, ebensolche Identitätskonzeptionen anzunehmen. Laclau liest diese Differenzierung als positive Entwicklung, die das starre Identitätskorsett der Vergangenheit auflöst und neue Artikulationen von Identität ermöglicht. Von diesem Punkt aus versucht Hall die Fragmentierungsentwicklung des Subjekts analytisch über große Umbrüche zu erklären und dabei das Einheitspostulat, welches mit dem Subjekt der Aufklärung verbunden ist, grundsätzlich in Frage zu stellen (vgl. Hall 1999, S. 407ff.).

Indem Karl Marx und Friedrich Engels (1848) das Individuum in den strukturellen Zwängen des Kapitalismus analysieren, wird die Vorstellung eines autark handelnden Individuums grundlegend untergraben. So wird das Subjekt zum Objekt produktionstechnischer Kreisläufe, die es prägen. Die nächste Dezentrierung des Subjekts vollzieht sich mit der Psychoanalyse. In diesem Zusammenhang zeichnet Sigmund Freud (1955) ein Bild des in sich zerrissenen Individuums, das auch innerpsychisch gegen die verschiedenen Fragmente seiner Identität ankämpfen muss. Jacques Lacan (1973) betont im Spiegelstadium als Begründungsakt der Identität die Geburt einer tiefgreifenden Mangelempfindung des Subjekts, welches sich nie dem Ideal der Spiegelgestalt annähern kann und diesen Mangel stetig mittels Bestätigung in Form der Anerkennung von Bezugspersonen zu kompensieren versucht. Ebenso gehorcht das Symbolsystem Sprache nicht den Regeln des einzelnen Individuums, sondern stellt ein vorhandenes System dar, dass nur überindividuell reguliert werden kann. Sprache als Repräsentationssystem und in Analogie dazu zugleich das Repräsentationssystem Identität sind polysem und unabgeschlossen. Die Analogie dieses Zusammenhangs erfasst Hall mit Verweis auf Jacques Derrida (1972), indem er bemerkt:

> »[…] daß individuelle Sprecher nie eine Bedeutung endgültig fixieren können, soviel sie sich auch anstrengen – auch nicht ihre Identität. Worte sind ›vielfach akzentuierend‹. Sie transportieren von ihnen losgelöste Echos anderer Bedeutungen, trotz aller Bemühungen, die Bedeutung zu schließen. Unsere Aussagen werden von Behauptungen und Prämissen untermauert, die wir nicht wahrnehmen, die aber im ›Blutkreislauf‹ der Sprache mittransportiert werden. Alles, was wir sagen, hat ein ›Vorher‹ und ein ›Nachher‹ – einen ›Rand‹, auf den andere schreiben können« (Hall 1999, S. 411, Hervorhebungen im Original).

Mit Michel Foucaults (1976) Theorie der Disziplinarmacht ereignet sich ein weiterer Dezentrierungsschub, da durch Institutionen wie Schulen, Krankenhäuser, Betriebe, Heime etc. der individuelle Körper diszipliniert wird, um im Kollektiv produktiv zu sein. Diese Disziplinierung wird soweit internalisiert, dass sie als natürlich und selbstgewählt erscheint, es aber keineswegs ist. Die Macht, die von den Institutionen aus wirkt, wird demzufolge ins Innere des Individuums übertragen, so dass die sozialisationsbedingte antrainierte Fügsamkeit kaum noch rekonstruierbar wird (vgl. ebd., S. 251ff.). Als letzte Instanz der Dezentrierungsentwicklung verweist Hall auf den Feminismus, der vermeintliche Gewissheiten wie Rasse und Geschlecht in Frage stellt und eine weitreichende Neubewertung der privaten Geschlechterrollen bewirkt (vgl. Hall 1999, S. 412ff.). Auch diese Identifikationsmuster der Rasse, des Geschlechts und der Geschlechterrollen geraten nun ins Wanken und stellen das Individuum vor neue Aushandlungs- und Entscheidungsprozesse hinsichtlich einer zu konstruierenden, weil nicht gegebenen, Identität (vgl. ebd.). Hall spricht hier davon, dass das Phantasma der kongruenten Identität nur durch lindernde Narrationen hergestellt wird, indem die tatsächlichen, divergierenden Teil-Identitäten verschwiegen werden.

In Analogie zu Hall sieht Markus Schroer (2006) in der Kontingenz das Kernphänomen der Moderne. Er spricht von einer multiperspektivischen Welt mit verschiedenen sich überlagernden und unter Umständen auch inkompatiblen Wirklichkeiten. Daraus resultieren Ordnungs- und Sinnprobleme, die, aufgrund des Zersetzungsprozesses der Verbindlichkeit traditioneller Werte, Normen und Gewissheiten, individuell bearbeitet werden müssen. So bringen alternative Lebensentwürfe diese Probleme hervor und fordern bzw. fördern die Möglichkeiten zur Selbstreflexion. Um einem zerrissenen, fragmentarisierten Individuum vorzubeugen, gilt das Ideal des starken, stabilen einheitlichem Selbst, das aus der zuvor von Hall beschriebenen Vorstellung eines unveränderlichen Kerns des Selbst gespeist wird und so eine innere Einheit und Kontinuität postuliert. Diese Sicht auf Identität ist selbstverständlich historisch aufgeladen und korrespondiert, wie Hall belegt, mit verschiedenen Identitätstheorien (vgl. ebd.; vgl. Erikson 1971). Löst sich die Einheit der Identität auf, gilt dies unter jener Perspektive als pathologisch. So kommt es zu paradoxen Beziehungen zwischen Individuum und Umwelt, denn es soll ein einheitliches Selbst in einer fragmentarisierten Welt verhandelt werden. Die Identität wird innerhalb der Adoleszenz gebildet und sollte zu deren Abschluss ausgebildet sein, so dass neue Erfahrungen und Eindrücke in dieses unveränderliche Konzept eingerückt werden können. Es kommt zu einem doppelseitigen Prozess: Gesellschaft und Individuum sollen zusammen gehalten werden, das Individuum mit seinen Teilselbsten, die Gesellschaft mit ihren Teilsystemen (vgl. Schroer 2006, S. 48ff.).

Im Protestantismus hat diese Lehre besonders auf die Selbstbeschreibung eingewirkt und so eine kontrollierte Selbstbeobachtung geprägt. In diesem Sinne gilt es Identitätsdiskurs und literarische Ausdrucksform zusammen zu denken, als ständige Selbsterforschung und Prüfung zur »Konstitution und Verbreitung einer institutionalisierten Form systematischer Selbstbefragung und Selbstthematisierung. [...] Medien der Selbsterkundung in der Moderne also sind das Tagebuch, Autobiografie, Roman« (Schroer 2006, S. 51 f.).

In (post-)modernen Gesellschaften herrscht demgegenüber eher die Flucht vor feststehender bzw. beendeter Identität vor. Eine solche wird als Korsett verstanden, das die Reaktionsfähigkeit auf die wechselhafte Umwelt erschweren oder sogar unmöglich machen würde. So wird Identität zunehmend als veränderbares und offenes Konstrukt gesehen, das sich in den Theorien zur »Bastelexistenz« (Hitzler/Honer 1994) oder »Patchworkidentität« (Keupp 2008) niederschlägt. Die postmoderne Identität besitzt keinen Abschluss und keine einheitliche Form. Sie wird zu einer lebenslangen Phase der Selbstreflexivität und Selbstorganisation. Kriterien zum gelungen Identitätsaufbau rekurrieren nicht mehr auf einen inneren Kern der Persönlichkeit. Jedem Individuum stehen Deutungsangebote, Sinnlieferanten und Weltbilder zur Verfügung, aus denen es auswählen kann. Dies führt dazu, dass auch andere diese Möglichkeiten wählen und keine exklusive Identitäten sondern nur noch Identitätsmuster existieren. Daran wird die Relevanz von Feinjustierungen des Individuums deutlich, von denen es Gebrauch machen muss, um nicht beliebig zu sein und eine scheinbare Einzigartigkeit in der Rekombination vorgefertigter Muster zu realisieren. Auffallend neu und divergierend zur modernen Gesellschaft sind diese Vorstellungen nicht, da bereits schon Zweifel an einem einheitlichen Selbst aufkamen. Als Kronzeugen lassen sich hier David Hume und Michel de Montaigne (1969) anführen (vgl. Schroer 2006, S. 52 ff.). In Stuart Halls Verständnis bringen verschiedene Zeiten entsprechend verschiedene Identitäten hervor, die nicht um ein einheitliches Selbst zirkulieren. Somit drängen Identitäten in verschiedene Richtungen, mit denen wir uns zeitweise identifizieren können. Das einheitliche Selbst aber dient nur als Trost oder als Erzählung unseres Ichs über uns selbst (vgl. Hall 1999, S. 396). Wie Identitäten konkret konstruiert werden bleibt strittig. Klarheit herrscht hingegen bezüglich der Auffassung, dass Identitätkonstruktions- und Identitätskommunikationsprozesse komplexer werden. In diesem Sinne bieten Selbstthematisierungen als Erzählungen einen Anknüpfungspunkt, um soziologische Aushandlungsprozesse von Identitäten zu untersuchen.

6.1.2   Konzept und Struktur der Selbstthematisierung

Den Begriff der Selbstthematisierung konturiert Alois Hahn (1987) über die Differenz zwischen Lebenslauf und Biographie. Lebensläufe stellen die »Gesamtheit von Ereignissen, Erfahrungen, Empfindungen usw. mit unendlicher Zahl von Elementen« (ebd., S. 12) dar. Diese können, wie bei Erwerbstätigkeits-Lebensläufen, einer konventionalisierten Darstellungsform unterliegen. Die Biographie ist insofern vom Lebenslauf zu unterscheiden, als dass diese einen sinnstiftenden Auseinandersetzungsprozess des Individuums mit seinem Lebenslauf evoziert. Aufgrund der Vielzahl an Erfahrungen und Informationen, die die Biographie bedingen können, reduziert das Individuum den Komplexitätsüberschuss auf die Erlebnisse, denen Bedeutung zugemessen wurde. Diese Selektion ist nicht nur individuell, sondern auch sozial gerahmt, da die Bezugsgruppe ebenfalls bedeutungsstiftend an den Erfahrungen partizipiert. Die Reduktion von Komplexität findet hier jedoch nur ihren Anfang. Wie Hahn bemerkt, werden soziale Interaktionen maßgeblich durch Simplifizierungen der Identität für sich selbst und für die Anderen bestimmt. Würde die Identität mit all ihren Facetten und in ihren synchronen und diachronen Elementen vermittelt, könnte keine Kommunikation, die auf Verständigung basiert, realisiert werden, da die Identitäten der Interaktionspartner so ausdifferenziert gesehen würden, dass eine eindeutige Adressierung unmöglich wäre. Dadurch entsteht eine gewisse Eindeutigkeit in spezifischen sozialen Situationen, die es ermöglicht, auf eine konkrete Identität Bezug zu nehmen. Gleichzeitig liegt darin auch ein gewisser Freiraum, da diese Interaktionen nicht festgeschrieben werden und somit in folgenden Situationen mit Neuausrichtungen aufgeladen werden können (vgl. ebd.).

> »Tempogewinn und Flüssigkeit des Prozessierens bei Offenhalten rückgreifender Thematisierungen – das sind die Funktionen der Schematismen. [...] Aber das weitere Prozessieren erfordert es, diese wechselbezüglichen Relationierungen auf einen Punkt zu verkürzen, Informationen entsprechend zu raffen und Unsicherheiten zu absorbieren, damit im weiteren Verlauf etwas Bestimmtes für Neurelationierungen zur Verfügung steht« (ebd., S. 15).

Mit den Neuausrichtungen ergeben sich Unsicherheiten für das Individuum selbst, da eine Narration über sich selbst die Einzelkontexte bündelt und in einen sinnstiftenden Gesamtzusammenhang stellt. Um diese Narrationen nun zu entwickeln, werden besondere situative Zusammenhänge benötigt, die die alltagsweltlichen sozialen Situationen nicht leisten können. Dementsprechend werden die Selbstnarrationen in spezifischen Kontexten, wie bspw. in der Beichte und der Psychoanalyse, ermöglicht. Und so verweist Hahn auf die verschiedenen

Biographiegeneratoren, wie er die spezifischen Selbstnarrationsinstitutionen nennt, die eine Gesellschaft ausbildet (vgl. ebd.). Die folgende Konkretion einleitend sei erwähnt, dass die systemtheoretische Rhetorik des Beitrags von Bohn und Hahn zur Erklärung der Selbstthematisierung zwar verwendet wird, die Systemtheorie jedoch nicht das wissenschaftliche Verständnis der vorliegenden Arbeit prägt. Auch ohne die Annahme der Existenz in sich geschlossener Teilsysteme der Lebenswelt lassen sich durch die komplexen sozialen Partizipationen des Individuums, sowie den damit einhergehenden sozialen Rollen, ähnliche Relevanzen der Narrationen erschließen. Grundsätzlich werfen Bohn und Hahn mit dieser Lesart wichtige Fragen zu Form, Inhalt und Bedeutung von Selbstnarrationen auf, die nachfolgend auf die Analyse der Netzwerke übertragen werden.

Zusammen mit Cornelia Bohn nimmt sich Hahn den Mechanismen von Selbstthematisierung und Selbstbeschreibung im Rahmen eines soziologischen Diskurses an (vgl. Bohn/Hahn 1999, S. 33ff.). Sie klassifizieren die Entwicklung verschiedener Epochen durch die Weiterentwicklung der sozialen Differenzierung, wie sie durch Arbeitsteilung, verschiedene Kultursysteme als Bedeutungssysteme, Wertsphären, soziale Kreise und weitere Subsysteme existieren. So argumentieren sie in Analogie zu Hall, dass neue Formen sozialer Differenzierung gleichermaßen neue Formen persönlicher Identität bedingen und erzeugen (vgl. Hall 1999). Komplexe, ausdifferenzierte Sozialsysteme erfordern vom Individuum die Kompetenz mit diesen umzugehen. Dafür ist es notwendig, nur die Facetten der Identität auszuwählen und zu kommunizieren, die für das jeweilige System zulässig sind. Dabei besteht Identität aus verschiedenen, vielschichtigen Ebenen, die Bohn und Hahn als synchrone Identität, also zeitgleiche bzw. aktuelle Elemente, und diachrone Identität, d. h. die Zeit überdauernden Elemente der Identität, benennen. Auch bei diesen beiden vereinfachten chronologisch argumentierten Polen ist die diachrone Identität kaum kommunizierbar. Die Einheit und Ganzheit des Individuums findet in realen Situationen so keinerlei Entsprechung, da das Individuum nur als konkreter Rollenträger agiert. Die sozialen Kreise, in denen sich das Individuum bewegt, erzeugen demnach einerseits seine spezifische Individualität durch Sozialität, verhindern aber gleichzeitig seine Kommunizierbarkeit. Dadurch wird biographische Identität nur in speziellen Institutionen wie z.B. der Beichte, Psychoanalyse und Autobiographie thematisierungsfähig, die somit als Biographiegeneratoren in Erscheinung treten. Sie stellen den sozialen Ort[41] dar, an dem biographische Identität zum Ereignis wird und

---

41 Eine differenzierte Diskussion von Raum und Ort in soziologischer Perspektive erfolgt in Kapitel 9.

kommunizierbare biographische Wirklichkeit entsteht. Dementsprechend kann den Biographiegeneratoren eine Kompensationsfunktion für fragmentierte Teilhabe an sozialen Subsystemen zugeschrieben werden. Voraussetzung für Beichte und Psychoanalyse ist jedoch, dass die Inhalte geheim bleiben. Wird das Geheimnis aufgedeckt, drohen Störungen in den sozialen Beziehungen, aus denen es stammt. Die Identität kann so empfindliche Beschädigungen durch die öffentliche Kommunikation des Geheimnisses erfahren. Für sozial ausdifferenzierte Gesellschaften ist es demnach notwendig, neue Formen zur Kommunikation biographischer Identität zu institutionalisieren bzw. Sondertypen von Kommunikation zu etablieren (vgl. Bohn/Hahn 1999, S. 33ff.).

Diese Argumentation ist insofern interessant, als dass die Biographiegeneratoren auch die Art und Weise des Ausdrucks der Selbstthematisierung in Form und Inhalt determinieren. Jeder Biographiegenerator verfügt somit über Konventionen und Modi, die die Biographie und deren Inhalt prägen (vgl. Schroer 2006, S. 41). Um nur die Beispiele von Psychoanalyse und Beichte abstrahierend auszuführen, umfasst die Beichte eine religiöse Selbstthematisierung, die Psychoanalyse eine medizinisch-pathologische. Auch die Ziele, die mit diesen Ausdrucksformen verbunden sind, variieren und lassen sich anhand der Beispiele als konfessionelle Buße bzw. Vergebung und psychologische Genesung klassifizieren. Mit dem Zweck ist ebenso eine Vorstellung vom Ausmaß der Selbstbeschreibung verbunden, indem konkrete Biographiegeneratoren bestimmte Formen der Vollständigkeit bzw. Ausschnitthaftigkeit sowie Nachvollziehbarkeit der Biographiegenese. Diese strukturellen Rahmenbedingungen wirken auch auf die Narrationen zurück und beeinflussen die Art des Selbstbezugs. Dementsprechend können Selbstthematisierungen auf die Erfassung von Handlungen, auf äußere Evidenzen oder aber auch das Seelen- und Empfindungsleben des Individuums fokussieren. Zudem ist es entscheidend, ob der Selbstthematisierungsdiskurs einer Verlaufsform unterliegt, also persönliche Genese und Weiterentwicklung des Individuums umfasst, oder ob nach der Genese eine möglichst gleichbleibende Identitätsfigur kommuniziert werden soll (vgl. Hahn 1987).

Übertragen auf die *Social Network Sites* ist es zunächst wichtig, die Grundzüge dieser Selbstthematisierung zu erfassen. Dafür müssen die Motive zu der selbigen genauso erschlossen werden wie die Inhalte. Auch die damit verbundenen Vorstellungen von Vollständigkeit und Ausschnitthaftigkeit sowie die Identitätsfigur sind interessant, um zu einer grundsätzlichen Einschätzung dieser Art des Selbst- und Sozialbezugs zu gelangen. Wie Selbstthematisierungen interpretierend gedeutet werden können, um sowohl die Vorstellung von Individuum, als auch dessen gesellschaftliche Verortung zu erklären, verdeutlicht sich im folgenden Abschnitt über die Historie der Selbstthematisierungen.

Selbstthematisierung war, so Markus Schroer, historisch gesehen nur Mitgliedern der Elite vorbehalten, stellt aber mittlerweile ein gesamtgesellschaftliches Phänomen dar (vgl. Schroer 2006, S. 41f.). Sie findet jedoch in unterschiedlichen Milieus und durch unterschiedliche Ausdrucksformen statt. Zunächst kann dies über eine Historisierung des Identitätskonzeptes mit den damit einhergehenden Selbstthematisierungspraktiken erschlossen werden. So gab es soziologisch gesehen vor dem 18. Jahrhundert keine Individualität, sondern nur die Allgemeinheit. Jedem war sein Platz durch Geburt und Tradition zugewiesen. Mit den Schriften Rousseaus (1978) ändert sich dieses Verständnis. Demnach ist jede Person auf ihre Weise einzigartig und anders und kann nicht das Leben eines anderen leben. Damit einhergehend wächst auch der Anspruch, sich selbst treu zu sein. Analog zu dieser Erkenntnis lag die Betonung eher auf Zugehörigkeit zu einer Religion, die sich als Selbstthematisierungsdiskurs in der Beichte manifestierte, oder beispielsweise zu einer Klasse oder einem Berufsstand. Erst Brüche, wie selbstgewählte Berufe und ein Leben jenseits tradierter Normen bringen Individualisierung hervor. Damit steigt auch die Notwendigkeit, eigene Entscheidungen gegen Traditionen im Sinne von Selbstrechtfertigungsdiskursen zu legitimieren (vgl. Schroer 2006, S. 44ff.). So beschreiben auch Bohn und Hahn die Selbstnarration von Beginn an als eine Möglichkeit zur Kompensation von Verunsicherungen (vgl. Bohn/Hahn, S. 40ff.).

In der Vormoderne ist der Körper des Menschen das Koordinatensystem seiner Besonderheit und repräsentiert eine physische Individualität. Diese physische Individualität muss nicht erst erworben werden, sondern ist durch die Geburt gegeben (vgl. ebd.). Dieses gegebene Element der Individualität existiert auch heute noch[42], jedoch kommt durch die individuelle Lebensführung im Sinne von beruflichen sowie sozialen Lebensabschnitten, eine Vielzahl von Indizien von Individualität hinzu. In diesem Zusammenhang verweisen Bohn und Hahn auf die Verschiebung von Individualität, ausgehend von Leiblichkeit zum Seelenleben des Einzelnen. Individualität wird demnach durch Partizipation an Teilsystemen und der eigenen Biographie reflexiv durch Selbstbeschreibung und Selbstthematisierung erarbeitet und konstruiert. Soziologisch argumentiert existierten Individuen in der Vormoderne nicht. Das gesellschaftliche Leitbild war vielmehr an der Allgemeinheit orientiert. Es galt das Primat, ein standesgemäßes Leben

---

42 Der Körper ist heute jedoch auch nicht mehr einfach gegeben. Er wird geformt, verändert und modelliert. Natürliche Körper existieren in dieser Perspektive nicht länger, sondern sind kulturell kodierte Körper, die gemäß den konjunkturellen ästhetischen Maßstäben entsprechend durch Sport, Kosmetik, Schönheitschirurgie und Ernährung bearbeitet werden.

mit seinen typischen Lebensläufen zu führen. Diese Erkenntnis resümieren Bohn und Hahn aus der Analyse der damals vorherrschenden literarischen Selbstbeschreibungen, wie sie in Memoiren, Tagebüchern und Journalen vorkamen. Mit den Werken wurde keine Veröffentlichung angestrebt, ebenso wenig Ruhm, persönliche Legitimation oder Selbsterkenntnis. Erst mit dem Aufkommen der Autobiografie, insbesondere durch die Schriften von Jean-Jaques Rousseau (1978), fand eine Veränderung dessen statt. Soziale Herkunft, Lebensentwicklung und -führung stimmen dort nicht überein. Rousseau entstammte einer unterprivilegierten Schicht, erhielt aber dennoch durch zahlreiche Veränderungen in seinem Leben die Möglichkeit, sich über seine Herkunftsverhältnisse hinaus zu bilden und gelang so in höhere Kreise, denen gegenüber er sich letztlich jedoch auch skeptisch verhielt. Rousseaus Leben bleibt durch Entfremdung gekennzeichnet, weder seiner Herkunft noch den neuen Kreisen zugehörig. So gesehen stellt die Entfremdungserfahrung die Ursache der Autobiographie bei Rousseau dar (vgl. Bohn/Hahn 1999, S. 41). Jedoch gibt es einen weiteren Kronzeugen der Autobiografie, der mit dem Motiv des untypischen Lebensverlaufs nicht treffend erfasst werden kann. Michel de Montaigne steht seinerzeit generellen Erschütterungen bestehender Gewissheiten gegenüber. In diesem Zusammenhang sind es vor allem religiöse Erosionsprozesse und damit einhergehend die Suche nach neuen Orientierungen, die Selbstreflexion initiieren. Diese Dynamik lässt sich historisch auch an den Religionskriegen in England ablesen. Zu der Zeit findet eine Systematisierung des Lebens durch den Puritanismus statt, der mit einer erblühenden Tagebuchliteratur korrespondiert und somit eine radikale Verzeitlichung der Selbstbeobachtung dokumentiert (vgl. Bohn/Hahn 1999, S. 41ff.).

Die Analogie von Gesellschaftsentwicklung und entsprechender Selbstbeschreibung kann ebenso über Assmanns Forschungen zu Grabinschriften der Beamten im alten Ägypten nachvollzogen werden, wie Bohn und Hahn ausführen. Zunächst dienten die Inschriften als Indiz dafür, dass der Mensch die Aufgabe, also den Willen und die Initiative, des Königs ausgeführt hat. In diesem Sinne gab es keine Selbstbestimmung. Mit dem Zusammenbrechen der königlichen Macht werden Eigenverantwortung und die Initiative des Einzelnen sowie der Blick auf private Innenwelten möglich. Allerdings ist dies wiederum auch nur für eine hochprivilegierte Schicht zutreffend, die für diese sepulkrale Art der Biographisierung autorisiert ist. Demzufolge findet sich hier noch keine vollständige individuelle Biographisierung, da diese maßgeblich durch das Amt, welches individuell ausgeführt wird, legitimiert wird (vgl. Bohn/Hahn 1999, S. 44f.). Komplexitätssteigerung dient ebenfalls als Biographiegenerator. Entwicklungen, wie die Ausdehnung des Raumes, aber auch spezifisch religiöse

Institutionen, wirken auf die Selbsterzählungen ein. So zwingt Religiosität das Individuum zur Gewissensprüfung, in dem »alle Handlungen vor dem Horizont von Schuld und Unschuld berechnet werden« (ebd., S. 45). Die Beichte fungiert in diesem Zusammenhang als allen Individuen verfügbares Ritual zur Genese von Individualität. »Die Sünde individuiert vor Gott und damit natürlich im Gedächtnis des Sünders« (ebd., S. 45). Jedoch sind Sünden zumeist generalisiert und finden in der individuellen Inanspruchnahme eine subjektive Verortung. Auf Ruhm begründete Selbstthematisierungen entwickeln eine andere Rhetorik, da sie eine Abweichung zum Guten voraussetzen, durch Knappheit determiniert und zudem nicht demokratisierbar sind (vgl. ebd.).

Selbstthematisierung wird somit von verschiedenen Ereignissen und Situationen initiiert und ermöglicht. Klassische und gleichermaßen traditionelle Formen der Selbstthematisierung sind beispielsweise das Schreiben eines Tagesbuchs oder von Memoiren aber auch Briefwechsel. Neuere Formen finden sich in Selbstaussagen bei Talkshows, in der Psychoanalyse und in biografischen Interviews (vgl. Schroer 2006, S. 58ff.). Aber auch Homepages und Chats sind unter diesem Begriff mit unterschiedlichen Abstufungen zu subsummieren. Zudem existieren nicht institutionalisierte Möglichkeiten wie Gespräche im privaten Bereich, als Austausch zwischen Arzt und Patient sowie als Erzählung des vergangenen Erwerbslebens in der Bewerbung. Biografische private Ereignisse, wie Heirat, Umzüge, Elternschaft und Krisensituationen, stellen neben anderen Ereignissen typische Auslöser zu einer Selbstreflexion und somit Selbstthematisierung dar. Schroer vermutet, dass sich nicht nur ein gesteigertes Bedürfnis nach Selbstthematisierung entwickelt hat, sondern auch eine erhöhtes Bedürfnis nach Aufmerksamkeit für das eigene Selbst. Damit ändert sich die Funktion der Selbstthematisierung. Sie wird selbstreferentiell und nicht mehr zweckgebunden. Die Aufmerksamkeit anderer Personen für das eigene Selbst wird benötigt, um dieses zu bestätigen. Dies stellt in einer globalisierten Medienwelt einen entscheidenden Ex- und Inklusionsfaktor dar. Schroer postuliert zudem eine inhaltliche Veränderung. Selbstthematisierung wird nicht nur vornehmlich durch Texte realisiert, sondern auch über bildhafte Erzählungen. Damit soll das Selbst nicht nur gehört, sondern auch gesehen werden. Selbstthematisierung wird demzufolge nicht nur über Introspektion, sondern auch über Objekte und Dinge, wie die Wohnungseinrichtung oder das Handy, vollzogen. Es findet eine Verschiebung von der Selbstauseinandersetzung, die an sich selbst adressiert ist, wie in der Tagebuchnarration, zur Repräsentation für Zuschauer als öffentlich expressive Ausdrucksform statt (vgl. ebd., S. 42ff.).

In dieser Argumentation entsteht durch die *Social Network Sites* eine ganz neue Form der Biographieautorisation. Während Beichte, Psychoanalyse und Autobiographie Abweichung voraussetzen und die erweiterten Kreise der Institutionen wie Talkshows die Beichtstühle der Mediengesellschaft (vgl. Bublitz 2010) repräsentieren und auch Blogs ein gewisses Interesse für beispielsweise Fotos oder Reisen bedingen, sind *Social Network Sites* von jeder Voraussetzung befreit. Selbstthematisierung und Biographieautorisation werden zu einem flächendeckenden gesellschaftlichen Phänomen und damit vollständig demokratisiert und selbstreferentiell. Die Mitgliederzahlen der verschiedenen Plattformen untermauern, dass es an dieser Stelle zu einer umfassenden Selbstthematisierung kommt, die sich nicht mehr auf einzelne Individuen beschränkt, sondern zunehmend gesamtgesellschaftlich operiert. Die damit verbundenen Ziele werden sich ebenso gewandelt oder modifiziert haben. So wird beispielsweise mit den Plattformen keine religiöse Absolution (Beichte) oder psychische Genesung (Psychoanalyse) verfolgt. Diese Veränderungen oder Modifizierungen werden dementsprechend zu erforschen sein.

Es gilt demzufolge nach der Art und Weise der Selbstthematisierung zu fragen, indem die Hervorhebung des Besonderen, das Selbstbewusstsein oder der Zugang zu persönlicher Innerlichkeit, die Reflexion der Tiefe persönlicher Gefühle und Erfahrungen erforscht werden. Inhaltlich verbindet diese Form der Selbstthematisierung Text- und Bildelemente miteinander. Formal ist sie nicht linear organisiert, sondern vollzieht sich assoziativ durch einzelne Informationselemente zum Individuum, die im Verbund etwas über die jeweilige Person erzählen. Zudem bildet sich über Pinnwandeinträge und Statusmeldungen eine soziale Dimension der Selbstthematisierung ab, die es zu erkunden gilt.

6.1.3   Selbstthematisierung als sozialer Prozess

Identität besteht für Bohn und Hahn (1999, S. 35ff.) aus der Verbindung von »biographischer« (ebd., S. 35) und »partizipativer« (ebd., S. 37) Identität. Die partizipative Identität entwickelt sich durch Differenz oder Zugehörigkeit zu Anderen. Dabei finden Differenz und Zugehörigkeit zeitgleich statt. Partizipative Identitäten lassen sich als Selbstthematisierungen durch Inklusion und Exklusion beschreiben. Mehrere Identitäten werden in Anspruch genommen, weshalb die anderen jeweils in den Hintergrund rücken, jedoch weiterhin vorhanden sind. Identität ist unter dieser Perspektive immer eine Konstruktionsleistung des Individuums. Brüche zwischen den verschiedenen sozialen Selbsten können als Generatoren der Selbstthematisierung verstanden werden. Die partizipative Identität verweist auf Andere und entsteht fremdreferentiell in Zugehörigkeit oder Abgrenzung. Biographische Identität wiederum ist selbstreferentiell, da sie sich durch die Beziehung des Individuums zu sich selbst entwickelt und erworbene Eigenschaften und Erfahrungen beinhaltet. Identität gewinnt ihre

Konturen durch diese Differenz. Sie stellt die Einheit in der Differenz von Selbst- und Fremdreferenz dar. Anerkennung durch andere ist dabei immer Voraussetzung für Identität (vgl. ebd.).

Bohn und Hahn verknüpfen diese Überlegungen mit den veränderten Bedingungen im Verhältnis von Individuum und Gesellschaft im historischen Wandel. Aktuelle Gesellschaftsformen sind funktional differenziert, während vormoderne Gesellschaften durch Zugehörigkeit zu sozialen Schichten bestimmt waren. Menschen waren also qua Geburt einer sozialen Schicht zugehörig, die den Platz in der Gesellschaft markierte. Der vormoderne Mensch partizipierte nur in diesem Schichtkontext an der Gesellschaft. Er war mit seiner ganzen Person schichtspezifisch eingebunden. Im Gegensatz zu dieser Inklusionsidentität partizipieren Individuen heute an verschiedenen Funktionssystemen und treten als verschiedene Rollenträger auf. Die Identität, die sich so vollzieht, nennen Bohn und Hahn Exklusionsidentität, da sich das Individuum immer nur mit wenigen Facetten seiner Identität in Funktionseinheiten der Gesellschaft einbringen kann. Die Ganzheit der Identität ist somit in keinem Funktionssystem realisierbar. Die soziale Konstruktion des Individuums basiert so gesehen auf einer fragmentarisierten Existenz. Identitäten erfahren demnach in ihrer soziohistorischen Genese einen Wandel in ihrer sozialen Situierung von Inklusion zu Exklusion. Die Exklusionsidentität bedarf somit eigener Mechanismen, um Fragmentarisierung und Dekontextualisierung zu kompensieren (vgl. ebd., S. 38ff.).

Eine mögliche Kompensation sehen Bohn und Hahn in Formen der Schriftlichkeit, des Lesens und des Schreibens. Dieses jedoch konzipieren sie als ein außergesellschaftliches System. Wenn Schriftlichkeit als vom Autor gelöste Form der Artikulation und Kommunikation, als abgeschlossener Gedankenbehälter ohne Adressaten verstanden wird, ergibt diese Argumentation Sinn. Andererseits beinhaltet Schriftlichkeit, also Lesen und Schreiben, kulturelle und somit gesellschaftliche Ausdrucksformen. Sie rekurrieren auf kulturelles Wissen, gesellschaftliche Werte und Normen. Sobald diese Schriftlichkeit Adressaten erreicht, sind soziale Austauschprozesse nicht mehr verhinderbar und finden quer verlaufend zu den Funktionssystemen statt, so dass sie sich nicht mehr im Rücken der Gesellschaft vollzieht (vgl. ebd., S. 46ff.). Auch wenn die Außergesellschaftlichkeit der Schriftlichkeit zweifelhaft ist, stellt sie dennoch eine Defragmentarisierungstechnik des Individuums dar, die die individuelle Bearbeitung der Teilidentitäten in einen biographischen Kontext einbindet.

Konkretere Sozialbezüge lassen sich mit Goffmans Forschung zur Selbstdarstellung konturieren. In diesem Kontext bedient sich jedes Individuum in sozialen Interaktionen bestimmter Selbstdarstellungstechniken, damit einerseits das Individuum sich selbst entsprechend seiner Intentionen darstellen kann und andererseits das potenzielle Publikum eben diesen gewünschten Eindruck wahrnimmt (vgl. Goffman 2006, S. 5ff.). Nun ist der Terminus Selbstdarstellung spätestens mit den zahlreichen öffentlichen Diskussionen über Selbstdarsteller in *Social Network Sites* negativ codiert. Goffman hingegen benutzt diesen Begriff, um die alltäglichen Praktiken zu erfassen, mittels derer sich Individuen ausdrücken und verstanden werden wollen. In diesem Sinne ist die Erforschung sozialer Verständigung das Interesse Goffmans. Aus seiner Sicht spielt jedes Individuum seine Identität mittels Darstellungstechniken, die darauf ausgelegt sind, dass andere diese verstehen. Wie er eindrucksvoll verdeutlicht, ist alltägliche Selbstdarstellung ein hochgradig störungsanfälliges Unterfangen. Gesprächsaussagen, Kleidung, Gestik, Mimik und Haltung sind Teil der Interaktion und Kommunikation mit anderen Personen und variieren nicht selten situationsbedingt, auch in Abhängigkeit von der sozialen Rolle, die das Individuum konkret einnimmt. Dementsprechend müssen diese Ausdrucksmittel, um mit Goffman zu argumentieren, sekundenschnell ausgewählt, abgestimmt, pointiert und unmissverständlich sein, um keine Störungen zu riskieren (vgl. ebd., S. 46ff.).[43]

»Der springende Punkt liegt nicht darin, daß die flüchtige Deutung der Situation, die durch eine ungewollte Geste geschaffen wird, in sich besonders tadelnswert wäre, sondern eher darin, daß sie von einer vorher entworfenen Definition abweicht. Vielleicht sollten wir also Darstellungen nicht mechanisch beurteilen, als könne hier ein großer Gewinn einen kleinen Verlust ausgleichen. Eine Metaphernsprache aus dem Bereich der Kunst wäre angemessener; denn sie weist uns auf die Tatsache hin, daß eine einzige Note in der falschen Tonart den Klang eines ganzen Konzerts zerstören kann« (vgl. ebd., S. 49).

Mit dieser Perspektive lassen sich in einem ersten Schritt Authentizitätsproblematiken klären. Jedes Individuum greift auf Techniken zurück, um sich selbst darzustellen und die Darstellungen seiner Bezugsgruppe verständlich zu übermitteln. In diesem Sinne liegt bei Goffman Authentizität in der Darstellungsintention, da sie die Wünsche und Ziele des Individuums offenbart. Ohne eine solche Lesart würde das Problem der Authentizität innerhalb der Forschung übermächtig. So ließen sich die Interviewaussagen im Gegensatz zu den Profilen oder dem Auftreten in Offline-Kontexten im Hinblick auf ihre Authentizität in Frage stellen. Diese Probleme gilt es auszuklammern, um nicht Gefahr zu laufen, festlegen zu müssen, welche Aussagen und welche Verhaltensstrategien

---

43 Teile dieser Argumentation wurden bereits veröffentlicht. Vgl.: Meister/Meise 2009; vgl. ebenso: Meise/Meister 2011.

des Individuums *wahrer* sind als andere. Die Grundperspektive Goffmans ist demnach, dass die Darstellungen Authentisches über Wünsche und Ziele der Person erkennen lassen.

An dieser Stelle ist es sinnvoll, das Konzept der Außenleitung von David Riesman (1958) anzuschließen. Dieser zeichnet die Verhaltenssteuerung anhand von Bevölkerungsbewegungen historisch von Traditionsleitung über Innenleitung zu Außenleitung nach.[44] Der traditionsgeleitete Mensch der Vormoderne lebte allgemein anerkannte Lebensmuster, gemessen an den alltäglichen Bezugspersonen seines begrenzten Wirkungskreises. Durch ökonomische und gesellschaftliche Mobilitätsentwicklungen, die Riesman in der Renaissance zu voller Entfaltung gedeihen sah, dehnte sich im weiteren historischen Verlauf der Wirkungskreis des Menschen aus und weitere Bezugspersonen und Handlungszusammenhänge prägten das individuelle Leben. Aufgrund dessen wurde die Traditionsleitung unflexibel und zunehmend durch individuelle Orientierungen ersetzt, die situativ entsprechend der eigenen Verhaltensgrundsätze angepasst werden. Mit Beginn des 20. Jahrhunderts fand Riesman zufolge ein neuerlicher Charakterwandel statt. Durch weitere Umwälzungsprozesse, wie Arbeitsteilung und damit einhergehend zunehmendem Wohlstand und mehr Freizeit für den Einzelnen, bildet sich ein verändertes Selbstverständnis aus, welches sich vor allem in einer sichtbaren Konsumkultur manifestiert. Dies resümiert Abels mit Rekurs auf Riesman folgendermaßen:

---

44 Riesman identifiziert drei Phasen der Bevölkerungsentwicklung. Die des hohen Bevölkerungsumsatzes mit hohen Sterblichkeits- und Geburtenraten, die ökonomisch dem primären Sektor wie Landwirtschaft, Jagd etc. zugeordnet ist. Die Phase der Bevölkerungswelle, die durch rückläufige Sterblichkeitsraten und hohe Geburtenraten gekennzeichnet ist und die ökonomisch auf dem sekundären Sektor, also der Produktion, beruht. Die letzte Phase der Bevölkerungsschrumpfung erklärt sich durch den einsetzenden Rückgang der Geburtenraten und der ökonomischen Ausrichtung am tertiären Sektor, also Handel, Verkehr und Dienstleitungen. Riesman betont hier, dass diese Phasen auch mit Begriffen wie beispielsweise Industrialisierung, Verstädterung gefasst werden können, ihm aber die Bevölkerungsentwicklung als übergreifende Beschreibungen dienlich ist und somit viele dieser Umwälzungsprozesse umfassen kann. Um die These Riesmans in ihren Grundzügen darzustellen, wird die These der Bevölkerungsentwicklung verkürzt auf vormoderne, moderne und (post-) moderne Epochen, die im Grunde sehr ähnliche Entwicklungen beschreiben, wie die Bevölkerungsentwicklung im Zusammenschluss mit den ökonomischen Prinzipien bei Riesman. Eine ausführlichere Beschreibung findet sich bei Riesman 1958, S. 23ff.

»Nach der Erfahrung des bescheidenen Lebens und der erzwungenen Hinnahme des Mangels, wächst das Bewusstsein, dass man sich nun etwas leisten kann und dass man sich etwas Gutes tut, wenn man seinen Lebenserfolg auch in sichtbaren Produkten vor aller Augen zum Ausdruck bringt. Im Grunde geht es also um zweierlei: um das Bedürfnis den eigenen Wert festzustellen und zweitens um das Bedürfnis ihn auch durch Andere bestätigt zu finden« (Abels 2006, S. 309).

In einem breiteren Verständnis verdeutlicht Riesman, wie die Bezugsgruppe und die Massenmedien die inneren Prinzipien zunehmend von außen bestimmen und dies so subtil und unbemerkt tun, dass sich der Einzelne seiner Außenleitung nicht bewusst ist. Da sich Werte und Orientierungen im Zuge des gesellschaftlichen Wandels nicht mehr zu einem konstanten inneren Verhaltensmaßstab verdichten lassen, beginnt das Individuum, angesichts ständig neuer Lebensentwürfe sowie deren facettenreichen Ausgestaltung, andere Personen als Maßstab funktionierender Biographie zu institutionalisieren. Diese gehören zu einer diffusen Menge von Menschen im unmittelbaren Nahbereich des Individuums, wie Familie und Freunde, als auch Bekannten und medial vermittelten weiteren Personen oder Personengruppen. Diese Sozialität des außengeleiteten Menschen hat eine gewisse Schnittmenge mit dem traditionsgeleiteten Menschen, wobei jedoch beachtet werden muss, dass der Traditionsgeleitete sich maßgeblich, und deswegen äußerst prägend, in einem eingeschränkten Wirkungskreis und damit auch in einem kleinen, sehr bestimmenden Bezugskreis Anderer befand. Gemessen daran ist der außengeleitete Mensch flexibler, da er mehr relevante Bezugspersonen besitzt, an denen er sein eigenes Leben ausrichten kann. Doch eine solche Fülle an Bezugspersonen bewirkt notwendigerweise auch diffuse und oberflächliche Anpassungsprozesse (vgl. Riesman 1958, S. 40ff.). Diese Überlegungen bindet Heinz Abels an Richard Sennett zurück, der in der von Riesman postulierten Außenlenkung nur eine Verschiebung der Innenleitung des flexiblen Individuums vermutet (vgl. Sennett 2013, S. 25). Innerhalb dieses Verständnisses wendet sich der Mensch, wenngleich orientiert an Anderen, immer weiter seinen eigenen Interessen zu. Verantwortung und Solidarität mit anderen Personen sind in diesem egozentrischen Entwurf nicht vorgesehen. Die Bezugsgruppen fungieren nur als Messwert der eigenen Lebensführung. Und so bindet sich für Abels die Außenleitung mit Rekurs auf Sennett sowohl an die Selbsterkundung als auch an religiöse Diskurse zurück:

»[…] sondern dass die Menschen der Moderne nur in einer neuen Form der Innenleitung leben: Sie würden von ihrem Narzissmus bestimmt und der sei ›die protestantische Ethik von heute.‹ (Sennett 1974, S. 418) Diese Diagnose der scheinbar Außengeleiteten kann man vielleicht so zusammenfassen: Sie kümmern sich so sehr um das, was ›man‹ sagt, weil sie daran die Kriterien der Selbsterforschung finden. Sie wollen deshalb wissen, was die anderen für richtig halten, weil sie daran abschätzen können, ob sie es selbst richtig machen. Deshalb leben sie ja auch nach Riesman ständig in diffuser Angst« (Abels 2006, S. 316f.).

In Analogie zu religiösen Diskursen zeigt sich diese Angst für Sennett (1983) maßgeblich in der Entsagung von Emotionen, die als Schwäche interpretiert werden. Diese Schwäche gilt es angesichts allumfassender Konkurrenzsituationen auf dem Arbeits- und Sozialmarkt zu kontrollieren und vor anderen zu verstecken. Das Argument der Selbsterkundung beinhaltet eine janusgesichtige Entwicklung: Der Mensch orientiert sich zwar an anderen, jedoch sind entweder die Ausprägungen der Lebensgestaltung dieser zunehmend nicht mehr überschaubar oder aber die Größe der prägenden Bezugsgruppe erschwert eine Orientierung, die sich gänzlich über die Anderen realisieren lässt. So muss sich das Individuum nun doch wieder, in stetigem Abgleich zu den Anderen, einen eigenen Weg suchen. Ex negativo an der Bezugsgruppe wird also erschlossen, wie das eigene Leben gestaltet werden soll und welche Teile davon in diesem Szenario vor den anderen individuieren. Riesman nennt dies die kleinen Differenzen (vgl. Riessman 1950, S. 61), da der enorme Wert von Normalität nur durch sie in einem zuträglichen Maße gebrochen werden kann. Abels wiederum bringt es folgendermaßen zum Ausdruck:

»Die „unverwechselbare" Persönlichkeit die wir manchmal sein wollen, trifft sich in hunderten von Spiegeln. Die Bestätigung durch diese hundertfache Spiegelung scheint mehr zu wiegen als die Enttäuschung, sich nicht von anderen unterscheiden zu können« (Abels 2006, S. 318, Hervorhebung im Original).

Im Sinne dieser Argumentation werden Anzeichen zu suchen sein, nach denen Innen- und Außenleitung sowie deren Ausdrucksformen und Spezifika innerhalb der *Selbstthematisierung* in *Social Network Sites* ausgehandelt werden. Dementsprechend gilt es, das Verhältnis zwischen partizipativer und biographischer Identität und den dazugehörigen Motivationen eingehender zu betrachten. Des Weiteren wird die Rolle der Bezugsgruppe sowie deren Funktion für die Orientierung oder Bestätigung des Individuums hinterfragt.

Dabei ist im Sinne der *Selbstthematisierung* nicht nur von Bedeutung, was über das Selbst kommuniziert wird, sondern auch die Art und Weise, wie diese

Kommunikation vollzogen wird. Beispielsweise ist das Schreiben einer Selbstreflexion mit Zettel und Stift nicht vergleichbar mit einer Videoaufnahme oder dem Anlegen eines Profils auf einer *Social Network Site.* In diesem Sinne wird im Anschluss an die Heuristik *Sozialbezug* auch nach den Einflüssen der medialen Vermittlung des Selbst- und Sozialbezugs zu forschen sein, die mit der dritten Heuristik *mediale Bezüge* bearbeitet wird.

6.1.4   Zusammenfassung der Heuristik *Selbstthematisierung*

Aus den vorangegangenen Überlegungen resultieren verschiedene Perspektiven auf die *Social Network Sites,* die an dieser Stelle zusammenfassend resümiert und zu einer Heuristik verdichtet werden. Zunächst werden die Elemente der Selbstbeschreibungen zu erforschen sein, um über den Inhalt und deren Ausprägungen sukzessiv die Form der *Selbstthematisierung* zu erschließen. Die Beschreibungsebene beinhaltet zunächst die Motivationen und Ziele, die mit dieser Art des Selbstbezugs verbunden sind. Ebenso sind die potenziellen Adressaten der Selbstbeschreibung von Interesse, um die Motivationen und Ziele konkreter erfassen zu können. Selbstverständlich bilden auch die Inhalte der Selbstbeschreibung einen relevanten Fokus. Dabei ist es nicht nur wichtig, die typischen Profilinhalte zu eruieren, sondern auch die Art der Informationen. Diese lassen sich beispielsweise zum einen in Text und Bild kategorisieren und zum anderen in individuelle und soziale Beschreibungen. Darauf aufbauend gilt es, die Struktur der *Selbstthematisierung* zu erforschen. So wird das Datenmaterial nach allgemeinen Schwerpunkten der Profile zu sichten sein. Die strukturelle Analyse wird zudem die Themenbereiche kommunizierte Identitätsfigur, Vollständigkeit der Selbstbeschreibung, den Grad der Konventionalisierung sowie die Implikationen von Persistenz und Publikum berücksichtigen. Die kommunizierte Identitätsfigur lässt sich als Verlaufsform der *Selbstthematisierung* erklären und danach fragen, ob ein Entwicklungsgedanke hinter der Genese der Profile besteht. Die Frage nach der Vollständigkeit der Profile dient der Erforschung der intendierten Gesamtdarstellung der Nutzer. Der Grad der Konventionalisierung gibt Aufschluss darüber, inwieweit es sozial ausgehandelte Standards der Selbstthematisierung gibt. Abschließend wird geklärt, in welcher Form die Persistenz und das Publikum auf die Selbstthematisierung einwirken. Da die *Selbstthematisierung* in *Social Network Sites* immer auf ein potenzielles Publikum ausgerichtet ist, werden innerhalb dieser Heuristik schon bestimmte soziale Bezüge aufgegriffen, die im Folgenden eingehender erschlossen werden.

6.2 Sozialbezug

Die sozialen Bezüge der *Social Network Sites* herauszuarbeiten ist ein komplexes Unterfangen. Zumeist werden soziologische Analysen entweder mikro- oder makrosoziologisch gestaltet. Das bedeutet, dass entweder nur die übergeordnete Ebene des gesellschaftlichen Bezugs fokussiert wird oder aber nur mikrosoziologisch unmittelbare Beziehungen und deren Elemente dargestellt werden (vgl. Bertschi 2010). Mit Rekurs auf Urie Bronfenbrenner wird an dieser Stelle eine vermittelnde Perspektive auf das Individuum mit seinen zahlreichen beeinflussenden sozialökologischen Bezugspunkte entwickelt, die dem Umstand Rechnung trägt, dass das Individuum nie losgelöst von größeren sozialen Sinnzusammenhängen existiert. Diese Perspektive ist insofern sinnvoll, da *Social Network Sites* zu jeder Zeit das Verhältnis zwischen Individuum und Bezugsgruppe verhandeln, indem persönliche Profile angelegt und Verbindung zu anderen Mitgliedern und diversen Bezugsgruppen aufgebaut, ausgehandelt und gepflegt werden. In diesem Sinne sind die Plattformen von Beginn an nicht nur individuell, sondern auch sozial verortet. In ihrer Anordnung stehen eben diese Ebenen zur Disposition und stellen einen permanenten Aushandlungsprozess dar. Wie bereits durch die Heuristik *Selbstthematisierung* verdeutlicht, beinhalten die Narrationen der Individuen nicht nur individuelle Momente, sondern darüber hinaus soziale Anknüpfunkte. Über die Heuristik *Sozialbezug* soll an dieser Stelle die entgegengesetzte Richtung verfolgt werden, indem die individuellen Aussagen der Interviewten auf deren Auffassung von Zugehörigkeit, Verbundenheit, Teilhabe und Austausch bezogen werden. In diesem Sinne geht es zunächst darum, zu untersuchen, wie und mit welchen Motivationen das Netzwerk aufgebaut und etabliert wird. Dazu müssen auch bestimmte Rituale oder Praktiken in den Blick genommen werden, die dieses Freundesnetzwerk konturieren und abgrenzen. Um in diesem Zusammenhang die unmittelbare Ebene des *Sozialbezugs* systematisch analysieren zu können, werden zu Beginn sozialökologische und rollentheoretische Perspektiven genutzt. Damit werden die unmittelbaren sozialen Bezugspunkte, deren Genese und sozialisatorische Bedeutung für das Individuum herausgearbeitet. Auch an dieser Stelle bildet sich nicht nur die soziale Ebene ab, sondern die persönliche Einstellung zu sozialen Prozessen und deren Bedeutung innerhalb der Plattformen und angrenzender Bereiche. Darauf aufbauend werden die größeren Kontexte von Gesellschaft und Gemeinschaft besprochen, in denen sich das Individuum befindet. Mit Ulrich Beck wird die Risikogesellschaft durch zahlreiche Risiken für das Individuum charakterisiert, die sich aus dem Verlust traditioneller sozialer Zugehörigkeitsstrukturen sowie der Erosion von verbindlichen Normalbiographien ergeben. Das Individuum ist dadurch gezwungen, wiederum eingebunden in ein komplexes institutionelles Gewebe, individuelle Entscheidungen für sein Leben zu treffen, deren Konsequenzen ungewiss sind, aber dennoch getragen werden müssen. Somit wird es sowohl durch soziale wie auch institutionelle Auflösungs- und Einbindungsprozesse dazu aufgefordert, sein Leben eigenverantwortlich zu gestalten und wird damit zum letzten Referenzpunkt risikogesellschaftlicher Lebensführung. Gleichzeitig wird das Individuum umfassend in neue Strukturen integriert, wie noch zu erläutern sein werden (vgl. Beck 1986). Richard Sennetts Überlegungen zufolge wirkt die Ausrichtung des gesamten Alltagslebens an ökonomischen Zwänge entscheidend auf das Individuum ein (vgl. Sennett 1998). Die Abhängigkeit von ökonomischen Notwendigkeiten, wie etwa die Erfordernisse zu hoher Flexibilität, Mobilität und extremer Kurzfristigkeit verändern die Beziehung des Individuums zu sich selbst. In einer Gesellschaft, in der sich das gesamte Lebensumfeld ständig wandelt und niemals feststeht, wird auch die Identitätsbildung des Einzelnen immer schwieriger. Kohärente, langfristige Erfahrungszusammenhänge und Bindungen werden Opfer des ökonomischen Räderwerks und der steigenden Komplexität sowie Kontingenz der Lebensbedingungen. Entsprechend widersprüchlich und fragmentiert verlaufen Identitätskonstruktionen. Sie müssen ständig neu ausgehandelt, verworfen und aktualisiert werden. Das Individuum kann eine einheitliche, in sich stimmige Lebensgeschichte durch die Fragmentierung seines Lebens nicht mehr wahrnehmen (vgl. ebd.). Soziale Netzwerke sind unter dieser Perspektive von enormem Interesse. Innerhalb dieser digitalen Räume erhält das Individuum die Möglichkeit, die eigene Identität zu thematisieren sowie zu bearbeiten und das Gefühl von Sozialität zu erfahren. Aus theoretischer Perspektive können diese Plattformen demnach schon als bereits existente Symptome, als adäquate Werkzeuge einer komplexer gewordenen, postmodernen Identitätsarbeit gelesen werden, die Bildungspotenziale im Sinne von Selbst- und Sozialitätsreflexion anbieten (vgl. Keil 2010). Mit Zygmunt Bauman (2009) wird thematisch ein Blick auf Gemeinschaft als theoretischem Bezugspunkt geworfen. Damit wird eine erste Differenzierung von Sozialität ermöglicht, die im voranschreitenden Forschungsprozess zu einer Explikation dieser speziellen Art von Verbundenheit führt. Wenn *Social Network Sites* eine gewisse Form von Sozialität ermöglichen oder produzieren, muss diese auch entsprechend konturiert werden, um deren Besonderheiten in ihren Modi und Reichweiten zu erschließen. So beziehen sich die Theorien Becks, Sennetts und Baumans auf gesellschaftliche Umwälzungsprozesse, die innerhalb dieser Forschungsarbeit nicht in Gänze, wohl aber durch die Beschreibungen der Befragten in Ansätzen nachvollzogen werden können. Dabei sind nicht die Risikogesellschaft oder der flexible Mensch als Gesamtkonstrukte zu hinterfragen, sondern vielmehr Anknüpfungspunkte aufzuspüren, die zu diesen Thesen bestehen.

Die Teilheuristiken werden somit als Rahmen verstanden, um die erforschten Inhalte und damit einhergehenden Formen der sozialen Strukturen und Bedeutungen der Plattformen in einem größeren Kontext einbetten zu können. So bilden sie eine Grundlage, um Inhalte und Formen, die es noch zu eruieren gilt, mit den Motivationen der Zugehörigkeit zu verknüpfen. Würde diese Ebene nicht einbezogen, könnte man lediglich aufzeigen, wie sich die Nutzer ein Netzwerk aufbauen und wie sie mit diesem interagieren. Dementsprechend ist es notwendig, diese Erkenntnisse innerhalb eines größeren Verständnisses von gesellschaftlichen Rahmenbedingungen und gemeinschaftlichen Zugehörigkeitsstrukturen zu sehen, um auf die tiefer liegenden Ebenen der Bedeutungen dieser sozialen Bezüge schließen zu können. Da sich Zugehörigkeiten nicht nur in den Dimensionen von Gesellschaft und Gemeinschaft erschließen lassen, sollen an dieser Stelle mit Bezug auf sozialökologische Perspektiven und mit einem Rekurs auf rollentheoretische Aspekte mikrosoziale Beziehungsstrukturen und deren Genese diskutiert werden. Diese bieten zugleich eine integrative Lesart der Bedeutung von mikro-, meso- und makrosozialen Strukturen für das Individuum an und verbinden diese miteinander.

6.2.1 Genese von Zugehörigkeitsstrukturen

Das komplexe Gefüge von Individuum und sozialisierenden Instanzen ist der Fokus der sozialökologischen Sozialisationsforschung, wie sie auch durch Urie Bronfenbrenner etabliert wurde (vgl. Bronfenbrenner 1976/1981). Dieser bezieht sich auf Erkenntnisse der psychologischen Diskussion des humanökologischen Ansatzes (vgl. Park 1928), insbesondere auf Kurt Lewin (1935). Ausgangspunkt für Bronfenbrenner war das damalige Problem, dass Unterstützungsmaßnahmen für benachteiligte Kinder, die im Rahmen von Forschungen ausgearbeitet wurden, nur zu geringem Erfolg bei der Zielgruppe führten. Diesen Effekt sah er darin begründet, dass die Forschungen, aufgrund ihres Laborcharakters, nicht an der Lebenswelt der Kinder ansetzten (vgl. 2012, S. 168f.). Deshalb nahm er die konkreten Lebensbedingungen der Kinder in den Blick und entwickelte daraus eine Theorie der sozialökologischen Sozialisation. Das Besondere an Bronfenbrenners Modell ist, dass er zunächst die Entwicklung von Kindern fokussiert, sein Modell aber nicht auf Kinder beschränkt. Vielmehr ist für ihn Sozialisation ein lebenslanger Prozess, in dem sich Individuen innerhalb der verschiedenen sozialökologischen Schichten anpassen sowie diese mitgestalten. In seinem sozialökologischen Modell geht er von drei verschiedenen Schichten aus, die sich vereinfacht in mikro-, meso-, makrosoziale Strukturen differenzieren.[45] Mit

---

45 Bronfenbrenner erweitert diese drei Ebenen 1981 um das Exosystem. An diesem System partizipiert das Kind nicht unmittelbar, wird aber dennoch dadurch geprägt. Als Beispiel werden die Arbeitskontexte der Eltern angeführt (vgl. Bronfenbrenner 1981, S. 42).

der mikrosozialen Ebene wird die direkte Umwelt des Kindes erfasst, in der es sich situativ aufhält. Sie besteht bei Bronfenbrenner aus der rahmenden Umgebung, den darin befindlichen Individuen mit ihren diversen Rollen sowie ihrer Bedeutung für das Kind und schließlich aus den Handlungen, welche diese Ebene umfassen und gestalten. Diese Merkmale finden sich ebenso innerhalb der beiden anderen Schichten. Die mikrosoziale Ebene wird von einer weiteren Ebene umfasst, die sich am treffendsten als mesosoziale Schicht beschreiben lässt. Sie besteht aus den sozialen Netzwerken und den Institutionen, die das Kind bzw. das Individuum grundsätzlich umgeben. Das soziale Netzwerk beinhaltet alle regelmäßigen sozialen Kontakte. In diesem Zusammenhang steht demnach nicht ein konkreter Ort zu einem bestimmten Zeitpunkt im Vordergrund, sondern dauerhafte Beziehungen und deren Entwicklung und Pflege. Die Institutionen sind formelle Organisationssysteme, die das Leben der Individuen beeinflussen wie bspw. das Rechtssystem, geographische Infrastrukturen oder das Gesundheitswesen. Die allgemeine Sozialstruktur ist für Bronfenbrenner die Schicht, welche die beiden Vorangegangen miteinschließt. Dabei stehen gesellschaftliche Normen, Werte und Bedeutungen im Vordergrund, die die Netzwerke, die Institutionen sowie den unmittelbaren Nahbereich strukturieren (vgl. Bronfenbrenner 2012, S. 170f.). So erklärt Bronfenbrenners sozialökologisches Modell die Dynamik und reziproke Einflussnahme der verschiedenen Schichten auf das Individuum. Damit wird darüber hinaus deutlich, dass direkte soziale Beziehungen stets im Kontext zu meso- und makrosozialen Bezugsgrößen gedacht werden müssen. Bronfenbrenners Theorie bildet somit die Grundlage dafür, dass die sozialen Beziehungen, die innerhalb der Netzwerke gepflegt werden, im Zusammenhang mit übergreifenden sozialen Strukturen in Bezug gesetzt werden müssen. Dementsprechend werden zunächst die Aufdeckung der sozialen Strukturen innerhalb der Netzwerke und deren Ausgestaltung interessant sein, da sie nicht physisch nah, sondern medial vermittelt sind. Darauf aufbauend gilt es zu analysieren, wie die Beziehungen durch meso- und makrosoziale Strukturen beeinflusst werden.

Das Modell Bronfenbrenners wurde auch auf die Medienpädagogik übertragen bzw. daran angeschlossen. In medienökologischen Perspektiven werden somit die Bedingungen und Wechselwirkungen zwischen Technikentwicklung und sozialen Strukturen betrachtet. Neil Postman (1983) nimmt dabei eine medienkritische Haltung ein, da er Medienentwicklungen zunächst vor dem Hintergrund eines realweltlichen Erfahrungsverlusts zugunsten medial vermittelter Erlebnisse bewertet. Einen anderen Zugang erarbeitete Dieter Baacke (1980), indem er das Konzept der Alltagswelt mit medialen Erfahrungen in Beziehung setzt. Dementsprechend definiert Baacke die Alltagswelt mit Rekurs auf die Überlegungen von Schütz zur Lebenswelt als einen Erfahrungsraum des Menschen, in dem sich die gesamte soziale Genese mit ihren Kommunikationen umfassend vollzieht (vgl.

ebd., S 503). Dem liegt zunächst ein Dualismus zwischen historischer und räumlicher Struktur der Alltagswelt zugrunde, womit einerseits die soziale Genese innerhalb eines historischen Zeitraums gefasst werden kann und andererseits der Fokus auf die konkrete räumliche Situation des Erlebens gerichtet wird (vgl. Ganguin 2008, S. 137). Um diese Kategorien analysieren zu können, entwickelt Baacke vier aufeinander aufbauende, sozialökologische Zonen. So bezeichnet er den familiären Raum als ersten Bezugspunkt innerhalb der Sozialisation und damit als erste sozialökologische Zone. Diese wird um den ökologischen Nahraum als zweite Zone erweitert, womit die geographische Nähe zum Wohnort erfasst wird. Der dritten Zone der ökologischen Ausschnitte liegt keine ganzheitliche Einbindung des Sozialisanden zugrunde, sondern vielmehr eine Reduktion auf fragmentierte Facetten der Identität, indem Rollenverhalten erwartet wird, wie es in der Schule, im Kindergarten, beim Arzt oder beim Einkauf erforderlich ist. Schließlich bildet die vierte Zone den Bereich der gelegentlichen, nicht routinierten Kontakte, womit allgemein ungeplante Begegnungen mit Menschen erfasst werden. Die dargestellten Zonen konzipiert Baacke als überschneidend, so dass einige Handlungen in jeder dieser Zonen stattfinden können, andere wiederum nur in ganz bestimmten (vgl. Baacke 1980, S. 499 und 502f.). Dieses Schema erweitern Baacke, Volbrecht und Sander im Weiteren um den Begriff der *Medienwelt*, indem sie die verschiedenen Zonen auf ihre jeweilige Medienausstattungen, Nutzungsmöglichkeiten und Auswirkungen hin analysieren (vgl. Baacke et al. 1990). In diesem Sinne muss hinsichtlich der *Social Network Sites* eine leichte Modifikation vorgenommen werden, da diese mittels Note- und Netbooks sowie Smartphones jederzeit und überall Kontakt zu Personen herstellen können. Mit Bezug auf Bronfenbrenner und Baacke kann somit die Entwicklung der Bezugskreise innerhalb der Netzwerke betrachtet werden. Dabei wird die Analyse des Datenmaterials sowohl die persönliche soziale Genese als auch Verweise auf übergreifende soziale Strukturen beinhalten. Darüber hinaus rückt Baackes medienökologisches Konzept die Kommunikationen innerhalb der Netzwerke und deren sozialisierende Funktion in den Fokus der Betrachtung. So werden nicht nur die unterschiedlichen Arten von Kommunikation für die Analyse von Bedeutung sein, sondern auch deren Inhalte und Bedeutung für das Zugehörigkeitsgefühl der Nutzer.

Die von Baacke und Bronfenbrenner angedeutete Relevanz der sozialen Rollen als Mittler zwischen mikro-, meso- und makrosozialen Ebenen bedarf einer eingehenderen Betrachtung. So sind verschiedene soziale Rollen mit bestimmten Normen des Verhaltens verbunden, die ihre Konturen durch die Abgrenzung zu anderen gesellschaftlichen Rollen gewinnen (vgl. Popitz 1975). Diese Zusammenfassung der sozialen Rolle ist allgemeiner Natur und eignet sich daher insbesondere, um die Praktiken innerhalb der Netzwerke zu erforschen. Da die Netzwerke auch den Kontakt zu bereits existierenden verschiedenen Bezugsgruppen zusammenfassen (vgl. Boyd/Ellison 2007), werden besonders die Möglichkeiten und Schwierigkeiten entsprechende Rollen über diese Plattformen zu verhandeln interessant sein. Dabei wird nicht die Analyse einzelner Rollen verfolgt, sondern die Aushandlung verschiedener Rollen innerhalb der Social Network Sites, die unterschiedliche Bezugskreise zusammenfassen. Darüber hinaus weist Dierk Spreen mit Bezug auf Rudolf Stichweh (1988) darauf hin, dass Medienkonsum immer auch eine Publikumsrolle darstellt (vgl. Spreen 2012, S. 25ff.). Auch wenn die Nutzer der Netzwerke produzierend tätig sind, da sie Informationen und Kommunikationen tätigen, ist ein gewisser Teil der Nutzung mit solch einer Publikumsrolle beschreibbar. In dieser nimmt der Konsument eine übergreifende Beobachterrolle ein. Diese wiederum bindet das Individuum in das soziale System ein. Um die mögliche Inklusionsebene auf gesellschaftliche Phänomene zu beziehen, werden im Folgenden zeitgenössische Gesellschaftsdiagnosen und deren Bezugspunkte zu den Netzwerken diskutiert.

6.2.2   Der *Flexible Mensch* in der *Risikogesellschaft*

In seiner Gesellschaftsdiagnose beschreibt Ulrich Beck (1986) die risikoreichen Bedingungen heutiger Lebensumstände. Dabei stellt er grundsätzlich die Auflösung traditioneller Lebensstandards zugunsten zunehmender Individualisierung fest. Zu diesen Entwicklungen zählen die Nivellierung von Klasse und Schicht, indem Klassen- und Schichtzugehörigkeiten durch »ein kollektives Mehr an Einkommen, Bildung, Mobilität, Recht, Wissenschaft, Massenkonsum« (ebd., S. 122) untergraben werden und neue, differenzierte und individuelle Lebensstile entstehen, die sich den ursprünglichen Zugehörigkeitsstatus nicht mehr zuordnen lassen. So liegt in der Steigerung des Einkommens, bei gleichzeitiger Absenkung des Arbeitszeitaufwands und längerer Lebensdauer, ein großes Potenzial, die Freizeit als Individualisierungsplattform zu nutzen, da sowohl genügend finanzielle wie auch zeitliche Ressourcen dafür vorhanden sind. Ebenfalls aus den ökonomischen Bedingungen des Individuums resultieren die Mobilität und Bildung. Beck unterscheidet in diesem Zusammenhang zwischen sozialer und geographischer Mobilität, wobei diese Komponenten einander bedingen. Im Schatten solcher Entwicklungen finden jedoch noch weitere Änderungen statt, die das Leben der Menschen zusätzlich individuieren und eine eigene Dynamik entwickeln. So ist mit erhöhter sozialer sowie geographischer Mobilität auch die Herauslösung aus traditionellen Bezugspunkten zugunsten dieser Mobilität verbunden (vgl. ebd., S. 125f.).

Individualisierung ist für Beck ein prägnantes Merkmal der Risikogesellschaft. Sie bewirkt die großen drei Veränderungsströme, aus denen eine neue Art der Sozialität resultiert. So verlieren erstens tradierte Formen der Zugehörigkeit, wie etwa Klasse und Schicht, zwischen Menschen an Relevanz. Zweitens werden allgemeine Gewissheiten, Normen und Glaubensgrundsätze infrage gestellt, was wiederum drittens andere Formen der Orientierung und Integration hervorbringt. Diese Entwicklungen betreffen nicht nur die Lebensumstände aller Individuen als Gesellschaft, sondern haben auch Einfluss auf das Selbst- und Weltverständnis des einzelnen Individuums auf einer subjektiven Ebene. Zunächst wird durch historische Freisetzungsprozesse die Bedeutung von Klasse und Stand nivelliert, so dass diese Zugehörigkeitsgeneratoren entkräftet werden. Parallel dazu verlaufen Entwicklungen, wie Bildungsexpansion und somit die Erschließung neuer Tätigkeitsbereiche und gestiegene Einkommen, sowie die Etablierung des Arbeitsrechts, womit mehr Freizeit sowie geregelte Rechte und Pflichten für Arbeitgeber und -nehmer definiert und garantiert werden. Allein diese Veränderungen tragen zu mehreren denkbaren Optionsräumen im Hinblick auf Wissen, Lebensentwürfe, Mobilität und Verständnis für Arbeitsbeziehungen bei. Beck greift in diesem Zusammenhang auch explizit die Veränderungen in der Familie durch die Arbeitstätigkeit der Frau auf, die das geregelte Gefüge von Frauen im häuslichen Umfeld auflösen und zahlreiche Wahlmöglichkeiten eröffnen und zugleich einfordern. Da sowohl Arbeits- sowie Familienzusammenhänge aushandel und wandelbar werden, wird das Individuum auf sich selbst als letzten vermeintlich unveränderlichen Fixpunkt verwiesen. Oder wie Beck es formuliert:

> »Die Familie als ›vorletzte‹ Synthese generations- und geschlechterübergreifender Lebenslagen und Lebensläufe zerbricht, und die Individuen werden innerhalb und außerhalb der Familie zum Akteur ihrer marktvermittelten Existenzsicherung und ihrer Biographieplanung und -organisation« (ebd., S. 209).

Gleichzeitig werden die Menschen mit der Individualisierung aber ebenso in neue Reintegrations- und Kontrollmechanismen eingebunden. Ein dichtes Gewebe aus vor allem institutionellen, gesetzlichen und ökonomischen Rechten, Pflichten und Maßgaben müssen vom Individuum im Alltag beachtet und bearbeitet werden.

> »Über Arbeitsmarkt, Wohlfahrtsstaat und Bürokratie wird er in Netze von Regelungen, Maßgaben und Anspruchsvoraussetzungen eingebunden Vom Rentenrecht bis zum Versicherungsschutz, vom Erziehungsgeld bis zu den Steuertarifen: all dies sind institutionelle Vorgaben mit dem besonderen Aufforderungscharakter ein eigenes Leben zu führen« (Beck/Beck-Gernsheim 2004, S. 12).

So sind mit Individualisierung nicht nur Auflösungs- sondern ebenso Reintegrationsprozesse verbunden. Aus beiden resultiert jedoch der Imperativ, als individueller Akteur das eigene Leben zu planen, zu bearbeiten und anzupassen. Mit den Entscheidungen des individuellen Akteurs sind Risiken verbunden, deren Aufkommen zum Zeitpunkt der Entscheidung unklar sein können. An dieser Stelle sei beispielsweis die individuelle Wahl des Berufs oder Studienfachs angeführt, die sich im Verlauf der Ausbildung, des Studiums oder auch des Erwerbslebens als falsche Entscheidungen herausstellen kann, da sich der Arbeitsmarkt, das Berufsbild oder die wirtschaftliche Lage soweit verändern können, sodass Fachkräfte im betreffen Berufsfeld nicht länger gefragt sind oder stetige kostenintensive Weiterbildungen erforderlich werden. Ebenso ist es möglich, dass sich der Arbeitsmarkt dahingehend verändert, dass durch die Konkurrenzsituationen dem Arbeitnehmer Arbeitslosigkeit droht. Bei allen Szenarien wird das Individuum die daraus entstehenden Konsequenzen tragen müssen. Da Individualisierung als Tendenz verstanden wird, kann es durchaus unterschiedliche geographische, gruppen- oder milieuspezifischen Ausprägungen von Individualisierung geben (vgl. ebd., S. 16).

Auch Richard Sennett befasst sich mit der Beschreibung von Sozialität. Allerdings beschreibt er Veränderungsprozesse zwischen Ökonomie, Gesellschaft und Individuum. So stellt er in »Der flexible Mensch« (Sennett 1998) die Auswirkungen ökonomischer Lebensbedingungen auf das Individuum dar. Im Kern sieht er ökonomische Strukturen im Vergleich zu früheren Arbeitsformen, die dem Individuum ebenso Anstrengungen abverlangten, in einem radikalen Umwälzungsprozess der Zeit zersetzt. Im Gegensatz zu früheren Arbeitsbedingungen sind heutige Strukturen nicht linear und berechenbar, was größere Freiheiten aber auch Unsicherheiten für den Einzelnen zur Folge hat. Strukturierte die Linearität, im Sinne von Langfristigkeit und Verlässlichkeit früherer Arbeitsbedingungen, eine sowohl ökonomisch als auch psychisch kohärente Lebensgeschichte, sind heutige Lebensbedingungen episodisch, zusammenhangslos und bedürfen einer stärkeren Kontextarbeit des Individuums selbst, um der Lebensgeschichte einen Sinn zu geben (vgl. ebd.).

Deutlich wird dies in der Gegenüberstellung der verschiedenen Erwerbsarbeitsbiographien. Arbeitnehmer in der ersten Hälfte des 20. Jahrhunderts waren lange Zeit einem Betrieb zugehörig. Sie verbrachten zum großen Teil ihr gesamtes Erwerbsleben in derselben Tätigkeit in einem Unternehmen, die Arbeitsbedingungen waren dabei starr und unflexibel. Damit verbunden waren die Anstrengungen der Selbstdisziplin und der Askese, um für den Ruhestand oder die Kinder zu sorgen. Der gegenwärtige Verzicht des Individuums versprach eine bessere Zukunft, die Entsagung war biographisch sinnvoll und begründete somit einen Lebenszusammenhang des Arbeiters. Heutige Arbeitsbedingungen sind flexibel, unberechenbar und kurzfristig. Dies birgt einerseits große Chancen, da ökonomischer und sozialer Aufstieg ermöglicht wird. Auch neue und interessante Aufgaben können immer wieder im Laufe des Erwerbslebens erschlossen werden. Andererseits jedoch ergeben sich für das Individuum tiefgreifende Unsicherheiten, da das auf Kurzfristigkeit angelegte Räderwerk der Ökonomie keine Sicherheiten für den Arbeitsplatz, das Tätigkeitsfeld oder die soziale Bezugsgruppe gewährt. Immer kürzer werdende technische, strukturelle oder ökonomische Innovationszyklen verändern Arbeitsplätze und Tätigkeitsfelder oder lassen sie gar obsolet werden. Neustrukturierungen des Teams und ökonomisch notwendige Ortswechsel verursachen ständig wechselnde soziale Bezugsgruppen. Flexibilität toleriert kaum stabile, langfristige und tiefgreifende Bindungen, da sie die Neuorganisation und die Anpassungsfähigkeit behindern würden. Von den Prämissen solcher Lebensbedingungen ist in der Konsequenz auch die private Existenz des Individuums betroffen. Arbeitskollegen, Nachbar- und Freundschaften sind a priori nur für einen episodischen Zeitraum vorhanden, in dem ein Job, ein Projekt, ein Karriereschritt an einem Ort vollzogen wird (vgl. ebd.).

Daraus ergibt sich die ambigue Situation, dass Verbindlichkeit, Verpflichtung, Vertrauen und Verantwortung ökonomischen Episoden zuwider laufen, andererseits aber moralische und gesellschaftlich tradierte Werte darstellen, die in einem Großteil der ökonomischen Existenz des Einzelnen kaum Entsprechung mehr finden und aufgrund der Auslieferung der privaten Existenz an ökonomische Zwänge auch das soziale Leben der Individuen vereinnahmt. Das Bild, welches Sennett von den klassischen amerikanischen Vorstädten zeichnet, lässt sich ohne weiteres auf einen Großteil der sozialen Bindungen des Individuums beziehen (vgl. ebd., S. 17ff.): »Diese Gemeinschaften sind nicht ohne Geselligkeit oder gutnachbarliches Verhalten, aber niemand in ihnen wird auf längere Zeit zum Zeugen des Lebens seiner Nachbarn« (ebd., S. 23). Dies wäre nicht weiter ausschlaggebend, würde nicht aus den langfristen sozialen Bindungen für das Individuum eine wichtige Ressource der Anerkennung der eigenen Leistungen und Lebensgeschichte erwachsen.

> »Von denen, die ihn lange genug kannten, um seine Geschichte zu verstehen, wurde er als unverwechselbarer Mensch anerkannt; von seinen neuen Nachbarn wurde er auf anonymere Weise als jemand respektiert, der wie alle anderen auch sein Haus und seinen Garten pflegte und ein unauffälliges Leben führte. Das dichte Gewebe von Enricos persönlicher Erfahrung kam dadurch zustande, dass er auf beide Arten anerkannt war, je nachdem, in welcher Gemeinschaft er sich befand: er gewann zwei Identitäten aus einem Zeitablauf« (ebd., S. 15).

Im Gegensatz dazu besitzt das Individuum in einer spätkapitalistischen Gesellschaft fragmentierte Identitäten, die durch den Bruch zwischen ökonomisch notwendiger Kurzfristigkeit und dem überdauern traditioneller, auf langfristigen Bindungen basierenden Werten, die überhaupt nicht mehr erfahren und gelebt werden können, zustande kommen. Dies markiert demnach die Entfremdung von Erfahrung und Charakter. Diese »Drift« (ebd., S. 15)[46], wie es Sennett charakterisiert, kann durch Narrationen abgemildert werden. Die Erzählung wirkt der Verwirrung entgegen, da sie die eigene Geschichte strukturiert und durch Abläufe, Motive und Konsequenzen nachvollziehbar gestaltet. Die spätkapitalistische Ökonomie sei, so Sennett, durch Kurzfristigkeit gekennzeichnet, die durch Merkmale wie Flexibilität und Teamwork oberflächliche Strukturen schaffe, die eine Erfahrung von Tiefe sowohl für den Arbeitsprozess als auch für soziale Bindungen verhindere. Im Arbeitsprozess sieht er diese Oberflächlichkeit vor allem in den Technologien begründet, die gegenwärtige Arbeitsprozesse begleiten (vgl. ebd., S. 36f.).

Dementsprechend sind Identität und Sozialität nach den Explikationen Becks und Sennetts die beiden Krisenherde des (post-)modernen Individuums, die es bearbeiten muss, wenn es anstrebt, sich eine sinnvolle Biographie zu konstruieren. Zudem wird bei beiden Autoren das janusköpfige Verhältnis zwischen Sicherheit und Freiheit, Gemeinschaft und Individuum betont. So liegen zwischen den jeweiligen Polen die Fragen nach Konvention und Tradition, die das Individuum sowohl einschränken als auch Orientierungen bieten, und dem Verhältnis zwischen Individualität und einer stärkeren sozialen Ausrichtung an der Oberfläche. Auch die grundsätzliche Evidenz zunehmender individueller Narrationsnotwendigkeiten lässt sich durch beide Autoren nachvollziehen und wirft Fragen nach deren Ausdrucksmöglichkeiten und Reichweiten innerhalb der *Social Network Sites* auf. Zweifellos ist es im Rahmen dieser Forschung nicht möglich, diese Frage gesamtgesellschaftlich zu beantworten. Dennoch bietet die Teilheuristik Anknüpfungspunkte, nach Erfahrungen und Bedeutungen zu forschen, die etwas über die Lebensrahmenbedingungen der Mitglieder aussagen und so Verbindungen oder Bruchstellen zur Risikogesellschaft als auch zur Perspektive auf den flexiblen Menschen darstellen.

---

46 Die konkrete Ausformulierung des Begriffs erstreckt sich über das gesamte Kapitel S. 15-38.

6.2.3 Gemeinschaften[47]

In einem engeren Sinne ist Sozialität auch das Thema von Zygmunt Bauman. Allerdings beschäftigt ihn explizit das Phänomen Gemeinschaft. Auch er kontrastiert historische Vorläufer von Gemeinschaften gegen heutige Formen des Zusammenlebens. Die Gemeinschaft stellt eine besondere Form von Sozialität dar. Gemeinschaften, wie sie von Tönnies (1963) und Rosenberg (2000) entworfen wurden, sind mehr als ein bloßes Zusammenleben verschiedener Individuen, sie umschreiben eine ganz spezifische Form der tiefverwurzelten Verbundenheit solcher Zugehörigkeitsstrukturen. »The little community is a cradle-to-the grave arrangement« (Redfield 1955, S. 4). Bauman greift treffenderweise den von Rosenberg geprägten Begriff des »Wärmekreises« (Rosenberg 2000, S. 4) auf, um diese spezielle emotionale Nähe der verbundenen Individuen zu konturieren (vgl. Bauman 2009, S. 17ff.). In diesem Kontext geht es nicht um ein Zusammenleben dessen Bedingungen ausgehandelt werden müssen, vielmehr bezeichnet die Gemeinschaft einen stillschweigenden, psychoanalytisch formuliert, vorbewussten Zustand von gegenseitiger Verbundenheit. Bei Tönnies wurzelt die Gemeinschaft vor allem in der Kontinuität physisch aufeinander verwiesener Individuen. Gewöhnung und Erinnerung an gemeinsam Erlebtes sind somit die Grundfesten einer starken Bindung in einer Gemeinschaft (vgl. Tönnies 1972, S. 8ff.). Gerade weil es sich hier um einen Zustand handelt, der unbewusst und selbstverständlich ist, wird er weder reflektiert noch analysiert. Mit der Reflexion würden die Grundfesten der Gemeinschaft erschüttert, da damit auch andere Formen des Zusammenlebens in den Blick geraten würden. Dieser Umstand veranlasst Bauman zu der Annahme, dass jene intuitiven emotionalen Gemeinschaften in der heutigen Welt nicht mehr erfahrbar seien. Dazu geht er auf die Bedingungen einer funktionierenden Gemeinschaft ein. Gemeinschaften, so Redfield, bedürfen einer hohen Fähigkeit zur Abgrenzung gegenüber anderen Gruppierungen, wobei die Differenz zu anderen Parteien eine selbstverständliche sei. Dieses Merkmal wird noch einmal mit der Forderung nach Unabhängigkeit angesprochen, mit der der Zugang bzw. der Austausch mit Außenstehenden reglementiert wird (vgl. Baumann 2009, S. 18ff.). Zudem sollten Gemeinschaften begrenzt sein, was bedeutet, dass »die Kommunikation zwischen den Mitgliedern [...] derart um-

---

47 Im Kontext des Begriffs *Gemeinschaft* muss hier explizit darauf hingewiesen werden, dass dieser Terminus vor allem auch im Nationalsozialismus benutzt wurde, um Menschen zu diffamieren, zu verfolgen und zu töten. Im Rahmen dieser Forschungsarbeit dienen die Ausführungen zur Gemeinschaft lediglich der Diskussion eines soziologischen Grundbegriffs. Von politischen Inanspruchnahmen dieses Begriffs wird sich hiermit explizit distanziert, indem jegliche faschistoiden, menschenverachtenden und diskriminierenden Einstellungen und Handlungen abgelehnt werden.

fassend und hochfrequent [ist], daß sporadisch von außen eintreffende Signale aufgrund ihrer relativen Seltenheit, Oberflächlichkeit und Flüchtigkeit nahezu völlig ignoriert werden können« (ebd., S. 19). Mit diesen, in allen drei Merkmalen angesprochenen, Postulaten von Geschlossenheit, Eindeutigkeit, Konturierung und Kontinuität finden sich zugleich die Beweise für die mangelnde Existenz heutiger Gemeinschaften.

Betrachtet man allein die Prozesse der Individualisierung und Globalisierung, wird deutlich, dass eine tief empfundene und kontinuierlich bestehende Gemeinschaft nicht mehr einlösbar ist, da sie den Lebensbedingungen und der Erwerbsarbeit des Individuums zuwider laufen würde. Medientechnologische Entwicklungen lassen die abgeschlossene Kommunikation innerhalb einer Gemeinschaft utopisch erscheinen und untergraben zudem durch stetige Information über divergierende Lebenskonzepte die Eindeutigkeit der Gemeinschaft. Somit existieren für Bauman lediglich konstruierte Gemeinschaften, die in langwierigen Prozessen errungen werden müssen und sich nur im Schlachtengeheul ihrer Verteidigung erfahren lassen (vgl. ebd., S. 26). Doch das Individuum wird stets auf der Suche nach jener romantisierend verklärten Gemeinschaft sein, nicht zuletzt deshalb, weil es glaubt, sich so den Gefahren individualisierter Lebensführung im Schutze der Gemeinschaft entledigen zu können. Bauman gibt in diesem Zusammenhang zu bedenken, dass sich in diesem Sinne das Versprechen der real existierenden Gemeinschaft in eine Drohung umkehrt, da der Prozess der Individualisierung irreversibel und somit die Unterordnung gemäß den Wünschen der Gemeinschaft eine Zumutung für das Individuum sei. Auf der anderen Seite sieht er in den individualistischen Lebensentwürfen ohne tiefgreifende Bindungen, die lediglich ephemer durch oberflächliche und austauschbare Intimität betäuben, keine Alternative. Mangels kontinuierlicher Bindungen beginnt sich das Leben des Individuums in eine »Serie von Episoden und Neuanfängen« (ebd., S. 66) aufzulösen, die keinerlei Zusammenhang besitzen. Eine Gesellschaft, so Bauman, die sich einen solchen Lebensstil aneignet, kann keine Gemeinschaft bilden, da sie weder zu Verantwortung noch zu einem Verbundenheitsgefühl fähig ist (vgl. ebd., S. 66f.).

Auch wenn Baumans Perspektive durchaus nachvollziehbar ist, gilt es dennoch zu fragen, welchen Kompensationsmechanismen sich Individuen bedienen, um eine Art von Gemeinschaft zu erfahren, auch wenn diese nicht dem Wärmekreis Rosenbergs entspricht. Eine mögliche Lesart entwickelt Bauman mit der Funktion der Experten und der »Autorität der Zahl« (ebd., S. 79). Unter (post-) modernen Lebensbedingungen sind Entscheidungen des Individuums mit entsprechenden Risiken behaftet. Mit dem Wissen der Experten kann Orientierung für oder gegen Entscheidungen geboten werden, eine ebensolche Orientierung bewirkt eine große Anhängerschaft einer Entscheidung. Gemeinschaft, die durch Identitätssuche bestimmt ist, entspricht einer Gemeinschaft der Gleichdenkenden und -handelnden. Dadurch, dass auch andere mit Identitätssuche beschäftigt sind, fühlen sich die Individuen nicht allein und unsicher. Identitätsarbeit darf dabei nie abgeschlossen werden, da dies bedeuten würde, dass das Lebenskonzept nicht mehr hinreichend offen ist, um alle Möglichkeitsoptionen auszuschöpfen, und abschließende Identitätsarbeit eine Festlegung ist, die gefürchtet wird. Identität muss deswegen immer wieder ablegbar sein. Wichtiger als ihre Erarbeitung ist die mühelose Annahme einer neuen Identität. Somit muss auch die Form der Gemeinschaft für diese Identitäten flexibel und biegsam ausgelegt sein, damit sie keine Lebensentwürfe verschließt (vgl. ebd.).

Bauman sieht diese Forderungen in den ästhetischen Gemeinschaften Kants versinnbildlicht. Diese bedürfen der stetigen Erneuerung, damit sie erfahren und somit das Gefühl der Verbundenheit hergestellt werden kann. Sie besitzen keine Zugangsbarrieren, da dies dem individualistischen Prinzip zuwider laufen würde, zerfallen jedoch aufgrund ihrer mangelnden Fundierung schnell wieder. Die Gemeinschaften bedienen vor allem Möglichkeiten der stetigen Identitätsarbeit, die jedoch nie abgeschlossen werden will. Diese Bedürfnisse werden, so Bauman, mittels Technik ermöglicht, da sie den Zusammenschluss physisch getrennter Individuen erlaubt und so in ihrer gemeinsamen Teilhabe an einem Medienereignis ein Gemeinschaftsgefühl herstellen. Das Gemeinschaftsgefühl ist jedoch von ästhetischen Elementen geprägt und basiert nicht auf der Überzeugung ethischer Grundsätze. Dadurch entsteht eine Gemeinschaft, die sich an der Oberfläche abarbeitet und leicht durch eine neue Zugehörigkeit ausgetauscht werden kann. So resultiert die Bindungskraft dieser Gemeinschaften zu einem gewissen Teil aus der Anzahl ihrer Anhänger. Baumann bezieht im Rahmen dessen die Prominenten als Idole und ihre Anhängerschaft als Gemeinschaft auf Widerruf ein. Diese Sichtweise wird erweitert, womit es nicht nur Prominente sind, die diese Anziehungskraft ausstrahlen können, sondern grundsätzlich Prominentes. Die Substanz dieser Logik besticht durch die Annahme, dass stetig exemplarische und sozial legitimierte Lebensweisen proklamiert werden, die sich in den Prominenten oder schlicht durch Prominentes verdichten und die das Gefahrenpotenzial risikogesellschaftlicher Lebensführung für die identitätsarbeitende Masse abfedern. Daraus resultiert im übertragenen Sinne Schutz und Sicherheit durch die Herdenwärme der Masse der ähnlich Desorientierten (vgl. ebd., S. 79f.). Bauman bringt den Gebrauchswert der Prominenten wie folgt zum Ausdruck:

»Idole werden zu einem anderen Zweck benötigt, nämlich um das Gefühl zu vermitteln, daß Unbeständigkeit und Instabilität nicht etwa Katastrophen sind, sondern sich als Hauptgewinne in der Lotterie des Schicksals erweisen könnten: Auch im Treibsand läßt sich ein angenehmes und sinnvolles Leben führen!« (ebd., S. 85).

Unbeständigkeit und Instabilität übertragen sich konsequenterweise auf die Gemeinschaften selbst, indem sie entstehen, in Alltagspraxen erfahren werden und nach ihrem Erleben wieder erlöschen. Sie sind keine kontinuierlichen Phänomene, die über das Ereignis hinaus überdauern. So spricht Bauman von »Instant-Gemeinschaften zum sofortigen Verbrauch, die man anschließend restlos entsorgen kann« (ebd., S. 87).

Eine etwas anders gelagerte Argumentation verfolgt Stuart Hall (1999), indem er Ausprägungen kultureller Identität(en) verhandelt. Auch er thematisiert zunächst den Zusammenhang zwischen Identität und gesamtgesellschaftlichen Bedingungen. In diesem Sinne sind sowohl die allgemeinen, epochal geprägten Sichtweisen von Individuum und Gesellschaft als auch Halls Rekonstruktion des Identitätsverständnisses, basierend auf historischen Theorieverläufen, zu sehen. Darauf aufbauend verhandelt er Nationalkulturen als Ausprägung kultureller Identität als »vorgestellte Gemeinschaft« (Hall 1999, S. 416). Zunächst versucht er mit Rekurs auf Scruton die Ursprünglichkeit einer Gemeinschaftssehnsucht zu fassen und verweist mit Gellner dabei auf die Notwendigkeit der Zugehörigkeit zu größeren menschlichen Zusammenschlüssen, um als Individuum unabhängig sein zu können (vgl. ebd., S. 414f.) Zugehörigkeit und Unabhängigkeit bilden in diesem Sinne keine Gegensätze. Demnach wird hier eine andere Sicht auf Zugehörigkeit erschlossen als bei Bauman, der die Zwänge vormoderner Gemeinschaften als dem modernen Individuum unzumutbar betrachtet. Im Gegensatz dazu stellt Zugehörigkeit in der Argumentation Halls eine Voraussetzungen für Individualität und Identität dar (vgl. ebd.).

Die Teilheuristik Gemeinschaft dient also dazu, naive Lesarten von Gemeinschaft auszuschließen und stattdessen, mit dem Fokus auf Kontinuität, Austausch, Kommunikation und Zugehörigkeitsgefühl, die Bedeutungen der Netzwerke zu klären. Dabei dienen die Konzeptionen von Gemeinschaft, wie sie im Vorangegangenen expliziert wurden, sowohl als positiver als auch negativer Horizont. So gilt es, die Beschreibungen der Nutzer zu diesen Überlegungen ins Verhältnis zu setzen, um einen Eindruck von der Zugehörigkeitsstruktur zu gewinnen.

6.2.4   Zusammenfassung der Heuristik *Sozialbezug*

Um die Art des *Sozialbezuges* innerhalb der Netzwerke erforschen zu können, werden, wie zuvor expliziert, verschiedene Ebenen von Sozialität thematisiert. Zunächst geht es in sozialökologischer Perspektive darum zu erforschen, welche Bezugskreise innerhalb der Netzwerke abgebildet werden. Zudem ist es ebenso wichtig zu erschließen, wie diese Bezugskreise mittels bestimmter Praktiken aufgebaut werden. Dies führt dazu auch rollentheoretische Überlegungen mit einzubeziehen und zu untersuchen, welche Möglichkeiten und Schwierigkeiten durch die Zusammenfassung der unterschiedlichen Bezugskreise entstehen können. Darüber hinaus sind auf den Plattformen auch Beobachterrollen im Sinne des Medienkonsums, also des Anschauens und Bewertens anderer Profile, eingelassen, die einen Blick auf gesellschaftliche Phänomene erlaubt. Durch diese Beobachtungen wird das Individuum in soziale Systeme eingebunden. Auf gesellschaftlicher Ebene liefern die Texte von Beck und Sennett Anknüpfungspunkte, um das Datenmaterial nach den Elementen erlebter Risikogesellschaft und erfahrener Veränderungsprozesse zu analysieren und deren Einfluss auf den Sozialbezug herauszuarbeiten. Hier stellen sich also Fragen nach Erfahrungen der Nutzer in Bezug auf Veränderungen von Mobilität, Flexibilität sowie Sozialität oder Orientierungen. Daran anschließend wird zu analysieren sein, ob und inwiefern die Plattformen Orientierungen anbieten und wie diese beschaffen sind. Neben der gesellschaftlichen Ebene sind die Zugehörigkeitsstrukturen der Plattform im Detail von Interesse. Um diese zu explorieren, wird das Datenmaterial auf Elemente wie die Bezugsgruppe, Verbundenheit, Kontinuität, Austausch und Kommunikation zu sichten sein. Sie werden im Zusammenhang einen Eindruck des Sozialbezugs der Netzwerke sowie deren Relevanz für die Nutzer ermöglichen. Die gesamte Heuristik Sozialbezug wird folglich die sozialen Bezugspunkte, seien diese nun gesamtgesellschaftlicher oder kleingruppenspezifischer Natur, bearbeiten und so die Besonderheiten der Zugehörigkeitsstruktur innerhalb der Plattformen und deren Auswirkungen konturieren.

6.3   Mediale Bezüge

Aus medienwissenschaftlicher Perspektive ist selbstverständlich auch der mediale Rahmen des Selbst- und Sozialbezuges von Interesse. In diesem Sinne werden innerhalb der Heuristik *medialer Bezüge* verschiedene Zugangsweisen beschrieben, die es erlauben, die Auswirkungen der medialen Gestaltung zu analysieren. Dabei wird zunächst das grundsätzliche Verständnis des Verhältnisses zwischen Mensch und Medien beschrieben, um die grundsätzliche Forschungshaltung zu diesem Dualismus zu artikulieren. Darauf aufbauend werden die Bedeutungen und Auswirkungen verbindender Technologien im Sinne Sherry Turkles dargestellt und so Anknüpfungsfragen für die konkrete verbindende Technologie der *Social Network Sites* erarbeitet. Zudem werden die Plattformen darüber hinaus mit Michel Foucault als rahmende Umgebungen und als Räume begriffen. Abschließend wird das Potenzial von *Social Network Sites* als Spiegelapparaturen beschrieben. Jacques Lacan bietet dabei eine Lesart an, die auf philosophischer Ebene die Auswirkungen der gespiegelten Gestalt thematisiert. Um diese Ideen unmittelbarer auf die *Social Network Sites* zu beziehen, werden mit Reinhard Keils Perspektive auf das Verhältnis von Medien und Didaktik spezielle Möglichkeiten dieser (Ab-)bildung des Selbst- und Sozialbezugs für die Auswertung vorbereitet.

6.3.1　Mensch und Medien

Wie dargelegt, sind Selbst- und Sozialbezüge wichtige Elemente dieser Forschungsarbeit. Dennoch muss mit der medialen Umgebung noch ein drittes relevantes Element in die Forschungskonzeption einbezogen werden, um ein umfassendes Verständnis der Sozialität innerhalb von *Social Network Sites* zu erarbeiten. Die Mitgliedschaft bei und die Nutzung von *Social Network Sites* stellen eine medial vermittelte Art des Selbst- und Sozialbezugs dar. Dementsprechend erfolgt zunächst eine grundlegende Darlegung des Verhältnisses zwischen Mensch und Medien, da diese Konzeption die Forschung maßgeblich beeinflusst. Im Sinne der Cultural Studies sind Medien, und konkret *Social Network Sites*, spezifische Strukturen eingeschrieben, die den Umgang und die Nutzung beeinflussen. Um dies zu verdeutlichen, sei hier auf die Oberflächengestaltung solcher Seiten verwiesen, die die Aufmerksamkeit des Individuums auf diverse Elemente der Plattformen richten. Jedoch sind andererseits die vorgegebenen Strukturen auch von der kulturellen Aneignung durch die Nutzer abhängig (vgl. Winter 2010, S. 142ff.).

Beispiele hierfür finden sich bereits in der Historie der *Social Network Sites* mit der Entwicklungsdynamik der Plattform *Friendster*.[48] Um folglich die Bedeutung von Medien erschließen zu können, ist es notwendig, die kulturellen und sozialen Auseinandersetzungsprozesse zu erforschen. Damit verbunden ist die sogenannte radikale Kontextualisierung in den Cultural Studies, bei der davon ausgegangen wird, dass »Objekt und Subjekt, Medientechnologie und Kontext« (ebd., S. 142) sich stetig beeinflussen und miteinander verwoben sind. Erst in der Analyse dieser komplexen Verbindungen kann letztlich das Phänomen *Social Network Sites* konturiert und erforscht werden. Medientechnologien und ihre Nutzer

---

48 Vgl.: Kapitel 4.4.

gehen demnach in zahlreichen Auseinandersetzungsprozessen eine Allianz ein, die in dieser Perspektive eine besondere Qualität hervorbringt. Wie im Kapitel 6.1 dargestellt, lassen sich einige Strukturen der *Selbstthematisierung* aus der Anordnung der Plattform ableiten, jedoch vollzieht sich die spezielle Dynamik der *Social Network Sites* durch die Nutzer, ihren Interessen und Bedürfnissen. Einen Schritt weiter geht Rainer Winter, indem er mit Rekurs auf Heidegger darauf hinweist, dass Medien nicht nur technische Artefakte sind, sondern gerade in ihrer Einbettung in soziale und kulturelle Prozesse, Optionen und Zugänge zur Welt umgestalten (vgl. ebd.).

Aufbauend auf diesem Verständnis sind Medien dazu in der Lage, Menschen kommunikativ zu verbinden. Friedrich Krotz (2010) plädiert dafür, den Menschen in medienwissenschaftlicher Perspektive als »das einzige Wesen zu betrachten, das zu komplexen kommunikativen Formen befähigt und gleichzeitig von dieser Kommunikation abhängig ist« (Krotz 2010, S. 93). Er räumt ein, dass auch Tiere kommunizieren, jedoch der Mensch zu symbolischer, also abstrakterer Kommunikation fähig ist und sich diese aktiv aneignet. Der Mensch ist in seiner Argumentation somit das Lebewesen, was einerseits Kommunikation für sich in Anspruch nimmt, aber anderseits auch darauf angewiesen ist. In dieser Sichtweise wird der Mensch in seiner sozialen und kulturellen Bedingtheit maßgeblich durch das Sprachsystem und den Akt der Kommunikation geprägt. Mehr noch, der Mensch als Kommunikationswesen greift zur Erfassung und Artikulation des Lebens auf symbolische Formen zurück, sodass Denken, Vorstellungen und das Bewusstsein, also der Mensch grundsätzlich, symbolisch konstituiert ist (vgl. ebd.). Dementsprechend rekurriert er auf Norbert Elias (1989) und dessen These, dass sich das Leben des Menschen neben den Dimensionen von Zeit und Raum ebenso in einer kommunikativ erzeugten Symbolwelt vollzieht (vgl. Krotz 2010).

Auf dieser Basis interessiert sich Krotz für Definitionen von Kommunikation, um so die gesellschaftliche und subjektive Relevanz dieser Symbolform erschließen zu können.[49] Um Kommunikation und Gesellschaft in wechselseitigem Prozess aufeinander zu beziehen, rekurriert er auf die Theorie kommunikativen Handelns von Jürgen Habermas (1990). Dieser betrachtet Gesellschaft historisch in ihrem kommunikativen Handeln und legt somit eine Verbindung zwischen

---

49 Zunächst geht er auf die klassischen Definitionen der Kommunikationsforschung von Claude Shannon und Warren Weaver (1949) im Sinne von Kommunikation als Transport von Informationen und die vier Kommunikationsmodelle, die je nach Forschungsinteresse ausgewählt werden, von Denis McQuail (1994) ein. Da diese Modelle weder für Krotz noch für diese Forschung aufgrund ihres simplifizierenden und ausschnitthaften Charakters relevant sind, soll an dieser Stelle der kurze Verweis genügen und keine Ausführung erfolgen.

Gesellschaftsbedingungen und kommunikativen Entsprechungen dar. Da Krotz jedoch die Kategorisierung von Habermas Kommunikationsformen in verständigungsorientiertes, zweckorientiertes und instrumentelles Handeln für missverständlich hält, spricht er sich für die Einteilung in verständigungsorientiert und ziel- bzw. ergebnisorientiert aus. Mit dem so gefassten Dualismus fokussiert er auf eine spezielle Lesart. Habermas stellt hier zwei Sphären einander gegenüber: die verständigungsorientierte Kommunikation, die sich auf die entwickelte Lebenswelt bezieht und die instrumentelle, oder, wie Krotz sie nennt, ergebnisorientierte Kommunikation, die für die Systeme kennzeichnend sind (vgl. Krotz 2010).

Mit dieser Reduktion kommunikativer Komplexität sind nun wiederum zwei Schlussfolgerungen möglich. Kommunikation ist kein starres und abgeschlossenes System, sondern entwickelt sich kulturell, gesellschaftlich und geschichtlich. Mit dieser Feststellung geht die Überzeugung einher, dass Kommunikation in kultureller, gesellschaftlicher und historischer Hinsicht wandelbar und darüber hinaus je spezifisch sein kann. Zudem ist mit der Verankerung von verständnisorientierter Kommunikation in der Lebenswelt die Verknüpfung von Gesellschaft und Kommunikation möglich: Kommunikation bedarf täglich gelebter Praktiken, damit sie ständig aktualisiert und tradiert wird. So kommt Krotz zu dem Schluss,

> »[…] dass Gesellschaften und Kulturen durch sie typische kommunikative Handlungs- und Interaktionsmuster beschrieben und charakterisiert werden können. […] Mit dem Begriff Kommunikationsmuster meinen wir also alle möglichen kommunikativen Handlungsmuster ganz unterschiedlicher ›Art und Größe‹, sie können sich auch überschneiden oder wechselseitig beinhalten« (ebd., S. 97f.)

Wie durch das Konzept der *Selbstthematisierung* angesprochen, wird mit Krotz hier ein grundlegender Zusammenhang zwischen Gesellschaft und Kommunikation definiert, der sich in spezifischen Kommunikationsmustern äußert. Elemente dieser Kommunikationsmuster sind folglich alle Äußerungen, seien sie sprachlich, zeichenhaft oder mittels Gesten, Bilder oder Laute hervorgebracht. Die gesellschaftlichen Aushandlungsprozesse fasst Krotz mit den symbolischen Interaktionsprozessen von George Herbert Mead (1978) zusammen. Demnach sind diese Prozesse davon abhängig, dass Individuen, sobald sie miteinander in einen Verständigungsakt treten, sich sowohl ihre eigene Aussage vergegenwärtigen als auch in die Lage des verstehenden Anderen versetzen müssen, um die Aussage verständlich zu gestalten. Verständlichkeit wird zudem durch den situativen Rahmen des Interaktionsprozesses beeinflusst. So prägt die Situation den sozialen

Rahmen der Interaktion und wird vor diesem Hintergrund von den beteiligten Individuen interpretiert (vgl. Krotz 2010).

Diese Annahmen bilden zunächst auf kommunikativer Ebene die Grundlage der Studie. Jedoch liegt der Fokus der Forschung nicht auf dem Akt der Kommunikation, sondern auf Sozialität. Diese ist selbstverständlich mit kommunikativen Aushandlungsprozessen verbunden und wird somit auch Teil der Ausarbeitung sein. Kommunikationsanalyse ist jedoch nicht das primäre Forschungsinteresse, sondern Sozialität, die über kommunikative Prozesse erschlossen wird. Diese Perspektive lässt sich mit den mediensoziologischen Überlegungen von Angela Keppler verdeutlichen (vgl. Keppler 2005). Sie interpretiert das Verhältnis von Medien innerhalb sozialer Prozesse wie folgt:

»Die Bedeutung der Medien kann soziologisch nur erforscht werden, wenn die Funktion der technischen Kommunikationsmedien in ihrer Stellung innerhalb der sozialen Welt betrachtet wird. [...] Im Unterschied zu einer Tradition in der Kommunikationswissenschaft, die von einer grundsätzlichen Gegenüberstellung von medialer Wirklichkeit und gesellschaftlicher Wirklichkeit ausgeht und die Aufgabe der Medien darin sieht, als Übermittler einer von ihnen unabhängigen äußeren Realität zu fungieren, werden die Medien in allen konstruktivistischen Modellen als ein integraler Bestandteil von Gesellschaft, als ein aktives Element im sozialen Prozess betrachtet, aus dem die Realität sozialer Verhältnisse erst hervorgeht« (ebd., S. 93 und S. 95).

Die Medien, im Forschungskontext die *Social Network Sites*, sind grundsätzlich mit sozialen Prozessen verbunden. Diese allgemeine Beschreibung lässt jedoch noch keine spezifischen Anknüpfungspunkte und Perspektiven auf die Verbindung des Sozialen mit der medialen Umgebung zu. Dementsprechend folgen nun konkrete Bezüge, um die Rolle der *Social Network Sites* als verbindende Technologie, als soziale Umgebungen und als Spiegelapparaturen zu erfassen.

6.3.2 Verbindungstechnologien und Identität

Ausgehend von der Nutzung des Computers in den 1990er Jahren, konstatiert Sherry Turkle durch heutige körpernahe, kleine Kommunikationstechnologien, die eine ständige Verbindung zur Bezugsgruppe herstellen, einen grundlegenden Wandel (vgl. Turkle 2008). Diese Technologien, wie Smartphones und Note- bzw. Netbooks, ermöglichen die Nutzung von beispielsweise dem Internet für verschiedenste Kommunikationsdienste, um in Kontakt mit Freunden, Familie und Bekannten zu treten. Dementsprechend ist es in der heutigen Zeit immer möglich, mit den wichtigen Bezugsgruppen verbunden zu sein. Waren Internet, Computer und Telefon in den 90er Jahren noch unhandlich, nicht mobil und unpraktisch, waren Individuen erst dann mit Anderen verbunden, wenn sie sich in der Nähe der Technologien befanden. Heute sind die weiterentwickelten Technologien ein ständiger Begleiter, durch ihre Handlichkeit schon fast unbemerkt. Verbundenheit ist nicht mehr an den Standort eines Festnetztelefons oder schweren Computers gebunden, sondern an den sich bewegenden Körper des Individuums, der seine verbindenden Technologien immer bei sich trägt. Dementsprechend war es früher sinnvoll, zwischen Online- und Offlinesphäre zu trennen. Da nun nahezu jeder während seines gesamten Tages durch verbindende Technologien potenziell erreichbar ist, durchwirken sich On- und Offlinesphären immer mehr. Sherry Turkle spricht in diesem Zusammenhang von einer Kopräsenz von On-line- und Offline Kontexten, in denen sich das Individuum täglich bewegt. So sind Individuen häufig physisch nicht an demselben Ort, wie deren wichtigste Bezugspersonen. Dennoch bleiben Sie durch die verbindende Technologie mit ihnen in Kontakt. Dies verändert aber auch die Beziehung des Individuums zu seiner physischen Umgebung. Öffentliche Räume werden dazu genutzt mit physisch nicht Anwesenden mittels verbindender Technologien zu kommunizieren. In öffentlichen Räumen finden so gesehen private Kommunikationen statt. Der öffentliche Raum wird mit privaten Kommunikationen aufgeladen, er ist nicht mehr rein öffentlich, jedoch auch nicht gänzlich privat. Diese Veränderung verdeutlicht Turkle mit typischen Szenen, die in einem Café stattfinden (vgl. ebd.).

Die neuen Technologien erlauben nicht nur die Kommunikation mit den wichtigen Bezugspersonen, sie werden, so Turkle, zum sichtbaren Symbol von Verbundenheit und den damit verbundenen Emotionen. Hiermit verweist sie darauf, dass die Technologien den Status von Übergangsobjekten eingenommen haben. So wie Spielsachen für Kinder, psychologisch argumentiert, ein Übergangsobjekt darstellen, um die Trennung von der Mutter zu bewältigen, können mobile Medien durch die Möglichkeit zur Kommunikation mit vertrauten Personen ein Übergangsobjekt zur Bewältigung unsicherer Situationen im Alltag, wie z. B. am Arbeitsplatz, in der Schule, oder aber in der Freizeit gesehen werden (vgl. ebd.). Durch die Option, sich mit vertrauten Personen in Verbindung setzen zu können und in Form von mobilen Technologien als Symbol dieser Verbundenheit, können unsichere Situationen bewältigt bzw. erträglicher gestaltet werden. Somit können die verbindenden Technologien auch als psychisch-emotionale Stützen gelesen werden, die es ermöglichen Zeit und Raum zu überwinden (vgl. Tully/Zerle 2006). Florian Rötzer spricht in diesem Kontext vom Mobiltelefon als Prothese,

»[…] die stets mitgeführt wird und so als Leine dient, den Kontakt zur Horde nicht zu verlieren. Die Horde ist heute natürlich nicht mehr nur vorwiegend räumlich an einem Ort konzentriert, sondern dezentralisiert, womöglich über den ganzen Globus verstreut« (Rötzer 2006, S. 1).

Doch liefert die Aussage Rötzers darüber hinausgehendes Interpretationspotential. Ständige Mobilität, Umzüge, wechselnde Arbeitsplätze und ein sich stetig änderndes soziales Umfeld sind typische Charakteristika des globalisierten Alltags geworden (vgl. Sennett 1998; Beck 1986). Die Mobilfunkanbieter stellen ihren Kunden mittlerweile als Basisdienst die Rufnummernmitnahme an, so dass die Handynummer eine Konstante bleibt. So lässt sich das Mobiltelefon, in diesem Argumentationskontext, als letzter physischer Referenzpunkt einer tatsächlichen Verortung interpretieren: eine letzte unmittelbare, zur Person gehörende Adresse, die wir immer bei uns tragen.[50] Doch nicht nur das Mobiltelefon kann auf diese Weise interpretiert werden, sondern auch Note- und Netbooks, die ihrerseits über verschiedene Dienste, wie E-Mail oder *Social Network Sites*, nun ständigen Kontakt mit den Bezugspersonen herstellen.

Für diese Forschung liefert Turkle wichtige Anknüpfungspunkte für die Heuristik, um im Rahmen der *Social Network Sites* On- und Offline Kontexte eingehender zu betrachten. Auch damit einhergehende Ausprägungen oder Verschiebungen von Öffentlichkeit und Privatheit sind dabei von Interesse. Die Bedeutung von Erreichbarkeit über mediale Technologien und deren sozialitätsstiftende Optionen runden diesen Teil der Heuristik ab. Jedoch ist mit Rekurs auf Turkle nur die Betrachtung der Technologie als verbindendes Element möglich. Um die Heuristik der medialen Bezüge weiter zu kontextualisieren, werden im Folgenden die technischen Anordnungen und die Oberfläche der Plattformen miteinbezogen.

6.3.3 Medien als soziale Umgebungen

Wie aus dem Vorangegangenen hervorgeht, stellen Medien also Kontakte zu anderen Personen bereit. Um nun Medien als soziale Umgebungen zu erfassen, bietet der Panoptismus von Michel Foucault aus dem Werk »Überwachen und Strafen« (1976) eine Lesart an. Foucault analysiert in genealogischer Perspektive die verschiedenen historischen Techniken, Macht auszuüben und herzustellen sowie die damit verbundenen Motive und Ziele. Obwohl sich Foucault im Sinne des Panoptismus mit Einschließungsmilieus beschäftigt, untersucht er ebenso durch die Betrachtung der Anordnung des Blicks, die Sichtbarkeitsverhältnisse des

---

50 Teile dieser Argumentation wurden bereits veröffentlicht. Vgl.: Meister et al. 2009.

Theaters als Sinnbild für antike Gesellschaftsformen (vgl. ebd., S. 278). Foucault beschreibt mit dem Panoptismus dementsprechend eine Disziplinierungstechnik, aber auch eine räumliche Anordnung, die sozial diszipliniert. Für diese Dimension des Verhältnisses zwischen Mensch und Medien sind die Entwicklungen der Macht von Souveränitätsgesellschaften zu Disziplinierungsgesellschaften zugunsten des Fokus auf den Panoptismus als Oberflächen- und Raumphänomen vernachlässigt. Zur Verdeutlichung dieses Prinzips des Panoptismus geht er auf die Architektur des Panoptikums Benthams ein, welches das architektonische Grundgerüst eines Gefängnisses ist (vgl. ebd., S. 256ff.). Die Zellen in diesem sind ringförmig angeordnet und zudem von vorne und hinten durch Fenster lichtdurchflutet. Somit gewähren sie einen umfassenden Einblick für die Wärter. Diese wiederum befinden sich in einem erhöhten Turm in der Mitte des Zellenrings, der von den Insassen selbst nicht eingesehen werden kann. So können die Gefangenen nie wissen, ob sie beobachtet werden und müssen somit annehmen, dass sie potenziell permanent unter Beobachtung stehen könnten und ihr Verhalten dementsprechend disziplinieren. Eine Orientierung an und Kommunikation mit den anderen Insassen ist unmöglich, da diese durch eine Mauer voneinander getrennt werden. So diszipliniert die architektonische Anordnung des Gefängnisses ihre Insassen und internalisiert somit die Disziplinierungstechnik, da die Gefangenen aufgrund der permanenten Sichtbarkeit gewünschtes Verhalten zeigen (vgl. ebd., S. 260). Es ist sicherlich spannend, diese Anordnung der Macht auf das Verhältnis zwischen Nutzern und Betreibern von *Social Network Sites* zu perspektivieren und somit zu erkunden, wie durchlässig die Zellen in dieser Anordnung für die Betreiber sind. In diesem Zusammenhang würde der Fokus auf Manipulation, Disziplinierung und zuletzt, mit der Historisierung von Gilles Deleuze, auf Kontrolle liegen (vgl. Deleuze 1993). Obwohl diese Sichtweise sehr interessant ist, konzentriert sich die vorliegenden Arbeit auf die Implikationen, Potenziale und Probleme dieser Anordnung, um die sozialen Dimensionen für diese freiwilligen Mitglieder, die keine Gefangenen im herkömmlichen Sinne darstellen, zu erschließen. Im Gegensatz dazu stellt die Sichtbarkeit der Profile innerhalb der Plattformen eine relevante Parallele zum Panoptikum dar. In dieser Perspektive sind die Zellen durchlässig, die Mitglieder sehen sich gegenseitig und beeinflussen (disziplinieren) sich reziprok. Mit dieser Heuristik werden demzufolge die Spezifika dieser Anordnung sowie die sozialen Anknüpfungspunkte betrachtet. Dementsprechend gilt es, die Parallelen und Unterschiede des Panoptikums und der Netzwerke herauszuarbeiten und somit die Anordnungen und Techniken des Sozialen zu identifizieren.

6.3.4 Medien als Spiegel

Social Network Sites sind nicht nur Anordnungen eines digitalen Raums, sondern darüber hinaus Oberflächenphänomene. Die Theorie des Spiegelstadiums von Jaques Lacan (1973) wird in Bezug auf die *Social Network Sites* nicht entwicklungspsychologisch verwendet, sondern eher auf seine philosophischen Anteile von Identitätserfahrung fokussiert, um diese Oberflächenphänomene zu erschließen. Das Spiegelstadium wird in diesem Sinne eine Metapher für das Mensch-Medium-Verhältnis sein, indem nicht nur der Spiegel als Medium einen Blick auf das Individuum gestattet, sondern auch Fotografien, Videos, Texte, Audioaufnahmen, einen Blick, sei dieser nun optisch, auditiv, audiovisuell oder, wie bei Texten, eher interpretativ innerlich. Medien ermöglichen, ob nun umfassend oder ausschnitthaft, dem Individuum, einen Blick auf sich selbst (oder was es als sich selbst verkennt) zu werfen, mehr oder weniger ausgeprägte Teile der Identität zu externalisieren und so vermittelt von außen auf das eigene Selbst zu schauen (vgl. ebd.).

Lacan unterstellt in seiner Theorie, dass das Kleinkind im Alter von sechs bis 18 Monaten erstmals dazu in der Lage ist, sein eigenes Bild im Spiegel zu erkennen und darauf zu reagieren, indem durch die Mimik das Erkennen seiner Selbst abzulesen ist und in der darauffolgenden Untersuchung des Spiegels und der Umgebung, die darin gespiegelt wird, eine Reaktion erfolgt. In dieser Weise nimmt das Kleinkind, so Lacan, Kontakt zum eigenen Spiegelbild auf und untersucht das Verhältnis von Spiegel, sich selbst und gespiegelter Fläche zur der sich umgebenden Realität (vgl. ebd., S 63). Um sich von der Entwicklungstheorie zu entfernen, gilt es zu bedenken, dass der Mensch, immer auf Spiegel angewiesen ist, um sich selbst sehen zu können. In diesem Sinne sind auch die Blicke Anderer als Spiegel aufzufassen. Lacan nennt dieses Erkennen ein Verkennen, da das Kind in diesem Stadium noch keine Kontrolle über seine Physis besitzt und sein Leben noch vollkommen abhängig von den Bezugspersonen erlebt. Das Kind sieht im Spiegelbild eine suggerierte Einheit, die es tatsächlich noch gar nicht fühlt und antizipiert dieses Selbstbild für sich. Zwischen Erleben und Abbild jedoch liegt eine tiefgreifende Differenz, die das Kind nicht auflösen kann. Lacan spricht in diesem Zusammenhang davon, dass das Vorwegnehmen der physischen Reifung und Kontrolle das Kind so nachhaltig beeinflussen, dass es Zeit seines Lebens immer einem Idealbild entsprechen will, was es jedoch niemals erreichen kann. Lacan konstatiert im Spiegelstadium tiefergreifend eine unauflösbare Distanz der Selbsterfahrung über die Vorwegnahme der physischen Reifung hinaus. Die Einheit der Gestalt im Spiegel divergiert beispielsweise geradezu mit innerpsychisch konkurrierenden Gemütsverfassungen (vgl. ebd., S. 64ff.). Zudem erfährt das Individuum seine optische Präsenz im Gegensatz zur psychischen Erfahrungsebene. Dies führt dazu, dass das eigene Spiegelbild und das eigene Denken an zwei verschiedenen Orten stattfindet, was folgender Logik entspricht: Ich sehe mich im Spiegel, bin aber nicht dort, wo ich denke, dort kann ich mich aber wiederum nicht sehen. Ich erfahre mich also nur als Außen, als Anderen (vgl. Perner o. J.). Das Individuum versucht demnach eine Beziehung von seinem Spiegelbild zu sich zu erschließen und stößt damit an Bruchstellen, denn »Je est un autre« (Rimbaud 1975, S. 113).

Auf einer abstrakteren Ebene kann, mit Bezug auf die *Selbstthematisierung*, die erste Phase des Spiegelstadiums wie folgt gelesen werden: Das Individuum hat in der sozial ausdifferenzierten Welt keine Chance mehr, sich selbst als soziale und individuelle Einheit zu erfahren. Soziale Kontakte variieren so stark, dass das Individuum sich und auch relevanten Anderen kaum noch eine konstante Geschichte über sich selbst vermitteln kann. Nimmt man die Basis von *Social Network Sites* ernst, so ermöglichen diese Selbstbeschreibung und Verbindung zu Anderen. Die beiden zerfallenden Elemente individueller Lebensführung finden an dieser Stelle demnach eine Selbstthematisierungsentsprechung. Das Individuum ist somit in der Lage, durch das Anlegen von Profilen und der sichtbaren Verbindung zu Anderen sowie der Dokumentation dieses Selbst- und Fremdverhältnisses einen sehr umfassenden Blick auf sich selbst zu erhalten. Die Darstellung der eigenen Person und die (vermeintlich) überdauernden sozialen Verbindungen, die von aktuellen bis zu früheren guten Freunden, von Arbeitskollegen bis zu Bekanntschaften reicht, vermitteln in dieser Perspektive eine individuelle und soziale Einheit, sozusagen eine verführerische »totale Form«[51] (Lacan 1973, S. 64), die jedoch nur sporadisch eine Entsprechung im Alltag erfährt. So gesehen kann die akribische Pflege dieser Profile die Differenz zwischen medial vermittelter Gestalt und Offline-Erfahrung offenbaren.

Das Kind erkennt sich im Spiegel und übernimmt dieses Abbild psychisch. Dieser Blick auf das eigene Spiegelbild wird zur exemplarischen Situation für die Begründung der ursprünglichen Form des Selbst, welches bei Lacan ein körperliches Ich, eine psychische Projektion der Oberfläche, meint. Danach folgen erst Identifikationen mit Anderen, anschließend Spracherwerb und Teilhabe an der

---

51 Diese Analogie entsteht nicht, wie in der Argumentation von Lacan, durch die Projektion des ganzen physischen Körpers in Differenz zur tatsächlichen physischen Unzulänglichkeit, sondern vielmehr durch die individuellen sowie sozialen Diskontinuitäten, denen sich das Individuum unter (post-)modernen Bedingungen ausgesetzt sieht. In diesem Verständnis können die Netzwerke durch die Zusammenfassung und (Ab-)bildung von Identitätsfacetten und sozialen Bezugspersonen ein Bild des Individuums anbieten, welches die tatsächlichen Diskontinuitäten ausblendet. Gemeinsam ist den Konzeptionen, dass beide Projektionen ein Bild darstellen, welches nur in einem »Außerhalb« (Lacan 1973, S. 64) verfügbar ist.

symbolischen Welt sowie deren konstruierenden Wirkungen. Diese Form des ›Je‹ bezeichnet Lacan als ›Ideal-Ich‹ (dieses ist vorsozial), welches aber die Instanz des Ich auf einer fiktiven Ebene begründet, somit also das Verhältnis zwischen sich selbst und den Anderen prägt. Das Idealbild ist unerreichbar und das Individuum kann sich nur annähern, niemals jedoch das ›Ideal-Ich‹ erreichen. Das ›Ideal-Ich‹ ist dem Individuum nur als Gestalt gegeben, in einem Außerhalb. So erlernt das Kind im Spiegelstadium entsprechend den Unterschied zwischen Innen und Außen. Zuvor ist aus der Sicht des Kindes alles, es umgebende, Innen, Objekte tauchen auf und verschwinden wieder. Mit dem Spiegelstadium wird die Differenzierung in ›Ich‹ (Abbild) und ›Nicht-Ich‹ (Umgebung) erstmals initiiert. Diese Form der Gestalt ist nicht real, sie wird aber als psychisch real vorweggenommen. In diesem Sinne übernimmt das Original die Reproduktion im Spiegel (vgl. ebd.).

In der Nichtübereinstimmung der Imagination mit der Realität entwickelt sich das Begehren, was sich in der Vorstellung des Individuums von sich selbst als Mangelwesen manifestiert. Die Hirnrinde fungiert im Rahmen dessen als »interorganischer Spiegel« (ebd., S. 67), die die (Vor-)stellung von sich selbst manifestiert. Wenn nun diese Unerreichbarkeit beim Individuum direkt in eine Antizipation des Ideal-Ich umschlägt, resultiert daraus eine wahnhafte, pathologische Identität. Wenn aber Reflexionen stattfinden, werden die Brüche zwischen Innenwelt und Außenwelt offensichtlich und stellen die Auslöser der »unerschöpfliche[n] Quadratur der Ich-Prüfungen« (ebd.) dar, die die individuellen Hinterfragungsstrukturen prägen. Das Spiegelstadium vollendet sich, indem andere Personen (die Mutter oder andere Bezugspersonen) vom Kind ebenfalls wahrgenommen und deren Verhältnis zur Spiegelapparatur erkannt werden. Da die Mutter oder andere Bezugspersonen für das Kind Nicht-Ich sind, erkennt es an ihrem oder deren Blick, wie andere es sehen. Dies begründet, wie es Lacan formulierte, die »Identifikation mit der Imago des Nächsten und das Drama der Ur-Eifersucht« (ebd., S. 68). Dadurch wird demnach um der sozialen Anerkennung, Liebe und Zuneigung Willen das Ich sozial und unterwirft sich den dafür notwendigen sozialen Kontrollen. Im Narzissmus, also der pathologischen Selbstliebe zum idealisierten Ich, wird Zuneigung und Liebe nur dem idealisierten Ich gezollt. Da Andere diese liebevolle Beziehung zu sich stören könnten, wird mit Aggression gegenüber jedem, der diese Beziehung untergraben könnte, reagiert. (vgl. ebd.)

Die Anknüpfungspunkte zu den *Social Network Sites* sind offensichtlich. In dieser Sichtweise sind *Social Network Sites* Spiegelapparaturen, die das Verhältnis von Individuum und sozialer Bezugsgruppe (ab-)bildet. Dabei ist mit den öffentlichen Informationen und den dazugehörigen Antworten die doppelte Perspektive des Blicks vorhanden. Für die vorliegende Forschungsarbeit wird dabei interessant sein, wie sich diese spezielle Spiegelapparatur auf die Nutzer aus-wirkt und welche besonderen Qualitäten sie aufgrund ihrer relativen Persistenz[52] beinhaltet. Diese Teilheuristik wird sich nur in Grundzügen am empirischen Material messen müssen, da sie zu offen für abstraktere Lesarten ist. Dennoch soll sie einer einleitenden empirischen Perspektive dienen, auf der, abschließend im Fazit, theoretische Überlegungen als abstrahierende Ebene diskutiert werden können. Als Brücke, um Lacan in der Auswertung berücksichtigen zu können, sollen an dieser Stelle Überlegungen von Reinhard Keil (2010) dienlich sein. Er analysiert ursprünglich das Verhältnis von Didaktik und Medien und kritisiert, dass Medien in didaktischer Perspektive weitreichend lediglich als Mittler von Informationen interpretiert werden. Jedoch spricht er sich für eine spezifischere Sichtweise aus, indem er die Implikationen von Medien als Bildungsprozesse auffasst. So argumentiert er für die eingehende Betrachtung der technischen Möglichkeiten der Medien und ihrer Bildungsanknüpfungspunkte. Er stellt Persistenz als ein entscheidendes Merkmal von Medien heraus, das Differenz-erfahrungen ermöglicht, da Gedankengänge, Rechenschritte und Operationen für den Einzelnen und Dritte nachvollziehbar, wiederholbar und somit überprüf-bar werden (vgl. ebd., S. 127ff.). Übertragen auf *Social Network Sites* ergeben sich auch in diesem Zusammenhang Differenzerfahrungspotenziale, die Bildungs-prozesse im Sinne von Identitätsarbeit und des Sozialverhaltens anregen können. Die Verbindung vieler Nutzer auf den Plattformen und die Persistenz der Profile sind die architektonische Substanz virtueller sozialer Netzwerke. So lassen sich Identitäts- und Beziehungsmanagement als Grundmotive der Nutzung, die in aktuellen empirischen Studien herausgearbeitet wurden (vgl. Prommer et al. 2009; Schmidt et al. 2009), bereits aus der technischen Architektur ableiten. Dieser Argumentation weitergehend folgend, stellt die Speicherung der Profile im Inter-net eine Art der Identitätsarbeit dar, die ohne diese Plattformen nicht möglich wäre. Offline-Identitätsarbeit ist sehr viel flüchtiger als diese Art der Identitäts-beschreibung. Gesprächsaussagen, Kleidung, Gestik, Mimik und Haltung sind Teil der Interaktion und Kommunikation mit anderen Personen und variieren nicht selten situationsbedingt, auch in Abhängigkeit von der sozialen Rolle, die das Individuum konkret einnimmt. Dementsprechend müssen in spezifischen Handlungssituationen die entsprechenden Ausdrucksmittel sekundenschnell ausgewählt, abgestimmt, pointiert und unmissverständlich sein, um keine Störungen zu riskieren (vgl. Goffman 2006). Die gezeigte ›Präsenz‹ in Alltags-

---

52 Relative Persistenz meint, dass die Profile und Kommunikationen zunächst gespeichert werden, jedoch immer wieder angepasst, verändert oder komplett überarbeitet werden können.

situationen ist, obwohl selbstverständlich, nicht immer unproblematisch. Innerhalb der Netzwerke ist die rahmende Situation zunächst nicht konkret und bedarf einer eingehenden Analyse. Ebenso gilt es die Persistenz als Spezifika des Selbst- und Sozialbezugs auf den Plattformen zu erforschen und nach dessen Auswirkungen zu fragen.[53]

So gesehen sind auf *Social Network Sites* Selbstdarstellung und *Selbstthematisierung* sowie soziale Aushandlungsprozesse möglich, die jedoch unter den Bedingungen von Persistenz stattfinden und damit eine Neuerung markieren. Auch der Blick auf sich selbst und die Anderen, im Sinne Lacans kann, so gefasst, empirisch untersucht werden, indem die persistente (Ab-)bildung des Selbst- und Fremdbezugs analysiert wird. Abstraktere Lesarten von Lacans Theorie werden aber ausdrücklich in der theoretischen Diskussion diskutiert, um so eine übergreifende Interpretation der Netzwerke anzuregen.

6.3.5 Zusammenfassung der Heuristik *mediale Bezüge*

Die Frage nach dem Einfluss der Medienumgebung als auch die Aneignungsstrategien der Nutzer stehen im Fokus dieser Heuristik. Wie mit Krotz argumentiert, befinden sich mediale Strukturen und die Aneignungen der Nutzer in einem komplexen Beeinflussungsverhältnis, sodass beide Seiten zusammen über die spezifischen Wechselwirkungen einen Einblick in die reziproke Struktur von Medienbezug und Nutzungsstrategien ermöglichen. Diese duale Struktur gilt es, innerhalb dieser Heuristik herauszuarbeiten. Eine weitere Ebene dieser Heuristik stellt das Verhältnis zwischen Online- und Offline-Kontexten für die *Social Network Sites* dar. Diese sind sowohl strukturell vorhanden, indem die Plattformen immer eingesehen werden können, als auch in der Bedeutung für die Nutzer relevant. Ebenso sind die Aushandlungsprozesse von Öffentlichkeit und Privatheit zu sehen und zu erforschen. Wie Turkle auf Basis ihres Verständnisses von verbindenden Technologien beschreibt, stehen auch die Bedeutungen von Erreichbarkeit über die Plattformen und die damit verbundenen sozialen Implikationen zur Disposition und werden somit zu hinterfragen sein. Da *Social Network Sites* nicht nur verbindende Technologien darstellen, sondern auch Anordnungen des Sozialen, wird zudem die Struktur dieser Sozialität und die Bedeutung von Sichtbarkeit zu spezifizieren sein. Letztlich ermöglichen die Plattformen, als Spiegelapparaturen für das Individuum, einen Blick auf dessen Selbst- und Sozialbezug. Diese Ebene der Heuristik wird zunächst mit einer Bildungsperspektive erschlossen, im Rahmen derer danach zu fragen sein wird,

---

53 Teile dieser Argumentation wurden bereits veröffentlicht. Vgl. hierzu: Meise/Meister 2011 sowie: Meister/Meise 2012.

was das Individuum durch diese persistente Abbildung des Selbst- und Sozialbezugs über sich und sein Verhältnis zur Bezugsgruppe ablesen kann.

In den vorangegangenen Kapiteln wurden zunächst Grundlagen für diese Forschung dargestellt. So begründet das Forschungsdesign zentrale Zugangsweisen für die folgende Auswertung. Dazu galt es die *Social Network Sites* als Forschungsgegenstand eingehender zu betrachten. Darauf aufbauend wurden in Kapitel 6 die verschiedenen Heuristiken und ihre spezifischen Dimensionen expliziert, die die Analyse des Datenmaterials im Forschungsprozess rahmten. *Selbstthematisierung*, *Sozialbezug* und *mediale Bezüge* stellen somit Kernelemente der Auswertung als zentrale Heuristiken dar. Jede Heuristik dient demnach dazu, eine Zentralperspektive auf die Netzwerke in Abgleich mit dem empirischen Material herauszuarbeiten. Die Erforschung der Sozialität dieser Plattformen ist jedoch eine komplexe Aufgabe, denn jede Heuristik klärt konstitutive Bestandteile der Sozialität auf den Ebenen Selbstbeschreibung und Selbstthematisierung, Sozialbezug und den Netzwerken als umgebende mediale Architekturen. Dieser Logik folgend werden zunächst diese Teilbereiche dargestellt, die jedoch zum Abschluss der Auswertung zusammengeführt werden, um Sozialität als ein durch alle drei Heuristiken konstruiertes Phänomen darzustellen. Für die Lesart der Auswertung hat das zur Konsequenz, dass die Beschreibung der Sozialität sukzessiv aufeinander aufbaut. Im Rahmen dessen stellen *Selbstthematisierung*, *Sozialbezug* und *mediale Bezüge* zunächst Teilbereiche der Sozialität dar, die das Bild dieser erst in ihrer komplexen Verbindung im Resümee der Ergebnisse widerspiegeln können. Das Individuum, die soziale Bezugsgruppe und die Plattformen prägen demnach im Verbund die Sozialität und stellen keineswegs isolierte Dimensionen dar, die ohne Bezug auf die jeweils anderen Elemente eingehend erschlossen werden können. Dementsprechend liest sich die Auswertung als Genese der Sozialität, die sich über *Selbstthematisierung, Sozialbezug* und *mediale Bezüge* schrittweise vollzieht und erst in ihrer Kontextualisierung gänzlich zu beschreiben ist.

Bei eingehender Betrachtung der drei verschiedenen Heuristiken zeigt sich umgehend, dass sich einige Themenbereiche überlagern. So ist die Persistenz der Plattformen ebenso auf allen drei Ebenen verortet wie Elemente des Sozialbezugs und der Selbstthematisierung. Für den Auswertungsprozess bedeutet dies, dass alle Ebenen für die jeweilige Heuristik additiv einbezogen werden, die Zentralperspektive der jeweiligen Heuristik jedoch im Vordergrund steht. Um den Befragten und ihrer Sicht auf die Plattformen gerecht zu werden, erfolgt zu Beginn jeder Heuristik zunächst eine eingehende Beschreibung zu den Möglichkeiten der Plattformen und der Aneignung der Nutzer. In diesem Sinne wird eine Vielzahl von Zitaten aus den Interviews verwendet, um die sich bildenden Interpretationen an die konkreten Erfahrungen der Nutzer zu binden und somit dem rekonstruktiven und prozessualen Charakter von qualitativer Forschung, wie sie Strübing darstellt, gerecht zu werden.[54] Der Einbezug mehrerer längerer Interviewpassagen ergibt sich als Resultat der Beobachtung, dass einige Dimensionen sich nicht strikt in Kategorien differenzieren lassen und besser durch querverweisende Kontexte nachvollzogen werden können. Erst auf der Basis dieser an den Nutzern orientierten Beschreibungen erfolgt eine abstraktere theoretische Diskussion der Ergebnisse. Darüber hinaus bildet, wie im Vorangegangenen erläutert, jede Heuristik nur einen Teilbereich der Sozialität ab. Jede für sich genommen beschreibt wiederum konkrete Dimensionen dieser Sozialität eingehender. Aufgrund dessen erfolgt zum Abschluss des Auswertungsteils eine zusammenfassende Lesart der unterschiedlichen Dimensionen, um die Sozialität in *Social Network Sites* grundlegend zu verdeutlichen.

Eine besondere Herausforderung innerhalb der Forschung stellte die Anonymisierung der Interviewaussagen dar. Das komplexe Verweissystem der Plattformen und die Fülle an privaten Informationen aus den Interviews könnten im Zweifelsfall mit Leichtigkeit genutzt werden, um die tatsächlich befragten Personen zu identifizieren. So kann beispielsweise schon im Falle einer speziellen und wenig andere Personen umfassenden Gruppenzugehörigkeit ein Bezug zur befragten Person hergestellt werden. Die Befragungen vollzogen sich über einen sehr langen Zeitraum[55] und enthielten aufgrund des Fokus auf Selbst- und Sozialbezug in großem Umfang persönliche und private Details, die einerseits

---

54 Vgl.: Kapitel 5.4.

55 Die konkrete Beschreibung der Erhebung findet sich in Kapitel 5.5.

sehr gut die Bedeutungen der Plattformen veranschaulichen, andererseits aber ein gewisses Risiko für die Befragten bergen. Um die Identität der Interviewten bestmöglich zu schützen, wurde eine Vielzahl von Informationen anonymisiert. Aufgrund dessen finden sich bei Ortsangaben nur Abkürzungen, Gruppennamen wurden entfernt oder umschrieben und Namen wurden gänzlich verändert. So bleibt die Relevanz und Bedeutung des Gesagten erhalten, ist jedoch nicht länger konkreten Personen zuzuordnen.

7.1 Der Einstieg zu den Plattformen

Die Motivation, sich auf einer Plattform wie *studiVZ* oder *Facebook* anzumelden differenziert sich in ein Geflecht von verschiedenen Aspekten, die sich jedoch bei eingehender Betrachtung auf eine zentrale Kategorie verdichten lassen. Bei einem Großteil der Befragten geht der Zeitpunkt der Registrierung bei *studiVZ* mit dem Wechsel von der Schule zum Studium einher. Andere wiederum beschreiben das Ende einer Beziehung oder die Aufforderung wichtiger Bezugspersonen als Auslöser für die Anmeldung. Demnach vollzieht sich die Registrierung in einer Schwellensituation, in der sich alte Strukturen auflösen und Orientierung inner- halb neuer Zusammenhänge gesucht wird. Mit diesen Veränderungen geht auch ein Verlust von sozialen Beziehungen einher, da Freunde für das Studium in andere Städte ziehen, die Befragten selber die bisherige Umgebung verlassen und somit Freunde, Familie und andere Bekannte nicht mehr tagtäglich präsent sind. David erinnert sich im Interview so an seinen Eintritt ins *studiVZ*:

> »Ja meine Anmeldung, das war ziemlich direkt nachdem ich mein Abitur ab- geschlossen hab. Da ging's ja dann auf die Hochschule zu und da haben sich dann alle aus meiner Abschlussklasse angemeldet und ich dann irgendwie auch. Weil so konnte man dann ja auch direkt in Kontakt bleiben mit den Leuten« (Interview David, Z 5-8).

David beschreibt hier das, was viele der Befragten im Interview äußern: Soziale Bruchsituationen, die durch Veränderungen im Leben ausgelöst werden, sollen nicht hingenommen, sondern abgefedert werden. Freund- und Bekanntschaften aus der Schule werden in diesem Kontext in die virtuelle Sphäre übernommen, da der Wunsch besteht, zu diesen Personen weiterhin in Kontakt zu bleiben. Darüber hinaus wird in den Interviews darauf verwiesen, dass es »'ne Mode« (Interview Carsten, Z 36) gewesen sei, sich dort anzumelden, »weil eigentlich alle da sind« (Interview Carolin, Z 12) und »alle haben darüber erzählt« (Interview Andrea,

Z 19-20), so dass auch Judith ihre Entscheidung sich dort anzumelden wie folgt resümiert:

> »Also, wann die war... das war ungefähr 2007. Ich hatte vorher schon von Freunden mitbekommen, hm, dass die jetzt bei *studiVZ* waren. Und die haben ja auch immer so von ganz vielen verschiedenen Gruppen erzählt. Und wie lustig das ist und dass die Gruppennamen immer so unterhaltsam wären. Und haben das auch oft zitiert. Ähm. Und dann hab ich mich irgendwann kurz vor dem Studienbeginn angemeldet« (Interview Judith, Z 7-11).

Im Zuge dieser Ausführungen wird deutlich, dass sich diese Plattformen von Beginn ihrer Popularität an nicht auf eine rein ›virtuelle‹ Sphäre begrenzen lassen. Die Kommunikationen, die auf den Plattformen stattfinden, sind auch jenseits dieser Sphäre ein wichtiges Thema in Alltagsgesprächen. Umgekehrt werden Alltagskommunikationen über die Plattformen fortgeführt oder stellen auch dort Anknüpfungspunkte für Kommunikationen dar. Aus den genannten Gründen wird der Terminus ›virtuell‹ lediglich als Synonym für computervermittelte oder internetbasierte Sphäre verwendet und soll keinesfalls eine Grenze zwischen realem und virtuellem Raum darstellen. Eine solche Sichtweise wäre schlicht unzutreffend, da die Plattformen nicht nur computervermittelte und internetbasierte Kommunikationen erfassen, sondern on- wie offline einen wichtigen Bestandteil des sozialen Austausches bilden. Um an diesem Austausch weiterhin teilnehmen zu können, um dort zu sein, wo alle sind, um mitreden zu können und die Plattformgespräche zu diskutieren, melden sich die Nutzer an. So scheinen weniger die Möglichkeiten der Selbstbeschreibung für die eigene Person als vielmehr die vielfältigen sozialen Anschlussoptionen Gründe für die Anmeldung dazustellen, wie dies auch in den Beschreibungen von Martin anklingt:

> »Ja, also bei mir war das so, ich wurde irgendwie eingeladen von zwei oder drei Leuten per E-Mail und da kannte ich das noch überhaupt nicht. Und dachte immer so: Was für ein Scheiß, ich mache so was nicht. Da hab ich keine Lust dazu. Da gab es ja vorher schon andere Sachen, ich kannte zwar auch Facebook und so nicht, aber so irgendwelche komischen Seiten, wo man Profile anlegt, das kannte ich und das hat mich immer total genervt, beschreiben zu müssen, was mein Lieblingsfilm ist oder so, das kann ich überhaupt immer nicht sagen. Deshalb nervt mich das dann immer oder stresst mich eher und ja im studiVZ hab ich dann doch mal irgendwann geguckt, da hatte ich gerade Zeit und habe dann auf einmal gesehen: die kenn ich ja alle irgendwie. Also das war eben das Beeindruckende. Ich saß eben davor und habe dieses ›Kennst du schon‹ gesehen und ›Freunde von‹ und hab dann geguckt und dann waren die da alle plötzlich mit Foto. Und man dachte so, da sind ja nur zwei, drei so und das ist dann mehr so wie Chatten bei ICQ oder so, wo man keinen kennt, und ich hab die aber alle gesehen und dann fand ich das total geil« (Interview Martin, Z 3-14).

Die Option, ein eigenes Profil auf einer solchen Plattform zu erstellen, ist gerade deshalb interessant, weil die Freunde und die Bekannten sie dort sehen können und ein reger Austausch mit diesen stattfindet. Anonyme Selbstthematisierung, die nur vom jeweiligen Nutzer selbst nachvollzogen werden kann, ist somit nicht Ziel der Interviewten. Vielmehr geht es darum, dass nicht nur beliebige Andere sondern Freunde und Bekannte diese Selbstbeschreibungen sehen und dadurch Kommunikationen und sozialer Austausch entstehen. Obwohl mittels Telefon, E-Mails, Blogs oder Handys ebenfalls mit Freunden kommuniziert werden kann, wird mit den Plattformen die Möglichkeit, mit seinen Freunden in Kontakt zu bleiben explizit in den Vordergrund gestellt. Zudem erleichtern die Netzwerke durch ihre Benutzerfreundlichkeit den Einstieg für die Befragten und die Kontaktaufnahme zu den Freunden. Zunächst muss weder jeder Bekannte oder Freund einzeln und mühsam gesucht noch mit einer selbst verfassten E-Mail kontaktiert werden, um den Freundschaftsstatus zu legitimieren. Durch die Freundeslisten der Freunde werden schnell weitere Bezugspersonen gefunden und mit der standardisierten Freundschaftsanfrage werden auch die Mühen einer persönlich geschriebenen Kontaktanfrage ausgeschlossen.

> »Ich habe dann auch ganz viele Leute eingeladen, die mir dann alle geschrieben haben: ja, ja kenn wir schon, sind wir auch schon angemeldet. Und hab dann auch ganz schnell 'ne lange Freundesliste bekommen« (Interview Silvia, Z 7-9).

Aber auch ohne bei den Freunden in der Freundesliste nachzuschauen, sind Freunde und Bekannte ganz leicht zu finden, indem über den Namen nach entsprechenden Profilen gesucht werden kann.

> »Einfach ja, die Tatsache, dass es leichter geworden ist, die Leute zu erreichen. Man braucht nicht unbedingt 'ne Emailadresse oder 'ne Handynummer, sondern es reicht erst mal, wenn man den Namen hat. Ganz zu Anfang war's ja auch, glaub ich, so, dass viele sich direkt mit dem kompletten Namen angemeldet haben und es wirklich leicht war, die Leute zu finden auch. Also einfach so die, ja, die Vereinfachung von dem, ja, in Kontakt zu treten mit den anderen« (Interview Kerstin, Z 28-33).

Etwas anders als die Anmeldung bei *studiVZ* gestalteten sich die Motivationen bei *Facebook* aktiv zu werden. Alle Interviewpartner, die zum Zeitpunkt des Interviews ausschließlich über *Facebook* kommunizieren, hatten vorher auch ein *studiVZ*-Profil. Die Gründe für den Wechsel sind sowohl sozialer als auch technischer Natur. In diesem Sinne verweisen Markus und Steffen darauf, dass *Facebook* für sie technisch übersichtlicher bzw. professioneller gestaltet sei. Auslösend für diese Abwanderung sind aber letztlich soziale Faktoren. So beschreibt Steffen die Aufforderung einer sehr guten Freundin als Auslöser, sich dort anzumelden und auch Markus registrierte sich aus dem Wunsch heraus, eine bestimmte Person dort zu finden. Durch die vielen verschiedenen Teilplattformen der VZ-Netzwerke empfand Markus die Suche nach Personen zunehmend als bedienungsunfreundlich:

> »Und es ist auch nicht so verschachtelt wie, also *studiVZ*. Ich hatte dann auch irgendwie den, letztes Jahr hab ich meinen Abschluss gemacht an der Uni und bin dann irgendwie ins *MeinVZ* gewechselt. Man ist ja direkt so oben und jetzt muss man umziehen ins *MeinVZ*, weil man ist ja kein Student mehr und so was. Das fand ich aber auch total lächerlich. Also mich hat, das fing schon damit an, dass diese orangefarbene Farbe mich total angekotzt hat irgendwie und ich dann da irgendwie dachte das wird total unübersichtlich. Dann sucht man irgendwelche Leute, die man gerade kennengelernt hat, die meinen ja hier, ich bin auch bei, bei irgendwie in, in dieser Community *studiVZ* oder *MeinVZ*. Dann sucht man die, dann sind die aber nicht im, im, in dem einen drin sondern in dem anderen. Das wurde immer komplizierter und es wurde mir dann auch zu verschachtelt irgendwie. Da hab ich, also *Facebook* fand ich da einfach auch übersichtlicher und da wie gesagt die meisten Leute dann ihren, ihren *studiVZ*-Account auch irgendwie anfingen zu löschen und dann alle so umgezogen sind, ich weiß ich bin da irgendwie so ein Herdentier, was so was angeht. Ich lauf da immer so hinterher weiß ich nicht (Interview Markus, Z 71-84).

Wie Markus hebt auch Steffen hervor, dass Facebook den Vorteil einer weitreichenden Abbildung der Alltagswelt durch Bands, Firmen, Produkte und berühmte Personen bietet (vgl. Interview Steffen, Z 649-662).

> »Aber auf der anderen Seite finde ich *Facebook* halt auch interessanter, weil ich, also ich meine, dass es bei *studiVZ* ja auch so ist, dass mehrere, auch Unternehmen oder irgendwelche Initiativen oder so was da Seiten haben. Das ist mir da aber nie so aufgefallen, wie beispielsweise bei *Facebook*. Und das find ich da viel interessanter und viel besser gemacht. [...] Zeitungen, Zeitschriften, Nachrichtenagenturen, irgendwelche Medienunternehmen oder so was. Also die Bandbreite fand ich da größer« (Interview Markus, Z 60-71).

Diese Vorteile erschließen sich für die Interviewpartner erst im Laufe der Plattformzugehörigkeit. Sie beschreiben alle, dass sie, nachdem sie sich den Account einrichteten, diesen zunächst nicht aktiv nutzten und dass *Facebook* erst mit einer verstärkten sozialen Abwanderungsbewegung interessant wurde. Darüber hinaus hat bei Steffen zunächst das Spiel *Farmville*[56] als Anreizsystem gedient, um sich vermehrt auf *Facebook* aufzuhalten und zunehmend mit den Angeboten dort auseinanderzusetzen (vgl. Interview Steffen, Z 68-76). Die Bindung an die Plattform bleibt jedoch sozial motiviert.

>»Also *studiVZ* war mir nie so wichtig, ne. Ich hab das genutzt, nach wie vor mach ich das auch, da gibt's ja diese Funktion, wo man die Lehrveranstaltungen raussuchen kann. Das fand ich einfach praktisch, um zu gucken, wer da so noch so drin sitzt und so. Und bei *Facebook* ist es tatsächlich so, dass ich, ich war schon mal vor 'nem Jahr bei *Facebook* angemeldet, hab mich dann aber wieder abgemeldet, weil ich einfach kaum Leute da gefunden hab, die ich kannte irgendwie. Hab mich dann aber vor kurzem wieder angemeldet und hab tatsächlich wirklich viele Leute wiedergefunden, die ich jahrelang aber wirklich jahrelang nicht gesehen habe. Zehn, fünfzehn Jahre also und das ist, das ist wirklich ganz toll und interessanterweise habe ich, das ist jetzt echt privat, hab ich auch meine Schwester wiedergefunden, die ich seit zehn Jahren nicht gesehen habe über *Facebook* und das ist für mich deswegen ganz spektakulär und natürlich auch total emotional und ja. Das nutze ich ganz anders als *studiVZ*, ne, ja« (Interview Sabine, Z 53-64).

Wie dieses Zitat zeigt, ist die Wiederaufnahme von sozialen Kontakten äußerst relevant für die Mitglieder und kann zu einer sehr persönlichen Bindung an die Plattform führen, indem sie den Kontakt zu wichtigen Bezugspersonen ermöglicht. Die Registrierung auf den Seiten wird, wie im Vorangegangenen beschrieben, durch zahlreiche soziale Motivationen gerahmt. Zum einen besteht der Wunsch, mit wichtigen Bezugspersonen, zu denen aufgrund von Veränderungen im Leben kein auf physischer Anwesenheit basierender Kontakt mehr gepflegt werden kann, ein digitales Band zu knüpfen. Mit dieser Verbindung ist die Hoffnung verbunden, den Kontakt zu diesen Personen aufrechterhalten zu können. Darüber hinaus bilden die Austauschprozesse auf den Plattformen ein relevantes Thema in Alltagsgesprächen, sodass mit der Anmeldung sowohl Teilhabe als auch Mitsprache verfolgt werden. Dies wird durch die einfache Kontaktaufnahme und die, daraus resultierend, schnell anwachsende Freundesliste ermöglicht, da das Freundes-Netzwerk rasch verfügbar ist. Die Verbindung zu den Freunden wird im Weiteren über die Selbstbeschreibungen sowie die Kommunikationen und Informationen verhandelt. In Kapitel 7.3 wird in diesem Zusammenhang die Selbstbeschreibung und die Selbstthematisierung als Ausdruck und Form beschrieben und diskutiert. Zunächst werden jedoch die persönlichen sowie platt-

---

56 Farmville ist ein Spiel auf der Plattform *Facebook*. Nähere Informationen dazu: http://www.*Facebook*.com/FarmVille.

formspezifischen Entwicklungsprozesse aufgezeigt, um die Dynamik der Netzwerke als kulturelle Phänomene zu erfassen.

7.2   Entwicklung der Nutzung und der Netzwerke

Da sich der Erhebungszeitraum der Interviews von 2009 bis 2011 erstreckte und zudem alle Befragten schon länger die jeweilige Plattform, auf der sie zum Zeitpunkt des Interviews angemeldet waren, nutzten, lassen sich sowohl nutzerspezifische als auch plattformspezifische Entwicklungen nachvollziehen. Zu Beginn der Plattformnutzung herrschte bei den Nutzern eine gewisse Euphorie vor. Paradigmatisch ist in diesem Kontext das Zitat von Silvia anzusehen:

> »Also am Anfang war ich bedeutend offener und hab alles da rein gestellt und Fotoalben und diese Selbstdarstellung habe ich selber an mir gemerkt dass das auch erst mal gut tut: man kriegt dann Rückmeldung und alle reagieren wieder auf dich und man lernt alte Bekannte wieder neu kennen und ich habe das wirklich sehr, sehr intensiv genutzt. Heute nutze ich es immer noch, bin aber ein bisschen zurückhaltender« (Interview Silvia, Z 222-226).

Dies ist jedoch nicht nur eine Entwicklung, die sich auf die Selbstbeschreibung auf den Plattformen beschränkt. Ebenso euphorisch wird das Netzwerk als Informationsquelle genutzt, indem nach aktuellen, neuen und ehemaligen Bekannten und Freunden geschaut wird.

> »Ich hab ja vorhin schon gesagt, dass ich am Anfang ganz viel so rumgeguckt habe. Jetzt setzt man das eben als normale Kommunikationsplattform ein und auch das ganze taktische, dass man da versucht Freundschaften aufzubauen oder Meinungen zu verbreiten. Auch über die Funktionen hat sich das komplett verändert. Der *Buschfunk* ist eine ganz wichtige Sache. Man hat immer ein Thema: Der und der macht das und das. Oder auch der Plauderkasten: Bei ICQ melde ich mich nie an, weil es mir irgendwie zu nervig ist, aber den Plauderkasten nutze ich schon, um sich kurz abzusprechen« (Interview Martin, Z 407-413).

Veränderungen der Nutzung resultieren also auch aus den Entwicklungen der plattformspezifischen Funktionen, wie es hier am Beispiel des ›Buschfunks‹[57] bei *studiVZ*, aber auch durch die Möglichkeit Profile zu zeigen (vgl. Interview

---

57 Der Terminus ‚Buschfunk‘ bezeichnete auf der Plattform *studiVZ* zum Zeitpunkt der Forschung die Funktion dem gesamten Freundesnetzwerk kurze aktuelle Mitteilun-

Martin, Z 235-238) oder Gruppen unsichtbar zu schalten (vgl. Interview Silvia, Z 133-135), in den Interviews angesprochen wird. Bei *Facebook* wird eher darauf verwiesen, dass die Nutzer zu Beginn viel Zeit benötigten, um sich auf der Plattform mit ihren verschiedenen Angeboten und Funktionen eine Orientierung zu erlangen (vgl. Interview Steffen; Andrea; Markus; Sabine).

Die überwiegende Zahl der Entwicklungsprozesse betrifft jedoch das Bewusstsein für die Öffentlichkeit der Plattformen. So verändert sich die Nutzung aufgrund des öffentlichen Diskurses über diese Netzwerke, zunehmenden plattformspezifischen Optionen die Privatsphäre zu schützen und letztlich aufgrund der persönlichen Aneignungsphasen und damit verbundenen Erfahrungswerten.

> »Das sind, denke ich, zwei Dinge. Zum einen war das die Diskussion in den Medien, die einen dafür sensibilisiert hat, dass man doch viele Dinge dort über sich selber erzählt, die später mal gegen einen selber verwendet werden können und zum anderen war das denk ich auch einfach ein – ich will es jetzt mal Reifeprozess nennen, dass man nicht mehr das Bedürfnis hat, sich so stark zu präsentieren, sondern eher andere Funktionen der Plattform nutzt, die ja auch sinnvoll sind.« (Interview Christian, Z 240-245)

Übergreifend verändert sich die Nutzung mit der Durchsetzung von Smartphones und der damit verbundenen Möglichkeit, über Applikationen auf das Profil zuzugreifen. Durch die sogenannten Apps ist die Möglichkeit gegeben, jederzeit diverse Informationen einzustellen und zu lesen. In diesem Sinne wird das Smartphone gern für einen Besuch auf den Plattformen genutzt, um unterwegs Wartezeiten zu überbrücken (vgl. Interview Carsten, Z 951-960). Steffen wird beispielsweise durch die App von *Facebook* über Neuigkeiten auf seinem Profil informiert. Dementsprechend greift er auch häufig darauf zurück, damit er »lesen kann was grad passiert« (Interview Steffen, Z 199, vgl. ebd., Z 117-123; 198-200; 403-409). Zudem werden häufiger Ortsbezüge über das Smartphone kommuniziert oder Fotos aufgenommen und sofort hochgeladen (vgl. Interview Markus, Z 1783-1786, Interview Sabine, Z 155-159).

Obwohl bei allen Interviewten Nutzungsveränderungen vorhanden sind, können diese nicht mit einer Verhaltensänderung von Online- zu Offline Kontexten gleichgesetzt werden. So ist in Carstens Aussagen grundsätzlich eine Skepsis gegenüber Online-Kommunikationen vorhanden, die sich in einer gleichbleibend zurückhaltenden Nutzung manifestiert. Andrea und Steffen sind hin-

---

gen oder Aktivitäten zu kommunizieren. Verallgemeinernd kann man diese Funktion ebenso mit dem Begriff ‚Statusmeldung‘ erfassen.

gegen sehr kommunikationsorientiert und aufgeschlossen, was sie auch über die Plattformen ausleben. Sabine greift diesen Zusammenhang explizit auf:

> »Ich glaube also wie gesagt, dass ich da schon offener bin und mehr Informationen preisgebe, aber ich achte nach wie vor stark darauf welche Informationen das sind. Ja, ich glaube aber nicht, dass sich an meiner Art, mit meinen, mit den Leuten um mich rum umzugehen was geändert hat. Immer einfach nichts was, was jetzt irgendwie auf die Nutzung von *Facebook* oder *studiVZ* zurückzuführen wäre« (Interview Sabine, Z 1678-1682).

Jenseits der Aneignungsphasen der Nutzer lassen sich ebenso die Entwicklungslinien der Netzwerke erfassen. Zu Beginn der Erhebung ist *studiVZ* das zentrale Netzwerk, was sich auch darin äußert, dass alle Interviewten *studiVZ* am meisten nutzten. Ein *Facebook*-Account war bereits bei einigen vorhanden, jedoch wurde dieser eher geringfügig in Anspruch genommen, da die Mehrzahl der sozialen Kontakte auf *studiVZ* zu finden war und dementsprechend dort reger Austausch stattfand. Im Zuge dessen schauten alle regelmäßig auf der Plattform nach, um Neuigkeiten mitzubekommen und mit ihren Freunden zu kommunizieren. *studiVZ* wird zu diesem Zeitpunkt grundsätzlich als ernstzunehmendes Kommunikationsmittel und mehr noch als Möglichkeit der Intensivierung von Kontakten gesehen: Für Andrea ist *studiVZ* »schon so ein zweites Leben« (Interview Andrea, Z 1233), obwohl sie einräumt, dass sie um die virtuelle Umgebung weiß. Martin hat sich bei *Facebook* bis zum Interviewtermin bereits »ab- und dann wieder angemeldet. Aber im *studiVZ* nicht, weil es eine echte Bereicherung für mein echtes Leben und meine echten Kontakte ist« (Interview Martin, Z 449-451). Dies ändert sich jedoch Ende 2010. Ab diesem Zeitpunkt findet eine Relevanzverschiebung zugunsten von *Facebook* statt. In den Interviews wird ab 2010 immer häufiger darauf verwiesen, dass das Profil auf *studiVZ* nur noch wenig genutzt wird und dort auch kaum noch Kommunikation stattfindet, da sehr viele Freunde zu *Facebook* abwanderten.

> »Früher war es so, dass es ja tatsächlich auch im *studiVZ* diese Gruppe war ›Ich zitiere *studiVZ*-Gruppen im Alltag‹. Und das ging mir tatsächlich früher auch so, dass ich oft vom *studiVZ* erzählt hab und ›Ah ja, letztens im *studiVZ*‹ und so. Mittlerweile ist das nur noch *Facebook*. Und zwar auch nicht nur von meiner Person aus, weil ich jetzt nur noch bei *Facebook* bin, sondern auch allgemein gesehen. Dass man zum Beispiel wenn man Handywerbung sieht die sagen ›Du kannst sofort mit deinen *Facebook* Kontakten in Kontakt treten. Mit deinen *Facebook* Freunden‹ und so. *studiVZ* spielt da find ich überhaupt keine Rolle mehr. Oder eine ganz, ganz untergeordnete Rolle, ne« (Interview Steffen, Z 851-860).

Diese Relevanzverschiebung manifestiert sich bereits auf der Ebene der Interviewakquise. Ab Ende 2010 finden sich kaum noch Personen, die ihre sozialen Kontakte über *studiVZ* pflegen. Dahingegen wird *Facebook* immer mehr genutzt und übernimmt die Rolle als wichtigste Plattform. Dabei ist allerdings anzumerken, dass zu diesem Zeitpunkt alle außer Steffen noch ihr *studiVZ*-Profil besitzen und dieses noch nicht gelöscht haben.[58] Festzuhalten bleibt, dass, obwohl die jeweiligen Plattformen mit dem stetigen Ausbau von Zusatznutzen um die Bindung ihrer Mitglieder bemüht sind, letztlich die Nutzer darüber entscheiden, ob ein Netzwerk sozial relevant und persönlich wichtig ist.

7.3 Selbstbeschreibung und Selbstthematisierung

In diesem Kapitel stehen nun die Ergebnisse der Heuristik Selbstbeschreibung und Selbstthematisierung im Fokus. Zunächst werden die Elemente der Selbstbeschreibung dargelegt und deren spezifische Charakteristika erschlossen. Durch diese Aufarbeitung der Beschreibungsebene wird sukzessiv ein Zugang zur Selbstthematisierung als übergreifende Struktur mit ihren Inhalten, Motivationen und Bedeutungen erschlossen. Selbstbeschreibung innerhalb der Netzwerke kann auf verschiedenen Ebenen und über diverse Ausdrucksformen erfolgen. So dienen medienanalytisch alle sichtbaren Angaben inklusive der Freundesliste auf den Profilen der Selbstbeschreibung. Sowohl bei *studiVZ* als auch auf *Facebook* besteht das Profil der Mitglieder, ähnlich einem Steckbrief, aus mehr oder weniger ausführlichen Daten zur Person, einem Foto, einer persönlichen Pinnwand, den verlinkten Fotos (*studiVZ*), Fotos auf denen die gezeigten Personen benannt werden können (*Facebook*) und der Freundesliste. Zu diesen Informationen kann unterschiedlichen Personenkreisen in unterschiedlichem Ausmaß der Zugang erlaubt werden.[59] Im Folgenden werden zunächst die Profilbeschreibungen aus den Interviews aufgegriffen und die Themen, deren Inhalte sowie die damit verbundenen Intentionen und Sinnsetzungen verdeutlicht. Darauf aufbauend werden diese Ergebnisse sukzessiv abstrakter gelesen, um zu einem Metablick auf die Selbstthematisierungen innerhalb der Netzwerke zu gelangen. Dementsprechend ist es

---

58 Dieses Phänomen wird in Kapitel 7.4.3 eingehender betrachtet.

59 Zu Beginn gab es bei *studiVZ* noch keine detaillierte Zuordnungsoption. Die Daten waren zur Beginn der Forschung nur *Allen, Freundesfreunden, Freunden,* oder *Niemandem* zugänglich zu machen. Da *Facebook* eine detaillierte Einteilung der Freundesliste in gute Freunde, Bekannte, Familie, Arbeitskollegen sowie benutzerdefinierten Kategorisierungen zuließ, modifizierte auch *studiVZ* im Laufe der Zeit diese Einstellungsmöglichkeiten.

wichtig, zuerst die Elemente der Selbstbeschreibung darzulegen, um deren grundsätzlichen Inhalte zu erfassen. Zudem ist auch die Form der Selbstbeschreibung relevant, um die Interviewergebnisse eingehender interpretieren zu können und damit die Dynamik und Struktur zu eruieren. Durch diese Lesarten ergeben sich im Zusammenhang von Selbstbeschreibung und Selbstdarstellung im Sinne Goffmans (2006) auch soziale Anknüpfungspunkte, da die Beschreibungen und Darstellungen an ein bestimmtes Publikum adressiert sind.

7.3.1   Ausdruckselemente der Selbstbeschreibung

Bei *Facebook* besteht die Profilseite aus den Kategorien Info, Pinnwand, Fotos, Notizen, Freunde und Abonnements. Unter der Kategorie Info können Einträge zur Person, wie etwa zur Arbeit und Ausbildung, Kunst und Unterhaltung, Aktivitäten und Interessen, Allgemeines sowie die Kontaktdaten, optional eingetragen werden.[60] Auf *studiVZ* wird eine ähnliche Struktur vorgeben. Die Kategorien sind dort mit Info und Allgemeines, Themen, Pinnwand, Spiele und Apps, letzte Besucher und Freunde benannt.[61] Die Themen sind auf *studiVZ* in Analogie zu *Facebook* in die Gruppenzuordnungen zu beispielsweise Musik, Kunst und Unterhaltung, Spaß und Unsinn, Sport und Freizeit eingeteilt. Die eigenen Fotos sowie die freigeschalteten Fotos der Freunde können unter einer gesonderten Sektion eingesehen werden. Grundsätzlich entwickeln sich die Plattformen im Laufe der Zeit immer weiter, so dass neue Optionen und Funktionen hinzukommen. So gesehen wurden die Plattformen seit 2009 vor allem um die Möglichkeit, *Youtube*-Videos hochzuladen und auf der Plattform anzusehen erweitert. *Facebook* registriert die gesehenen Videos und sendet automatisch eine Statusmeldung für die Freunde. Ebenso können Profile auf Musikplattformen wie *Deezer*[62] oder *Spotify*[63] mit *Facebook* verbunden und die angehörten Musiktitel entsprechend auf *Facebook* übertragen und veröffentlicht werden. Darüber hinaus stellt die Chronik[64] bei *Facebook* eine Neuerung dar. Wenn der Nutzer diese aktiviert, bringt sie die Aktivitäten, Informationen und Fotos des jeweiligen Nutzers in eine chronologische Reihenfolge und stellt somit eine standardisierte Struktur bereit. Diese kleine Übersicht der Möglichkeiten wird natürlich nicht von jedem User im Detail genutzt, soll aber in der Kürze durchaus einen Einblick in die umfassenden Optionen der Selbstbeschreibung liefern.

---

60 Vgl.: *Facebook*.com.
61 Vgl.: *studiVZ*.net.
62 Vgl.: www.deezer.com/de.
63 Vgl.: www.spotify.com/de.
64 Vgl.: www.*Facebook*.com/about/timeline.

Die Nutzer haben eine eigene Sicht auf die von Ihnen eingestellten Informationen. Die Einträge auf dem Profil bestehen aus dem Namen oder Spitznamen, Geburtsdatum, Unizugehörigkeit, dem Studiengang, Lieblingszitaten, Lehrveranstaltungen, Heimatort und Studienort, Hobbies sowie aus kulturellen Interessen wie Angaben zu Sport, Musik, Literatur, Theater oder Film. Darüber hinaus gibt es Fotos, verlinkte Fotos (*studiVZ*)[65], Gästebuch- bzw. Pinnwandeinträge. Diese Informationen werden in Summe als gängige Profilinhalte genannt, aber von jedem anders gehandhabt. Kerstin beschreibt Ihr Profil dementsprechend so:

>»Also klar, es ist auf jeden Fall so, dass ich darüber, damit was über mich aussage, das ist ja logisch. Also in erster Linie ja stehen da diese, eigentlich die Daten und Fakten im Vordergrund. Wo studiere ich, was studiere ich? Ja gut dann steht der Geburtstag drin, um wirklich nochmal so'n, ja, so'n Eckpunkt zu haben, woran man sich orientieren kann. Dann, ja gut, über meinen Musikgeschmack möcht ich was aussagen. Das hab ich ja eben schon mal erwähnt. Einfach weil ich finde, dass man über Musik andere Leute ja immer sehr gut einordnen kann oder gucken kann, ob man auf 'ner ähnlichen Wellenlänge ist oder eben nicht. Deshalb hab ich das eben auch über mich angegeben. Weil das 'n Bereich ist, der mir wichtig ist. Hobbys hab ich, glaub ich, wie gesagt, derzeit nicht drin weil das auch so 'ne Geschichte ist wieder, das, find ich, erfährt man eher im persönlichen Gespräch und das muss nicht unbedingt jeder gleich auf der Pinnwand oder auf der Seite erfahren« (Interview Kerstin, Z 215-225).

Auf diese Weise setzt jeder User unterschiedliche Schwerpunkte auf seinem Profil. Bei Christian und Andrea liegt dieser auf dem Lieblingsfußballverein, bei Martin ist es das Theater, bei Carolin das Surfen, die Musik bei Steffen, Kerstin und Judith. Die politischen Ansichten und die Arbeitsstelle gehören für David nicht zur Selbstbeschreibung, da er diese Informationen als plattformunangemessen einstuft (vgl. Interview David, Z 138-144). Der Beziehungsstatus wird als Profilangabe sehr kritisch eingeschätzt. Entweder wird dieser nicht angegeben oder zunächst eingetragen, nach einiger Zeit aber wieder entfernt, da diese Information für zu persönlich empfunden wurde (vgl. ebd., Z 321-325; vgl. Interview Kerstin, Z 93-113; vgl. Interview Thomas, Z 27-34; vgl. Interview Steffen, Z 249-261).

Die Selbstbeschreibung wird zudem maßgeblich durch Fotografien geprägt. Innerhalb der Netzwerke können Bilder und Fotografien vielfältig eingesetzt

---

65 Hierbei werden Profilinhaber auf bestimmten Fotos eines Kontakts markiert, indem ein Link vom Foto zum Profil eingefügt wird. Auf Gruppenfotos wurden so die einzelnen Freunde auf den Bildern benannt und eine Verbindung zu ihren Profilen geschaffen. Aber auch bei Einladungen wurden auf hochgeladenen Flyern die Freunde dementsprechend verlinkt.

werden. Zunächst stellt jeder Nutzer ein oder mehrere Profilbild/er als visuelle Ergänzung zu seinen eingetragenen Daten ein. Darüber hinaus gibt es Fotoalben, die verschiedene Thematiken verhandeln können, und die verlinkten (*studiVZ*) und markierten Fotos (*Facebook*), auf denen Freunde den jeweiligen Nutzer zu bestimmten Fotos zugeordnet haben. Diese verlinkten und markierten Fotos bilden somit sowohl soziale Zuweisung als auch individuelle Sozialbeschreibung ab, da der Nutzer diesen Verlinkungen/Markierungen zumeist zustimmen muss, damit sie veröffentlicht werden können.

Über die Fotoalben wird ebenfalls sowohl Selbstbeschreibung als auch Sozialbezug ausgehandelt. In Anlehnung an die Interviews lässt sich sagen, dass die Fotos dazu genutzt werden, etwas zu zeigen »was andere interessiert oder wo man selber stolz ist, wo man dann schon will, dass das andere sehen« (Interview Martin, Z 68-69). Sie behandeln zum größten Teil das Thema Unternehmungen, wie beispielsweise Urlaube, Partys sowie Fotos von den Hobbies und Interessen, aber auch Bilder der eigenen Wohnung befinden sich in den Fotoalben.

> »Ich hab natürlich 'n Profilbild. Das ist einfach ein Profilbild, jetzt ganz normal. … Jetzt kein Passfoto, das wär 'n bisschen zu steif. Ähm, ansonsten… also ich selber hab von mir glaub ich nur ein einziges Foto reingestellt. Ansonsten irgendwie… 'n paar Fotos aus dem Familienkreis und 'n paar, die in der Uni entstanden sind. Also… keine peinlichen Fotos, es sind Fotos, also…was weiß ich, wo meine Schwester mich hier besucht hat und wo wir zusammen was unternommen haben, so was zum Beispiel, also Unternehmungen kann man sagen« (Interview David, Z 56-61).

Vor allem Fotos von der Wohnung und von Partys werden als gute Möglichkeit genannt, um mit Freunden, die nicht vor Ort sind in Kontakt zu bleiben. Zum Beispiel hat Carolin mit ihrer Freundin die gemeinsame Wohnung fotografiert und in einem Album auf *studiVZ* hochgeladen, damit die »Freunde, die halt nicht hier sind, damit die's halt auch mal sehen können« (Interview Carolin, Z 45-46). Noch tiefgreifender beschreibt Andrea die Relevanz der Fotos für einen reziproken Austausch mit den Freunden

»Ja, der Urlaub mit meiner besten Freundin letztes Jahr. Die jetzt halt, da hatte ich
das Album nicht, aber sie hat mich halt drauf verlinkt, wo all die anderen dann auch
sehen konnten und es kommt halt: Wie war's im Urlaub? Was habt ihr denn gemacht?
Und das sieht man halt am einfachsten durch Bilder. Ich erzähl dann noch immer
noch was dazu, aber es ist halt…, Also 'ne Freundin von mir hat mal gesagt: ›Ich kann
mir nicht vorstellen, wie es da aussah.‹ – ›Guck Dir die Bilder an, guck die Bilder
an‹ //lacht//. Und sonst sind es halt meistens irgendwelche Abende, wenn ich mich
abends mit irgendwie Freunden treffe und so. Wenn wir zu Unipartys z.B., wenn wir
Vortrinken bei mir machen, sind da auch vielleicht die komischen Fotos entstanden,
die eben auch witzig sind und die werden dann halt irgendwie verlinkt, weil wir auch
noch 'ne andere Freundin haben, die ist jetzt nach K. gezogen und die möchte unbedingt, möchte dabei sein und freut sich dann, wenn sie dann Verlinkungen sieht
//lacht// und sieht wie es war heute« (Interview Andrea, Z 189-200).

Zudem werden die Fotos durch Freunde kommentiert. So wird deutlich, dass
die Freunde sich für die Aktivitäten interessieren, die Fotos anschauen und dies
wieder zu Kommunikationen führt. In diesem Sinne dienen die Fotos sowohl
der Selbstbeschreibung als auch der sozialen Verortung. Einerseits zeigen die
Fotos häufig die soziale Bezugsgruppe, also Familienmitglieder, den Freund, die
Freundin, oder Freunde allgemein auf Party-, Wohnungs- und Unternehmungs-
fotos. Gleichzeitig sollen die Personen, die nicht dabei waren oder weiter entfernt wohnen einen Eindruck der Aktivitäten und der sozialen Verbundenheit
gewinnen. Die physisch abwesenden Bezugspersonen sollen so zumindest medial
über die Fotografien einen Eindruck bekommen und am Leben des Anderen teilhaben.

»Also so Kommentare unter den Bildern oder so, ja, das ist halt 'ne nette, 'ne andere
Art zu kommunizieren, aber man sieht halt durch, dadurch dass Kommentare
kommen, dass sie sich die angucken, sich auch interessieren, sagen wir mal so und
sie schreibt dann: Na, ihr hattet mal wieder so viel Spaß und schön, dass ich das
sehen kann und ich komm bald wieder und mach mit euch Party so ungefähr.«
(ebd., Z 218-222).

Eine weitere Ausprägung sind Fotos von relevanten Ereignissen, die schon weiter
zurückliegen. Hier werden besonders alte Fotos aus der Schulzeit genannt. Im
Zuge der Abwanderungsbewegung zu *Facebook* und der stärkeren Verbreitung
und Nutzung von Smartphones werden zunehmend aktuelle, situationsbezogene
Fotos aus dem Alltag hochgeladen, um zu zeigen, wo die Nutzer sich gerade auf-
halten und was dort passiert.

»[…]wenn ich mal so unterwegs bin und ich sehe dann mal irgendwie 'ne witzige
Sache oder so und das fotografier ich und, und lad es dann hoch oder so. Das
mach ich schon ab und zu und ansonsten hab ich glaub ich ein Fotoalbum, wo von
privaten Fotos, wo ich letztes Jahr mal in London war. Hab ich hochgeladen aber das
war's dann auch« (Interview Steffen, Z 219-222).

Grundsätzlich ist es für die Befragten wichtig, dass die Fotos nicht peinlich oder
unvorteilhaft sind. Martin bearbeitet die Fotos dementsprechend, um einen besonders guten Eindruck zu machen.

Das wichtigste Ausdrucksmittel für die Selbstbeschreibung sind jedoch die
Gruppen (*studiVZ*) oder die ›Gefällt mir-Seiten‹ (*Facebook*). In diesem Kontext ist
es sehr auffällig, wie zurückhaltend die Interviewpartner grundsätzlich zu ihrem
eigenen Profil Auskunft geben und wie schnell und ausführlich auf die Gruppen
bzw. ›Gefällt mir-Seiten‹ verwiesen wird.

»Also mit den Gruppen, finde ich, kann man auch noch viel aussagen weil's einfach
so ja den, den Humor skizziert so 'n bisschen. Also gut, manche sind nur in irgendwelchen Pornogruppen, das ist jetzt bei mir nicht der Fall aber man, man merkt auf
jeden Fall, finde ich, wenn man die Gruppen durchgeht schon mal so 'n bisschen
wie derjenige tickt. Klar ist das alles Selbstdarstellung und ich kann im Prinzip 'n
komplett anderes Bild von mir vermitteln aber bei mir ist das so, dass ich eigentlich
schon, ja, schon n realistisches Bild, glaub ich, vermitteln möchte auf jeden Fall
damit und ja, wenn ich mir, wenn ich mir die Gruppen so angucke meine Seite,
dann denk ich auch, dass ich, ja, dass es auch realistisch ist. Also, dass ich nicht
versuche da irgendwie ja, was auszudrücken, was ich nicht bin oder so« (Interview
Kerstin, Z 226-234).

Erstaunlicherweise nannte niemand die Freundesliste als Teil des Profils und
dass diese in den meisten Fällen für jeden einsehbar ist. Hier liegt die Vermutung
nahe, dass dieser Umstand mit der generell diffusen Erinnerung an das eigene
Profil verbunden ist. Die Befragten antworten auffällig häufig damit, dass sie
nicht so genau wissen, was auf ihrem Profil stehe. Deswegen glauben sie sehr
häufig nur, dass ihr Profil ungefähr die angegebenen Ausmaße hat. Ebenso offensichtlich ist, dass keiner die Informationsüberschriften ausformuliert. Es wird
nur vereinzelt bei Hobbies, Vereinszugehörigkeiten oder Ähnlichem expliziert,
was genau auf dem Profil steht. Obwohl demnach auf den Plattformen eine
konkrete Information existiert, wird auf Nachfragen außerhalb des Netzwerkes
ausweichend geantwortet. Dem entgegengesetzt wird gern auf die Gruppenzugehörigkeiten (*studiVZ*) oder Seiten, die gefallen (*Facebook*), verwiesen und dass
über diesen Beschreibungsweg mehr über sie zu erfahren sei.

»Ja, es ist einfach ganz anders verpackt und also ich find's auch einfach humorvoll. Also wenn man das dann so umschreibt und von daher würd ich dann auch nie, ich schüttle auch immer mit dem Kopf, wenn ich das tatsächlich dann mal sehe, dass da einer, man kann ja glaub ich ›Über mich selbst‹ oder irgendwie so was hinschreiben und ich finde, ich würde da auch nie irgendwie großartig Romane hinschreiben. Einige machen das ja tatsächlich und dann denk ich mir auch immer wer liest sich das durch? Oder warum gibt man so viel über sich preis? Obwohl ich ja über die Gruppen im Prinzip auch viel über mich preisgebe aber irgendwie ist das schon was anderes wieder für mich, als wenn man das dann so offensiv unter dieser Rubrik ›Über mich selbst‹ alles dahin klatscht« (Interview Carsten, Z 1071-1079).

An dieser Stelle wird deutlich, dass es eine unausgesprochene Konvention der Selbstbeschreibung gibt, da alle Interviewten eine allzu offensive Selbstdarstellung als unangebracht empfinden. Dies manifestiert sich in diesem Zitat und in den Äußerungen, dass ausufernde Informationen und lange Beschreibungen innerhalb der Über-mich-Sektion als sozial auffällig und unerwünscht gelten. Dies ist jedoch ebenso eine Einstellung, die sich ab einer bestimmten Menge von Gruppenzugehörigkeiten auch auf diese erstreckt:

»Ich war mal Mitglied in sehr vielen Gruppen und finde es ganz anstrengend wenn man auf irgendwelchen Seiten so lange runterscrollen muss, deswegen habe ich meine Gruppen dann reduziert und ich schaue immer mal wieder, dass die irgendwie aktuell sind das es zu mir passt und ja damit ich nicht so überladen an Gruppen bin« (Interview Silvia, Z 135-138).

Auch die ›Gefällt mir-Seiten‹ auf *Facebook* funktionieren formal gesehen analog den Gruppen auf *studiVZ*. Auch sie stellen eine eher sozial motivierte Selbstbeschreibung dar, da der Nutzer sich entschließt, andere *Facebook*-Seiten mit einem ›Gefällt mir‹ zu versehen. Diese Verbindung wird dann sowohl auf der betreffenden Seite als auch auf dem Profil des Nutzers angezeigt. Obwohl *Facebook* einen anderen Aufbau als *studiVZ* hat, zeigen sich bei der Beschreibung des Profils auffällige Ähnlichkeiten, wie das folgende Zitat verdeutlicht:

»Also ich hab tatsächlich relativ viele Seiten, die mir gefallen. Ich glaub das sind so 200 insgesamt. Vor allem Musik. Weil ich unglaublich, also Musik spielt 'ne sehr wichtige Rolle für mich in meinem Leben und da hab ich vor allem Bands und Künstler und so, die mir einfach gefallen und die ich auch, wo ich auch up to date sein möchte. Das ist ja dann der Vorteil, ne. Wenn man diesen ›Gefällt mir‹ Button drückt, bekommt man eben auch die Neuerungen in der Band mit und das ist 'ne gute Sache. Ansonsten hab ich glaub ich bei mir im Profil nicht wirklich viel stehen. Ich glaub ich hab ein Gedicht drin stehen. In meinem, tatsächlich auch von einem Lied, das mir sehr gut gefällt, ein, ein vertontes Gedicht und ansonsten. Also ich hab meinen Beziehungsstatus nicht angegeben weil das, weil ich finde das geht keinen was an. Ich hab auch meine, meine E-Mail-Adresse nicht angegeben oder meine Telefonnummer, das machen tatsächlich auch einige oder tatsächlich sogar Post-adresse und so also ich glaub so an persönlichen Informationen hab ich mich sehr reduziert. Einfach ja« (Interview Steffen, Z 233-243).

In diesem Sinne herrscht bei *Facebook* ebenso wie auf *studiVZ* die Konvention, nicht übermäßig viele individuelle Informationen einzustellen und sensible Daten, E-Mail-Adressen, Telefonnummern oder Postadresse zu vermeiden. So beschreibt auch Sabine ihr Profil als »echt unspektakulär« (Interview Sabine, Z 376) und Markus gibt »an persönlichen Informationen relativ wenig« (Inter-view Markus, Z 476-477) preis. Wie es in dem Zitat von Steffen bereits anklingt ist dies, analog zu den Gruppen auf *studiVZ,* nicht auf die ›Gefällt mir-Seiten‹ beschränkt:

»Ja, ich hab nicht nur Bands ich hab da auch für Filme gilt das genauso. Oder für Serien, Serien, die mir gefallen oder für ja, für Produkte eher weniger. Also für, für ja, einfach für wat weiß ich, ich bin zwar Mac User aber ich glaub ich bin gar nicht Fan von Apple bei, bei *Facebook* oder so was. Nur es ist tatsächlich hauptsächlich Musik und Serien, Bands, berühmte Persönlichkeiten. Ich glaub ich bin ja, ich bin Fan von, von Barack Obama auch zum Beispiel. Lese zwar nicht wirklich was er so schreibt aber dann wird das halt bei mir angezeigt. Teilweise les ich mir das auch durch. Welche Seite ich jetzt in letzter Zeit ganz, ganz witzig finde ist, die auch momentan sehr gehyped wird, also sehr viele, sehr großen Zulauf hat, ist dieses, wie heißt die, ›Hör auf damit, wir müssen jetzt seriös wirken‹. Das ist glaub ich ein oder zwei Typen, die dahinter stecken, die einfach die dümmsten und skurrilsten Videos, teilweise auch echt eklig aber teilweise aber sehr humorvoll posten und dann. Das ist einfach so was zum Lachen« (Interview Steffen, Z 606-617).

Mit den ›Gefällt mir-Seiten‹ werden demnach, sehr ähnlich der Gruppen-zuordnung auf *studiVZ,* Hobbies, Interessen, kulturelle Präferenzen und der Humor abgebildet. Interessant ist besonders, wenn nicht nur einzelne Themen dieser Art von Selbstbeschreibung betrachtet werden, sondern die Wirkung dieser eher sozialen Selbstbeschreibung erfasst wird.

»Genau also ich hab nichts dagegen, dass, aber das sehen auch nur meine Freunde,
welche Musik mir gefällt, welche Filme mir gefallen und so, das ist einfach 'ne Sache,
das ist ja auch gut, dann kann man ja darüber auch reden. [...] Aber ansonsten hab
ich mich da eigentlich reduziert. Also dieses ›Über mich‹ oder wie es da auch heißt,
ja, da steht glaub ich dieses Gedicht drin« (ebd., Z 248-253).

Die kulturellen Präferenzen sind demzufolge im Gegensatz zu persönlichen Angaben bedenkenlos thematisierungsfähig. Zudem werden diese Zugehörigkeitsbekundungen in ihrer Gesamtheit als gute Möglichkeit betrachtet, sich selbst zu
beschreiben. So sind für Kerstin nicht die einzelnen Gruppenzugehörigkeiten
interessant, sondern vielmehr die Sammlung der Zugehörigkeiten:

»Das Interessante, find ich, besteht eigentlich so in der Sammlung der Gruppen
und nicht, nicht unbedingt in den einzelnen Gruppen sondern wirklich in der
Gesamtheit, dass ich dadurch nach und nach so 'n, so 'n bisschen ja, das Bild von
der Person verfeinern kann, sag ich mal. Ja, wie gesagt, dann gibt's eben diese verschiedenen Richtungen: Hobbys, Musik, Filme oder so, also wirklich dass dieser
Freizeitbereich, der abgedeckt wird, ja und dann, ja schwierig. Ja, also wie gesagt,
ich trete, ich trete eigentlich wirklich ein, um ja, ist ein bisschen wie so ein Aus-
hängeschild, um dann dadurch deutlich zu machen ja, das ist mir wichtig oder da
steh ich irgendwie dahinter und ja. Wenn man's auf andere dann anwendet, muss
ja nicht, muss ja nicht bei jedem gleich sein aber kann man ja im Prinzip davon
ausgehen, dass derjenige ja, sich über das Thema irgendwie mal Gedanken gemacht
hat oder Gedanken macht. Dass es für den von Bedeutung ist oder so« (Interview
Kerstin, Z 506-515).

Kerstin beschreibt an dieser Stelle treffend mit ihren Worten, was Georg Simmel
mit der Kreuzung der sozialen Kreise ausformuliert (vgl. Simmel 1908, S. 312f.).
Das Individuum partizipiert an vielen sozialen Kreisen unterschiedlicher
Größenordnung. Innerhalb dieser ist es sozial verortet, konstruiert aber, durch
das einzigartige Koordinatensystem der so unterschiedlich kombinierten Kreise
im Gesamt, Individualität (vgl. ebd.). Dadurch, dass diese Individualität sozial
verortet ist, bietet sie ein gewisses Maß an sozialer Legitimation, da auch immer
andere Menschen zu den einzelnen Kreisen gehören. Da die Netzwerke ein relativ
neues Phänomen darstellen, ist diese Art der Selbstbeschreibung eine besondere
Form der sozialen Rückversicherung von Selbstbeschreibung.

7.3.2   Form der Selbstbeschreibung

Bei Fragen zu ihrem Profil auf den jeweiligen Seiten, antworteten die Interviewpartner zunächst innerhalb der Logik öffentlicher Berichterstattung über die Plattformen: Sie verweisen sehr stark darauf, dass ihr Profil nicht detailliert ist und wie

sie welchen Bekanntenkreisen Informationen in welchem Ausmaß zugänglich machen. Dementsprechend werden die zwei zentralen Aspekte des öffentlichen Diskurses, Selbstdarstellung und Datenschutz über diese Plattformen in der Interviewsituation ins Blickfeld gerückt. Damit kommunizieren die Befragten, dass sie um diese Diskurse wissen und sich entgegen der öffentlichen Meinung sehr reflektiert in den Netzwerken bewegen. Das Profil sei somit »ziemlich abgespeckt« (Interview Christian, Z 28), »recht unpersönlich gehalten« (Interview Judith, Z 27), »übersichtlich« (Interview Carolin, Z 21) oder schlicht »wie das all der Anderen« (Interview Thomas, Z 14).

Das letzte Zitat verweist bereits auf die Grundstruktur der Selbstbeschreibung. Anders als beispielsweise ein Tagebuch werden die Profile, als eine besondere Form der Selbstbeschreibung, von Beginn an für ein Publikum angelegt. Dadurch wird verdeutlicht, dass eine Grundtendenz besteht, das eigene Profil so wie das der Anderen zu gestalten oder aber einzelne Einträge von Bekannten zu übernehmen. Ebenso nutzen manche User die Option, einzelne Gruppen unsichtbar für andere einzustellen, da sie nicht mit deren Inhalten assoziiert werden möchten. In den Interviews wird insgesamt offensichtlich, dass die Existenz eines potenziellen Publikums zu jeder Zeit in Überlegungen miteinbezogen wird und somit tiefgreifende Auswirkungen auf die getätigten Selbstbeschreibungen ausübt. Dies zeigt sich in den Interviews über reflektierende Formulierungen wie »was erzähle ich jetzt hier über mich?« (Interview Christian, Z 238-239) oder »das soll jetzt doch nicht jeder wissen« (Interview David, Z 217-218), sowie »das dürfen auch ruhig alle Leute wissen, was für Filme ich gut finde. Das ist für mich nicht so privat, dass ich's privat halten muss« (Interview Sabine, Z 336-337) oder »das muss nicht unbedingt jeder gleich auf der Pinnwand oder auf der Seite erfahren« (Interview Kerstin, Z 224-225).

Zusätzliche Charakteristika stellen die Darstellungsform als Steckbrief und die Kombination aus Auswahlkategorien und individuell verfassten Einträgen dar. In diesem Sinne werden die Auswahlkategorien eher genutzt, da entsprechende Inhalte bereits vorgegeben sind. So bemerkt Sabine sehr treffend:

> »Das ist so, da muss man, da muss man nicht nur auf was draufklicken. Okay, bei ›Leute, die mich inspirieren‹ muss man auch nur auf was draufklicken. Aber bei den anderen Sachen da wird man gezwungen wirklich was zu schreiben, ne, Worte zu finden. Das ist ganz schwierig« (Interview Sabine, Z 1089-1092).

Eine weitere Besonderheit ist die Selbstbeschreibung mittels Fotografien. Wie bereits expliziert, können die Freunde durch die Fotos am Leben der Profilinhaber teilnehmen. So können sie durch Fotos der neuen Wohnung, von aktuellen Unternehmungen mit Freunden und Alltagsbegebenheiten das Leben der Freunde visuell nachvollziehen (vgl. Interview Markus, Interview Carolin, Interview Martin, Interview Steffen, Interview Andrea). Aber auch Erinnerungen werden über die Fotos geteilt, indem Bilder aus der Schulzeit oder von gemeinsamen Momenten eingestellt werden. Über die Fotografien wird demnach Identität gezeigt und nicht explizit verschriftlicht.

Über einzelne Stichpunkte, wie etwa Name, Studienfach, Geschlechtszugehörigkeit, Hobbies, Interessen, den diversen Fotos, der teilweise öffentlichen Kommunikation und den gewählten Gruppenzugehörigkeiten (studiVZ) oder ›Gefällt mir-Seiten‹ (*Facebook*) wird ein Netz von Bedeutungen aufgespannt, in dem die einzelnen Elemente in Verbindung zueinander einen Eindruck der Person vermitteln und so dieser Selbstbeschreibung ihre spezifische Qualität verleihen. Dementsprechend ist diese Form der Selbstbeschreibung nicht linear oder kontextgebunden, wie dies bei Tagebucheinträgen oder auch Biographien der Fall ist. Vielmehr werden assoziative Bedeutungsnetze gespannt, die eine polyseme Lesart anbieten:

> »Das ist ja so, als würde man sich da ein Nest bauen so, ne. Also man richtet das ein, um jetzt irgendwie wie, wie so ein Kinderzimmer. Man hängt sich Poster an die Wand von dem, was man gut findet so irgendwie, ne. Und Musik sagt man hier das und das find ich gut oder ich höre gerade… das wird ja immer extremer, weil man ja auch gerade nochmal Links hochstellen kann. So ich höre gerade das und das. Also man bekommt ja direkt einen Einblick als ob man in so 'n Jugendzimmer quasi reingucken würde, wo man dann auch noch eigene Bilder von sich und den Freunden an die Wand gehängt hat und so. Weiß ich nicht, das ist ja schon so was wie so 'n Nest bauen halt« (Interview Markus, Z 90-97).

Darüber hinaus dürften in einem solchen Zimmer bei unterschiedlichen Betrachtern verschiedene Elemente ins Blickfeld rücken und damit einen jeweils spezifischen Eindruck über den Bewohner vermitteln. Demzufolge ermöglichen auch die Plattformen einen ersten Blick auf die Präferenzen der jeweiligen Profilinhaber. Diese digitale ›Einrichtung‹ der Profile schreibt demnach keine konkrete, lineare Lesart vor, sondern verknüpft lediglich verschiedene Facetten des persönlichen Werdegangs, subjektiver Einstellungen, kultureller Präferenzen, öffentlicher Kommunikation und sozialer Verbindungen.

Zudem kann das Inventar dieses ›Zimmers‹ durch die Optionen, Einträge zu ändern, neue Fotos einzustellen und alte Bilder zu löschen, diverse Informationsaktualisierungen oder Änderung von Hobbies und Interessen vorzunehmen, spezifiziert oder grundsätzlich ›renoviert‹ werden. So sind die Einträge zunächst persistent, das bedeutet gespeichert und öffentlich einsehbar, zugleich aber auch immerzu veränderbar und nicht festgeschrieben. In diesem Kontext berichten alle Interviewten, dass sie ihr Profil regelmäßig aktualisieren, indem sie neue Fotos hochladen, besuchte Lehrveranstaltungen anpassen, Lieblingsbücher, Filme und Musik erneuern oder ergänzen. Darüber hinaus werden die Freunde bei Aktualisierungen und neuen öffentlichen Kommunikationen durch die ›Neuigkeiten-Sektion‹ der Profile über Veränderungen informiert. Dementsprechend aktualisiert Martin sein Profil häufig, weil er es bei anderen auch langweilig findet, wenn diese nichts verändern.

> »Ja genau, das finde ich sehr wichtig [die Profilfotos, Anm. d. Verf.]. Coole Sache, weil das einen ja natürlich auch repräsentiert. Und es nervt einen natürlich auch, wenn andere jahrelang das gleiche Foto haben. Das nervt richtig mit solchen Profilen. Da denkt man dann, oh, wann kommt da endlich mal was Frisches? Das kennt man dann immer so in- und auswendig und das will ich selber nicht« (Interview Martin, Z 99-103).

Im Vergleich dazu müsste ein Tagebucheintrag entfernt und neu geschrieben werden, sofern dieser nicht digital existiert. Noch schwieriger wären Änderungen bei einer bereits publizierten Biographie, die als Buch erschienen ist. Diese Zusammenhänge sollen zunächst einen Eindruck von den grundlegenden Bedingungen der Selbstbeschreibung mittels der Profile in *Social Network Sites* vermitteln. Die damit verbundenen Folgen und Auswirkungen werden am Ende dieses Kapitels expliziert.

Abschließend sei noch einmal darauf verwiesen, dass die Erinnerung an die gesamten Ausmaße des Profils bei Niemandem in der Interviewsituation präsent ist. So können die Interviewpartner weder genau sagen welche Informationen konkret auf dem Profil stehen, noch für wen diese Inhalte zugänglich sind.

### 7.3.3	Soziale Anknüpfungspunkte der Selbstthematisierungen

Zwar kommuniziert das Profil permanent Facetten der Identität, jedoch ermöglichen die Plattformen auch Reflexion. So können beispielsweise Fotos sorgfältig ausgewählt werden, bevor sie zum Profil hinzugefügt werden. Öffentliche und private Kommunikation kann vorher durchdacht und damit Darstellungsintentionen konsequenter verfolgt werden. In den Interviews wird in diesem Zusammenhang eine besondere Form der Steuerungskontrolle durch die Gruppenzugehörigkeiten betont:

»Das hat zweierlei Gründe. Also zum einen bin ich bestimmten Gruppen bei-
getreten, um Informationen aus diesen Gruppen zu erhalten. Aber zum anderen,
und das ist für mich auch der wichtigere Grund, man gibt etwas über seine Identität preis und kann das auch so ein bisschen steuern. Also ich kann durch meine
Gruppen genau das von mir preisgeben, was ich möchte wie zum Beispiel mein
Lieblingsfußballverein oder meine Lieblingsband oder andere Sachen« (Interview
Christian, Z 135-140).

Diese Steuerungskontrolle ergibt sich durch eingehende Betrachtung der
publizierten Informationen. Sie werden dadurch, dass sie partizipativ und sozial
begründet sind, zu einem geringeren Selbstentblößungsrisiko für die Nutzer. Zum
einen spielen dabei die medialen Präferenzen, die mit anderen geteilt werden, eine
wichtige Rolle, zum anderen aber auch die Zuordnung zu Gruppen:

»Und das finde ich auch okay, das dürfen auch ruhig alle Leute wissen, was für
Filme ich gut finde. Das ist für mich nicht so privat, dass ich's privat halten muss
unbedingt und da würd ich auch mit jedem anderen den ich grad auf der Straße
kennenlerne, würd ich auch darüber sprechen wollen. Das ist okay« (Interview
Sabine, Z 336-339).

Sabine bringt die Überlegungen vieler Interviewpartner direkt auf den Punkt,
indem sie die Gruppenzugehörigkeiten als eine Form von Selbstbeschreibung auffasst, mittels derer »man versucht, sich ein bisschen zu definieren, ohne privat zu
werden« (ebd., Z 1049).

Jedoch ergeben sich noch weitere Dimensionen des sozialen Zusammenhangs. So stellen sich die Nutzer hier nicht nur mit einer bestimmten, der
sozialen Situation angemessenen Identitätsrolle dar, sondern können hier viele
verschiedene Identitätsfacetten thematisieren. Dies vermittelt ein umfassenderes
Verständnis für die digitale Identitätsdarstellung sowohl für andere als auch für
jeden persönlich. So sind die Startseiten der VZ-Netzwerke mit dem Satz *Das bist
Du* überschrieben. Wie bereits expliziert, besteht eine grundsätzliche Tendenz
die Selbstbeschreibungen und die Kommunikationen zu hinterfragen, indem
ständig überprüft wird welche Informationen über bestimmte Sektionen des
Profils abgearbeitet werden und welchem Personenkreis der Zugang zu diesen
Informationen gewährt wird.[66] Zudem werden alle Profile regelmäßig aktualisiert
und so Veränderungen im Leben auch digital nachgezeichnet. Diese Reflexionsprozesse regen dazu an, die eigene digitale Repräsentation zu hinterfragen und
gegebenenfalls zu optimieren oder anzupassen. Die Plattformen bieten somit An-

---

66 Siehe Kapitel 7.2 und Kapitel 7.3.2.

knüpfungspunkte, um sich selbst und sein Verhältnis zu anderen zu reflektieren. Es zeigt sich in den Interviews immer wieder, dass das Verhältnis zu den Freunden als auch die eigenen Aussagen zum Profil und in der Kommunikation einer eingehenden Analyse unterzogen wird. In diesem Sinne regen die Plattformen durch die Interaktion mit anderen und die Auseinandersetzung mit dem eigenen Verhalten Reflexionsprozesse an, die als Differenzerfahrung eine Basis für Identitätsvorstellungen darstellen (vgl. Mead 1978, S. 237ff.). Mit ihren Möglichkeiten zur Selbstdarstellung und zur Reflexion über sich selbst und andere Teilnehmer des Netzwerkes, bieten Social Network Sites damit die Chance zu einem »Selbst-Bewusstsein« (ebd., S. 238), also einer bewussten Identität, zu gelangen.

> »Ja, also ich glaube, dass das, dass ich aber, dass ich aber diese Regeln schon versuche nicht zu stark zu trennen. Ne, weil, es ist so, dass ich ja auch mein Leben nicht komplett davon trennen kann. Also wenn ich jetzt nochmal *Facebook* als Beispiel nehme. In meiner Freundesliste sind ja nicht nur Kumpels und Kumpelinen, sondern da sind ja auch Arbeitskollegen drin und Verwandte und entfernte Verwandte und das sind also Menschen, bei denen ich ganz unterschiedliche Rollen auch übernehme im Leben, ja. Und das heißt ich kann jetzt also nicht so ne, so ne, so ne, so 'ne Superrolle nehmen, die alle abdeckt« (Interview Sabine, Z 671-677).

Hier klingt nicht nur die Reflexionsebene im Sinne Meads an, sondern auch verstärkt die Relevanz von verschiedenen Rollen, die unterschiedlichen Personenkreisen gegenüber eingenommen werden. Das Modell Goffmans bietet weitergehende Erklärungsansätze für den Zusammenhang zwischen Selbstthematisierung und Selbstdarstellung sowie deren soziale Bezüge (vgl. Goffman 2006, S. 33f.)[67]: Bisherige Forschungsergebnisse sprechen dafür, dass die Nutzer vor allem ein authentisches Profil anstreben, gleichzeitig aber sehr skeptisch gegenüber anderen Profilen sind und diese für unwahr einschätzen (vgl. Prommer et al. 2009). Dies zeigt sich auch in den Interviews. Jeder der Befragten gibt an, einen sehr realistischen Eindruck seiner selbst und der zugehörigen Bezugsgruppe vermitteln zu wollen. Die Ressentiments gegenüber anderen Profilen sind jedoch ebenso herauszulesen. Ein Grund für diese Skepsis und manche Unvereinbarkeiten zwischen On- und Offline Identität ist vermutlich die komplexere

---

67 In diesem Zusammenhang ist vor allem die Darstellung von Rollen in unterschiedlichen Situationen interessant. Goffman verweist darauf, dass etwa im Beruf andere Rollen gespielt werden als im vertrauten Bereich zu Hause. Obwohl die gerade nicht kommunizierten Rollen weiterhin vorhanden sind, werden diese zugunsten der aktuellen Rolle vernachlässigt. Innerhalb der Netzwerke treffen jedoch unterschiedliche Bezugsgruppen und damit verbundene Rollen auf eine Selbstthematisierung für alle Bezugsgruppen.

Online-Identität. Dies zeigt sich sehr deutlich in der Interviewsituation, wenn die Befragten ihr Profil beschreiben. Wie im vorangegangenen Kapitel expliziert, kann niemand die gesamten Inhalte seines Profils resümieren. Paradigmatisch ist hier das Zitat von Markus zu sehen:

»Wie sieht das aus? Also da muss ich gerade selber überlegen. Ich glaube mein Foto ist nicht von mir selbst drin. [...] Dann kann man Fotos hochladen. Was hab ich denn da? Drei so, also das, die meisten Fotos hab ich glaub ich diese wechselnden Profilbilder, die man mal so hat. Wenn man dann irgendwie mal weiß ich nicht, das hat dann zeitweilig mal jeden Monat gewechselt, dass man irgendwie ein lustiges Bild hatte, was man wieder hochgeladen hat. Dann kann man ja so Pinnwand-Fotos quasi hochladen. Also irgendwelche Bilder, die man gemacht hat, die man an irgendwelche Nachrichten drangehängt hat oder so was. Ich glaube da hab ich auch ein paar. Da weiß ich aber gar nicht mehr was. Ich glaube ein Bild von Media Markt. Irgend so 'ne CD. [...] Wo ich auch dachte wer kauft so einen Scheiß? [...] was hab ich denn da noch? Also bei Informationen über mich könnt ich jetzt gar nicht sagen, was ich da über mich eingetragen habe. So relativ wenig auf jeden Fall. Also man kann, man hat ja die Möglichkeit einzutragen, auf welche Uni man war, wo man arbeitet, was für Interessen man hat. Ich glaube an Interessen hab ich gar nichts eingetragen. Man kann ja irgendwie Seiten, die man, die man gut findet, die kann man ja anklicken. Da hab ich glaub ich ein paar. Irgendwie so 'n, so 'ne, so 'ne Medien-Community. Ich glaub FAZ Net, Zeit Online und irgend so 'ne, so 'ne Hip-Hip Gruppe, weil da 'nen Bekannter von mir drin ist und mir das angeboten hat da und ich das dann unfreundlich fand, das abzulehnen irgendwie. Obwohl ich die Musik glaub ich eher nicht so toll finde. Aber man versucht, die Leute, die man kennt dann ja auch so zu supporten, ne und naja. Ich glaube meine, meine wirkliche Arbeitsstelle hab ich auch nicht angegeben. [...] Weil, zu viel wollt ich dann auch nicht machen. Ich wüsste jetzt gar nicht, was kann man da noch alles angeben? Also was so persönliche Informationen angeht, weiß ich wirklich gar nicht, was ich da von mir drinstehen habe. Aber es ist vielleicht noch das Geburtsdatum, das könnte noch drin sein und wo ich studiert habe. Aber ich glaub sonst hab ich so an persönlichen Informationen relativ wenig. Müsst ich jetzt aber auch tatsächlich selber nochmal gucken, weil ich's gar nicht weiß« (Interview Markus, Z 449-478).

Die Erinnerung von Markus ist ebenso wie die der anderen Interviewten keineswegs vollständig, sondern eher diffus und ausschnitthaft. Alle geben an dieser Stelle nur die Informationen an, die sie über sich selbst dort eingestellt haben. Darüber hinaus vervollständigt sich die Selbstbeschreibung aber auch über die öffentliche Kommunikation und die Freundesliste. Dies lässt im Verbund mit den grundsätzlich bruchstückhaften Erinnerungen an das eigene Profil darauf schließen, dass diese Art der Selbstbeschreibung sehr komplex ist und zudem, ebenso wie in offline Kontexten, unbewusste Elemente beinhaltet. Offline sind jedoch Identitätsangaben oder Kommunikationen aufgrund ihrer Flüchtigkeit kaum noch konkret reproduzierbar. Die Profile jedoch konservieren alle Informationen, wie persönliche Einträge, Zugehörigkeitsbekundungen, wie Gruppenmitgliedschaften, oder ›Gefällt mir-Seiten‹, Fotos und soziale Kontakte. Zudem können, wie bereits erwähnt, enorm viele Facetten der Identität betont werden und diese sind nicht situationsgebunden. Im Alltag rahmen die Situationen die Identitätsarbeit, die u. U. inkompatibel zu den digitalen Darstellungen sind. Vor allem der Facettenreichtum der Online-Selbstthematisierung legt die Vermutung nahe, dass hier eine andere hochkomplexe soziale Rolle entsteht, die offline in ihrer Gesamtheit kaum eine Entsprechung findet und somit zu Irritationen führt. So berichtet Sabine von Vorbehalten ihrer Freunde, wenn diese im Alltag auf ihre Kommunikationen auf *Facebook* angesprochen werden:

> »Also ich, ich konnte die Beobachtung machen, dass ich das Gefühl hab, die Leute werden dann reserviert. Als fühlen sie sich fast schon ertappt. Auf jeden Fall als wäre es denen unangenehm, darüber zu sprechen. Das ist, naja, und ich kenn das Gefühl von mir selber ja auch. Mir ist das auch manchmal unangenehm, weil ich einfach im Hinterkopf das Gefühl hab, das gehört nicht, das gehört jetzt hier nicht hin in dieses Gespräch« (Interview Sabine, Z 1165-1170).

Beispielsweise können online auch öffentliche Kommunikationen von der Freundesliste nachvollzogen werden. Dabei ist nicht nur der Inhalt dieser Kommunikationen relevant, sondern auch deren Quantität und Kontext. So beschreibt Sabine, dass es ihr unangenehm gewesen sei, als ein Arbeitskollege sie aufgrund des Zeitpunkts einer öffentlichen Mitteilung auf *Facebook* am nächsten Arbeitstag darauf ansprach, dass sie sehr lange wach gewesen sei (vgl. ebd., Z 1581-1601).

Dadurch, dass sich die Nutzer vorwiegend über soziale Zugehörigkeiten charakterisieren und viele Facetten heterogener möglicher Identitäten andeuten, versuchen sie sich angesichts dieser Form von Nachvollziehbarkeit vor Zu- und vor allem Festschreibungen durch Dritte zu schützen, bzw. die fragile und riskante Darstellung (vgl. Goffman 2006, S. 48ff.) vor Risiken abzuschirmen. Goffman verdeutlicht die Risiken im Zuge von Darstellungen mit einer musikalischen Darbietung. »Eine Metaphernsprache aus dem Bereich der Kunst wäre angemessener; denn sie weist uns auf die Tatsache hin, daß eine einzige Note in der falschen Tonart den Klang eines ganzen Konzerts zerstören kann« (ebd., S. 49). Bei aller Freiheit die Identitätsfacetten zu wählen, werden diese jedoch gespeichert und können somit von ganz unterschiedlichen Bezugsgruppen abgeglichen werden, was eventuell die Notwendigkeit einer möglichst diffusen Darstellung erhöht, um nicht angreifbar zu sein. So können auch die ausweichenden Beschreibungen in der Interviewsituation Indizien dafür sein, dass dieser Schutzmechanismus nicht nur online greift, sondern auch offline praktiziert wird.

Die Adressaten der Selbstthematisierung stammen aus unterschiedlichen Zusammenhängen und umfassen Freunde, Arbeitskollegen, Bekannte, Ehemalige Freunde und Schulkameraden. Darüber hinaus kann jedes Netzwerkmitglied auf eine zumindest eingeschränkte Variante des Profils zugreifen. Dies wirkt auf die Selbstthematisierung zurück, was an den reflektierenden Äußerungen besonders gut nachzuvollziehen ist. So versucht jedes Mitglied einerseits, sein Profil einem uneingeschränkten Zugriff aller Netzwerkmitglieder zu entziehen und andererseits die Informationen so einzustellen, dass sie recht unpersönlich, demzufolge sozial unproblematisch sind. Die Selbstthematisierung vollzieht sich dementsprechend sehr oberflächlich, indem ein Normalprofil mit entsprechenden allgemein verständlichen und allgemein unproblematischen Informationen versehen wird. Ernsthafte und emotionale Themen hingegen werden innerhalb privater Kommunikation, sowohl on- oder offline, verhandelt. Emotionen gehören, wie beschrieben, explizit nicht zu dieser Art von Selbstthematisierung.

> »Ja wobei das, also wenn ich, wenn ich da jetzt so aus den Erfahrungen schöpfe ist das jetzt auch nichts, was irgendwie tief auf die Persönlichkeiten oder überhaupt auf die Persönlichkeiten von diesen Leuten blicken lässt. Außer vielleicht auf ihren Humor« (Interview Markus, Z 1684-1686).

Dies resultiert aus der Größe und der Diversität des potenziellen Publikums. Letztlich scheint die Selbstthematisierung in *Social Network Sites*, obwohl sowohl on- wie offline durchwirkt, offline soziale Schwierigkeiten zu verursachen. Dies zeigt sich einerseits in der Komplexität der Profile, die im Gespräch nur unvollständig rekonstruiert werden können und andererseits durch die Speicherung und Sichtbarkeit der Identitätsfigur innerhalb der Plattformen. Die kommunizierte Identitätsfigur ist innerhalb der Netzwerke sehr allgemein gehalten, äußert sich über Stichpunkte, ist ausschnitthaft und polysem. Zudem ist ein Entwicklungsgedanke vorherrschend, nicht in einem linearen Sinn, wohl aber im Zusammenhang von Aktualisierungen und neuen Kommunikationen.

Innerhalb dieser Argumentationslogik befindet sich diese Art der Selbstthematisierung derzeit in einer fortschreitenden Konventionalisierungsphase. Diese gestaltet sich sehr allgemein durch die Profilinformationen, jedoch sehr detailliert und ausdifferenziert in den sozialen Verbindungen zu den wichtigen Freunden. So werden der gesamten Freundesliste und damit der sozialen Bezugsgruppe allgemeine Informationen angezeigt, jedoch erhalten bestimmten Bezugsgruppen wie die engen Freunde oftmals Zugang zu detaillierteren Informationen.

Selbst wenn allen die gleichen Informationen zugänglich sind, wird mit den engen Freunden durch den kommunikativen, öffentlichen wie privaten, Austausch dieser allgemeine Eindruck erweitert und ebenso durch die vorhandene Freundschaft und die Erfahrungen miteinander ergänzt.

Innerhalb der Netzwerke wird nicht nur individuelle Identität, sondern vor allem soziale Identität (vgl. Bohn/Hahn 1999) thematisiert. Soziale Identität bedeutet in diesem Kontext, dass Individuen spezifische Identitätsaspekte mit anderen Individuen teilen (bspw. Geschlechtszugehörigkeit, Präferenzen etc.) und sich dadurch gleichzeitig gegenüber entgegengesetzten Gruppenidentitäten abgrenzen. Obwohl hier Merkmale mit anderen Individuen geteilt werden, wird das Individuum dennoch eindeutiger durch diese Zuordnung und entsprechende Abgrenzung gegenüber anderen Gruppierungen beschrieben (vgl. ebd.). Das Individuum positioniert sich also in einem Spannungsverhältnis zwischen Individualität und Kollektiv und unter den Einflüssen von Gemeinschaft und Gesellschaft. So können Profile innerhalb der *Social Network Sites* als typische Selbstthematisierungsdiskurse gelesen werden, die als Symptome einen Einblick in die Lebensbedingungen der Individuen geben. Damit muss auch die Art und Weise dieser Selbstthematisierung in den Blick gerückt werden. Aus den technischen Voraussetzungen lässt sich erschließen, dass die Profile überdauern, gespeichert und immer verfügbar sind, aber auch nie abgeschlossen, immer manipulier- und korrigierbar. Dies verweist schon theoretisch aus einer diametralen Perspektive auf Aspekte von Ulrich Becks Beschreibung der Risikogesellschaft (vgl. Beck 1986/vgl. Kapitel 6.2.2). Die Nutzung der Netzwerke kann somit als Wunsch interpretiert werden, in einer multioptionalen, unsicheren Gegenwart (vgl. ebd.) eine (vermeintliche) Beständigkeit und Verfügbarkeit durch die Selbstthematisierung und die digitale Verbindung zur Bezugsgruppe herzustellen. Ergänzend ist es ebenso möglich, dass diese Plattformen als Erinnerungssysteme für biographische Identität und somit als Brückenfunktion zwischen früherer und aktueller, sozialer und individueller Identität fungieren (vgl. Kapitel 6.1.2). Verweise finden sich hierfür in den Interviews vor allem darin, dass die Phasen der eigenen Entwicklung über Fotos nachvollzogen und die Kontaktaufnahme zu ehemaligen Freunden und Kontakten mit Erinnerungen an ebendiese verbunden wird. So beschreibt Martin die Relevanz seiner gesammelten Fotos dadurch, dass er so seine Entwicklung nachvollziehen kann:

»Es ist auch schön, dann nachzuvollziehen, wie man sich selber, so die Metamorphose, die man dann durchwandert seit 2006 bis jetzt, wie meine Haare von lang nach kurz und man sich dann komplett durch die Zeiten verändert hat und dann dieses Aktuelle. Das ist irgendwie schön, diese Nachvollziehbarkeit« (Interview Martin, Z 91-94).

Zudem werden Fotos von relevanten Ereignissen mit Freunden hochgeladen und selbst die Freundesliste ist als Anknüpfungspunkt für Erinnerungen relevant:

> »Das ist, eigentlich ist es wie so 'n, also wenn man sich dann diese Freundeslisten an- guckt, ist das ja quasi wie so 'n Fotoalbum, so Biografie entlanggehen. Also man schaut so hier den kenne ich noch aus der Schule so und den, mit dem hab ich irgendwie studiert, der ist dann aber nach da und da gegangen. Also ist ja quasi wirklich wie so 'n, wie so 'n Fotoalbum, was man, was man dann durchgeht und wo man, wo man die Leute dann irgendwelchen konkreten Situationen zuordnet. Aber so diese Kommunikation, die ist irgendwie eher mau« (Interview Markus, Z 682-688).

Hier werden gesellschaftliche Rahmenbedingungen verdeutlicht, die im Sinne von Becks Risikogesellschaft Antworten auf den Beteiligungsanreiz bieten und Kompensationsmöglichkeiten der Plattformen offenbaren. Beispielweise wird in den Interviews darauf verwiesen, dass Freunde für das Studium oder den Beruf wegziehen, aber dennoch Kontakt zu ihnen aufrechterhalten werden soll. Und so liest sich auch das Zitat von Markus sowohl auf sozialer als auch auf individueller Ebene: Durch die Freundesliste wird er an diese Personen und an bestimmte mit ihnen erlebte Situationen erinnert. Diese Prozesse beschreibt er als Biographie- stütze, da er sein Leben anhand der sozialen Kontakte und Situationen nachvoll- ziehen kann. Zudem führt die weiterführende Betrachtung, analog zu Sennetts Theorie zum flexiblen Menschen, durch die Verrechtlichung und Flüchtigkeit sozialer Beziehungen direkt zum Thema Gemeinschaft. Indem auf den Platt- formen grundsätzlich Identität und Sozialität gezeigt und gespeichert werden, können den durch Beck und Sennett beschriebenen Erosionsprozessen Kontinui- tätserfahrungen entgegengesetzt werden. Diese sollten einerseits relativ per- sistent, also gespeichert und nachvollziehbar sein, jedoch andererseits keineswegs Festschreibungen darstellen, damit die stetigen Entwicklungen der Individuen entsprechend aufgenommen werden können.

7.3.4 Zusammenfassung

Die Selbstbeschreibung könnte über die Vorgaben der Plattformen sehr detailliert und ausdifferenziert erfolgen. Jedoch ließ sich durch die Interviews nachweisen, dass die Nutzer eigene, sozial ausgehandelte Formen der Selbstbeschreibung praktizieren. So finden sich auf den Profilen zunächst allgemeine, ausschnitthafte Informationen zum Profilinhaber. Zu diesen Informationen zählen der Name oder auch Spitzname, das Geburtsdatum, Unizugehörigkeit, der Studiengang, Zitate, Lehrveranstaltungen, Heimatort und Studienort, Hobbies sowie kulturelle Interessen. Darüber hinaus runden das Profilfoto, Fotoalben, das Gästebuch bzw. Pinnwandeinträge und verlinkte oder markierte Fotos das Profil ab. Der Beziehungsstatus wird als kritischer Profileintrag gesehen und von der Mehrheit nicht eingestellt. Darüber hinaus setzt jeder im Hinblick auf seine Hobbies und Interessen unterschiedliche Schwerpunkte, um jeweilige Facetten der Persönlichkeit zu akzentuieren.

Über Fotoalben zeigen bzw. kommunizieren die Nutzer ihre Unternehmungen wie Urlaube, Partys sowie Fotos von Hobbies und Interessen. Zudem werden häufig Fotos von der aktuellen Wohnung eingestellt. Zum einen werden über die Fotos Aktivitäten oder Lebensumstände gezeigt, an denen die verbundenen Freunde über diese Fotos teilhaben sollen. Zum anderen dienen die Fotos der Hobbies dazu, Kompetenzen und Interessen zu zeigen. Die Fotoalben verhandeln somit sowohl Selbst- als auch Sozialbezug. Die Nutzer zeigen dadurch relevante Facetten ihrer selbst oder ihrer Lebensgewohnheiten. Gleichzeitig wird auch die soziale Bezugsgruppe häufig auf den Fotos abgebildet. Beliebte Motive sind hierbei Aktivitäten mit Freunden oder Familienmitgliedern sowie alte Fotos aus der Schulzeit. Darüber hinaus sollen die veröffentlichten Fotos von der Bezugsgruppe gesehen werden und zur Kommunikation anregen. Insgesamt bilden die Fotos somit aktuelle und ältere Situationen ab, die für den Profilinhaber persönlich relevant sind.

Die sozialen Beschreibungsstrukturen, wie auf *studiVZ* durch die Gruppen bei *Facebook* über die ›Gefällt mir-Seiten‹ verhandelt, sind für die Nutzer besonders wichtig. Dies wird in den gesamten Interviews ganz offensichtlich, da die Nutzer in der Regel sehr zurückhaltend über ihre Profilinformationen berichten, bei diesen sozialen Beschreibungen aber gern Auskunft geben. Über diese Art der Beschreibung werden zumeist kulturelle Interessen, der Humor sowie Hobbies artikuliert. Die soziale Verortung der Gruppen erschließt sich von selbst. Wichtig ist es, im Laufe der Zeit nicht zu viele Gruppen auf *studiVZ* anzuhäufen, da man »nicht so überladen« (Interview Silvia, Z 138) sein will. Bei den ›Gefällt mir-Seiten‹ markiert der Nutzer eine Seite mit einem ›Gefällt mir‹, andere Nutzer haben diese Seiten ebenfalls mit einem ›Gefällt mir‹ versehen, was die Nutzer über die Anzahl dieser Markierungen nachvollziehen kann. Dementsprechend funktionieren diese beiden Modi als soziale Form der Selbstbeschreibung und Distinktion, indem Nutzer Vorlieben miteinander teilen. Diese Beschreibungsform ist vor allem deshalb unproblematisch, weil sie es ermöglicht, »sich ein bisschen zu definieren ohne privat zu werden« (Interview Sabine, Z 1049). Der Eindruck, dass diese Beschreibungen nicht privat seien, resultiert daraus, dass hier Präferenzen, Interessen, Humor oder andere Eigenschaften mit anderen geteilt werden und somit sozial rückversichert sind. Dennoch wird über die Gruppen und ›Gefällt-mir Seiten‹ nach Meinung der Nutzer, ein Eindruck von sich selbst vermittelt, da dadurch erschlossen werden kann »wie derjenige tickt« (Interview

Kerstin, Z 229). Sowohl auf *studiVZ* als auch auf *Facebook* bildet diese Art der Beschreibung den Schwerpunkt der Selbstthematisierung. In dieser Ausprägung wird also Individualität sozial verursacht, indem die Zuordnung zu mehr oder weniger großen oder kleinen Kreisen und durch deren Zusammenwirken einen Eindruck der Individualität (vgl. Simmel 1908, S. 312f.) erzeugt.

Die Profile werden von Beginn an auf Ihr potenzielles Publikum ausgerichtet. Die Öffentlichkeit dieser Plattformen ist den Nutzern jederzeit bewusst. Dementsprechend reflektieren die Mitglieder häufig darüber, welche Informationen und Kommunikationen privat oder öffentlich verhandelt werden. Die eingestellten Informationen folgen keiner standardisierten Lesart, sie sind nicht linear oder festgelegt. Vielmehr wird mit den Profilangaben, über allgemeine Daten zur Personen, sozialen Zugehörigkeiten, Hobbies und Interessen, sowie Fotos, öffentliche Kommunikationen und über die Freundesliste, ein Netz von Bedeutungen aufgespannt, welches vielerlei Lesarten ermöglicht. Die Metapher des »Jugendzimmers« (vgl. Interview Markus, Z 95) scheint hier sehr treffend zu sein: Der Betrachter kann auf einen Blick viele Informationen einsehen und sich diejenigen anschauen, die er zum Entschlüsseln des Profils als wichtig erachtet und sich darüber einen Eindruck verschaffen. Die Einrichtung dieses Zimmers kann aber sehr leicht verändert, aktuellen Interessen angepasst oder sogar komplett renoviert werden. Dennoch bleibt die Besonderheit, dass ein Eindruck dieses Zimmers nach der Erstellung bzw. Bearbeitung gespeichert wird. In diesem Sinne sind die Profile auf den Plattformen, wenngleich sie immer manipulierbar und nie abgeschlossen sind, dennoch durch die Speicherung relativ persistent.

Obwohl es ebenso gut möglich wäre, das Profil auszufüllen und so zu belassen, sind Veränderungen oder Aktualisierung des Profils aufgrund veränderte Lebenslagen, neuer Fotos oder neuer Kommunikationen bzw. aktueller sozialen Zuordnungen für die Nutzer eine Selbstverständlichkeit. Veränderungen werden vom Bezugskreis geradezu erwartet, da Profile, die nicht überarbeitet werden in dieser Hinsicht als langweilig gelten oder auch weil Aktualisierungen mit Kontaktaufnahmen verbunden werden. So werden die Profile bearbeitet und sind keineswegs starr. Hier scheint sich also eine Form der Selbstthematisierung etabliert zu haben, die Entwicklungen des Individuums umfasst. Diese Form von Selbstthematisierung korrespondiert mit modernen Identitätskonzepten, wie sie bspw. Heiner Keupp (2008) mit der Patchworkidentität beschreibt. In diesem Sinne wären die verschiedenen Teile der Selbstbeschreibung ähnlich des von Keupp beschriebenen Flickenteppich, der mit dünnen Fäden zu dem Gesamtprofileindruck beiträgt. Das gesamte Profil würde dann den Identitätsflickenteppich integrativ zusammenfassen, dessen Bearbeitung jedoch nie abgeschlossen wäre. So kämen weitere Teilflicken hinzu, andere wiederum würden rausgenommen, ersetzt oder neu geknüpft (vgl. ebd.). Zu bemerken bleibt allerdings, dass verschiedenen Betrachtern unterschiedliche Elemente dieses so verwobenen Teppichs ins Auge fallen dürften.

Auf den Plattformen können viele verschiedene Identitätsfacetten artikuliert werden. Im Gegensatz zu Identitätsdarstellungen im Alltag sind die Nutzer hier weder auf ein konkretes Publikum noch in eine spezifische soziale Situation eingebunden (vgl. Goffman 2006). Dennoch lassen sich auch hier soziale Strukturen erkennen. Die Profilinformationen, die jedes Netzwerkmitglied einsehen kann, sind sehr allgemein gehalten. Dies lässt sich über die Interviews nachvollziehen, indem die Nutzer ihr Profil als übersichtlich, allgemein, reduziert usw. beschreiben. Hier gilt es also sozial unproblematische, wenn auch durchaus persönliche, Angaben bereitzustellen, um eine Kontaktaufnahme zu ermöglichen. Diese allgemeinen Angaben werden dann über die Fotos, Hobbies und Interessen, soziale Zugehörigkeitsbekundungen und öffentliche Kommunikationen erweitert, um einen konkreteren Eindruck des Profilinhabers zu vermitteln. Diese Erweiterungen können, je nach Definition von verschiedenen Freundes- und Bekanntenkreisen, unterschiedlichen Bezugsgruppen freigeschaltet werden. Über diese Funktionen ist es möglich, innerhalb der sozialen Netzwerke rollenspezifisch zu agieren. Aufgrund der diversen Informationssektionen ist jedoch eine strikte Trennung der Aussagen nach unterschiedlichen Bezugskreisen durchaus problematisch. Im Interview konnte sich dementsprechend niemand an die konkreten Ausmaße seines Profils erinnern und auch bei der Abgrenzung des Profils herrscht häufig Konfusion. Ein Grund dafür ließe sich in der Komplexität dieser Beschreibungen finden. Es sind nicht nur insgesamt viele verschiedene Informationen und Kommunikationen, sondern ebenso ein großer Bezugskreis mit dem Interaktion stattfindet. Darüber hinaus werden die Profile gespeichert, so dass daraus dauerhafte, wenn auch veränderbare, Selbstbeschreibungen und Verbindungen resultieren. Auch offline werden Selbstbeschreibung und Selbstdarstellungen praktiziert, die jedoch nicht gespeichert und häufig nicht als solche bewusst reflektiert werden und somit unbewusst ablaufen. Dies ist größtenteils unproblematisch, da in Bezug auf diese Beschreibungen mangels Speicherung kein Original mit einer Kopie verglichen werden kann. Auf den Plattformen werden diese Praktiken jedoch abgespeichert, können aber ohne den Abgleich mit dem Profil nicht gänzlich rekonstruiert werden. Dies kann in Verbindung mit den verschiedenen Bezugskreisen zu Authentizitätsproblematiken führen, die offline unwahrscheinlich sind. Diese Problematiken tauchen offline nur dann auf, wenn Identitätsdarstellungen unvereinbar sind und als solche wahrgenommen werden. Zudem sind Rollenüberlagerungen, aus denen solche Unvereinbarkeiten entstehen können, nicht so alltäglich wie innerhalb der Netzwerke, da Kommunikationen und Selbstbeschreibungen nicht potenziell stetig der gesamten Bezugsgruppe zugänglich sind.

Die Speicherung der Profile stellt, obwohl diese immer wieder überarbeitet werden können, dennoch eine Form der Konservierung dar: Einerseits eine Speicherung der aktuellen Selbstthematisierung, andererseits eine Speicherung der sozialen Verbindungen. So können auch weit entfernte Bekanntenkreise, sind sie einmal in der Freundesliste, einige Informationen einsehen und darüber hinaus, je nach Nutzung der öffentlichen Kommunikation auch diese mitverfolgen. Gedenk der Tatsache, dass alle Netzwerkmitglieder auf eine reduzierte Version des Profils zugreifen können, erhöht sich demzufolge die Notwendigkeit, diesen Teil möglichst allgemein und unverbindlich zu gestalten, dabei aber dennoch etwas über sich zu vermitteln. In diesem Zusammenhang sind die sozialen Zugehörigkeiten eine adäquate Möglichkeit, ein sozial vermitteltes Bild seiner Individualität zu zeichnen. Dieser Teil des Profils stellt somit eine sehr oberflächliche Selbstthematisierung dar. Dieses wird jedoch in den konkreten Aushandlungsprozessen zu den jeweiligen Bezugspersonen ausdifferenziert. Freunde, mit denen die Mitglieder sowohl on- als auch offline Kontakt pflegen, erhalten somit einen sehr konkreten Eindruck des Individuums. Die Profile stellen für den engeren Freundeskreis lediglich eine Ergänzung aller gemeinsamer Erfahrung miteinander, seien diese nun on- oder offline vermittelt, dar (vgl. auch Kapitel 7.4 und 7.5). Für den entfernteren Kreis der Bekannten ist das Profil jedoch der einzige Eindruck, den sie beurteilen können. Hierbei ist zudem zu bemerken, dass dieser Personenkreis ohne die Netzwerke höchstwahrscheinlich gar nichts oder nur sehr selten etwas über die Profilinhaber erfahren würde. So wird über diesen oberflächlichen Eindruck der Status Quo des Bekanntheitsgrades gehalten, der jedoch sporadisch über die öffentlichen Kommunikationen erweitert wird. Die öffentlichen Kommunikationen sollen wiederum, wie dargelegt, möglichst allgemein verständlich und keineswegs emotional aufgeladen sein. In diesem Sinne ergibt sich eine sehr ambigue Selbstthematisierung, indem ein sehr allgemeines Bild, mit dem Ziel sozialen Kontakt zu gewährleisten, etabliert wird. Emotionen sind in dieser Form der Selbstthematisierung nicht vorgesehen. Dennoch zeigt sich durch die Interpretationsbemühungen der jeweiligen Profilinhalte der Versuch, sich einen Eindruck über die Person zu verschaffen, der sozusagen zwischen den Zeilen der Profileinträge liegt.

Eine eingehendere Betrachtung der Selbstbeschreibung als soziales Phänomen kann jedoch erst erfolgen, wenn die soziale Struktur der Plattformen analysiert wurde. Im folgenden Kapitel werden nun die sozialen Kontexte beschrieben. Die Verknüpfung der Selbstbeschreibung mit der Sozialität erfolgt dementsprechend im Resümee der bisherigen Ergebnisse.[68]

---

68 Siehe Kapitel 8.

7.4   Sozialbezug

Die sozialen Bezüge der Plattformen zu erfassen ist eine komplexe Aufgabe. Um diese beschreiben zu können, wird zunächst der Aufbau des Netzwerkes und die Markierung des Freundeskreises erläutert, um die grundsätzliche Zugehörigkeitsstruktur darzustellen. Hierbei sind nicht nur die verschiedenen Personen wichtig, zu denen Kontakt aufgebaut wird, sondern auch welcher Bezugsgruppe sie angehören und welche sozialen Beziehungen überhaupt abgebildet werden. Der Modus des Freundschaftsaufbaus innerhalb der Netzwerke komplettiert den ersten Eindruck des Sozialbezugs. Darauf aufbauend werden die Elemente und Dimensionen der zahlreichen Kommunikationsangebote analysiert, um die Austauschprozesse mit Freunden und Bekannten zu erfassen. In diesem Sinne werden sowohl die verschiedenen Kommunikationsarten als auch die damit verbundenen Inhalte dargestellt. Auf dieser Ebene werden bereits Verweise auf soziale Normen sichtbar, die die Kommunikation innerhalb der Netzwerke strukturieren. Auf dieser Basis können nachfolgend die diversen Formen der Teilhabe und der Verbundenheit der Interviewpartner identifiziert werden. So gibt es ganz spezielle Zugehörigkeiten innerhalb der Netzwerke, die unterschiedlich ausgehandelt werden. Zudem konkurriert der Wunsch nach Zugehörigkeit mit dem Bedürfnis, die eigene Privatsphäre zu schützen. Dementsprechend sind die sozialen Aushandlungsprozesse eine komplexe Aufgabe für die Nutzer. Dies zeigt sich besonders deutlich, wenn soziale Beziehungen zerbrechen und auch online Strategien notwendig sind, um diesen veränderten Situationen zu entsprechen.

7.4.1   Aufbau des persönlichen Netzwerks

Grundsätzlich sind die Netzwerke durch mindestens zwei Zugehörigkeitsstrukturen gekennzeichnet. Einerseits wird der Nutzer durch seine Registrierung Mitglied der gesamten Plattform, andererseits kann er durch die Freundesliste einen weiteren Zugehörigkeitskreis markieren. Innerhalb des gesamten Netzwerkes kann der Nutzer nun nach Leuten suchen, sich deren Profile anschauen und Freundschaftseinladungen oder Nachrichten schicken. Anlässe für die Suche nach Leuten beschreibt Markus hier sehr anschaulich:

>»Also mir fällt ein Name von irgendjemandem ein, den ich seit Jahren nicht mehr gesehen habe. Aber irgendwie bin ich gerade an den erinnert worden. Dann geb' ich seinen Namen da ein und such den und wenn ich den tatsächlich finde, dann schreib ich den auch an oder schicke dem so 'ne Freundschaftseinladung. Im Idealfall kommt es dann tatsächlich auch nochmal zum Informationsaustausch oder zu einer Kommunikation, dass man sich Nachrichten schickt. [...]« (Interview Markus, Z 665-670)

So bieten die Plattformen zunächst einmal die Optionen, Leute zu finden, Informationen über diese zu erhalten und Kontakt zu ihnen aufzunehmen. Sabine, Carsten und David informieren sich bspw. über die Plattformen gerne darüber »wer noch in meiner Veranstaltung sitzt« (Interview David, Z 207, vgl. Interview Sabine, Z 54-55; vgl. Interview Carsten, Z 104-105) und Silvia hat »ganz am Anfang [...] ganz viele Leute einfach gesucht. Da habe ich ganz speziell nach Namen gesucht, die mir ganz wichtig waren, die man mal wieder sehen konnte« (Interview Silvia, Z 179-181). David nutzt die Plattform darüber hinaus »nur so zum Rumstöbern, nicht um da ernsthaft jemanden zu finden« (Interview David, Z 233). Sabine wiederum hat nach ihrer Anmeldung nach ihren ganzen alten Klassenkameraden geschaut und »ab und zu fällt mir halt auch spontan noch 'ne Person ein, die ich ewig nicht gesehen hab und dann guck ich auch nach.« (Interview Sabine, Z 823-825). Auch Martin schaut sich die Profile seiner Freunde an: »Im ersten Augenblick nach so einer Einladung guck ich drauf, vielleicht auch schon vorher. Das ist ja das Schöne am *studiVZ*, dass man vorher auch schon mal abchecken kann« (Interview Martin, Z 182-184).

Die Plattformen offerieren vielfältige Möglichkeiten zur Informationsbeschaffung und des Kontaktaufbaus. Diese Optionen beschränken sich nicht nur auf die Freundesliste, da jedes Profil des Netzwerkes mit den öffentlich zugänglichen Daten eingesehen werden kann.

> »So, also man hat diesen, man hat diesen Fundus an Leuten dann irgendwann zusammen, wo man die Möglichkeit hat, die dann, also es ist ja quasi wie ein Adressbuch oder so. Also man hat immer die Möglichkeit, die Leute anzuschreiben. Es passiert aber eigentlich gar nicht so oft« (Interview Markus, Z 676-679).

In diesem Sinne bilden die Plattformen einerseits einen großen möglichen Bezugskreis ab, da sie die Suche nach Personen erleichtern und zudem Informationen über diese ermöglichen. Die Metapher des Adressbuches scheint hier nicht ganz den Kern des Phänomens zu treffen. Sicherlich stellen die Profile wie ein Adressbuch Kontakte zu Menschen her, jedoch ist dies doch mit weitaus mehr Informationen aufgeladen. Wie bereits durch das Kapitel der Selbstbeschreibung und Selbstthematisierung verdeutlicht, finden sich neben dem Namen, dem Wohnort und anderen allgemeinen Angaben auch Fotos von diversen Aktivitäten, kulturelle und persönliche Präferenzen, öffentliche Kommunikationen bis hin zu den Statusmeldungen, die Einblicke in aktuelle Ereignisse der Kontakte ermöglichen.

In den bisherigen Aussagen über die Suche nach Freunden und Bekannten liegt bereits ein Verweis auf das, was Markus expliziert. Er beschreibt, dass sich im Vergleich zu früheren Suchbewegungen im Internet eine Verschiebung von populären Menschen, wie etwa Bands, zu Personen des täglichen Lebens stattgefunden hat.

>>Man hat sich mehr Leute online angeschaut einfach erst mal. Also man war sehr oft in diesem, in diesem, auf, auf dieser Seite und hat irgendwie geguckt. Nach irgendwelchen Gruppen, nach irgendwelchen Leuten, was für Interessen die haben, was es da für Angebote gibt. Ich mein, das ist wie am Anfang, als es angefangen hat mit *MySpace* so, man dann irgendwie über eine Band auf die nächste kam oder so was. So war das da irgendwie mit Leuten. Man hat irgendwie, man, man kannte Leute, man hat geguckt, mit wem ist der befreundet dann halt da? Kenn ich da irgendwelche Leute von? Sind da irgendwie interessante Leute dabei? Dass man schon, also schon was man irgendwie als leichtes stalken fast bezeichnen kann. So einfach Leute gucken. Man sitzt halt anonym bei sich zuhause und guckt, klickt das irgendwie so ein bisschen durch.<< (Interview Markus, Z 347-356)

Durch die Freundschaftsanfrage und deren Bestätigung werden Profile von Freunden in die Freundesliste aufgenommen und so eine spezifischere Zugehörigkeit markiert. Eine grundlegende soziale Konvention ist die Bestätigung sozialer Kontakte durch die Freundschaftseinladung und Annahme. Diese Konvention lässt sich als handlungsleitende Regel wie folgt formulieren: Wenn man jemanden schon einmal gesehen und sich mit ihr oder ihm unterhalten hat, wird die Freundschaftsanfrage angenommen, oder eine Freundschaftsanfrage geschickt. Eine Freundschaftseinladung unter dieser Voraussetzung abzulehnen, wird von den Interviewpartnern als unhöflich empfunden. Hier wird mit Kennen und Anerkennen argumentiert. Die Verbindung über die Plattform stellt sozusagen eine Bekräftigung der sozialen Verbindung dar, selbst wenn die Verbindung nur eine Bekanntschaft ist. Verdeutlicht wird dies sehr anschaulich durch das Grüßen in Alltagssituationen (vgl. Interview Andrea; vgl. Interview Kerstin)[69], was im Alltag eine Geste des Kennens und Anerkennens symbolisiert.

Mit diesen Verweisen auf Regelhaftigkeit und Verbindlichkeit dieser Anerkennungsgesten, lässt sich mit Axel Honneth (1994) noch eine tiefergehende Perspektive auf diese Praxis erarbeiten. In Anschluss an George Herbert Mead folgert Honneth, dass Anerkennung von anderen mit einer positiven Einstellung zu sich selbst verbunden ist. Anerkennungsgesten basieren in dieser Argumentation auf Reziprozität, da jedes Individuum selbst anerkannt werden

---

69 Eine Variation findet sich im Interview mit Markus. Er beschreibt, dass es an der Tür läutet und man denjenigen nicht hinein lässt.

möchte, erkennt es andere Personen ebenfalls an. Honneth beschreibt dies wie folgt:

> »[…] denn mit dem Ausdruck ist implizit die systematische Behauptung verknüpft, dass der Erfahrung von Anerkennung ein Modus der praktischen Selbstbeziehung korrespondiert, in dem das Individuum sich des sozialen Wertes seiner Identität sicher sein kann. Der allgemeine Begriff, den Mead wählt, um ein solches Bewusstsein des eigenen Wertes zu bezeichnen ist der der „Selbstachtung"; mit ihm ist die positive Einstellung gegenüber sich selber gemeint, die ein Individuum dann einzunehmen vermag, wenn es von Mitgliedern seines Gemeinwesens als eine bestimmte Art von Person anerkannt wird« (Honneth 1994, S. 127).

Wie bereits in Kapitel 7.3 verdeutlicht, sind die Anerkennungsgesten sowohl eine individuelle Erfahrung als auch eine soziale Norm. Durch Anerkennungsgesten erhält das Individuum seinen Platz in der Gruppe. Gleichzeitig muss es sich sicher sein, dass diese Anerkennung nicht verwehrt wird. Aus diesem Dilemma entsteht Reziprozität in sozialen Situationen, indem anderen Anerkennung gezollt wird, um selbst anerkannt zu werden. Die individuelle Relevanz von Anerkennung findet sich bei Kerstin besonders prägnant:

> »Also es ist ja so, wenn ich, wenn ich durch die Uni gehe und merke ja, der und der grüßt mich, den grüß ich auch. Also man kennt sich irgendwie dann ist es schon ein schönes Gefühl, weil man irgendwie ja so den Eindruck hat, dass man wirklich mittendrin ist und ja, dass man sich in so 'nem Netzwerk befindet. Das lässt sich ja dann ganz gut auf StudiVZ übertragen, mit dem Netzwerk. Also es bedeutet mir dann ja eigentlich bei, bei dem Großteil der Leute wirklich so viel, dass ich weiß ja, die kennen mich, die wissen wer ich bin, ich weiß wer die sind und ja, man macht ab und zu was zusammen vielleicht aber ja, muss auch gar nicht unbedingt sein, aber man kennt sich halt, ne also« (Interview Kerstin, Z 597-604)

Diese Form der Anerkennung ist über die positive Beziehung zu sich selbst hinaus ebenso für die Nachvollziehbarkeit der eigenen Lebensgeschichte wichtig. Wie durch Sennett beschrieben, bewirken ökonomische Zwänge, wie etwa Mobilität und Flexibilität, dass sich die soziale Bezugsgruppe stetig dementsprechend mitverändert. So wird niemand in diesen kurzfristigen Zusammenschlüssen »auf längere Zeit zum Zeugen des Lebens seiner Nachbarn« (Sennett 1998, S. 23). In diesem Sinne ermöglichen die Plattformen zumindest digital die Zeugenschaft der abgebildeten Bezugsgruppe, die sich aus diversen ehemaligen und aktuellen Bezugspersonen zusammensetzt. So verdeutlicht Sennett:

>>Von denen, die ihn lange genug kannten, um seine Geschichte zu verstehen, wurde er als unverwechselbarer Mensch anerkannt; [...] Das dichte Gewebe von Enricos persönlicher Erfahrung kam dadurch zustande, dass er auf beide Arten anerkannt war, je nachdem, in welcher Gemeinschaft er sich befand: er gewann zwei Identitäten aus einem Zeitablauf<< (vgl. ebd., S. 15).

Demzufolge ist die Selbstbeschreibung und Selbstthematisierung auf den Plattformen in Verbund mit der grundsätzlichen Anerkennung der Bezugsgruppe, die durch Kommunikationen (wie etwa Kommentare oder >gefällt mir Markierungen<) noch zusätzlich bekräftigt werden kann, besonders wichtig für das Kohärenzgefühl der Lebensgeschichte.

Um die Anerkennungsgesten umfassender zu interpretieren, ist der Prozess des gegenseitigen Kennens und Anerkennens mittels des Grußes auf den Plattformen etwas verschoben. Hier wird Kennen und Anerkennen über die Bestätigung der Freundesverbindung symbolisiert, hat aber weitreichendere Konsequenzen. So resultiert daraus eine dauerhafte Verbindung und somit ein ständiger Zugriff auf die Profilinformationen und die öffentlichen Kommunikationen. Dies kann jedoch auch problematisch sein, da sich die Freundesliste insgesamt nicht nur aus Freunden zusammen setzt, sondern aus einer heterogenen Gruppe, die von Bekanntschaften, alten Schulfreunden über Arbeitskollegen bis zu intensiven Freundschaften reicht.

>>Ja, ganz wenige kenn ich nicht. Und andere kennt man flüchtig, mit denen studiert man zusammen, sieht sie in Seminaren, dann ist man auch befreundet. Das ist auch ok. Das ist eben eine nette Geste, es geht eben manchmal um 'ne Geste, dass man dann befreundet ist und dass man auch einfach den Kontakt hat und jederzeit mal kurz was anfragen kann. Und das passiert eben auch manchmal, man ist mit Leuten befreundet und hat nie was mit denen zu tun und dann kommt 'ne Anfrage: >Ey sag mal, da war doch das und das und kannst du mir mal<...<< (Interview Martin, Z 146-152).

Auf dieser Basis ist es möglich, den Zugang zu verschiedenen Profilinformationen konkreter zu verwalten. Sowohl *Facebook* als auch *studiVZ* bieten die Möglichkeit, die Freunde noch einmal in verschiedene Listen mit anderen Informationszugriffsrechten zu differenzieren. Nachdem sich die Nutzer ein mehr oder weniger detailliertes Profil angelegt haben, suchen sie die Verbindung zu den Profilen ihrer Freunde. Dadurch, dass jeder wiederum andere Freunde in der Freundesliste aufführt, wird auch zu diesen Personen Kontakt aufgenommen, sofern sie ebenso zum eigenen Freundeskreis zählen. Zudem erlauben die >Einstellungen der Privatsphäre< weitergehende Einschränkungen bezüglich des Informationszugangs für das gesamte Netzwerk.[70]

---

70 Vgl.: *Facebook.com* und *studiVZ.net*.

Dennoch ist mit der Freundesbestätigung auf den Plattformen, wie Martin dies andeutet, eine Option für mehr Kontakt gegeben. So kann man bei spezifischen Problemen auf bestimmte Leute zurückgreifen, z. B. um Informationen zu Seminaren bekommen, einen Überblick über Bekannte bei einem Umzug erhalten, oder aber den Kontakt wieder intensivieren. Die Bestätigung der Freundschaft ist somit »eine nette Geste« (Interview Martin, Z 148) und symbolisiert »so 'nen guten Draht zu der Person, auch wenn man nicht mit denen befreundet ist« (Interview Judith, Z 399-400). So ist es bei Bekanntschaften wichtig dass «man sich in der Liste hat« (ebd., Z 401), um möglicherweise eine Freundschaft darauf aufzubauen. Dabei scheint die bloße Möglichkeit der Kontaktintensivierung mehr zu wiegen, als dass dies tatsächlich häufig geschieht.

> »Aber ich habe auch gerade in letzter Zeit festgestellt, teilweise kann halt trotzdem irgendwie noch wieder mehr draus werden, dass man auf einmal wieder mehr schreibt, oder sich dann auch trifft zum Kaffee oder was wahrscheinlich wenn die Plattform nicht da wäre nicht passieren würde, weil man die ja dann nicht sieht unbedingt, deswegen mach ich da nicht so einen Unterschied« (Interview Andrea, Z 876-880).

Das Freundesnetzwerk besteht bei allen Interviewten aus guten Freunden, Arbeitskollegen, ehemaligen Schulfreunden und Bekannten. Der Kontakt wird zu diesen unterschiedlichen Personenkreisen entsprechend variiert. Zum einen resultiert dies daraus, dass nicht alle Mitglieder der Freundesliste, täglich und rege kommunizierend innerhalb der Plattformen partizipieren (vgl. Interview Steffen, Z 626-642). Zum anderen entscheidet auch der Freundschaftsgrad über die Intensität des Austausches. Der Kontakt zu den guten Freunden wird stetig kommunizierend ausgebaut. Wohingegen die Bekannten und ehemaligen Schulfreunde nicht durch den kommunikativen, wohl aber über den Austausch von Informationen gepflegt werden, weil sie Veränderungen im Leben durch die Profilverbindung nachvollziehen können. Obwohl die Freundesliste als durchaus heterogen beschrieben wird und so zu vielen ein eher oberflächliches Verhältnis gepflegt wird, scheint in jeder Art des Kontakts ein spezifischer Reiz zu liegen. Als paradigmatisches Beispiel dient hier die Aussage von Steffen:

»Also zu Freunden, zu denen ich auch, zu denen ich auch außerhalb der virtuellen
Welt guten Kontakt habe da, mit denen bin ich bei *Facebook* befreundet, weil es
mich halt auch interessiert was, wie's denen so geht. Ganz konkret wie es denen geht
wenn ich sie halt nicht, wenn ich grad mal nicht mit ihnen telefoniert habe oder so
was. Oder sie halt nicht gesehen habe. Das interessiert mich also ganz konkret. Um
einfach ein Gefühl zu empfinden, damit man einfach, ja, damit man einfach weiß,
was in deren Leben passiert, wenn man sich, weil ich mich für ihr Leben interessiere
und sie halt kenne und sie mag, ja und zu vielen anderen ist es einfach schön zu
wissen oder ganz interessant zu wissen, mit denen man ABI gemacht hat und so
und die sind jetzt da und da. Haben jetzt mittlerweile geheiratet, haben ein Kind
gekriegt und so. Und das ist einfach dann nett zu erfahren, damit man auch so einen
gewissen Stand der Dinge hat, ne« (ebd., Z 951-965).

Es scheint als würden die Plattformen den Kontakt zu den Freunden in diesem
Sinne intensivieren, da nun eine ständige Bindung existiert. Diese wirkt soweit,
dass auch der bloße Informationsaustausch der Lebensentwicklungen, über
Profilfotos oder Dateneingaben, ein Gefühl der Verbundenheit und des Nachvollzugs evoziert. Die Bedeutung der Freundesliste lässt sich auch als Rückversicherung der eigenen Selbstbeschreibung interpretieren und schließt somit den
Kreis von Selbstbeschreibung und Sozialbezug (vgl. Zitat Kerstin, S. 145).

Hier wird der Zusammenhang von Kennen und Anerkennen, sowohl für den
Selbst- als auch für den Sozialbezug, besonders deutlich. Die Freundschaftsverbindungen werden auf den Plattformen bekräftigt und symbolisieren gegen-
seitiges Kennen und Anerkennen. So vermittelt die digitale Abbildung der alltäglichen sozialen Kontakte ein Gefühl von Zugehörigkeit. Die Verbundenheit
oder Zugehörigkeit manifestiert sich jedoch bereits mit dem Bezug auf die Profile
innerhalb der Freundesliste. Dadurch, dass die Verbindung mittels der Freundesliste angezeigt wird, liegt es für die Nutzer nahe, die Liste hin und wieder durch-
zugehen und verschiedene Profile anzuschauen.

»Ja, also manchmal stolpert man ja wenn man auf das Modell ›Meine Freunde‹ geht,
über Freunde oder Bekannte, die man schon lange nicht mehr gesehen hat, von
denen man schon lange nichts mehr gehört hat, ja und dann schreibe ich denen
manchmal auf die Pinnwand. So ja ›Hey, wie geht's?‹ ›Wie sieht's aus?‹ ›Wie läuft
dein Studium?‹ ›Wo bist du jetzt gelandet?‹ ›Wann bist mal wieder zu Hause?‹
oder vielleicht wann man sich nochmal sehen kann, irgendwie so was« (Interview
Carolin, Z 84-88).

Wie bereits innerhalb der Selbstbeschreibung expliziert, werden die Profile regelmäßig aktualisiert. Aus diesen Aktualisierungen resultierte zu Beginn dieser
Forschung bei *studiVZ* eine Reihenfolge der Freunde, die ihr Profil zuletzt

aktualisierten.[71] Dementsprechend regen diese Veränderungen wiederum dazu an, sich mit diesen Bezugspersonen erneut auseinanderzusetzen:

> »Ja ich würd sogar sagen in regelmäßigen Abständen. Also manchmal wenn ich Zeit hab, dann guck ich meine Freundesliste durch und gucke, was sich bei meinen Freunden so getan hat. Oder wenn sich das Profilbild geändert hat, dann guckt man ja auch mal so« (Interview David, Z 271-273).

Aber auch auf *Facebook* werden die Mitglieder über Veränderungen der Freundesprofile über die *Neuigkeiten* informiert. So rücken die Änderungen auf den Profilen diesen Kontakt wieder ins Bewusstsein der Freunde und können Auslöser für weitergehende Austauschprozesse darstellen. Grundsätzlich tragen die Aktualisierungen dazu bei, sich auf den Plattformen aufzuhalten, um auf dem neusten Stand zu sein (vgl. Interview Steffen, Z 361-367).

> »Ich denk auch das ist so, man hat einfach Angst, was zu verpassen vielleicht, ja. Aber das hab ich nicht also das, ne. (beide lachen) Nicht so richtig. Also ich gucke wie gesagt, ich hab ja schon gesagt, dass ich so einmal am Tag auf jeden Fall gucken gehe, ne, aber das muss ich nicht rund um die Uhr haben. Das mach ich dann abends nach Feierabend« (Interview Sabine, Z 167-170).

Die Zugehörigkeit innerhalb der Netzwerke resultiert nicht nur aus Selbstbeschreibung und Freundeslisten, sondern wird zudem maßgeblich über verfügbare Informationen und verschiedene Kommunikationen entwickelt.

7.4.2 Kommunikation

Selbstbeschreibung und Freundeslistenaufbau sind somit die Grundvoraussetzungen, um das eigentliche Ziel, den *Kontakt zu halten*, realisieren zu können. Wie jedoch konkret *Kontakt halten* über die Plattformen gestaltet wird, bedarf einer eingehenderen Betrachtung. Dabei nimmt die Kommunikation mit den assoziierten Freunden eine besondere Rolle ein. Steffen stellt besonders den Aspekt der Erreichbarkeit von Freunden heraus, da die Kontakte über die Profile angeschrieben werden. Die aktuelle E-Mailadresse wird dementsprechend nicht benötigt, sie ist mit der jeweiligen Plattform verknüpft. Zudem sind auch die

---

71 Bei *Facebook* werden Aktualisierungen der Freunde über die Statusmeldungen, den sogenannten *Neuigkeiten*, publiziert. Diese Statusmeldung ist dann der gesamten Freundesliste zugänglich, es sei denn der Profilinhaber hat andere Einstellungen der Privatsphäre hinterlegt.

vielen verschiedenen Kommunikationsangebote, insgesamt gesehen, wichtige Optionen, um mit vielen verschiedenen Personen auf unterschiedlichen Ebenen kommunizieren zu können.

> »Dadurch, dass ich lese und kommentiere, was, was andere von mir so schreiben oder weit entfernte Freunde. Dass ich mich, mit E-Mails mit denen schreibe. Ich hab tatsächlich es mittlerweile fast ausschließlich so gemacht, nein, nicht fast ausschließlich das ist ein bisschen übertrieben aber Großteil der Kommunikation läuft so, dass ich, das hab ich, hat 'ne Freundin mir mal erzählt, dieses Schlagwort fand ich ganz witzig oder ganz, ganz passend eigentlich ›E-Mail ist for Business, *Facebook* is for Friends‹. Und es ist tatsächlich so, wenn ich Freunden E-Mails schreiben will, dann mach ich das mittlerweile eigentlich nur noch über *Facebook*. Und nicht mehr über normale E-Mail. Die ich hauptsächlich jetzt nur noch für, für berufliche Sachen nutze und einfach weil ich weiß, die *Facebook*-Mail wird ankommen. Die wird da auf jeden Fall drüber in irgendeiner Weise informiert werden. Wenn ich 'ne E-Mail schreibe, vor allem wenn es Leute sind, die ich, zu denen ich nicht mehr so wirklich so viel Kontakt habe, weiß ich nicht, ob die E-Mailadresse noch stimmt und ob sie überhaupt ankommt, ob sie die E-Mail überhaupt noch abruft. Aber da es ja bei *Facebook* in den Standardeinstellungen so ist, dass man über alles informiert wird per E-Mail aber an eine E-Mail-Adresse, die natürlich auch noch funktioniert, weiß ich halt auch, dass die Nachrichten ankommen« (Interview Steffen, Z 196-210).

Neben der E-Mail bieten die Plattformen zahlreiche Möglichkeiten, mit anderen Mitgliedern zu kommunizieren. Zum einen kann über Pinnwandeinträge, Kommentare, Gruppenkommunikation, die veröffentlichten Fotos, den *Buschfunk* bzw. die *Neuigkeiten* und die automatischen Statusmeldungen der Plattformen öffentlich kommuniziert werden. Zum anderen bieten die Nachrichtenfunktion und der Chat entsprechende persönliche und private, beim Chat zudem auch synchrone, Kommunikationsangebote. Diese Möglichkeiten werden von allen Interviewpartnern mit ihren Öffentlichkeitsgraden erkannt und abwägend genutzt.

In ähnlicher Art und Weise schätzt jeder der Befragten ab, welche Mitteilungen für welchen Verbreitungsgrad geeignet sind. Grundsätzlich jedoch werden alle Kommunikationsmöglichkeiten genutzt, gerade weil diese mit bestimmten Spezifika verknüpft sind. Andrea schätzt die Plattform dementsprechend als gute Möglichkeit ein, Kontakte aufrecht zu erhalten, da über kurze Grüße und asynchrone Kommunikation der Austausch mit den Freunden immer gewährleistet ist:

> »Es klappt gut. Also es ist viel Kontakt dadurch auch mit Freunden aus K., G. also das ist echt 'ne gute Sache, wo man schnell was schreiben kann und den anderen

informieren kann, auch wie es einem gerade auch so geht, auch wenn der einmal keine Zeit hat auch gerade zu telefonieren, weil er gerade seine Masterarbeit schreibt oder Diplomarbeit oder sonst was. Dass man aber trotzdem darüber kommunizieren kann und halt Kontakt hält, das finde ich ganz schön eigentlich. Für mich eine gute Plattform dafür« (Interview Andrea, Z 856-861).

Die Pinnwände sind dazu geeignet, unverbindliche und allgemein gehaltene Mitteilungen zu tätigen, die für eine Nachricht zu kurz wären. Der Chat kann auch zwischen zwei Terminen rasch für synchrone Kommunikation genutzt werden und bietet den Vorteil, nebenher noch anderen Beschäftigungen nachgehen zu können.

»Ja, das Ergänzende ist halt oder sind eben die Nachrichten. Dann vielleicht ab und zu Pinnwandeinträge. Dann ja, eben die Tatsache, dass man sich irgendwie Fotos zugänglich macht, um, ja, um schöne Erlebnisse oder so eben zu teilen und ja. Dann vielleicht ab und zu eben durch den Plauderkasten, dass man eben direkt so ja, direkt Informationen austauscht oder Stimmungen irgendwas. Ja, würd ich, würd ich so eigentlich beschreiben« (Interview Kerstin, Z 628-632).

Dadurch, dass die Plattformen verschiedene Kommunikationsformen bündeln und bereithalten, werden sie auch als relevante Kommunikationsmittel angesehen und ersetzen teilweise die Kommunikation über das Handy.

»Also ich guck öfter rein, weil ich halt ziemlich viel darüber kommuniziere. Weil viele Freunde weiter weg, weiter weg ist halt relativ, aber weiter weg, wie halt irgendwie in G. wohnen, in K. wohnen, in D. ist jetzt nicht so weit weg, aber ist halt noch so eine Zeitsache, da ist es halt einfacher. Dann guckst man natürlich auch, ob man 'ne Nachricht zurück gekriegt hat oder ob irgendwas auf der Pinnwand passiert und wenn's auch einfach ein kleiner Gruß ist, wo man sich drüber freuen kann und sonst nutze ich es auch ziemlich viel, auch irgendwie was mit der Abendplanung ist oder so was halt. Was vorher für mich mein Handy war, ist teilweise schon *studiVZ* geworden, weil man da viel reden kann und ist halt billiger, als wenn ich dauernd SMS schreibe und man kann's irgendwie schneller regeln, auch durch den Plauderkasten oder so, auch wenn er hakt und wenn er nicht klappt, dann kann man's trotzdem irgendwie noch schneller regeln« (Interview Andrea, Z 218-228).

7.4.2.1 Private Kommunikation

Im Gegensatz zu öffentlicher Kommunikation können innerhalb privater Kommunikation mittels des Nachrichtendienstes private und intime Gesprächsthemen behandelt werden. So haben die Nachrichten »mehr Gehalt« (Interview Thomas, Z 251), und sind »definitiv persönlicher« (Interview Andrea, Z 406).

> »Und ja, alles was so ins Private geht, so ja ›Wie läuft's mit deinem Freund?‹ oder ja, ›Was ist los? Warum meldest du dich nicht mehr bei mir?‹ oder irgendwie. Ja so was halt, was dann auch mit guten Freunden nicht unbedingt in der Öffentlichkeit besprochen wird, wird dann halt alles schon so in den Nachrichten geschrieben« (Interview Carolin, Z 94-97).

Neben den hier genannten Themen Partnerschaft und Freundschaft, werden über die Nachrichten auch Termine und die Besorgung von Geburtstagsgeschenken, abgesprochen. Hier wird zudem sofort mitgedacht, dass über diese Option keine gesonderte Ansprache oder allgemeine Formulierung der Mitteilungen erforderlich sind, da die Adressaten bekannt und vertraut sind:

> »Und bei den Nachrichten, die ich so direkt verschicke, ja da unterhalte ich mich mit den Leuten eigentlich so, wie wenn ich mich jetzt auch mit ihnen treffen würde und mit ihnen rede würde. Also da weiß ich ja genau, wer die Nachricht bekommt und was ich sagen kann und wie das der andere versteht. Da bin ich bei den anderen Funktionen, also Pinnwandeintrag und dem *Buschfunk*, etwas vorsichtiger« (Interview Christian, Z 98-102).

Dabei bietet der Nachrichtendienst über die Plattformen den Vorteil, dass damit keinerlei finanzielle Kosten anfallen. Dies hat zur Folge, dass viele mittlerweile den SMS-Dienst ihres Handys nicht mehr so häufig nutzen. Darüber hinaus bietet die Nachrichtenfunktion den Vorteil, nicht sofort beantwortet werden zu müssen:

> »Wie das bei 'ner SMS ja so ist und bei so 'ner Nachricht ist das halt, ist mehr Zeit, die können sich mehr Zeit lassen und ich, dass man nicht so drängt. Ist halt eher so wie ein Brief, also, und wenn ich weiß, meine beste Freundin in D. hat nicht so viel Geld, dann ist das halt einfacher wenn wir über so was kommunizieren als über Handy oder das irgendwie so regeln« (Interview Andrea, Z 238-242).

Grundsätzlich werden die privaten Kommunikationen in der Interviewsituation nicht eingehend expliziert. Es lässt sich somit sagen, dass jede Kommunikation, welche die Nutzer als ungeeignet für die gesamte Freundesliste empfinden, über die Nachrichten oder den Chat verhandelt wird. Insofern werden die verschiedenen Optionen der Kommunikation äußerst differenziert betrachtet und der privaten Kommunikation eine ganz spezielle Position verliehen, indem diese tatsächlich jederzeit privat und vertraulich ausgehandelt wird.

7.4.2.2 Öffentliche Kommunikation

Die verschiedenen Arten der öffentlichen Kommunikation, wie Pinnwandeinträge, Kommentare, Fotos, Statusmeldungen oder *Buschfunk*einträge bzw. neuste Mitteilungen, sind mit bestimmten Kommunikationsnormen verbunden. Über die Pinnwand werden dementsprechend zumeist Grüße hinterlassen oder versucht mittels kurzer Einträge Nachrichtenkommunikation zu initiieren.

> »Also Pinnwand ist bei mir eigentlich immer so oberflächlich. Zum Geburtstag gratulieren oder was weiß ich, ›Frohes neues Jahr‹ wünschen und halt so was wie ›Hey, wie geht's?‹ und so weiter und meistens bekomm ich dann sogar schon Antworten als Nachrichten« (Interview Carolin, Z 91-94).

Es gibt aber auch Formen der Kommunikation, die aufgrund von Änderungen des Nutzerprofils generierte Nachrichten der Plattform nach sich ziehen. So werden beispielsweise Änderungen des Profilfotos, neue Freundschaftsverbindungen und, bei *Facebook* verstärkt, neue Seiten, die gefallen, gesehene Videos und öffentliche Kommentare an andere Freunde als Statusmeldung für die Freundesliste gesendet.

> »Genau, genau, ja, ›Hat sein Profilbild geändert‹ und so weiter. Das wird automatisch gepostet. Wobei du's glaub ich einstellen kannst, dass es nicht gepostet wird oder beziehungsweise du kannst es ja dann aus deinem Stream rauslöschen, wenn es, wenn du nicht willst, dass es jemand liest. Dann wird es da auch nicht mehr angezeigt. Aber generell wird's natürlich in dem Stream angezeigt, wenn irgendjemand sein Profilbild geändert hat oder wenn irgendwer mit jemandem befreundet ist. ›Bla Bla Bla ist jetzt mit dem und dem befreundet‹, das wird natürlich angezeigt« (Interview Steffen, Z 293-299).

Nicht nur das Profilfoto, sondern auch die Fotoalben stellen, neben dem Zweck der Selbstbeschreibung, auch einen Akt der Kommunikation dar, indem relevante Dinge oder Ereignisse über Bilder kommuniziert werden, die wiederum andere Kommunikationen initiieren. So werden die Fotos als gute Möglichkeit beschrieben, die Freunde am Leben teilhaben zu lassen und dementsprechend umgekehrt an deren Erlebnissen zu partizipieren.

»Also ich hatte bis vor zwei Monaten noch gar kein Fotoalbum von mir selber online gestellt, hab aber eigentlich immer zugestimmt, wenn mich einer verlinken wollte. Vor zwei Monaten hab ich das das erste Mal gemacht, von meinem Geburtstag war das. Die spielen für mich schon eine relativ große Rolle, weil ich eigentlich so ein sehr interessanten Aspekt vom Studiverzeichnis halt finde, dass man einfach auch teilhaben kann an dem Leben anderer Menschen. Das find ich ganz interessant und das geht halt durch Fotos immer besser als wenn man nur irgendetwas lesen würde« (Interview Christian, Z 39-45).

Die Teilhabe an Fotos resultiert dabei einerseits daraus, dass die Fotos von den Freunden gesehen werden können und andererseits aus der Option, dass durch die Fotos verschiedene Kommunikationen angeregt werden. Es ist bspw. möglich, die Fotos zu kommentieren, eine Nachricht oder einen Pinnwandeintrag dazu zu versenden oder auf mit einem ›Gefällt mir‹ (Facebook) zu versehen.

»Also so Kommentare unter den Bildern oder so, ja, das ist halt 'ne nette, 'ne andere Art zu kommunizieren, aber man sieht halt durch, dadurch, dass Kommentare kommen, dass sie sich die angucken, sich auch interessieren, sagen wir mal so und sie schreibt dann: ›Na, ihr hattet mal wieder so viel Spaß‹ und ›schön, dass ich das sehen kann‹ und ›ich komm bald wieder und mach mit euch Party‹ so ungefähr« (Interview Andrea, Z 208-212).

Andrea beschreibt hier, wie die Fotos zu Kommentaren und einem Gefühl der Nachvollziehbarkeit beitragen. Etwas anders beschreibt Christian seine Motivation, Fotos einzustellen:

»Ja, das habe ich schon mal erlebt. Also das kommt ab und an vor wenn man ein neues Profilbild beispielsweise hat, dass Leute einen Pinnwandeintrag machen und das positiv oder negativ bewerten. Dass sie dann zum Beispiel sagen ›das ist ein lustiges Bild‹ oder wenn sie halt in der Situation selber dabei waren als das Bild geschossen wurde, dann erinnern sie sich da dran und machen einen Pinnwandeintrag dazu, so etwas ist schon mal vorgekommen« (Interview Christian, Z 222-226).

Die Fotos tragen insgesamt dazu bei, zu zeigen, was im Leben der Mitglieder passiert. Diese Erlebnisse werden so auch den Freunden zugänglich gemacht und bewirken einen vielfältigen kommunikativen Austausch. In Christians Zitat klingt zudem die Motivation an mittels Fotos von gemeinsamen Aktivitäten Freundschaften zu bekräftigen. Die umgekehrte Situation beschreibt Silvia, indem sie bspw. aufgrund von Profilaktualisierungen einen Pinnwandeintrag tätigt und so auf die Veränderungen des jeweiligen Freundes reagiert.

»Sehr allgemein gehalten also wenn's um 'ne Frage geht ›Wie geht's dir?‹ oder wenn ich sehe da hat sich das Foto geändert und ich habe den seit Wochen nicht gesehen... Da hatte ich heut noch das Beispiel dann habe ich geschrieben ›Mensch ich erkenn dich ja kaum noch wieder‹. Ist ganz allgemein gehalten mit 'nem Lieben Gruß dahinter und meist ist es auch so, dass wenn ich darauf wieder 'ne Antwort kriege, geht's dann in Nachrichten über« (Interview Silvia, Z 77-81).

Die Kommentarfunktion wird, so belegen es die Interviewergebnisse, besonders auf *Facebook* genutzt. Kommentare können zu Fotos, Pinnwandeinträgen oder Statusmeldungen getätigt werden.

»Ist unterschiedlich. Oft lass' ich es einfach nur so laufen, ohne da irgendwas großartig zu machen und oftmals, es ist tatsächlich sehr stimmungsabhängig bei mir, ne. Also wenn, wenn ich gerade irgendwie ein Hoch habe und gut drauf bin dann kommentier ich viel, reiße meine dummen Sprüche und wenn es mir dann nicht so gut geht oder ich total gestresst bin oder einfach nur müde dann, dann les' ich da einfach nur und mach' dann die Klappe zu und gut ist. Also das ist bei mir tatsächlich sehr stimmungsabhängig. Wie ich mich gerade fühle oder wie ich gerade Lust zu habe. Aber ich kommentiere tatsächlich schon sehr viel. Wenn ich mal so auf, wie gesagt man sieht ja tatsächlich auch alles zumindest wenn man auf einem Profil eines anderen ist, sieht man ja, was er so gemacht hat. Und wenn ich dann mein Profil immer mit Profilen anderer vergleiche dann ›Hat kommentiert, hat kommentiert‹ ist bei mir schon deutlich mehr als bei anderen zum Beispiel« (Interview Steffen, Z 388-398).

Eine besondere Form der Kommunikation mit Freunden stellt der Bereich der Statusmeldungen dar. Diese werden bei *studiVZ* unter der Rubrik *Buschfunk* und bei *Facebook* unter der Bezeichnung *Neuigkeiten* veröffentlicht. Die Kommunikationen, die über diese Kanäle übermittelt werden, können potenziell von allen Freunden auf der Startseite mitgelesen, beantwortet und kommentiert werden. Aufgrund der Öffentlichkeit dieser Statusmeldungen gelten auch hier bestimmte Normen. Alle Interviewpartner erklären, dass bei diesen Mitteilungen keinerlei private oder intime Details veröffentlicht werden dürfen, da die Statusmeldungen öffentlich sind. Innerhalb dieser Norm stellen die Statusmeldungen sozusagen »eine kleine Zeitung von Freunden« (Interview Andrea, Z 362) dar.

»Das ist ja wie so 'ne, wie Zeitunglesen dann quasi. Es kommt dann diese Startseite, auf der ja nichts von, nur von einem selber drauf ist, sondern das, was die Leute, mit denen man da irgendwie verbunden ist in, in der letzten Zeit oder die aktuellen Meldungen von denen, was die so gepostet haben. Und was die für Links da reingeknallt haben oder so was. Dann guck ich vielleicht schon mal so n bisschen, was die da so gemacht haben aber dann kommt es darauf an, warum ich dann irgendwie online gegangen bin. Entweder gucke ich halt wirklich nach 'ner Nachricht, die ich, die ich bekommen hab oder wenn's halt darum geht, wenn, wenn ich's aus Langeweile mache, dann stöbere ich natürlich auch so'n bisschen in dem was, was die anderen Leute so von sich gegeben haben. Und auch nach Sachen, die da drauf geantwortet wurden. Also wie haben das andere Leute kommentiert? Und gebe dann vielleicht auch an der ein oder anderen Stelle so meinen Senf dazu« (Interview Markus, Z 894-904).

Durch diese nachvollziehbaren und öffentlichen Statusmeldungen erfahren die Nutzer, was Ihre Freunde gerade beschäftigt oder welche Inhalte über die Statusmeldungen verbreitet werden und wie die Bezugsgruppe die Inhalte diskutiert. Dadurch erhalten sie einen guten Überblick über Themen, die gerade im Freundesnetzwerk besprochen werden. Im Gegenzug werden die Meldungen teilweise auch kommentiert und symbolisieren die Anteilnahme an diesen Meldungen. So entsteht durch diese öffentliche Form des Austausches, also durch Schreiben, Lesen und Kommentieren ein Gefühl der Teilhabe:

»Also ich glaube, das ist echt so ein bisschen einfach so diese Teilhabe, die man, die man hat, ne. An dem was schreiben die anderen so, ne. Was machen die grade und dann ist es auch so, dass ich tatsächlich, was ich zum Beispiel auch bei *studiVZ* nie gemacht hab, dass ich tatsächlich diese Statusmeldungen ab und zu auch mal ausfülle und sage, was ich grad mache auch wenn es irgendwas völlig Belangloses ist ja wie ›Ich putze gerade meine Schuhe‹ oder so aber und mich dann echt freue, wenn jemand das kommentiert, ne. Also, so, so mein Gehirn sagt dann das ist totaler Mist, das muss gar nicht sein, ne, musst dich darüber gar nicht freuen aber man freut sich trotzdem da drüber und das ist, ja, das ist so 'ne Sache« (Interview Sabine, Z 78-86).

Obwohl die Kommunikation über die Statusmeldungen reflexiv gesehen als etwas Künstliches oder Oberflächliches betrachtet wird, ist sie dennoch relevant, weil sie den sozialen Austausch mit der Bezugsgruppe ermöglicht. Dabei ist der Gehalt dieser Nachrichten nicht ausschlaggebend. Dieses Phänomen kann sehr gut mit dem Modell der Anschlusskommunikation verdeutlicht werden. So beschrieb Nicola Döring bereits durch das Handy die enorme Relevanz des stetigen kommunikativen Austauschs für Jugendliche. Nicht die Qualität dieser Nachrichten ist für die Jugendlichen das entscheidende Moment, sondern der unmittelbare Austausch von Befindlichkeiten (vgl. Döring 2006, S.9).

Interessant ist im Gegenzug, dass nahezu jeder Beispiele von, in diesem Sinne unangemessenen, Kommunikationen kennt.

> »Ja, weil, ich find's manchmal ein bisschen, was manche reinschreiben, für mich, würde ich nicht reinschreiben. Irgendwie: ›Ich vermiss meinen Schatz ganz doll, ich freu mich, wenn er die Tür wieder betritt‹, wo ich dann denke: ›Sag's ihm!‹ Aber ich muss das nicht wissen, so, also. Oder: ›Ich kann ohne ihn nicht leben.‹ Das sind so Sachen, die ich nicht lesen muss, die für mich einfach…Wir können ja zusammen darüber kommunizieren, dass es so ist, aber eigentlich geht das keinen sonst was an« (Interview Andrea, Z 355-360).

Obwohl diese Mitteilungen verpönt sind, üben sie einen ganz besonderen Reiz auf die Interviewpartner aus. So wird der *Buschfunk* auf *studiVZ* aufgrund der unangemessenen Mitteilungen »mit wachsender Begeisterung« (ebd., Z 352) gelesen. Martin konstatiert, dass der *Buschfunk* eine »ganz wichtige Sache« (Interview Martin, Z 411) sei. »Man hat immer ein Thema: Der und der, macht das und das« (ebd., Z 411-412). Dies ist ein Phänomen, welches sich nicht nur auf *studiVZ*, sondern ebenso auf *Facebook* beobachten lässt:

> »Ist ja auch so 'ne Vertrauenssache irgendwie und es gibt viele von denen, mit denen ich da über *Facebook* befreundet bin, denen ich das dann halt nicht direkt erzählen möchte so, weil das dann, weil ich zu denen nicht so ein enges Verhältnis habe irgendwie. Und ich eben nicht jemand bin, der sich dann vor allen dann so aufmacht halt. Ich würd auch ungerne, es gibt ja bestimmt auch Leute, die das machen, die dann schreiben ›Oh ich bin so traurig‹ und dann irgendjemand auf die Pinnwand zurückschreibt ›Warum denn?‹ und dann schreibt man selbst wieder zurück ›Weil das und das passiert ist‹ und das dann so irgendwie auf so 'ne öffentliche Unterhaltung macht. Das ist ja so, als ob man zu jemandem geht und mit dem was, was echt Intimes und Privates zu besprechen und man muss sich dafür an den Tisch hocken, um den irgendwie dreißig weitere Leute drum rum hocken und die sich das dann anhören so irgendwie. Und das, das mag ich nicht. Also das möcht' ich nicht« (Interview Markus, Z 1307-1317).

Diese Form der öffentlichen Kommunikation spitzt sich auf *Facebook* noch mehr zu, da dort auch die Kommentare von Freunden ebenfalls als Statusmeldungen in den *Neuigkeiten* auftauchen und so auch unbeteiligte Freunde an dieser Kommunikation partizipieren.

> »Das sieht man ja auch in dem News-Stream, wenn man gemeinsame Freunde hat. Schreibt an den und den und so ›Hey, wie geht's dir?‹ und so. Und da klink ich mich dann, wenn es mich in dem Moment dann interessiert, klink ich mich einfach in das Gespräch ein.

> Das hat zwar was von Big Brother, dass man da so genau, ich glaub aus dem Grund
> schreib ich auch nicht so häufig auf anderer Leute Pinnwand. Weil ich halt, das sind
> teilweise Sachen, teilweise möchte ich, dass, dass Leute es sehen. Dann mach ich das
> ganz bewusst. Aber teilweise sag ich auch nö, das hat die jetzt nicht zu interessieren«
> (Interview Steffen, Z 444-450).

Dies verdeutlicht sehr gut den Verbreitungsgrad von Pinnwand-Nachrichten und
die Möglichkeiten des kommunikativen Austauschs. Durch die Bewertung und
weitere Bezugnahme auf die getätigten Kommentare setzt aber auch eine Form
von Kreativitätszwang oder, wie Markus es beschreibt, ein Konkurrenzkampf ein:

> »Vor allem, wenn man dann irgendwie 'n positives Feedback bekommt und Leute
> sagen ›Boah, find ich total gut‹, ja, ja genauso ›Daumen hoch‹, ›Gefällt mir‹ so ja.
> Das, da, das jagt man dann ja quasi auch. Das sieht man ja auch bei vielen Leuten,
> wenn die irgendwo unter Fotos oder so was möglichst lustige Kommentare drunter
> schreiben. Also man versucht sich ja auch gegenseitig ein bisschen zu überbieten.
> Das ist mir jetzt neulich auch an 'nem ganz konkreten Beispiel aufgefallen, wo
> es dann eben auch um so 'n Foto ging, wo dann Leute irgendwie versucht haben,
> so knapp wie möglich diese, diese Szenerie, die auf dem Foto dargestellt war, zu
> umschreiben und so lustig wie möglich so. Und sich alle dann irgendwie versucht
> haben, nochmal so ein bisschen zu übertreffen und man dann ja eben noch die
> Möglichkeit hatte, den oder anderen dann zu voten oder so was zum Beispiel. Fast
> wie so 'ne Casting Show, wo man anrufen kann so. Ich glaube, das ist ganz stark der
> Grund, warum man da irgendwie so Sachen mit, mit Leuten teilen möchte. Weil
> man irgendwie A die Aufmerksamkeit sucht und B dann eben auch noch so die
> vielleicht dass man die Bestätigung bekommt, dass man einen guten Geschmack
> hat, von den Leuten, die man kennt. Das könnte auch noch 'ne Rolle gespielt haben.
> Weiß ich nicht. Aber so ehrlich gesagt hab ich mir nie so Gedanken darüber ge-
> macht, warum ich das tue. Aber man war, sicherlich war es immer ein sehr wohliges
> Gefühl, wenn man dann irgendwie 'nen Link reingesetzt hat oder irgend so was
> oder beispielsweise oder 'nen, 'nen Foto und dann von Leuten halt eben 'ne positive
> Rückmeldung bekommen hat« (Interview Markus, Z. 405-423).

Die Plattformen bieten also eine Vielzahl von Kommunikationsmöglichkeiten
an, die von den Mitgliedern genutzt werden. Diese Kommunikationsvielfalt und
die Kommunikationsfrequenz wird im Folgenden analysiert: Es findet, wie bei
der Handynutzung unter Jugendlichen, ein permanenter Austausch statt, der
im Sinne der öffentlichen Kommunikation weniger tiefschürfende Gespräche
wohl aber stetigen Smalltalk darstellen. In der Masse dieser Kommunikation
scheint Quantität auch eine spezifische Qualität zu beinhalten. So symbolisieren
die stetigen Austauschprozesse auf den Plattformen in Analogie zur Mobilkommunikation »das Bekräftigen von Zusammengehörigkeit und Nähe, die

wechselseitige Anteilnahme am profanen Alltag der anderen« (Döring 2006, S. 9). Auch Bärbel Tischleder und Hartmut Winkler bemerken in diesem Zusammenhang, dass es bei Mobilkommunikation meistens um die Einleitung einer erneuten Kontaktaufnahme geht. Sie sehen darin vor allem eine Kontaktfunktion, um die Verbindung zu Personen aufrecht zu erhalten (vgl. Tischleder/Winkler 2001, S. 101). Diese Art von Kommunikation zählt zu den grundlegenden Bindungsmechanismen, die Kinder in frühesten Jahren erlernen (vgl. ebd.). Durch die Plattformen können diese Bindungen noch konkreter verwaltet werden. Es besteht nicht nur die Möglichkeit, sich zu schreiben, sondern auch die Bilder anzusehen und darüber hinaus an jeder Änderung, sobald sie veröffentlicht wurde, zu partizipieren. Zudem betrifft die Nutzung der Plattformen längst nicht mehr nur Jugendliche. In dieser Forschung sind es Studenten im Alter von 19 bis 31 Jahren. Dies lässt das Resümee zu, dass sowohl Selbstbezug als auch der ständige Kontakt zur Bezugsgruppe nicht nur für Jugendliche, sondern auch für junge Erwachsene enorm wichtig sind.

7.4.3   Zugehörigkeit und Verbundenheit

Innerhalb der Interviews zeigte sich, dass alle Befragten, die zur Plattform *studiVZ* gehören, größtenteils keine Kategorisierung innerhalb der Freundesliste vornimmt, obwohl dieses Bedürfnis offensichtlich vorhanden ist, wie es in dem folgenden Zitat besonders gut zum Ausdruck kommt:

> »Also ich habe immer noch viel zu viele Freunde und da sind wirklich Leute drin, mit denen ich nichts zu tun hab', aber das sind dann Freunde, mit denen ich wirklich die Schulzeit verbracht habe und wo es einfach auseinandergelaufen ist. Aber die waren halt mal ein Teil meines Lebens und das finde ich auch o.k. dass die da drin sind und ich finde es auch interessant zu sehen was bei denen so los ist und guck da immer mal wieder hin. Aber ich muss sagen bei einigen hab ich mir echt gedacht das finde ich seltsam. Ich finde es auch seltsam, dass der so viel von mir sehen kann; sehen was auf meiner Pinnwand steht und der kann meine Verlinkungen sehen das ist mir alles zu viel von jemandem, den ich gar nicht kenne und wo ich nichts mehr mit zu tun habe und wo ich mir dann denke das gehört da einfach nicht hin« (Interview Silvia, Z 152-160).

Der Wunsch, das Leben der Freunde und Bekannten nachzuvollziehen und das Bedürfnis die eigene Privatsphäre zu schützen, konkurrieren miteinander. Diese Ambiguität ist jedoch keinesfalls als ein Spezifikum dieser Plattformen zu sehen. Erving Goffman beschreibt in seiner Analyse alltäglicher Selbstdarstellungsakte eben diesen Mechanismus (vgl. Goffman 2006). Um sich selbst darzustellen, bedarf es, um in der Rhetorik Goffmans zu bleiben, eines Darstellers und eines entsprechenden Publikums. Der Darsteller ist in spezifischen Situationen bemüht, vor einem konkreten Publikum ganz bestimmte Elemente seiner Identität zu kommunizieren. Elemente, bzw. persönliche Informationen über die Identität des Darstellers, die nicht zur spezifischen Situation und somit auch nicht für das konkrete Publikum bestimmt sind, müssen jedoch, obwohl selbstverständlich vorhanden, ausgeblendet werden. So verweist er auf die Schwierigkeiten von Respektspersonen, die viele private Facetten der Identität geheim halten sollten, damit sie nicht einen Verlust ihres Ansehens riskieren (vgl. ebd., S. 63f.). Den Grund für diese Vorgehensweise unterstützt er mit einem Zitat von Simmel:

> »Nach der zweiten dieser Entscheidungen zu handeln, entspricht dem (auch sonst wirksamen) Gefühl, daß jeden Menschen eine Idealsphäre umgebe. Obgleich sie in verschiedenen Richtungen verschiedene Abmessungen hat und entsprechend der Person variiert, mit der man Beziehungen aufrechterhält, kann diese Sphäre nicht durchdrungen werden, ohne dabei den Persönlichkeitswert des Individuums zu zerstören. Eine Sphäre dieser Art umgibt einen Menschen aufgrund seiner ›Ehre‹. Die Sprache bezeichnet eine Ehrverletzung sehr deutlich als ein ›Zunahetreten‹, der Durchmesser der Sphäre markiert sozusagen den Abstand, dessen Überschreiten durch einen anderen die Ehre verletzt« (Simmel zit. nach Goffman 2006, S. 64; Hervorhebungen im Original).

Dieses Zitat verdeutlicht die Relevanz, seine eigene Privatsphäre durch die Verweigerung allzu persönlicher Informationen zu schützen. Darüber hinaus wird schon darauf verwiesen, dass diese Sphäre nicht statisch ist, sondern sich im Hinblick auf bestimmte Teile der Persönlichkeit anders ausprägt und ganz entscheidend durch die Beschaffenheit der Beziehung zum Gegenüber determiniert wird. Dadurch wird ein fast natürlicher Schutzmechanismus des Individuums hervorgehoben und zugleich eine soziale Dimension dieses Schutzraumes impliziert. Um diese soziale Ebene noch genauer zu erschließen, entlehnt er den folgenden Gedanken von Emile Durkheim:

> »Die menschliche Persönlichkeit ist etwas Heiliges; man verletzt sie nicht und übertritt ihre Grenzen nicht; obwohl gleichzeitig das höchste Gut die Gemeinschaft mit anderen ist« (Durkheim zit. nach Goffman 2006, S. 64).

An diesem Punkt ist die Zerrissenheit des Interviewzitats an seinen Polen erschlossen. Es gibt einen persönlichen Bereich des Individuums, den es zu schützen gilt. Andererseits steht der Wunsch nach Gemeinschaft diesem Schutz gegenüber.

Zugehörigkeit ist jedoch für die Interviewten sehr relevant, was sich an den Freundschaftsverbindungen zu ehemaligen Freunden, Schulkameraden oder Bekannten verdeutlichen lässt. Die meisten Interviewten kommunizieren gar nicht mit diesem Kreis der Freundesliste und dennoch finden sie es wichtig, dass dieser Bezugskreis auf den Plattformen abgebildet wird. Carsten beschreibt bspw., dass durch den Umzug von Freunden der Kontakt immer weniger wurde, dennoch bedeutet ihm die Freundschaftsverbindung über *studiVZ* viel:

> »Ja, obwohl da auch welche bei sind, die jetzt mittlerweile ein bisschen eingeschlafen sind, weil ja. Also es ist einfach so, nach dem Abi zum Beispiel einige sind nach B. gegangen, nach K. gegangen und man trifft sich einfach nicht mehr so aber prinzipiell könnte man dann ja auch sagen, ja da könnte ich die Freundschaft auch beenden. Weil es ja bei mir auch so ist, dass ich eben nicht so der Typ dafür bin jetzt über *studiVZ* wieder den Kontakt ans Laufen zu bekommen. Aber irgendwie möcht ich dann auch nicht die Freundschaft beendet weil ich denke, man zeigt ja schon so ein bisschen, jedenfalls sollte es so sein, dass man darüber auch irgendwie Verbundenheit zeigt oder dass derjenige mir sympathisch ist et cetera und ja, dass man dann einfach dann ausdrückt, ja okay, wir haben jetzt nichts mehr miteinander zu tun, großartig aber irgendwie ist mir derjenige ja schon wichtig noch so« (Interview Carsten, Z 749-758).

Dies lässt sich als allgemeine Motivation, diesen Bezugskreis abzubilden, sehen. Konkreter wird das Zugehörigkeitsgefühl, wenn nicht nur das dauerhafte Kennen und Anerkennen durch die Verankerung in der Freundesliste einbezogen wird. Obwohl mit diesem Personenkreis eher weniger oder nur sporadisch kommuniziert wird, stellt sich doch heraus, dass der Austausch von Informationen immer noch stattfindet:

> »Also interessant finde ich bei den Leuten, die ich ewig nicht gesehen hab, ob die immer noch da wohnen, wo sie früher wohnen zum Beispiel. Was die beruflich, was die studiert haben, solche Sachen. Das interessiert mich einfach, was die so machen. Ob die schon verheiratet sind, ob die Kinder haben oder keine Kinder haben und so weiter und so fort. Wie die jetzt aussehen das find ich auch immer so total witzig, zum Schießen. Naja und bei Leuten, die ich, die mir so spontan einfallen oder Leute, die ich halt in Veranstaltungen kennen lerne oder so, ja dann will man halt in Kontakt bleiben oder auch nicht und dann sucht man die halt. Und dann guckt man einmal das Profil hoch und runter, ja« (Interview Sabine, Z 838-845).

Es können also relevante Entwicklungen des Lebens durch Profilinformationen ausgetauscht werden, über die ohne die Netzwerke zumindest nicht so leicht zugegriffen werden könnte. Information bildet somit den qualitativ kleinsten Nenner der Zugehörigkeit, der aber dennoch bindungsrelevante Bedeutung beinhaltet. Dies zeigt sich auch bei den Beschreibungen von Markus, der sich über die Verbindungen zu den entfernteren Freunden so äußert:

»Und vielleicht ist es dann ja auch so, dass man sich denkt okay, man hat schon im Hinterkopf da kommt eh nie 'ne Kommunikation zustande aber noch drängender ist irgendwie der Gedanke ah der, was macht 'n der? So und dass man erst mal auf jeden Fall diese Barriere ja überschreiten muss, damit man sehen kann, was der macht. Also in Anführungsstrichen sehen kann, was der macht. Weil, man sieht ja nur, was er da von sich preisgibt. So aber man möchte ja mal wieder schauen oder man möchte einfach sehen, wie hat der sich hier irgendwie, wie, wie präsentiert der sich hier? Oder wo steht der gerade so? Also man erfährt ja ziemlich viel über das Leben, auch wenn man sich diese Profile quasi anguckt. Ich glaube das interessiert einen dann und dann geht man da halt hin. Wenn das, wenn das eh schon so transparent ist und man da auch nicht mit dem befreundet sein muss, warum befreundet man sich dann mit denen? Ich glaube das ist dann auch einfach nur so 'n Höflichkeits-Ding. Also bei mir würd ich das glaub ich sagen. Dass wenn ich dann, wenn ich dann ne Einladung bekomme von jemandem, mit dem ich in der Schule war, dass ich dann einfach zu höflich bin zu sagen so ›Nö, mit dir möchte ich hier nicht connected sein‹. So irgendwie das, ich glaube das ist wirklich so ein Höflichkeits-Ding so (Interview Markus, Z 731-747).

In diesem Kontext zeigt sich, dass mit der Freundschaftsverbindung ganz komplex verflochtene Gefühlslagen miteinander konkurrieren. Einerseits ist es die Neugier, etwas über den Werdegang ehemaliger Weggefährten erfahren zu wollen, andererseits sind damit auch soziale Verbindlichkeiten, wie Höflichkeit angesprochen.

Auch wenn diese Situation bereits im Offline-Leben, wie Goffman dies eindringlich vermittelt, zu Komplikationen führen kann, ist es sinnvoll, in Bezug auf die Plattformen deren persistenten Charakter als komplexitätssteigernden Faktor mit einzubeziehen. Es gibt durch die Profilmaske und den Abgleich zu anderen Profilen ein relativ standardisiertes Feld, das mögliche Aussagen über die eigene Identität rahmt. Über diese Informationen hinaus werden zudem teilweise Fotos veröffentlicht, öffentliche Kommunikationen über Pinnwände, Kommentare, oder aktuelle Mitteilungen getätigt, die ebenso von Freunden nachvollzogen und durch die Plattformen dokumentiert werden. Wenn bei *Facebook* beispielsweise *Youtube*-Videos von einzelnen Mitgliedern angesehen werden, wird dies auf der Startseite unter Neuigkeiten dem Freundesnetzwerk ebenso kommuniziert wie Kommunikationen, die zwischen Personen auf deren Pinnwänden stattfinden, von denen aber nur einer dem Freundeskreis zugeordnet sein muss. Diese Beispiele belegen, wie viel es auf dieser virtuellen Bühne zu beachten gilt, zumal das Publikum in einigen Fällen nicht klar zu erfassen ist.

Dieses Dilemma wird jedoch nicht damit aufgelöst, dass diese Bekanntschaften weniger Informationen erhalten, obgleich diese Option durchaus möglich wäre, ohne selbst den Zugang zu den Informationen anderer einzubüßen. Es scheint sich dadurch eine diffuse Unsicherheit zu äußern. Es wird angenommen, dass, sobald die Zugriffsbeschränkung von den Betroffenen als solche erkannt wird, daraus Sanktionen resultieren, die entweder den eigenen Zugriff auf Profile von Bekannten reduzieren oder gar soziale Auseinandersetzungsprozesse nach sich ziehen. Diese Angst vor sozialen Sanktionen scheint auch in anderen Zusammenhängen existieren. So beschreibt Martin, dass man eigentlich nicht löscht [die Freundschaften/Anm. d. Verf.] (vgl. Interview Martin, Z. 174-175), da diese Personen das registrieren wenn man auf der Plattform zunächst sehr präsent war, d. h. auffallend häufig öffentlich kommunizierend in Erscheinung getreten ist. So wird die Bestätigung des Kontakts als Verbindung über die Freundesliste als »nette Geste« (ebd., Z. 148) bezeichnet, die man nicht »kaputt machen« (ebd., Z. 177) will. Dementsprechend beschreibt Judith, dass sie mit dieser Bestätigung versucht »den Frieden zu wahren« (Interview Judith, Z 442):

> »Die saß neben mir: ›Oh, wie ist denn dein Name? Und ich adde dich jetzt gleich mal.‹ Und... ja äh. Da konnte ich schlecht nein sagen, naja... und irgendwann hab ich das halt dann beendet oder generell Leute, die ich halt nicht mag, wo es einfach auch nicht auffällt. Also mir ist es halt auch immer wichtig, dass es nicht auffällt« (Interview Judith, Z 446-449).

Hierdurch wird deutlich, dass eine implizite Etikette der Höflichkeit innerhalb der Plattformen existiert, die, obwohl sie keinesfalls als allgemein verbindlicher Verhaltenskodex publiziert wurde, dennoch aus der Verschriftlichung der sozialen Verbindung und somit des sozialen Verhaltens resultieren muss. Dementsprechend bildet die Sicht- und Nachvollziehbarkeit der sozialen Verbindungen eine Verbindlichkeit, die nicht ohne weiteres aufgelöst werden kann. In den Äußerungen von Judith zeigt sich bereits der komplexe Zusammenhang zwischen On- und Offline Kontexten der Plattformen. Die Studentin, die in einer Vorlesung neben ihr sitzt, hat ihr Notebook gleich griffbereit und sendet sofort die Freundschaftseinladung, die, motiviert durch den sozialen Druck physischer Anwesenheit, von Judith bestätigt wird. Der Konnex zwischen On- und Offline-Relevanz führt auch bei David zu Schwierigkeiten bei der Beendigung von Freundschaften:

> »Nein. Ähm. Ähm. Ich hab schon mal drüber nachgedacht. Aber.... //lange Pause// Ich find das genauso schwierig, wie das in Wirklichkeit das zu machen, den Kontakt zu dem Menschen abzubrechen. Deswegen sollte.... bin ich da sehr zögerlich. Also ich würd das glaub ich selbst wenn ich großen Streit hab mit ’ner Person, das nicht direkt darüber beenden, weil es ist im Grunde immer noch nur ’n blödes Computerprogramm. Erst mal sollte man das im realen Leben irgendwie klären. Und wenn man dann wirklich keinen Kontakt mehr haben sollte, dann kann man... dann erübrigt sich das [...]« (Interview David, Z 278-284).

Diese Beispiele verdeutlichen grundlegende Probleme, von sozialer Beziehungs-abbildung in den Netzwerken im Vergleich zur praktizierten offline Praxis.

Die Netzwerke werden nicht nur zur Verwaltung der allgemeinen Kontakte genutzt, sondern auch maßgeblich dazu, sich mit den tatsächlichen Freunden auszutauschen. So stellt Markus fest, dass gerade die Bindung an Personen, die aufgrund von Umzügen nicht mehr Teil des täglichen Lebens sind, besonders aus-schlaggebend für die Anmeldung auf den Plattformen sind, weil damit wieder ein Austausch möglich wird:

> »Also jetzt mittlerweile ist es, also es war schon so es gab viele Leute, die ganz krass dagegen waren. Also die hatten zwar schon so was wie ICQ, waren aber auch nicht so oft online dann oder so. Waren aber auch gar nicht bei diesen Communities. So, waren nicht im, im *studiVZ*, waren nicht im *Facebook*, waren bei gar nichts. Haben bei *MySpace* vielleicht ein bisschen gesurft und Bands gehört so aber an-sonsten haben sie sich dieser ganzen Sache total verschlossen irgendwie. Ich weiß noch meine damalige Freundin war genauso. Die ist dann irgendwann aber auch, war die auf einmal im, im *studiVZ* weil sie sich hat breitschlagen lassen, das meinte die dann auch und jetzt ist es mittlerweile so, weil die ja auch alle mit dem Studium fertig sind und nicht mehr alle in P. geblieben sind beispielsweise sondern irgend-wie ein bisschen in die, in die Welt hinausgestreut haben, sind die total stark aktiv bei diesen Communities, weil man da dann nämlich die Möglichkeit hat, mit den Leuten, mit denen man sich ja früher irgendwie ohne Probleme, als man vor die Tür gehen konnte irgendwie, sich getroffen hat und sich irgendwie zusammengesetzt hat, n Bier getrunken hat, n Kaffee getrunken hat oder so was. Weil das jetzt halt nicht mehr geht und man jetzt halt ganz extrem mit diesen Leuten kommuniziert über diese Communities so« (Interview Markus, Z 246-260).

Über öffentliche wie private Kommunikation findet hier ein reger Austausch statt. Zudem sind es die engen Freunde, die den umfangreichsten Zugang zu den Profilinformationen haben und somit eine privilegierte Bezugsgruppe darstellen.

> »Ja, also ich, da beschränke ich mich allerdings sehr. Also ich hab so ein paar Fotos von mir hab ich hochgeladen. Die sehen aber auch tatsächlich nur ganz, ganz wenige Leute. Also ich hab 'ne sehr große Freundesliste, um die überschaubar zu halten hab ich die halt eingeteilt in Leute, die eben nur gewisse Sachen sehen dürfen. Einige dürfen alles sehen. Andere dürfen gar nichts sehen. Also die sehen, meine komplette Pinnwand ist für die gesperrt, obwohl ich mit ihnen befreundet bin und so« (Inter-view Steffen, Z 229-234).

Die Plattformbesuche sind maßgeblich bestimmt durch die Suche nach Neuig-keiten. So kann über den *Buschfunk* bzw. die neusten Mitteilungen nachvollzogen werden »was meine Freunde gerade gemacht haben oder wie sie sich fühlen«

(Interview David, Z 75). Außerdem wird geschaut, ob es neue Pinnwandeinträge oder Nachrichten eingegangen sind und »wenn's nix Neues gibt« (ebd., Z 80) loggt man sich aus.

Über die öffentlichen Kommunikationen und automatischen Statusmeldungen werden zahlreiche Neuigkeiten angeboten, die es zu entdecken gilt. So hebt Steffen besonders hervor, dass er durch die Plattform permanent in Verbindung zu seinen Freunden steht und an den Veränderungen in ihrem Leben teilhaben kann:

> »Also zu Freunden, zu denen ich auch, zu der ich auch außerhalb der virtuellen Welt guten Kontakt habe da, mit denen bin ich bei *Facebook* befreundet, weil es mich halt auch interessiert was, wie's denen so geht. Ganz konkret wie es denen geht wenn ich sie halt nicht, wenn ich grad mal nicht mit ihnen telefoniert habe oder so was. Oder sie halt nicht gesehen habe. Das interessiert mich also ganz konkret. Um einfach ein Gefühl zu empfinden, damit man einfach, ja, damit man einfach weiß, was in deren Leben passiert, wenn man sich, weil ich mich für ihr Leben interessiere und sie halt kenne und sie mag, ja und zu vielen anderen ist es einfach schön zu wissen oder ganz interessant zu wissen, mit denen man ABI gemacht hat und so und die sind jetzt da und da. Haben jetzt mittlerweile geheiratet, haben ein Kind gekriegt und so. Und das ist einfach dann nett zu erfahren, damit man auch so einen gewissen Stand der Dinge hat, ne« (Interview Steffen, Z 936-945).

Obwohl also nicht mit den Freunden telefoniert wurde und sie sich auch nicht gesehen haben, wird über den Kommunikations- und Informationsaustausch auf den Plattformen eine Verbindung aufrechterhalten. Diese Verbindung gilt nicht nur für die unmittelbaren Freunde, sondern darüber hinaus für das gesamte persönliche Netzwerk. So evozieren die Neuigkeiten entfernterer Bekannte, wie ehemalige Schulfreunde, ebenfalls ein Gefühl von Nachvollziehbarkeit und damit Verbundenheit. Verbundenheit ergibt sich aber auch auf der Ebene von Beziehungen, wie das Beispiel von Thomas zeigt:

> »Witzigerweise muss ich auch gestehen, dass ich meine Freundin quasi über *studiVZ* kennengelernt hab. [...] Nein, ja, sie hatte mich angeschrieben. Wir waren aber bei der gleichen Party eingeladen, auf der ich dann nicht gekommen bin und sie hatte mich drauf angesprochen, weil mein jetziges Profilfoto ja mit dem Sänger von den H. ist und da hat sie mich drauf angesprochen, wie ich zu dem Foto gekommen bin und so sind wir ins Gespräch gekommen« (Interview Thomas, Z 921-930).

So können über die Plattformen enge Bindungen zumindest initiiert werden. Schwierig wird die Verbundenheit über die Netzwerke, wenn es zu Problemen in Freundschaften und Beziehungen kommt. An diesen Beispielen lässt sich die spezielle Form der Bindung durch die *Social Network Sites* besonders gut charakterisieren. Andrea beschreibt, dass sie, obschon sie mit zwei Freundinnen zerstritten war, den Freundschaftsstatus auf *studiVZ* aufrecht erhielt und so weiterhin an deren Leben teilnahm.

> »Also die eine hat mir die Freundschaft gekündigt, bei der anderen hab ich das dann irgendwann gemacht, weil da noch mehr Zwischenfälle waren und die dritte im Bund die hab ich halt noch und hin und wieder machen wir zu zweit wenn wir telefonieren machen wir uns den Spaß und gucken bei denen auf die Pinnwand, also bei ihr auf der Pinnwand steht ob da was Neues steht, was sie dann wieder tun oder so, das wär halt das, aber das wäre aber eben auch ein Anlass« (Interview Andrea, Z 923-928).

Steffen hingegen beschreibt, wie er durch den Bruch mit einer Freundin auch auf *Facebook* alle Verbindungen zu ihr abbrach und seitdem jedwede Nachrichten von ihr blockiert. Hierbei zeigt sich, dass es nicht ausreichend ist, die Person aus der Freundesliste zu löschen, da durch öffentliche Kommunikationen mit gemeinsamen Freunden immer noch Nachrichten und Informationen nachvollzogen werden könnten. Deshalb hat Steffen auch die Blockierungsfunktion in Anspruch nehmen müssen, um tatsächlich keinerlei Kontakt zu seiner ehemaligen Freundin zu haben.

> »Nicht dort beendet aber das war jetzt letztes Jahr der Fall dass eine Freundschaft in die Brüche ging und die Freundschaft ist dann auch bei *Facebook* sofort quasi gekappt worden und auch blockiert worden. Also mittlerweile sehe ich diese Person nicht mehr und weiß auch wenn, wenn wir jetzt zwar noch gemeinsame Freunde bei *Facebook* haben dann hab ich die blockiert, sodass ich halt nicht sehe, wenn, wenn sie da was kommentiert. Also das ist tatsächlich auch so, dass wenn, weil der Begriff Freundschaft ist ja immer so 'ne Sache. Bei, bei *Facebook* oder überhaupt in sozialen Netzwerken ist er ja was ganz konkretes. Wenn man befreundet ist dann nimmt man halt automatisch an dem Leben des anderen teil. Und man kann natürlich 'ne Freundschaft beenden, also gut, letztes Jahr war es ein ganz konkreter Fall, wo man ganz klar gemerkt hat, die Freundschaft ist jetzt beendet. Da ist es einfach ja, sie ist beendet und dann kann man natürlich auch ganz einfach die Freundschaft bei *Facebook* beenden. [...] Das war sie auch glaub ich 'ne Zeitlang, wenn ich mich jetzt recht erinnere. Aber irgendwann also ich hab die Freundschaft gar nicht beendet, das kam von ihrer Seite aus. Sie hat dann einfach die Freundschaft beendet und dann hab ich gedacht okay, gut. Wenn das jetzt so ist dann aber auch richtig. Also dann will ich auch nichts mehr mit ihr zu tun haben und überhaupt nicht mehr wissen, was, was sie grad denkt, wenn sie von gemeinsamen Freunden was kommentiert. Also die hab ich dann völlig aus meinem Leben ausgeschlossen« (Interview Steffen, Z 951-975).

Ähnlich schilderte auch Markus seine Erfahrungen mit *studiVZ*, nachdem sich seine Freundin von ihm trennte. Er löschte zunächst die Freundschaft nicht, was ihn aber dazu verleitete, ständig auf dem Profil der Exfreundin nach Neuigkeiten zu schauen. Auch das angezeigte Profilbild der Exfreundin rief ihm die Situation immer wieder ins Gedächtnis, so dass er die Freundschaft auf der Plattform beendete, um nicht fortwährend an sie erinnert zu werden. Diese Beendigung der Freundschaft auf *studiVZ* wurde auch von der Exfreundin registriert und führte wiederum zu weiteren Auseinanderersetzungen:

»Also ich weiß noch, also das war ganz lustig, als es mit meiner Ex-Freundin so zu Ende gegangen ist, da hab ich sie glaube ich aus meiner Freundesliste im *studiVZ* gestrichen, weil ich, also man muss jetzt sagen 'ne ganz unglückliche Sache und sie hat mit mir Schluss gemacht und ich war todtraurig und hab aber irgendwie über diese, fand das total scheiße, dass ich über dieses *studiVZ* noch immer so ihren Kopp dann vor der Fresse hatte jedes Mal, wenn ich das aufgemacht habe, da dieses Bild erschien. Ich dann noch irgendwie man, man noch krasser wird und stalker-mäßig und irgendwie die ganze Zeit gucken will, was macht die denn jetzt? Kommt die bald zu mir zurück oder so was? Irgendwie sich selbst irgendwann denkt so ein Scheiß, ich kappe hier jetzt ganz Willens die Nabelschnur und trenne mich davon und will da auch nichts mehr mit zu tun haben. Und wir uns dann irgendwann nochmal getroffen und ich ihr dann auch gesagt habe ›Ey ich fand das schon scheiße, dass wir jetzt irgendwie überhaupt keinen Kontakt mehr miteinander hatten‹ und sie dann zu mir meinte ›Ja, ich dachte du willst gar nichts mehr mit mir zu tun haben, du hast doch auch meine Freundschaft beendet, beim *studiVZ*‹ und ich dann echt nur dachte boah meine Fresse, willkommen im Leben so. Das war, war schon hart also natürlich kann man das dann ja auch so deuten, dass man irgendwie nichts mehr mit einem zu tun haben will, wenn man das dann irgendwie, gerade in so einer Situation aber ich würde das glaub ich nicht so hoch werten« (Interview Markus, Z 765-782).

Andrea berichtet ebenfalls über ein Beziehungsende, welches im *studiVZ* problematisch wurde. Im Vergleich zu den anderen Beispielen haben Andrea und ihr Exfreund zunächst die Freundschaft beendet, dann aber später wieder aufgenommen (vgl. Interview Andrea, Z 940-945). Dies trug jedoch dazu bei, dass beide direkt über Nachrichten und indirekt über Statusmeldungen, die den anderen zur Kommunikation anregen sollen, weiterhin den Kontakt zueinander suchten und sich nicht voneinander lösten:

»Mir hat mal 'ne Freundin gesagt ich sollte wem die Freundschaft kündigen, das fand ich gut, das fand ich sehr interessant. (lacht) Also es ging um meinen Ex-Freund aber das war trotzdem für mich, weil wegen Höflichkeit kein Thema, aber sie meinte das wär besser – Mittlerweile ist das auch so 'ne kritische, was mir gerade einfällt, so 'ne kritische Anmerkung [...] Einfach keinen Kontakt mehr, weil wir einfach nicht, ist 'ne längere Geschichte, aber nicht voneinander loskommen seit einem Jahr [...] Und ich hab ihn auch nur noch im *studiVZ*, wo ich aber auch sage: warum soll ich ihn löschen ich muss ja damit klarkommen, dass er am Leben ist und dass der da und da wohnt und dass er sein eigenes Leben hat und dass er online kommt und sonst was, dafür muss ich ihn nicht löschen, erst dann wenn ich wirklich, wenn er online ist ihn nicht anspreche oder er mich nicht anspricht haben wir es ja geschafft, klappt nicht immer aber ist ja egal.« (Interview Andrea, Z 1738-1759)

Für Carsten, der sonst nur wenig über die Plattform kommuniziert und diese auch im Vergleich zu den anderen Interviewten nur geringfügig nutzt, ist die Verbindung zur Exfreundin dennoch etwas Besonderes:

> »Also da ist es irgendwie schon, ich weiß auch nicht, aber da ist es schon ganz anders. Da guck ich auch mal ja, was hat die denn für aktuelle Verlinkungen und so und wer schreibt ihr denn auf ihrer Pinnwand? Ja, also da ist es, das ist irgendwie so 'ne Ausnahme. Also da guck ich schon mal so irgendwie genauer. Mit wem hat die jetzt vielleicht so mal geschrieben? Wer schreibt ihr auf die Pinnwand? Wer ist bei ihren Freunden dabei? Steht bei ihr jetzt wieder irgendwie vergeben? Oder irgendwelche anderen Hobbys et cetera? Also da ist es irgendwie, da weicht mein übliches Verhalten irgendwie komplett davon ab. […] Man kann einfach noch nachvollziehen, was spielt sich bei der Person ab und es ist dann auch so ein bisschen, weil ich hab zum Beispiel auch es so eingestellt, dass man nicht sieht, wenn ich bei den Leuten auf der Seite war. Find ich auch irgendwie unangenehm. Und deshalb, also dass ist dann auch weniger aufdringlich, ne. Also als wenn ich jetzt immer anrufen würde oder 'ne SMS schreiben würde ja, was machste so? Was läuft bei dir so ab? Und vor allem, weil wir jetzt auch schon so lange schon nicht mehr zusammen sind. Von daher wär mir das glaub ich auch unangenehm, wenn sie dann irgendwie sehen könnte, dass ich andauernd bei ihr gucke. Nicht andauernd aber schon öfter als, als normal. Und deshalb find ich das eigentlich auch ganz angenehm dann so mal einmal kurz einen Blick werfen zu können und keiner bekommt es so großartig mit, ne, ja« (Interview Carsten, Z 790-833).

Die Zugehörigkeit oder Verbundenheit, die sich über die Plattform vollzieht, ist also tiefer und dauerhafter, als es zunächst den Anschein hat. Es wird eine permanente sicht- und nachvollziehbare Verbindung geschaffen, die auch relevant ist, wenn kein kommunikativer Austausch mehr stattfindet. Gerade die Erfahrungen mit Ex-Partnern, wie sie oben beschrieben wurden, verdeutlichen, dass die Abbildung der Verbindung in Verbund mit den potenziellen Informationen, die ungefragt eingesehen werden können, eine starke Bindung evoziert.

7.4.4 Zusammenfassung

Über die Plattformen nutzen die Mitglieder die Möglichkeit einen sehr weiten Bezugskreis anzusprechen und sich über andere, der Freundesliste nicht zugehörige Personen, zu informieren. So wird durch die Interviews verdeutlicht, dass es zu einer Verschiebung von Suchbewegungen durch die *Social Network Sites* kam. Es werden nun nicht mehr nur Neuigkeiten über Prominente recherchiert, auch Informationen über mehr oder weniger stark ausgeprägte soziale Kontakte werden zunehmend interessant. Dadurch, dass über jedes Mitglied der Plattformen zumindest potenziell Informationen eingeholt werden können, entwickelt sich im Laufe der Mitgliedschaft bei den Nutzern ein höheres Bewusstsein für diese potenzielle Öffentlichkeit. Das soziale Verweissystem entdecken die Interviewten bereits beim Aufbau ihrer Freundesliste. Haben sie erst einmal einige Kontakte dort geknüpft, können sie die Freundeslisten dieser Personen einsehen und nach weiteren gemeinsamen Freunden und Bekannten suchen und diesen wiederum eine Freundschaftseinladung senden. Sowohl *studiVZ* als auch *Facebook* operieren hier mit bidirektionalen Freundschaftsverbindungen. Das heißt, dass nicht nur eine Freundeseinladung gesendet, sondern auch vom Empfänger bestätigt werden muss, um die Verbindung der Profile herzustellen. Diese Praxis vergleichen die Nutzer mit dem Grüßen auf der Straße, so dass dies für sie Kennen und Anerkennen symbolisiert. Jedoch wird durch das Senden und Annehmen von Freundschaftsanfragen dieses Kennen und Anerkennen zu einer dauerhaften Verbindung, weil die Mitglieder der Freundesliste auf detailliertere Informationen zugreifen können als die Plattformmitglieder, zu denen keine solche Verbindung hergestellt wurde. So umfasst die Freundesliste eine heterogene Gruppe von engen Freunden, Familienmitgliedern, Arbeitskollegen bis hin zu mehr oder weniger Bekannten. Diese Differenzierung der Freundesliste ist jedem bewusst. So sehen die Nutzer nicht alle Kontakte ihrer Freundesliste als Freunde an. Jedoch bedeutet die Bestätigung des gegenseitigen Kennens und Anerkennens über die Freundesliste für die Interviewten, eine Grundlage herzustellen, die eine Intensivierung oder auch Wiederaufnahme des Kontakts ermöglicht. Die Möglichkeit der Wiederaufnahme oder auch Intensivierung des Kontakts scheint dabei wichtiger zu sein, als die spätere tatsächliche Umsetzung.

Darüber hinaus regt die Abbildung der sozialen Kontakte durch die Freundesliste immer wieder zu einer Auseinandersetzung mit diesen Personen an. Dies geschieht einerseits durch das Anschauen der Freundesliste, indem dadurch wieder einige Personen ins Blickfeld rücken, mit denen die Mitglieder länger nicht mehr kommuniziert haben. Andererseits können aber auch durch die Verbindung Neuigkeiten, Profilaktualisierungen und öffentliche Kommunikationen der Freunde nachvollzogen werden und so Ausgangspunkte für erneute Kontaktaufnahmen darstellen. So rückt die Freundesliste zusammen mit den Neuigkeiten auf den Profilen der Freunde diese wieder in den Fokus der Aufmerksamkeit und kann so Auslöser für Kontaktaufnahmen sein. In diesem Sinne etabliert die Bestätigung des Kontakts schon eine Reihe von sozialen Auseinandersetzungsprozessen, die nur aus der dauerhaften Verbindung resultieren. Dies ist nicht die einzige und auch nicht die relevanteste Form für die Interviewten, um den *Kontakt zu halten*. Dies wird maßgeblich über Kommunikationen mit den Freunden realisiert. Dazu stehen mit den grundsätzlichen Profilangaben und deren Aktualisierung, den Fotos, der Nachrichtenfunktion, den Statusmeldungen, dem Chat oder auch der Pinnwandeinträge zahlreiche Optionen für verschiedenste Bedürfnisse des kommunikativen Austauschs bereit. Diese lassen sich in öffentliche und private sowie synchrone und asynchrone Formen der Kommunikation kategorisieren. Je nach verfügbarer Zeit und Abwägen der potenziellen Öffentlichkeit von verschiedenen Kommunikationsformen wählt der Nutzer eine entsprechende aus. Die Bandbreite der verschiedenen Angebote wird aber für sich schon sehr geschätzt, je nach Kommunikationsbedarf in Anspruch genommen und sorgt für die Interviewten für mehr Kontakt. So eignen sich Pinnwandeinträge für Geburtstagsgrüße, kurze Sprüche oder Kontaktinitiierungen, die wiederum zu Nachrichtenkommunikationen führen. Der Chat eignet sich für kurze synchrone Kommunikation und kurze Absprachen. Durch die Statusmeldungen werden der Freundesliste allgemeine und aktuelle Informationen gesendet. Die Nachrichten wiederum werden genutzt, um private Inhalte zu besprechen und sind somit abgeschirmt von der öffentlichen Sphäre der Plattformen. Auffällig häufig sind hier also Kommunikationsformen vertreten, die nur kurze oder allgemeine Informationen übermitteln sollen. Diese Formen werden häufig in Anspruch genommen und prägen somit maßgeblich den kommunikativen Austausch. In diesem Sinne liegt die Vermutung nahe, dass es sich hier um Anschlusskommunikationen handelt, die den Kontakt zur sozialen Bezugsgruppe gewährleisten sollen. Nicht der Inhalt dieser Nachrichten ist dabei relevant, sondern dass sie sehr häufig an die Bezugspersonen gesendet werden, damit die Verbindung aufrechterhalten wird.

Diese Praxis der Anschlusskommunikation lässt sich sehr gut mit den Überlegungen Baumanns zu Gemeinschaften verbinden.[72] Seiner Ansicht nach gibt es in modernen Gesellschaften keine unhinterfragten Gemeinschaften mehr, dennoch sind Individuen immer auf der Suche nach diesen. So überdauern Gemeinschaften, nach Baumans Überzeugung, in heutiger Zeit nicht, sondern sind nur im »Schlachtgeheul« (Baumann 2009, S. 26) ihrer Verteidigung erfahrbar. In Analogie zu den *Social Network Sites* erscheint es lohnend, die hohe Frequenz der Kommunikationen und Neuigkeiten als ein solches Schlachtgeheul zu interpretieren. So lange die Fülle an Austausch gewährleistet ist, kann sich ein Gefühl der Verbundenheit entwickeln. Dieses wird jedoch, wie durch die Art der meisten Kommunikationen auf den Plattformen verdeutlicht, nur durch kurze oder allgemeine Kommunikationsbruchstücke an der Oberfläche verhandelt. Dementsprechend, so suggeriert es diese Lesart, müssen auch viel mehr Kommunikationen geleistet werden, um die Verbundenheit aufrecht zu erhalten. Diese Logik erklärt auch die abnehmende Relevanz von *studiVZ* im Laufe dieser Forschung. Da immer mehr soziale Kontakte zu *Facebook* übersiedelten und somit mehr und mehr Kommunikation dort stattfand, wurde *studiVZ* zu einem

---

72 Siehe Kapitel 6.2.2.

verwaisten sozialen Raum, der diese Verbundenheit nicht mehr herzustellen vermochte. Es liegt nahe, sich Baumans Schlussfolgerung zunächst anzuschließen und *Social Network Sites* als ästhetische Gemeinschaften aufzufassen, die sich an der Oberfläche vollziehen und somit auch schnell ausgetauscht werden können. So lange die »Autorität der Zahl« (ebd., S. 79), also viele soziale Kontakte und viel Kommunikation, innerhalb der Netzwerke vorhanden ist, wird diese ästhetische Gemeinschaft erfahren, erlebt und somit reproduziert. Verliert sie an Popularität und damit einhergehend auch an Kommunikation, suchen sich die Individuen neue Gemeinschaften. Die Abwanderungsbewegungen der deutschen Internetnutzer von *MySpace* zu *studiVZ* und (vorerst) letztlich zu *Facebook* lassen sich mit dieser Perspektive nachvollziehen. Dennoch bleiben mit dieser Lesart Fragen unbeantwortet: So geben die Interviewten zum großen Teil an, ihr Profil auf *studiVZ* oder sogar das auf *schülerVZ* noch nicht gelöscht zu haben. Dies sollte jedoch in der ästhetischen Gemeinschaft kein Problem darstellen, da ohnehin keine tiefgreifenden Verbindungen etabliert werden. Die Interviewten beschreiben jedoch die Verbindung zu den Plattformen durchaus emotional. Sie wählen sorgfältig die Informationen aus, die sie über sich mitteilen wollen, bauen sich über die Zeit hinweg ein relativ großes Bezugsnetzwerk auf und pflegen diese beiden Ebenen. Diese Form des Austausches wird durch Zeit und Aufwand charakterisiert und von einem Interviewten auch prägnant als Nestbau beschrieben. Auch die Relevanz von sozialem Druck, im Sinne von Höflichkeit und anderen Konventionen, lässt sich kaum vor dem Hintergrund konsequenzloser, ästhetischer Gemeinschaften nachvollziehen. Vielmehr verweisen die Interviewaussagen darauf, dass die Ereignisse auf den Plattformen sowohl in dieser Sphäre als auch in offline-Kontexten relevant sind und sich diese beiden Ebenen gegenseitig durchwirken. Zudem gilt es zu bedenken, dass, auch wenn diese Verbundenheit sich nur oberflächlich gestaltet, diese dennoch nicht flüchtig ist, sondern durch die Speicherung der Profile, der Verbindungen und des Austausches ein persistentes Phänomen darstellen. Diese Argumente werden besonders evident, wenn Zugehörigkeit und Verbundenheit eingehender betrachtet werden.

Die Interviewten verdeutlichen im Hinblick auf die sozialen Kontakte, dass sie sich hier im Widerstreit zwischen der Verteidigung der eigenen Privatsphäre und dem Bedürfnis sozialer Eingebundenheit befinden. Dies zeigt sich vor allem durch die Verbindungen, die zu ehemaligen Freunden und Schulkameraden abgebildet werden. Mit diesen Personenkreisen wird kaum direkt kommuniziert, sondern über Inhalte des Profils sowie damit verbundenen Aktualisierungen und die Beobachtung der öffentlichen Kommunikation dieses Personenkreises mit deren Bezugsgruppe eine Verbindung, sozusagen passiv kommunizierend, aufrecht erhalten. Dennoch ist es so für die Mitglieder möglich, weiterhin am

Leben dieser Personen teilzuhaben und über die Plattformen nachvollziehen zu können, was ehemalige Freunde oder Schulfreunde jetzt für einen Beruf ausüben, ob sie bereits geheiratet oder auch schon Kinder haben und ob sie über die öffentlichen Kommunikationen noch mit dem ehemaligen Bezugskreis in Kontakt stehen. Wie relevant und weitreichend diese Nachvollziehbarkeit ist, zeigt sich am deutlichsten, wenn vormals enge Bindungen, die auch über die Plattformen gepflegt wurden, zerbrechen. Zum einen wird hier geschildert, dass trotz eines Bruchs in diesen Bindungen über die Plattformen weiterhin der Kontakt gehalten wird. Dies geschieht zumeist dadurch, dass die Interviewten weiterhin nach Neuigkeiten auf der Profilseite dieser Bezugspersonen schauen, öffentliche Kommunikationen nachvollziehen und eine Verbindung bestehen bleibt. Um dies zu verhindern, entscheiden sich andere dafür, die Freundschaften auch auf den Plattformen zu löschen und sogar alle Kommunikationen dieser Person, da sie noch über Freundesfreunde in den eigenen Statusmeldungen angezeigt würden, zu blockieren. Beide Handlungsstrategien untermauern letztendlich die enorme Relevanz der Plattformen, indem entweder über die Plattformen weiterhin aneinander festgehalten wird oder aber die rigorose Verbannung jedweder Kommunikation oder Erinnerung an die Person entfernt werden muss, damit ein Ablösungsprozess einsetzen kann. Sehen die Mitglieder immer noch das Bild der Person in der Freundesliste und die Kommunikationen derselben, werden sie stetig an diese Person erinnert. So scheinen die Möglichkeiten des Sehens und Zeigens auf den Plattformen bereits die existierende Verbindung zu diesen Personen zu verstetigen.

7.5 Mediale Bezüge: Persistenz, Sichtbarkeit, Beobachtung

Im Verlauf des Auswertungsprozesses wurde zunehmend deutlich, dass die Formen der Öffentlichkeit auf den Plattformen sehr prägend sind. In jeder Heuristik finden sich Aussagen, die auf den öffentlichen Charakter der Netzwerke verweisen. Sowohl Selbstbeschreibung als auch Sozialbezug werden tiefgreifend durch die öffentliche Grundstruktur der Plattformen beeinflusst. Zudem sind sich die Interviewten des potenziellen Publikums für ihre getätigten Selbstbeschreibungen jederzeit bewusst. Auch die Verbindung zu den Freunden und der damit verbundene Austausch finden in einem speziellen öffentlichen Rahmen statt. So zeigen allein die vielfältigen Möglichkeiten der öffentlichen Kommunikation und die vielen Äußerungen der Interviewten zu dieser Art des Austausches, dass Öffentlichkeit eine Grundvoraussetzung der Plattformen darstellt. Diese Öffentlichkeit ist nochmals spezifiziert, indem nicht nur alle

Mitglieder der Freundesliste verschiedene Kommunikationen sehen können, sondern durch den Umstand, dass diese Kommunikationen und Informationen gespeichert werden und damit auch noch zu späteren Zeitpunkten eingesehen werden können. Durch Persistenz, Sichtbarkeit und Beobachtung entsteht also eine ganz besondere Form von Öffentlichkeit, die die Nutzung der Plattformen maßgeblich prägt. Da die Dimensionen Persistenz, Sichtbarkeit und Beobachtung hier den Begriff der Öffentlichkeit prädeterminieren, werden sie dementsprechend gemeinsam dargestellt, weil die Dimensionen innerhalb der Plattformen immer miteinander verbunden sind. Diese sind Kernelemente der Netzwerke und wirken nahezu auf jeden damit verbundenen Bedeutungskontext ein. Die spezifischen Auswirkungen werden nun im folgenden Kapitel eruiert.

7.5.1   Orientierung

Öffentliche Kommunikationen und Informationen können von den Freunden eines Nutzers sehr gut nachvollzogen werden, weil sie diese auf der Startseite ihres eigenen Profils sehen und und die Profile der Freunde anschauen können. Aufgrund dessen herrscht ein reger Diskurs über ›die Anderen‹. Grundsätzlich bieten die anderen Mitglieder Orientierungen auf den Plattformen an. So übernahm Steffen die Bildgestaltung seines Profils von einer anderen Profilseite (vgl. Interview Steffen, Z 276-281). Andrea und Kerstin schauen, welche lustigen Gruppen andere Leute haben und treten dort ein und bei Bedarf wieder aus (vgl. Interview Andrea, Z 711-713 und 776-783; Interview Kerstin, Z 526-529). Auch bei den Kommunikationen dienen andere Profile als Gradmesser des eigenen Verhaltens:

> »Die Pinnwand, ja, das ist auch phasenweise mal stärker gewesen mal schwächer. Ich glaub ich hab, auf jeden Fall die Einträge bewegen sich noch im Hunterterbereich. Nicht wie bei manchen, dass es wirklich schon in den vierstelligen Bereich geht« (Interview Kerstin, Z 119-122).

Wie hier bereits ersichtlich, wird über diese Anderen aber auch maßgeblich soziales Fehlverhalten thematisiert. Es ist jedoch erstaunlich, dass alle Interviewpartner das eigene Verhalten als regelkonform und gewissenhaft zurückhaltend beschreiben, wohingegen jeder Beispiele für das Fehlverhalten von einzelnen Bekannten beschreiben kann. Bereits die Verwaltung bzw. der Aufbau des Freundesnetzwerkes kann als problematisch gesehen werden.

»Ja, also ich hab da, ich bin auch im Fitnessstudio angemeldet und da ist auch einer, der hat sich jetzt erst vor fünf oder sechs Wochen da angemeldet und was der macht, das ist wirklich krankhaft! Man, es gibt ja diesen *Buschfunk*. Da kann man ja mal sehen, mit wem ist man jetzt befreundet und der addet am Tag wirklich, also es ist unglaublich, ich hab mal einmal mitgezählt, der addet am Tag wirklich 28, 29 Leute. Aber nur Frauen, nur Frauen! Und ich sag auch also zu ihm das ist wirklich krankhaft. Und ich überlege auch schon, den einfach zu löschen. [...] Und der ist, wie gesagt, seit fünf oder sechs Wochen jetzt da angemeldet und der hat über 500 Freunde jetzt da. Und ich weiß nicht was man davon hat. Ist es ein Statussymbol?« (Interview Carsten, Z 178-187).

Diese Argumentation findet sich in Bezug auf die Freundeszahlen und den Charakter der Anderen relativ häufig. So gelten zu viele Freunde als ein Zeichen von Oberflächlichkeit, wobei die Grenzzahlen variieren. Darüber hinaus ist Quantität auch ein relevantes Thema bei den öffentlichen Kommunikationen:

»Da gibt es ja auch Leute, die gerne wirklich ihren Weg vom Bett bis zum Bett zurück über den Tag hinaus skizzieren, jetzt bin ich auf der Arbeit, jetzt bin ich zu Haus. [...] da bin ich auch relativ wenig aktiv, also ganz selten, dass ich da mal rein-schreibe. [...] Höchstens mal wenn ich, keine Ahnung, wenn ich mal nach Hamburg fahre oder so, Hier ich bin da und da. Vielleicht in der Illusion dass man, dass andere Leute lesen, aha der ist gerade in der Stadt, dann sehen wir ihn vielleicht. Weniger dieses, was ich vorhin gesagt hab, also dieses: Mitteilen wo man gerade ist oder was man gerade macht. Viele machen das ja auch, das Lied was sie gerade hören, das gerade läuft, dass dann da drin ist« (Interview Thomas, Z 70-85).

Da gibt es eine Freundin, die »wirklich ihren kompletten Tagesablauf bei *Facebook*« (Interview Steffen, Z 596) beschreibt. Dabei ist die Vermutung des Beobachters, dass diese Dokumentation niemanden aus der Freundesliste interessiert. Der Hauptteil der auffälligen Kommunikationen resultiert aus den Statusmeldungen. Hier sind es besonders die veröffentlichten privaten und intimen Details, die einerseits kritisch gesehen werden, im Gegenzug aber auch interessant sind, da sie Anlass für Klatsch und Tratsch bieten.

Öffentliche Unmutsbekundungen über den Arbeitgeber oder den Arbeits-platz werden mit großer Sorge betrachtet. Nicht so sehr, weil der Arbeitgeber dies persönlich liest, sondern weil alle Kontakte dies lesen und weitertragen könnten und so weitreichende Konsequenzen entstehen könnten. Auch das Mitteilen des aktuellen Aufenthaltsortes wird als zu privat eingestuft.

»Eigentlich wieder so Beziehungsgeschichten zum Beispiel ›Mein Freund hat mich gerade verlassen‹ oder so, ne oder ›Wir haben Stress‹ oder so was. Es gab wirklich welche, die so was da reingeschrieben haben. Dann einfach so unwichtige Dinge wie ›Bin jetzt bis heute Abend um 20.00 Uhr in der Uni‹ oder so. Ja also ich finde, man, man sollte abwägen, ob das, was man da reinschreibt für die anderen irgendwie interessant sein könnte und lesenswert sag ich mal oder ob's halt wirklich nur so was ist, was man gerade aus Langeweile macht oder vielleicht, um für sich selber festzuhalten, was man vor hat oder so« (Interview Kerstin, Z 325-331).

Besonders öffentliche Mitteilungen über das Gefühlsleben gelten als unangebracht. Diese Haltung zieht sich durch alle Interviews. So empfindet Markus die öffentliche Zurschaustellung der negativen Emotionen besonders problematisch, da er sein Gefühlsleben nur mit ganz bestimmten Bezugspersonen teilen würde.

»Weil, also wie gesagt weil, natürlich bin ich mit diesen, mit diesen Leuten befreundet laut *Facebook* so. Aber ich will nicht allen auf einmal so was erzählen. Also ich hab einzelne Anlaufpunkte, denen ich beispielsweise sagen würde ›Mir geht's grad nicht so gut‹ oder so was. Also vielleicht ist, müsste man sich jetzt mal überlegen, wenn mir jetzt was richtig super tolles passiert, ich gewinne 6 Millionen Euro, aber das hat mit Gefühlen dann auch nichts zu tun aber ich glaub das würd ich posten und allen irgendwie sagen ›Boah krass, ich hab grad 6 Millionen Euro gewonnen‹ oder so was. Das vielleicht noch aber jetzt wenn, wenn ich, wenn's mir jetzt nicht so gut geht, dann gibt es halt Leute, die ich direkt anspreche. Also mir fallen dann Leute ein, zu denen ich direkt gehen würde, mit denen ich darüber reden kann. Wo ich dann auch so ein gewisses Vertrauen auch habe. Ist ja auch so 'ne Vertrauenssache irgendwie und es gibt viele von denen, mit denen ich da über *Facebook* befreundet bin, denen ich das dann halt nicht direkt erzählen möchte so, weil das dann, weil ich zu denen nicht so ein enges Verhältnis habe irgendwie. Und ich eben nicht jemand bin, der sich dann vor allen dann so aufmacht halt. Ich würd auch ungerne, es gibt ja bestimmt auch Leute, die das machen, die dann schreiben ›Oh ich bin so traurig‹ und dann irgendjemand auf die Pinnwand zurückschreibt ›Warum denn?‹ und dann schreibt man selbst wieder zurück ›Weil das und das passiert ist‹ und das dann so irgendwie auf so 'ne öffentliche Unterhaltung macht. Das ist ja so, als ob man zu jemandem geht und mit dem was, was echt Intimes und Privates zu besprechen und man muss sich dafür an den Tisch hocken, um den irgendwie dreißig weitere Leute drum rum hocken und die sich das dann anhören so irgendwie. Und das, das mag ich nicht. Also das möcht ich nicht« (Interview Markus, Z 1297-1316).

Andrea fallen in diesem Kontext gleich einige Kontakte ein, die stetig die gesamte Freundesliste über deren Gefühlsleben unterrichten. In diesem Zusammenhang kritisiert sie auch die indirekte Adressierung dieser Mitteilungen:

»Weil für mich ist da auch noch irgendwo schon so eine private Schwelle, wo ich halt irgendwie nicht reinschreiben würde wie ich mich fühle oder was ich jetzt irgendwie gegen irgendwen habe. Will ich halt nicht. Das sind so...Das ist ja indirekt, da steht dann: ›Ich wusste nicht, dass mich ein Mensch so verletzen konnte.‹ Ja, gut ich weiß jetzt immer noch nicht mehr, aber ich weiß, dass sie irgendein Mensch verletzt hat, aber das sind so... Es kommt glaube ich auch drauf an, das sind so Einzelne, die das dauernd machen. Die schreiben halt immer ihr Gefühlsleben da rein. Ich glaub das sind einfach auch die Nachrichten, wo man einfach den Kopf schüttelt« (Interview Andrea, Z 371-385).

Auch Fotos, die bestimmte Beziehungsebenen thematisieren, können so zum Bestandteil einer öffentlichen Mitteilung werden und durchaus Kritik nach sich ziehen:

»Die dann meinen, alle nasenlang über den *Buschfunk* mitteilen zu müssen, was und wie und wo gerade. Und bei einer, die noch meine Freundin ist, da habe ich es bewertet weil ich es eigentlich sehr taktlos fand, die hat mit ihrem Mann Schluss, die leben in Trennung und eine Woche später ein Foto von ihrem neuen Freund drin gehabt und das fand ich sehr böse.« (Interview Thomas, Z 998-1001)

Bei Thomas ist es vor allem die persönlich verletzende Geste, die er in diesem öffentlichen Rahmen dem Exfreund gegenüber als nicht gerade sensibel einstuft. Markus hingegen kann sich noch daran erinnern, dass er mit einer Freundin mal über Pärchen-Fotoalben diskutiert hat:

»Ich weiß noch, ich hab mich mit meiner Freundin mal drüber unterhalten, über diese Fotoalben, die ganz viele Paare von sich oder, oder jeweils der eine Teil eines Paares dann irgendwie hochlädt. So diese Alben, die ›Schatzi und ich‹ heißen oder so was. [...] Das ist echt, das ist wirklich auch so ein ›No Go‹ so irgendwie, oh, jetzt fotografieren wir uns wie wir hier am Strand entlang gehen. Wir sind so ein tolles Paar und so. Das würd auch gar nicht gehen irgendwie« (Interview Markus, Z 1846-1853).

Andere Profile und öffentliche Kommunikationen werden also angeschaut und beurteilt. So stehen die Freunde stets auf dem Verhaltensprüfstand: Vor allem »Jüngere, sind sich gar nicht bewusst darüber, was, was eigentlich da passiert bei *Facebook*, wenn sie irgendwelche Fotos von der letzten Party, wo sie total besoffen sind und so bei *Facebook* hochladen und dann da noch markiert werden [...].« (Interview Steffen, Z 611-614). Hier wird unterstellt, dass die Folgen eines solchen Handelns entweder nicht bewusst oder aber sogar erwünscht sind, da die Folgen nicht bedacht werden und nur die Anerkennung der Freunde für diese Bilder im

Vordergrund steht. Ähnlich argumentiert auch Markus, wobei seine betrachtete Risikogruppe diejenigen sind, die zuvor Plattformen wie *Facebook* und *studiVZ* ablehnten, mittlerweile aber exzessiv darüber kommunizieren.

>»Und also da entwickeln sich, es hat sich bei uns dann sehr schnell der Begriff der ›*Facebook*-Schlampe‹ irgendwie entwickelt. Auch so für Typen, weil die, also es waren Leute, die vorher irgendwie total sich dieser Sache verschlossen haben und die jetzt jeden Scheiß posten, was sie gerade machen oder irgendwelche Links da reinhauen und zu allem diesen ›Gefällt mir‹-Button anklicken und so was. Wo man sich wirklich denkt so oh mein Gott, der hat jetzt wirklich fünf Jahre gar nichts in die Richtung gemacht, der hat jetzt echt Nachholbedarf so, ne. Also die kehren sich komplett von innen nach außen könnte man fast sagen. Wobei da immer noch so 'ne Grenze ist, weil die also das schon insofern dosiert machen, dass man auch nicht so viel von sich preisgibt. Man weiß ja, wie transparent man sich selber sehr schnell machen kann bei solchen, bei solchen Plattformen halt irgendwie. Da muss man dann ja auch also wenn, das ist ja auch so ein Ding, wo man bei vielen Leuten dann irgendwie auf diese Seiten guckt und sich denkt mein Gott, sind die denn total dämlich, was die da von sich selber irgendwie draufschreiben? So sehr persönliche, sehr private Sachen wo man, wo man echt nur mit dem Kopf schütteln kann und sich denkt irgendwie warum machen die sich so transparent? Warum werden die so?« (Interview Markus, Z 260-274).

In diesem Sinne lässt sich das sozial auffällige Verhalten durch zu viel, zu uninteressant, zu oberflächlich oder aber als zu privat bzw. intim charakterisieren. Teilweise implizit aber auch explizit werden diese Anderen als zu außenorientiert eingestuft, einerseits aufgrund der öffentlichen Mitteilungen, andererseits durch die vermuteten Motivationen für dieses Verhalten. In diesem Sinne kommt es zu der ambiguen Situation, in der Außenorientierung unerwünscht ist, zugleich aber von Jedem praktiziert wird. Das Fehlverhalten anderer schärft den Blick für die eigene Situation. So werden Reflexionen initiiert, wie gelungene öffentliche Beschreibung aussehen kann und welche Schwerpunkte für den eigenen Selbst- und Sozialbezug wichtig sind. Die Binnendifferenzierungen innerhalb der Freundesliste auf *Facebook*, in Freunde, Bekannte, Arbeitskollegen, Familienmitglieder etc. sind ebenso ein Resultat aus allzu öffentlichen Kommunikationen Anderer, die für die eigene Interaktion unerwünscht sind und über diese Kategorisierungen zielgruppenspezifischer ausgewählt werden.

Die Bezüge zur Außenlenkung (vgl. Riesman 1958) und Sennetts Interpretation der Innenlenkung (Sennett 2013, S. 25f.) sind offensichtlich (vgl. hierzu Kapitel 6.1.3). Der prekäre Status von besonders emotionalen Kommunikationen, wie sie durch die öffentlichen *Beziehungsgeschichten* beschrieben werden, bieten Anknüpfungspunkte die Art der Außenlenkung zu konturieren. Die Befragten selbst würden nie solche Emotionen öffentlich verhandeln und grenzen sich bewusst gegen diese Personen ab. In dieser Abgrenzung liegt zugleich die Vergewisserung, dass die Interviewten um den Verbreitungsgrad dieser Mitteilungen und die sozialen Kommunikationskonventionen wissen. In diesem Sinne sind die Anderen hier ein relevanter Indikator für das sozialkompetente, selbstreflexive Verhalten. Die Darstellungen und Kommunikationen der anderen dienen der Rückversicherung des eigenen Verhaltens. Die Anderen sind also als Orientierungspunkte durchaus wichtig, jedoch nicht individuell prägend, sondern in der Masse richtungsweisend. In diesem Kontext handelt es sich um die Norm einer subjektiv ausgehandelten Außenlenkung (vgl. Riesman 1958, Sennett 2013). Sozial auffällig hingegen gilt ein allzu öffentlicher Habitus, wenn man sich wie Markus es beschreibt, von »innen nach außen« (Interview Markus, Z 266-267) kehrt. Dies setzt die Zensurmechanismen des reflexiven Selbstabgleichs außer Kraft und verlagert ihn in die Öffentlichkeit. Dies wird wohl kaum ein alleiniges Spezifikum der *Social Network Sites* sein. Dennoch wird dies hier besonders gut deutlich, da es sich um relativ persistente[73] und damit nachvollziehbare Verhaltensweisen handelt. Persistenz und Sichtbarkeit sind auch Kernelemente der sich etablierenden Konventionen, die im Folgenden betrachtet werden.

7.5.2 Verbindlichkeiten

Die Auswirkungen dieser Form von Öffentlichkeit lässt sich besonders gut an der Kategorie Verbindlichkeiten ablesen. Innerhalb dieser gibt es bestimmte ausgehandelte Verhaltensweisen und somit einen Grad von sozialem Druck, der Verhaltensnormen evoziert. Dies lässt sich bereits bei der Profilgestaltung feststellen. Exzessive Selbstdarstellung ist sozial nicht legitimiert, weswegen die Informationen auf dem Profil möglichst gering und allgemein gehalten werden. Persönliche Kontaktdaten sind ausdrücklich nicht Teil des Profils. Soziale Beschreibungen der Person sind weniger problematisch, dürfen aber nicht ausufernd vorhanden sein (vgl. Kapitel 7.3). Auch die öffentliche Kommunikation folgt einem sozialen Standard. Die Pinnwand dient beispielsweise nur oberflächlicher Kommunikation. Das heißt, über diesen Modus werden Geburtstags, Neujahrs- und Weihnachtsgrüße übermittelt. Innerhalb dieses Modus geht es vor allem um Smalltalk, Witze und Sprüche aber auch Kontaktinitiierungen wie die

---

73 Relativ persistent sind grundsätzlich alle Angaben, die mit den Profilen verbunden sind, da sie zunächst auf den Plattformen gespeichert wurden. Dennoch können sie stetig aktualisiert, ergänzt oder gelöscht werden. Zudem nehmen die Statusmeldungen mit steigender Freundesanzahl entsprechend zu, so dass hier auch Mitteilungen aufgrund der eigehenden Menge übersehen werden können.

Erkundigung nach dem Befinden eines Freundes in Form eines »Hey, wie geht's?« (Interview Carolin, Z 86), die aber wiederum in Form einer persönlichen Nachricht beantwortet werden. Bei öffentlichen Gesprächen, die über eine Freundespinnwand ausgehandelt werden, beteiligen sich auch hin und wieder Dritte. Allerdings wird genau überlegt, ob dies nun alle anderen Adressaten sehen dürfen oder nicht. Private bzw. intime Kommunikationen sollten in diesem Modus nicht stattfinden. Dies gilt grundsätzlich für öffentliche Kommunikationsoptionen, wie es besonders gut anhand der Statusmeldungen deutlich wird: Öffentliche Mitteilungen über den *Buschfunk* oder die neusten Mitteilungen werden so ausgewählt, dass diese Informationen auch öffentlich vertretbar sind. Martin hat bspw. seinen *Twitter*-Account mit *studiVZ* verbunden, so dass diese Informationen automatisch öffentlich gemacht werden können, da *Twitter* von ihm offenbar als grundsätzlich öffentlich gesehen wird.

Über die Statusmeldungen werden aber auch soziale Standards ausgehandelt, indem indirekte Hinweise auf nicht erwünschte Verhaltensweisen kommuniziert werden. Beispielweise bei zu vielen Statusmeldungen, Seiteneinladungen oder Spieleanfragen.

> »Also ich hab auch früher hab ich tatsächlich auch häufiger mal meine Freundesliste durchforstet, sie zu Seiten die ich betreue, einzuladen. Aber das hab ich mittlerweile auch aufgegeben, weil viele meiner Freunde schon zwar nicht direkt auf mich bezogen aber ganz allgemein gepostet haben, dass sie davon genervt sind, dass sie dauernd welche Seiteneinladungen kriegen.« (Interview Steffen, Z 749-753)

Hier werden die öffentlich Kommunikationsformen ausgewählt, um grundsätzlich ein Desinteresse oder Unmut über solche unerwünschten Mitteilungen auszusagen, die dann wiederum von den zugeordneten Freunden beherzigt werden, um die Bezugsgruppe nicht zu stören oder zu belästigen. Auch Martin hatte einen Disput mit einer Freundin, die sich über den *Buschfunk* darüber beschwerte, dass jemand zu viel kommuniziere und schrieb, dass sie »diese Nervensäge aus dem *Buschfunk* löschen« (Interview Martin, Z 207) würde, woraufhin er sich angesprochen fühlte und direkt mit ihr in Verbindung setzte. Andrea schildert eine entsprechende Auseinandersetzung wie folgt:

> »Ich hab irgendwann mal von irgendwem gehört: Ja, ich hab dich aus meinem *Buschfunk* rausgelöscht, ich hab dich auf die Ignore-Liste gesetzt, weil mir das voll gegen Strich ging, was du immer der Allgemeinheit erzählst und dann kam halt der Kommentar mich interessiert auch nicht wie viel Kilometer du am Tag fährst – Ja aber das ist dann so gut, Feld abgesteckt, geklärt« (Interview Andrea, Z 1412-1416).

Steffen hat seine Profileinstellungen mittlerweile auch so modifiziert, dass nur diejenigen Freunde, die ebenso wie er ein konkretes Spiel nutzen, aus dem Spiel resultierende Statusmeldungen erhalten. Grundgedanke dabei ist, andere nicht mit unnötigen Informationen zu belästigen (vgl. Interview Steffen, Z 754-765).

Auch Gruppenzugehörigkeiten und Gruppeneinladungen bergen ein gewisses Maß an sozialem Druck. So werden Einladungen zu Gruppen aus Höflichkeit angenommen. Markus hat dementsprechend eine Seite mit einem ›Gefällt mir‹ versehen, weil ein Freund ihm das vorgeschlagen hat:

> »[...] irgend so 'ne, so 'ne Hip-Hip Gruppe, weil da 'nen Bekannter von mir drin ist und mir das angeboten hat da und ich das dann unfreundlich fand, das abzulehnen irgendwie. Obwohl ich die Musik glaub ich eher nicht so toll finde. Aber man versucht, die Leute, die man kennt dann ja auch so zu supporten, ne und naja.« (Interview Markus, Z 467-470)

Ähnlich erging es Judith, die noch den Zeitpunkt zum Austreten aus einer Gruppe erwog. Eine Gruppe vom Arbeitsplatz sollte gelöscht werden, weil dieser gewechselt wurde. Den Ausstieg aus besagter Gruppe plante sie sorgfältig, damit dies nicht zu abrupt geschah. Dabei war ihre größte Sorge als unhöflich zu gelten. Zudem waren andere ehemalige Arbeitskollegen auch nach Beendigung des Beschäftigungsverhältnisses nicht ausgetreten, was den Austritt aus der Gruppe für Judith ebenfalls erschwerte (vgl. Interview Judith, Z 345-352). Silvia hatte eine nicht gewollte Gruppeneinladung zunächst angenommen und danach auf unsichtbar eingestellt, »weil das eine Gruppe war in die ich eingeladen wurde und aus Höflichkeit das nicht ablehnen wollte und eigentlich das aber nicht auf meinem Profil stehen haben wollte« (Interview Silvia, Z 133-135).

Sehr deutlich werden die sozialen Verbindlichkeiten im Modus der Freundschaftsbekundungen. Jeder der Interviewten würde es als unhöflich empfinden, eine Person, mit der man sich bereits einmal unterhalten hat und die man nicht gänzlich unsympathisch fand, die Freundschaftsannahme zu verwehren.

> »Weiß ich nicht. Ist ja so ein Abweisen halt irgendwie. Man lehnt Leute ab. Also beim, weiß ich nicht, vielleicht kann man, stell ich mir das auch so vor, das ist als ob jemand an der Tür klingelt und ich mach auf, um zu gucken, wer da steht und wenn ich kein Bock hab knall ich die Tür halt wieder zu. So das ist halt irgendwie so diese Freundschaftsablehnung dann halt, ne. Aber man sagt dann halt ›Komm rein, aber du musst dich in die Küche setzen und ich geh ins Wohnzimmer‹ so weil man halt nichts miteinander zu tun hat dann halt. Aber also für mich wär's, ist es glaub ich dann wirklich so ein Unhöflichkeits-Ding« (Interview Markus, Z 751-757).

Markus beschreibt hier den Prozess der Freundschaftsannahme ebenso wie die anderen Interviewten in Analogie zu Alltagssituationen. Sowohl das Grüßen auf der Straße als auch das Klingeln an der Tür, setzen in den beschriebenen Szenarien immer voraus, dass Kontaktsuchender und Adressat dieser Bemühungen physisch präsent an dem Prozess beteiligt sind und diesen sehr bewusst wahrnehmen.

Eine wichtige Statusgruppe in der Freundesliste sind, wie bereits dargestellt, ehemalige Schulkameraden. Da diese einmal »Teil [...] [des] Lebens« (Interview Silvia, Z 164) waren, wird es als richtig empfunden, diese in der Freundesliste abzubilden, auch wenn kein enger Kontakt mehr vorhanden ist. Zudem finden es alle spannend, über die Plattform sehen zu können, wie sich das Leben der ehemaligen Schulkameraden entwickelt. Zu dieser Personengruppe wurde zu Schulzeiten ein intensives Verhältnis gepflegt, welches aber im Laufe der Zeit sehr viel flüchtiger geworden ist. So kommt es zu der ambiguen Situation, dass ein großes Interesse an diesen Profilen besteht, das Einsehen der eigenen Profilinhalte durch die Anderen aber kritisch gesehen wird.

> »Aber ich muss sagen bei einigen hab ich mir echt gedacht das finde ich seltsam. Ich finde es auch seltsam dass der so viel von mir sehen kann, sehen was auf meiner Pinnwand steht und der kann meine Verlinkungen sehen das ist mir alles zu viel von jemandem den ich gar nicht kenne und wo ich nichts mehr mit zu tun habe und wo ich mir dann denke das gehört da einfach nicht hin« (ebd., Z 166-170).

Dies zeigt sich auch darin, dass Freundschaftseinladungen zunächst aus Höflichkeit angenommen werden. Stellt sich im Laufe der Zeit heraus, dass mit dieser Person keine alltagrelevante Verbindung besteht wird diese Freundschaft beendet. Gleichzeitig wird aber darauf verwiesen, dass dies eine Ausnahme darstellen sollte, denn

> »[...]eigentlich löscht man eher nicht, weil man denkt, dann merkt die Person das doch, weil man ja schon recht aktiv ist und immer da und plötzlich ist man weg. Das will man dann auch nicht. Das ist wieder die nette Geste in umgekehrter Form, das will man dann nicht kaputt machen« (Interview Martin, Z 174-177).

So ist es dann auch »wichtig, dass es nicht auffällt« (Interview Judith, Z 449), dass die Freundschaft beendet wurde. Ebenso gut lässt sich das Gegenbeispiel anbringen: Werden Freundschaften zunächst angenommen und über die Plattform ein unangemessenes Verhalten derjenigen nachvollzogen, so wird diese Freundschaft auch wieder beendet, da man nicht möchte »dass diese Leute noch irgend-

was [...] erfahren« (Interview Carsten, Z 719-720). Dies ist aber vor allem deshalb
unproblematisch, weil

> »[...] man gar keine Benachrichtigung darüber kriegt, dass 'ne Freundschaft jetzt
> beendet wurde. Und bisher hat mich auch keiner drauf angesprochen, weil's dann
> auch wirklich so ist, dass mir derjenige so unsympathisch wurde, dass ich auch im
> Privatleben dann den Kontakt mit dem vermieden hab und dann hatte das auch
> keine Auswirkungen mehr [...]« (Interview Carsten, Z 739-742).

Die Verbindung, die außerhalb der Netzwerke zu den jeweiligen Kontakten besteht, ist also ebenfalls ein entscheidendes Element bezüglich der Verbindlichkeiten. In diesem Sinne ist es ausschlaggebend, ob mit bestimmten Verhaltensweisen soziale Konsequenzen für den Einzelnen verbunden sind oder nicht. Jedoch
beeinflussen on- und offline Kontexte über diese Kategorie hinaus die Netzwerke
insgesamt. Diese Zusammenhänge werden nun eingehender betrachtet.

7.5.3   On- und Offline-Sphären

Grundsätzlich besteht die Freundesliste aus Personen, welche die Mitglieder
kennen. So wird der Kontakt sowohl online als auch offline, je nach Grad der
Bekanntheit, gepflegt. Freund- und Bekanntschaften aus dem Alltag werden
in die digitale Sphäre übernommen. Dort werden mit diesem Bezugskreis
Kommunikationen und Informationen ausgetauscht, die wiederum auch
wieder in Offline-Kontexten zum Gesprächsthema werden können. So findet
eine permanente, reziproke Durchwirkung der Sphären statt, die vor allem aus
dem Grad der Öffentlichkeit resultiert. Ganz offensichtlich wird die spezifische
Öffentlichkeit, im Sinne von Persistenz, Sichtbarkeit und Beobachtung, wenn
einzelne Kommunikationen, die auf der Plattform stattgefunden haben, nochmals offline in Gesprächen aufgegriffen werden.

> »Ja, mit der Freundin aus K., da können wir zwei Stunden drüber reden [...] Zum
> Beispiel über diese *Buschfunk*nachrichten, einfach [...] Ja richtig und dann kommt
> man irgendwie automatisch auf die Person und redet halt über die Person oder
> kommt halt über was der eine macht was der andere macht, dass der jetzt nach
> Hamburg zieht, dass man das ja nicht gedacht hätte, also so was, darüber reden wir
> halt« (Interview Andrea, Z 1060-1071).

In diesem Sinne berichtet Carsten darüber, dass er kaum noch auf *studiVZ*
kommuniziere, sondern vielmehr über gewisse Personen auf *studiVZ*:

»Es ist glaub ich tatsächlich wirklich so, dass ich mehr irgendwie darüber rede
noch als dass ich überhaupt da aktiv bin. Also das ist wirklich glaub ich so. Dieses
aktuelle Beispiel wieder dieser Sportstudiotyp. Mit ein paar Freunden und so weiter
machen wir uns einfach darüber lustig und dann redet man ja auch irgendwie schon
darüber. Aber es ist wirklich so, dass ich, vielleicht ist das jetzt auch nur in letzter
Zeit aber ich rede schon glaub ich mehr darüber als dass ich überhaupt da aktiv bin.
Das ist wirklich so« (Interview Carsten, Z 881-886).

Dies verdeutlicht die Relevanz der Plattformen, selbst wenn der persönliche
kommunikative Austausch dort nicht mehr erfolgt. Grundsätzlich bieten die
Netzwerke auch ohne rege Beteiligung Informationen an, die zum Gegenstand
privater Kommunikationen außerhalb der Plattform werden. In ähnlicher Weise
fasst Martin für sich die Reichweite von *studiVZ* auf Offline-Kontexte zusammen:

»Und ganz interessant ist es, dass ich ja nicht mit meinem echten Namen drin bin,
sondern nur mit meinem Spitznamen und als Nachname immer irgendein Witz
[anonymisiert] und das ist so interessant, man geht abends raus und die Leute, man
hat nichts mit denen zu tun, nennen einen so. Oder auch die Leute, die man kennt,
nennen einen dann immer so. Das ist ganz massiv, dass man denkt, das geht genau
darüber. Oder ich werde von Leuten angesprochen mit meinem Spitznamen, stelle
mich aber nie unter diesem Namen vor. Klar geht das auch über die Freunde, die
einen so nennen, aber ich stell mich immer nur mit Martin vor. Oder Leute, die ich
überhaupt nicht kenne, wo man weiß, die studieren vielleicht dasselbe oder so, die
wissen dann den Namen« (Interview Martin, Z 251-260).

Die Plattformen stellen einen selbstverständlichen Bestandteil der Alltagswelt der
Nutzer dar. Dies zeigt sich besonders deutlich bei den Beschreibungen der Netzwerke für Kommunikationsanlässe. So tauscht sich Andrea mit ihrer Freundin
über die Besucherzahlen ihrer Profile aus und versucht herzuleiten, wie diese zustande kommen (vgl. Interview Andrea, Z 516-522). Martin berichtet darüber, wie
die Abbildung der gemeinsamen Freunde bei ihm und einer Freundin Irritationen
auslöste, weil sie so wenig gemeinsame Freunde hatten. Dementsprechend haben
sie eine Gruppe gegründet, um so das gemeinsame Freundesnetzwerk auszu-
weiten (vgl. Interview Martin, Z 344-359). Des Weiteren bieten Fotoalben und
Profilbilder Anlass für Gespräche. So berichtet Judith:

»Ähm, halt über Leute, die man kennt und man sich wundert: ›Oh hast du schon‹…
›Der hat jetzt ein neues Fotoalbum.‹ Oder… ja meistens über Fotoalben oder über
Profilbilder. Ja, so was. Also halt, vor allem halt bei Leuten, die man kennt, wie alten
Klassenkameraden oder Leuten, mit denen man mal befreundet war, jetzt nicht
mehr ist« (Interview Judith, Z 460-464).

Judith beschreibt hier nicht nur den Austausch über Profile, sondern darüber hinaus die Möglichkeiten, über die Plattform Informationen über alte Klassenkameraden oder ehemalige Freunde zu erhalten und sich durch diese Informationen mit den Freunden zu unterhalten. Silvia erzählt von einer ähnlichen Begebenheit, in der sie gemeinsam mit einem Freund das Profil eines Bekannten analysiert hat:

> »Ja ich hab tatsächlich auch mal 'ne Diskussion mit jemandem geführt, der Stress mit seiner Freundin hatte, weil die irgendwie 'nen Kerl kennen gelernt hatte und er fand ihn so doof und hat sich gemeinsam mit mir mit diesem Profil auseinandergesetzt so und da haben wir uns wirklich drangesetzt: Oh der hat ja 'ne doofe Gruppe, was sagt das über ihn aus. Also ja, das ist schon Thema, auf jeden Fall« (Interview Silvia, Z 201-205).

Einen weiteren Kommunikationsanlass stellt das Ändern des Beziehungsstatus dar, wie Carolin berichtet:

> »Ja gut, also vielleicht dann mal wenn da jemand seinen persönlichen Status geändert hat, so in ›Nicht mehr vergeben, sondern wieder Single‹ oder halt andersrum, dann redet man schon wohl drüber. Dass man dann mal sagt, ja ›Haste schon gehört, der und der ist wieder Single‹, oder ›Der und der ist jetzt mit der und der zusammen.‹« (Interview Carolin, Z 250-253)

Bei Martin bietet die Plattform *studiVZ* insgesamt gesehen zum Zeitpunkt des Interviews ein ganz zentrales Gesprächsthema im Alltag:

> »Das ist ein häufiges Gesprächsthema. Im Grunde ist es wirklich so, hört sich vielleicht komisch an, aber im Grunde ist das immer mit dem entsprechenden Freundeskreis, der auch hauptsächlich über studiVZ vernetzt ist, dass das immer einmal wenigstens kurz Thema ist am Tag und: ›Was ist da wieder passiert?‹ Und das ist auch lustig und immer schon so in einer reflektierenden Ebene. [...] Die Dimensionen, wie sich das ausbreitet immer mehr und wie das genutzt wird und wie sehr das aufs echte Leben übergreift ist echt schon spannend, wie das passiert. Weil es eben auch komplett neu ist. Wir wissen ja alle noch nicht, selbst die studiVZ-Gründer wissen eigentlich überhaupt nicht, was da passiert« (Interview Martin, Z 271-281).

Carsten wiederum nutzt *studiVZ* nur selten und steht der Plattform recht skeptisch gegenüber. Dennoch bietet sie auch für ihn zahlreiche Kommunikationsanlässe:

»Ja, doch also so Leute, wo man einfach nur mit dem Kopf schütteln könnte oder
so nach dem Motto was hat der jetzt irgendwie für n, wenn mir jetzt so einer von
meinen Freunden sagt: ›Was hat der jetzt für ein Foto reingestellt?‹, dass man dann
eben nachfragt: ›Ja, wieso? Hab ich nicht gesehen. Wie sieht das denn aus?‹ Oder dass
man sich einfach denkt mein Gott, was ist das für 'n krankhaftes Freundschaftsver-
halten von einigen Leuten da oder so nach dem Motto eben. Also ich würde jetzt
zum Beispiel nicht darüber reden ja, derjenige hat irgendwie ein schönes Profilfoto.
Also es ist immer nur so praktisch wenn derjenige irgend 'ne Verfehlung halt so
nach dem Motto ja, das würd ich aber nicht selber da reinstellen. Oder das find ich
jetzt aber komisch. Also ich würde nie irgendwie so darüber reden ach ja, derjenige
hat ja jetzt schöne Urlaubsfotos oder so eingestellt oder also es ist wirklich nur so,
dass man sich so denkt, ja irgendwie so würde ich es nicht machen oder darüber
kann man sich lustig machen.« (Interview Carsten, Z 890-900)

Interessant hierbei ist, dass es vorrangig um Neuigkeiten oder Verfehlungen von
Personen innerhalb der Netzwerke geht. Die Verfehlungen sind dabei besonders
interessant, da hier also nicht nur wie im Kapitel 7.5.1 Orientierung in der Online-
Sphäre gesucht wird, sondern diese sich auch auf die Alltagswelt erstreckt. Dieser
Bedeutungskontext findet sich auch bei Markus, wenn er darüber berichtet,
welche Themen über *Facebook* in seinem Alltag relevant sind:

»Das, das natürlich. Also wenn man jetzt, wie ich eben schon erzählt hab irgendwie.
Meine, meine Cousine sich darüber beschwert, dass 1000 Leute in ihrem Freundeskreis immer schreiben, wenn ihnen der linke Zeh juckt oder so was. Dann redet
man schon über diese, über diese Netzwerke und inwiefern das für einen selber
ätzend ist oder nachvollziehbar, dass Leute so was schreiben und warum man so was
selber nicht schreibt. Also man redet schon auch darüber, wie viel man in solchen,
in solchen Netzwerken von sich selber preis gibt so. Also man hat ja auch immer so
diese Pro- und Contra Diskussion mit Leuten. Oder was heißt Diskussionen oder
Gespräche eher so wo dann jemand sagt ›Boah, ich find das total schlimm, wenn
man dann so viel von sich selber preis gibt und man dann selber als Nutzer irgendwie sagt ›Ja, aber es bestimmt ja jeder selber.‹ Also dann wird das schon zum, zum
Gegenstand der Unterhaltung« (Interview Markus, Z 1933-1943).

Zudem wird deutlich, wie wichtig es ist, dass diese Kommunikationen über
Personen auf den Plattformen auf das gemeinsame Wissen der Kommunizierenden
rekurriert. Dadurch, dass durch die Netzwerke ein gemeinsamer Wissenstand der
Information über Andere möglich ist, werden neue Kommunikationsanlässe für
Offline-Kontexte geschaffen:

»*Facebook* ist wirklich dann relevant, wenn ich mich mit Leuten unterhalte, die sehr aktiv bei *Facebook* selbst sind. Das ist ja dann, weil dann ist man ja von beiden Seiten im Bilde. Ne, dann, dann weiß man ja, wovon man spricht. Das ist ja einfach so. Es ist ja genauso, wenn, wenn man sich über 'ne Fernsehserie unterhält, die man bei, die man guckt. Oder wenn man 'nen Film gesehen hat, den man unabhängig voneinander geguckt hat, dann unterhält man sich ja auch darüber. ›Wie fandest du den?‹ Und so und genauso ist es denk ich ist das mit *Facebook* auch. […] Aber wenn ich mich mit Freunden über, über *Facebook* unterhalte, dann geht's natürlich um die Inhalte, die bei *Facebook* präsentiert werden. Hauptsächlich natürlich auch von gemeinsamen Freunden. Beziehungsweise ich erzähle dann halt auch was Witziges, was der und der grad gepostet hat und so. Klar, da geht's nicht um *Facebook* an sich, sondern um den Inhalt von *Facebook*« (Interview Steffen, Z 1175-1196).

Diese Gespräche bleiben unproblematisch, solange die Nutzer nicht selbst zum Gesprächsthema werden. Sabine nimmt dazu eher eine ambigue Haltung ein, da sie sich bei der Überlagerung der Sphären unwohl fühlt:

»Und ich glaube, dass ich mit den Leuten, mit denen ich auch so wirklich befreundet bin und mich regelmäßig treffe, dass man, dass mir manchmal unangenehm ist, wenn die dann über *Facebook* sprechen. Das ist ganz komisch. Und da hab ich mich schon bei ertappt, dass ich zum Beispiel von 'nem Kumpel 'n Status kommentiert habe abends um elf und der kam dann am nächsten Tag uns besuchen und sagte: ›Mein Gott, du bist aber lange wach gewesen gestern‹. Und dann hab ich da gesessen und gedacht na und? Ne und dann, das mag ich nicht und dann, dann krieg ich sofort Gänsehaut, weil ich denke so dass, dass passt alles nicht zusammen und das möchte ich nicht« (Interview Sabine, Z 1139-1147).

Wie die bisherigen Ausführungen belegen, bilden die Netzwerke keinesfalls abgeschlossene Sphären, sondern sind hochgradig durchlässig. Wie bereits durch Sherry Turkle beschrieben, kann dies als permanente Ko-Präsenz von Offline- und Online-Sphäre charakterisiert werden (vgl. Turkle 2008). Die Lebenswelt der Nutzer wird durch die Netzwerke ebenso beeinflusst, wie die Lebenswelt die Netzwerke prägen. In dieser zentralen Charakterisierung ist es wenig sinnvoll, die Sphären getrennt voneinander zu betrachten. Um jedoch nachvollziehen zu können, welche Auswirkungen aus den reziproken Beeinflussungen resultieren, ist eine differenzierte Sichtweise durchaus ratsam. Zunächst einmal werden Kontakte aus der Offline-Sphäre in die Online-Sphäre übertragen. Jegliche Kommunikation innerhalb der Plattform kann Kommunikationsanlässe in der Offline-Sphäre anbieten. Dabei wird aus dem Interviewmaterial ersichtlich, dass die öffentlichen Kommunikationen sehr fest in Alltagsgesprächen verankert sind. Dadurch, dass diese in der Online-Sphäre nachvollziehbar sind, kann auch auf wesentlich mehr

Information und Kommunikation Bezug genommen werden. Bei Andrea zeigt sich dies durch das Gespräch mit der Freundin, die einen Mann kennen gelernt hat. Andrea kennt diesen nicht, kann sich aber über dessen Profil einen ersten Eindruck verschaffen und diesen per Telefon kommunizieren. In diesem Beispiel wohnt die Freundin nicht vor Ort und dennoch ist Andrea über die Plattform in der Lage, zumindest online, am sozialen Leben ihrer physisch nicht anwesenden Freundin teilzuhaben (vgl. Interview Andrea, Z 326-337). Ähnlich lässt sich die Verbindung mit ehemaligen Klassenkameraden oder ehemaligen Freunden interpretieren. Einerseits wären über diese Personen, da sie nicht mehr zum unmittelbaren sozialen Umfeld gehören, keine oder nur sporadische Informationen zugänglich. Über die Plattformen jedoch können, ohne diese Informationen aktiv einholen zu müssen, allein über die Freundschaftslegitimation, Informationen eingesehen werden. Diese können andererseits wieder mit gemeinsamen Freunden ausgetauscht werden oder für jeden persönlich relevant sein. Dies zeigt sich beispielweise bei Carsten, der über *studiVZ* immer mal wieder schaut, was im Leben seiner Ex-Freundin passiert.

Die Plattformen bieten somit viele Möglichkeiten der sozialen Verankerung. Sie erweitern oder vertiefen die gemeinsame soziale Lebenswelt, da jeder im Freundesnetzwerk auf ähnliche Kontakte und deren öffentlich zugängliche Inhalte zugreifen kann. In diesem Sinne zeigt auch das Zitat von Silvia, die mit einem Freund das Profil eines Bekannten analysiert, dass – egal ob Silvia diesen Bekannten kennen würde oder nicht – durch das Profil eine konkrete Unterhaltung über eine Person stattfindet, bei der auch gleich anhand der Profilinformationen der Charakter interpretiert wird.

7.5.4   Panopticon und Sozialität

Für die herrschenden Konventionen ist ein grundsätzlich ambigues Verhältnis zu den Plattformen sehr prägend. Alle Interviewpartner beziehen sich sehr häufig auf die Öffentlichkeit der *Social Network Sites*. Einerseits werden die Netzwerke als wichtige Zusatzoption zur sozialen Bindung angesehen, andererseits herrscht ein großes Misstrauen bezüglich der einsehbaren Daten. Dieser Diskurs wird darüber abgehandelt, »dass das eigentlich jeder sehen kann« (Interview Carolin, Z 269), dass man »nicht für jedermann transparent im Internet steh[t]« (Interview Carsten, Z 619), dass öffentliche Kommunikationen von jedem nachvollzogen werden können (vgl. Interview Markus, Z 2213-2216; Interview Sabine, Z 272-274; Interview David, Z 115-116; Interview Andrea, Z 687-691 und 1487-1488; Interview Christian, Z 94-100; Interview Carolin, Z 91-97; Interview Kerstin, Z 131-138). Deshalb wird beim Einstellen von Information sehr genau überlegt: »will ich, dass jemand das weiß von mir?« (Interview David, Z 316-317) und im

Zweifelsfall entschieden: »das soll jetzt doch nicht jeder wissen« (ebd., Z 217-218). Dieses Abwägen resultiert besonders aus der Angst, »dass das eigentlich jeder sehen kann« (Interview Carolin, Z 269). Diese Verkettung von sehen, gesehen werden und Wissen und Beobachtung erinnert an Foucaults Beschreibung des Panopticons von Bentham (vgl. Foucault 1976, S. 251 ff.).[74] Den Panoptismus charakterisiert Foucault vor allem durch eine Asymmetrie der Machtverhältnisse, indem die Gefangenen permanent sichtbar sind, die Wärter hingegen immer beobachten können, der Wärterturm aber niemals eingesehen werden kann, so dass eine Beobachtung derselben verhindert wird. Darüber hinaus sind die Gefangenen durch Mauern voneinander getrennt und können somit nicht miteinander kommunizieren (vgl. ebd., S. 256ff.). Obwohl diese Zugänglichkeit der Daten im Sinne einer Überwachung der Seitenbetreiber oder Behörden einen ernstzunehmenden politischen Problemdiskurs darstellt, wird dieser Zugunsten der Analyse des sozialen Charakters dieser gläsernen Architektur vernachlässigt. So resultiert, wie bereits Foucault bemerkte, nicht nur Disziplinierung (vgl. ebd.) oder Kontrolle (vgl. Deleuze 1993, S. 254ff.) aus diesen Gebilden, sondern auch die Option, die »Gesellschaftskräfte zu steigern« (Foucault 1976, S. 267), was sich im Sinn der Netzwerke auf Sozialität beziehen und sich im Folgenden gerade an den Konventionalisierungsprozessen ablesen lässt. Tatsächlich sind durch die Plattformen ebenso wie im Panopticon die Oberflächen bzw. die Gestalt des dazugehörigen Profils bzw. Insassen erfassbar. Durch die gläserne Anordnung, die wohlgemerkt den Blick auf die Oberfläche gestattet, diszipliniert jeder jeden. In dieser Perspektive ist das Machtverhältnis zwischen den Mitgliedern symmetrisch, Kommunikationen sind möglich, ebenso aber auch permanente Beobachtung.

Sehen und gesehen werden wirken demzufolge als Plattform-Imperative, die auch die Nutzung beeinflussen. Jedoch versuchen die Mitglieder bestimmte Kommunikations- und Verhaltensstrategien dagegenzusetzen, damit nicht jegliche Kommunikation und jegliches Verhalten nachvollzogen werden kann. Man kann sich zunächst durch die Mitgliedschaft auf der jeweiligen Plattform über andere Mitglieder informieren, die ebenso Mitglied sind. Dies ist natürlich nur in dem Maße möglich, wie die Profilinformationen zugänglich sind. Die Plattformen stellen durch ihr soziales Verweissystem eine gute Möglichkeit dar, Freunde zu finden und sich über einige Personen zunächst zu informieren. So wächst die Freundesliste aufgrund der Freundesfreunde recht schnell:

---

74 Das Panopticon sowie dessen Lesart für die Forschung findet sich ausführlicher in Kapitel 6.3.3.

»Es ist ganz ja, oder ganz hilfreich find ich, wenn man weiß, derjenige ist mit dem und dem befreundet. Mit dem einen ist man auch befreundet, guckt bei dem in der Freundesliste, um eben diesen anderen dann zu finden oder so. So erweitert sich das dann nach und nach. Oder wenn man, ja wenn man eben in der Uni oder in Seminaren neue Leute kennenlernt dann ja, dann gibt man mal den Namen ein, guckt, ob man den überhaupt bei *studiVZ* findet oder nicht und ja« (Interview Kerstin, Z 560-564).

Der Überblick über den dort abgebildeten Freundes- und Bekanntenkreis erschließt sich einigen nicht. Sie sind vielmehr überrascht, wie viele Freunde sie über die Dauer der Plattformzugehörigkeit angesammelt haben und wissen nicht, wie diese Zahlen[75] entstanden sind. Carsten denkt schon darüber nach und kommt zu dem Schluss, dass man

»[…] auch verschiedene Lebensbereiche [hat], ne, also Universität, dann alte Schule, enger Freundeskreis, Sportvereine. […] Ja, also das sind schon, da kommt einiges zusammen, irgendwie, Freundeskreis von meiner Freundin dabei und ja, das ist schon 'ne Menge« (Interview Carsten, Z 1257-1260).

Gleichzeitig wird durch das Freundesnetzwerk ein Gefühl der Verbundenheit artikuliert. Kerstin formuliert das so:

»Also es bedeutet mir dann ja eigentlich, bei dem Großteil der Leute wirklich so viel, dass ich weiß, ja, die kennen mich, die wissen wie ich bin, ich weiß wer die sind und ja, man macht ab und zu was zusammen vielleicht aber ja, muss auch gar nicht unbedingt sein, aber man kennt sich halt« (Interview Kerstin, Z 601-604).

So produziert die Form der Öffentlichkeit und Nachvollziehbarkeit der Netzwerke auch Sozialität. Zum einen bildet sie das Beziehungsgeflecht des Einzelnen online ab, zum anderen können Informationen von der Plattform auch Offline zu neuen Kommunikationen und Verbindungen führen:

»Und ich find's dann 'ne gute Möglichkeit, wenn man dann zum Beispiel in 'nen Ort zieht, wenn ich jetzt nach Bremen ziehen würde, wüsste ich, wer in Bremen ist und hätte dann schon einen Ansatzpunkt wo ich eben sagen würde ›Hey du, ich ziehe nach Bremen, können wir nicht mal irgendwas machen oder so‹, oder ›Kannst Du mir nicht mal die Stadt zeigen?‹ oder irgendwie so was« (Interview Andrea, Z 1515-1519).

---

75 Hier geht es vor allem um Freundschaftszahlen, welche die 200 überschreiten.

Die grundsätzliche Öffentlichkeit der Plattformen ist jederzeit bewusst und bewirkt, dass die Mitglieder sehr reflexiv Grenzen setzen oder präventiv gegen nicht intendierte Lesarten vorgehen:

> »Das ist ja auch nicht abgeschlossen. Das kann ja auch jeder sehen, ne. Und das ist ja auch und das ist uns auch allen klar und wir schreiben da auch nicht wirklich private Dinge rein. Ganz witzig, meine kleine Schwester, die spricht uns manchmal auch noch direkt auf *Facebook* an, wenn wir gar nichts damit zu tun haben. Wenn irgendjemand nämlich zum Beispiel was über sie postet und sie nicht will, dass wir das so und so sehen, dann sagt sie, dann sagt sie ›Hier S., M. und D. das ist alles gar nicht so, wie das hier steht.‹ Also sie weiß, dass wir das lesen können« (Interview Sabine, Z 272-279).

Carsten ist hingegen aufgrund des öffentlichen Charakters von *studiVZ* so vorsichtig, dass er »alles auf nicht sichtbar« (Interview Carsten, Z 118) einstellt, weil er »das auch unangenehm finde[t], wenn das jeder lesen kann« (ebd., Z 359). Diese Formulierungen finden sich auch in anderen Interviews in Form von »Das soll jetzt doch nicht jeder wissen« (Interview David, 219-220), »will ich, dass jemand das weiß von mir« (ebd., Z 316-317), »das müssen nicht alle meine Freunde im *studiVZ* wissen« (Interview Carolin, Z 111-112) und »dass das eigentlich jeder sehen kann« (ebd., Z 269). So setzt Martin die Pinnwand auf *studiVZ* zur Übermittlung privater Botschaften so ein:

> »Bei bestimmten Sachen will ich ja nicht, dass irgendjemand anderes das liest auf der Pinnwand von demjenigen. Da weiß ich so, mein Freundeskreis, die sehen das alle und das will man vielleicht nicht und dann schreibt man das als Nachricht oder der Geheimtrick: Auf die Pinnwand schreiben und das dann löschen. Das ist dann eben auch schön, weil dann sieht das nur der, dem die Seite gehört und da steht dann, dass das vom Verfasser gelöscht wurde und dann sieht das nur noch der und dann ist das 'ne lustige Sache, um geheime Botschaften … könnte man auch über Nachrichten machen, aber das ist dann 'ne witzige Sache, das auf die Pinnwand zu schreiben« (Interview Martin, Z 220-227).

Die Speicherung, Sichtbarkeit und potenzielle Beobachtung beeinflussen die Interviewten demzufolge tiefgreifend und diszipliniert deren Verhalten. Die Implikationen von sehen und gesehen werden bewirken, wie die Zitate belegen, ebenso wie asymmetrischen Machtverhältnisse bei Foucault, die Internalisierung der Machtstrukturen.

Betrachtet man die Netzwerke nun aus Sicht des Individuums, erlaubt die Oberfläche ebenso einen ganz konkreten Blick auf die eigene Person. So findet sich hier nicht nur die Selbstbeschreibung sondern auch die Abbildung der sozialen Bezugsgruppe sowie die dazugehörigen Kommunikationen. In diesem Sinne ist durch die Oberfläche der Plattformen Selbstbeschreibung immer auch mit den sozialen Verbindungen verwoben, so dass sie sich reziprok beeinflussen. Mit Rekurs auf Reinhard Keil lässt sich somit feststellen, dass die Nutzer durch diese relativ persistente Form des Selbst- und Sozialbezugs etwas über sich und über die Bezugsgruppe lernen können (vgl. Kapitel 6.3.4). Dies äußert sich in den Interviews einerseits über die persönliche Entwicklungsprozesse innerhalb der Netzwerke, weil durch die Nutzung eine gewisse Form von Kompetenz entsteht, sich auf diesen Plattformen gelungen zu beschreiben und die Beziehungen zu anderen zu pflegen. Anschaulich verdeutlicht findet sich diese Dimension bei Andrea:

»Ja auch in einer schnelllebigen Zeit sich nicht zu verlieren ist schon ein Grund wo ich sage, meine Kollegen gehen zum Beispiel immer mehr jetzt auch aus dem *studiVZ* raus, sind bei *Facebook* zwar auch, aber auch nicht in dem Maße, sondern wenn dann bei *Xing*, wo ich aber auch sage, wo ist euer Privatleben. *Xing* ist kein Privatleben, da bin ich auch ganz selten übrigens. Ich musste mich ja anmelden, aber wo ich dann auch sage das Privatleben, wo ihr euch selber, wo ihr euch nicht nur mit dem Beruf identifiziert, weil *Xing* ist für mich eine Berufsidentifikation, *Facebook*, es ist in beiden Sachen, ich sag nicht, dass jeder da drin sein muss aber so sie reden halt ziemlich abschätzig darüber auch mit dieser Selbstdarstellung und hier und da und wo ich dann sage: Ja, aber ihr könnt. Da meinte einer auch so: ›Ich wusste nicht, was ich auf mein Profil schreibe.‹ Ja da ist das Problem, da ist ja wirklich, wenn man da nicht weiß, was man da drauf schreiben soll, wenn ich nicht mal selber weiß, was ich über mich schreiben soll finde ich das schon traurig. Ich könnte da jeden Tag was verändern, könnte ein neues Lieblingsbuch hinschreiben oder sonst was, aber das konnten die nicht« (Interview Andrea, Z 1715-1727).

Jenseits dieser recht zugänglichen Ebene von Lernprozessen gilt es, noch einen abstrakteren Blick mit Lacan auf die Plattformen zu werfen (vgl. Kapitel 6.3.3). Lacan eignet sich insofern sehr gut dafür, da er im Spiegelstadium ebenfalls Oberflächenphänomene in den Blick nimmt. So sind die Plattformen ebenfalls Oberflächenphänomene, Spiegelapparaturen, die einen Blick auf das Individuum und seine soziale Bindungen gestattet. Wie bereits verdeutlicht, wollen die Mitglieder den Kontakt zur Bezugsgruppe zumindest online nicht verlieren, obschon das im physischen Sinne bereits durch Umzüge, veränderte Interessenlagen oder Lebensentwicklung geschehen ist. Soziale Kontinuität ist somit ein Mangel im Alltagsleben der Mitglieder. Ebenso lässt sich diese Perspektive auf die Selbstbeschreibung beziehen. Ein derart umfassendes, obwohl assoziativ über Stichpunkte vollzogenes, Bild kann offline niemand der gesamten Bezugsgruppe und auch sich selbst nicht auf einen Blick vermitteln. Um sich der Rhetorik Lacans zu bedienen, ermöglichen die Plattformen den Blick auf eine totale, Selbst- und Sozialbezug umfassende, Gestalt (vgl. Lacan 1973, S. 64f). Dieser Blick auf das Individuum als Ganzes mit seinen sozialen Beziehungen, stellt einen Gegenentwurf zum lebensgeschichtlich erfahrenen Verlust sozialer Kontinuität dar. So kann das selbst- und sozialzerrissene Mangelwesen einen Blick auf sich als Ganzes, sozial Verbundenes werfen. Zudem lernt das Netzwerkmitglied, wie durch die Entwicklungsprozesse und den Bereich der Öffentlichkeit verdeutlicht, zunehmend den Blick der Anderen auf sich selbst einzunehmen und mit diesem über die Plattformen angemessene soziale Bindungen aufzubauen. Diese Lesart offenbart einen Kompensationsmechanismus, der die Probleme des Selbst- und Sozialbezugs im Alltag zumindest bearbeitet und so den Erfolg der Netzwerke erklären kann.

7.5.5 Zusammenfassung

Die Plattformen etablieren mit den Nutzungsgewohnheiten der Mitglieder eine besondere Form der Öffentlichkeit. Diese ist nicht nur durch die Sichtbarkeit der Profile gekennzeichnet, sondern darüber hinaus ebenso durch die Speicherung der diversen Informationen und die potenzielle Beobachtung. Es kann nicht nur potenziell jedes Profil von jedem Nutzer angeschaut, sondern auch Informationen und Kommunikationen durch die Speicherung zu späteren Zeitpunkten nachvollzogen werden. Auch die Fixierung der Freundesliste stellt eine Speicherung dar, die soziale Verbindung konserviert.

Diese Art der Öffentlichkeit, so ließ sich durch die Interviews belegen, hat tiefgreifende Auswirkungen auf Selbstbeschreibung und Selbstthematisierung sowie auf die Aushandlung sozialer Beziehungen. Zunächst lässt sich konstatieren, dass dadurch Orientierungen oder soziale Standards für die Mitglieder entstehen. Durch die Vergleichbarkeit der Profile sind Einträge und Aushandlungsprozesse nachvollziehbar und stellen, insgesamt wirkend, eine Norm des Verhaltens dar. Zunächst zeigt sich, dass durch diese Vergleichbarkeit der Einträge Diskurse über Quantitäten entstehen. In diesem Sinne gibt es Begrenzungen der Freundesanzahl, die ab einer bestimmten Größenordnung als oberflächlich bis pathologisch aufgefasst wird. Die Grenzlinie variiert dabei zu den unterschiedlichen Erhebungszeitpunkten. Hier liegt die Vermutung nahe, dass größere Freundesanzahlen auf *Facebook* deshalb so verbreitet und legitim sind, da durch die enormen Mitgliederzahlen eine größere Bezugsgruppe abgebildet werden kann. So waren es bei der VZ-Gruppe zu Beginn nur Schüler und Studenten, die sich dort anmeldeten. Auch wenn dieses Prinzip immer weiter ausgedehnt wurde, waren über *Facebook* mit dem Start der deutschen Seite von Beginn an alle Menschen angesprochen. Ähnlich verläuft auch die Orientierung durch Beobachtung der öffentlichen Kommunikation der assoziierten Freunde. Auch hier werden ex negativo Standards erschlossen, wie die eigene (Re-) Präsentation nicht gestaltet werden sollte. Die Beispiele verdeutlichen, dass es eine Norm gibt, die zu viel Information, zu uninteressante oder aber zu emotionale oder intime Inhalte als sozial auffällig markiert. Darüber hinaus lässt sich aber auch eine Orientierung der Mitglieder an anderen Profilen nachweisen, indem die eigene Selbstbeschreibung dementsprechend ähnlich gestaltet wird. Es etabliert sich, wie bereits durch die Selbstbeschreibung und Selbstthematisierung beschrieben, die Norm, das eigene Profil gewissenhaft zurückhaltend zu gestalten und ebenso zu pflegen.

Zusammengefasst lässt sich also eine Orientierung an Anderen, sei diese nun positiv oder negativ konnotiert, nachweisen. Dabei wird den sogenannten Anderen durch die öffentlichen Kommunikationen oder die vermuteten Motivationen für ihr Verhalten ein zu öffentlicher Habitus unterstellt. Mit Rekurs auf Riesman und Sennett lässt sich verdeutlichen, wie dieser im Gegensatz zur Normalnutzung interpretiert wird (vgl. Kapitel 6.1.3). So würden die Befragten selbst niemals solche persönlichen Inhalte und exzessive öffentliche Kommunikation tätigen. Die Anderen dienen hier der Abgrenzung und damit auch der Vergewisserung, wie gelungene (Re-)Präsentation funktioniert. Damit orientieren sich auch die Befragten an den Anderen, jedoch reflektieren sie dieses Verhalten und entscheiden sich dazu, sich selbst im Gegensatz dazu zu positionieren. Dies korrespondiert mit der von Sennett artikulierten Innenlenkung. Die sozial auffälligen Anderen jedoch überspringen in dieser Perspektive den Schritt der Reflexion und verlagern diesen in die Öffentlichkeit. So wird ein allzu öffentlicher Habitus ohne Reflexionsprozesse das Gegenteil gelungenen Verhaltens (vgl. ebd.).

Durch die Nachvollziehbarkeit der Aktivitäten der Nutzer durch diese Form der Öffentlichkeit ergeben sich weitere Standards. In diesem Sinne entstehen durch die Speicherung der Kommunikationen und deren Einsehbarkeit bestimmte soziale Verbindlichkeiten. Öffentliche Kommunikationen, wie sie über *Pinnwände* oder *Gästebücher* getätigt werden, beinhalten nur Smalltalk, kurze Sprüche, Witze oder aber Kontaktinitiierungen. Darauf aufbauende Gespräche werden über die Nachrichtenfunktion verhandelt. Ebenso verhält es sich beim *Buschfunk* und den *Neuigkeiten*. Wird diese Norm gebrochen, bekunden Teile der Bezugsgruppe indirekt ihren Unmut über diese Kanäle, indem allgemein auf nicht gewünschte Kommunikationen über öffentliche Kommunikationsformen verwiesen wird. Bemerkenswert ist hierbei, dass diese Dispute bei den betreffenden Personen auch ohne direkte Ansprache ankommen und aufgenommen werden. Daraus entsteht die soziale Norm, die Bezugsgruppe ihren Wünschen entsprechend nicht mit überflüssigen Informationen zu behelligen (vgl. 7.4.2 und 7.5.2).

Noch anschaulicher werden die Verbindlichkeiten bei den sozialen Zugehörigkeitsstrukturen, die durch Persistenz, Sichtbarkeit und Beobachtung nachvollzogen werden können. Ein Beispiel stellen die Gruppenzugehörigkeiten oder ›Gefällt mir‹-Markierungen dar. Hier werden von den Freunden häufig Einladungen zum Beitritt bzw. zur Markierung versandt. Da diese Zugehörigkeiten durch das Profil nachvollzogen werden können, entsteht für die Befragten ein gewisser sozialer Druck, die Einladungen anzunehmen. Aber auch wenn der Wunsch besteht, Zugehörigkeitsbekundungen zu löschen, wird im Vorfeld überlegt, ob dies unhöflich erscheinen könnte und sorgfältig durchdacht. Eine Strategie ist in diesem Kontext diese Inhalte unsichtbar zu schalten, so dass nur noch diejenigen, die Teil dieser Zugehörigkeit sind, die Einträge sehen können. Der Modus der Freundschaftseinladung und -annahme unterliegt ebenso sozialen Konventionen. Wenn sich die Befragten schon einmal mit jemanden unterhalten haben und dieser schickt eine Freundschaftseinladung, würde es als unhöflich empfunden, diese nicht anzunehmen, sofern sie sich im Gespräch nicht gänzlich unsympathisch waren. Diese Konvention beschreiben sie in Analogie zu Alltagsbegebenheiten, wie das Grüßen auf der Straße oder das Klingeln an der Tür. Bei beiden Szenarien wird die Analogie darüber erschlossen, dass beide Seiten die Kontaktaufnahmebemühungen bewusst wahrnehmen. Beim Gruße des Anderen schauen sich beide an, beim Klingeln an der Tür wird die Tür erst geöffnet, um zu sehen wer dort um Einlass bittet (vgl. Kapitel 7.5.2). Die Freundschaftsablehnung symbolisiert das bewusste Wegschauen beim Grüßen oder die Tür wieder zu schließen, sobald das Gegenüber erkannt wurde. Die gezogenen Parallelen verdeutlichen die soziale Verbindlichkeit, die auf den Plattformen jedoch nicht aus physischer Präsenz entstehen kann. Vielmehr wirken hier die Speicherung, Beobachtung und Sichtbarkeit als Motive der sozialen Verbindlichkeit. Dadurch wird die Freundschaftsannahme oder -ablehnung eine nachvollziehbare Positionierung zur Anerkennung der sozialen Verbindung. Dabei gilt es zu bedenken, dass sowohl das Grüßen als auch jemanden zur Türe hereinbitten Gesten sind, die im Alltag der Wiederholung bedürfen, um den Staus des Kennens und Anerkennens zu reproduzieren. Durch die Freundschaftsannahme resultiert jedoch aus dieser Initiationshandlung eine dauerhafte Verbindung. Dies kann ebenfalls problematische Züge annehmen.

Alle Befragten pflegen über Plattformen mehr oder weniger ausgeprägte Kontakte zu ihren ehemaligen Schulfreunden. Da diese einmal Teil ihres Lebens waren, ist es für die Befragten wichtig, diese Bezugsgruppe auf den Plattformen abzubilden. Diese Verbindungen werden, auch wenn keine alltagsrelevante Beziehung mehr besteht, ungern von den Interviewten gelöscht und somit aufgekündigt. Anders gestaltet sich dies bei einem Befragten, der aufgrund des sozial nicht legitimierten Verhaltens eines Kontakts sowohl offline wie online den Kontakt zu dieser Person abbrach. Obwohl hier die Verbindung aufgekündigt wurde, belegt dieses Beispiel dennoch die soziale Relevanz der Plattformen. Ein

Fehlverhalten, welches auf den Plattformen nachvollzogen werden kann, kann ebenso offline Auswirkungen haben und umgekehrt.

Damit ist bereits der komplexe Zusammenhang von online und offline Kontexten angesprochen. Freundschaften und Kontakte sind in diesem Sinne sowohl ›virtuell‹ als auch ›real‹ verwoben.[76] Kommunikationen beider Sphären ergänzen sich in der Folge gegenseitig, so dass hier ein permanenter, bei einigen scheinbar lückenloser, Austausch entsteht. Die Verbindung von on- und offline Sphäre tendiert somit, wie bereits durch Turkle beschrieben, zu einer permanenten Ko-Präsenz (vgl. Turkle 2008, S. 3), die durchaus auch problematische Züge annehmen kann, so dass auch nicht intendierte Auswirkungen und Auseinandersetzungen daraus erwachsen (vgl. Kapitel 6.3.2). Diese Prozesse lassen sich durch Gespräche, die im ›Alltag‹[77] über Profile oder explizit öffentliche Kommunikationen stattfinden, nachvollziehen. Dem entgegengesetzt können online getätigte Nachrichten, Kommentare oder neue Profilinhalte Nachfragen außerhalb der Netzwerke evozieren. Neuigkeiten, Klatsch und Tratsch der Plattformen bieten somit zahlreiche Anknüpfungspunkte für Alltagsgespräche. Aber auch Informationen, wie etwa die Anzahl der Freunde, können Anlässe für Kommunikationen darstellen. Bemerkenswert ist, dass die Plattformen die diversen Information und Kommunikationen speichern und so eine Vielzahl von Themen konservieren, über die sich die Mitglieder austauschen. Dadurch, dass auf den Plattformen eine größere Bezugsgruppe abgebildet wird, erhalten die Mitglieder dementsprechend auch Zugang zu mehr Informationen als dies offline der Fall wäre. Die Beispiele belegen, dass durch die Plattformen Gespräche möglich sind, in denen über Personen diskutiert wird, die nicht allen Gesprächspartnern bekannt sein müssen. Ein Blick auf das Profil einer Person ermöglicht so den Austausch der Kommunizierenden, da sich durch die Profilinformationen nicht vorhandenes Wissen kompensieren lässt. Wie durch die Interviews belegt, kann so eine Teilhabe am Leben der nicht mehr vor Ort lebenden Freunde erschlossen werden, indem neue soziale Kontakte auf den Plattformen abgebildet und sich so ein Eindruck über diese Personen verschafft werden kann. Dies führt zu der These, dass *Social Network Sites* die gemeinsam geteilte Lebenswelt erweitern oder sichern, da sie Informationen über diese bereithält, die sonst nicht

---

76 Der Dualismus zwischen virtuell versus real wird in Kapitel 9 ausführlich diskutiert und differenziert. An dieser Stelle sollen die beiden Begriffe lediglich als Synonyme für on- und offline Sphären dienen.

77 Der Terminus *Alltag* wird als Synonym für nicht-computervermittelte Kontexte genutzt, wohlwissend, dass verbindende Technologien längst fester Bestandteil des Alltags vieler Menschen sind.

zugänglich wären. Diese These erklärt auch, weshalb für einige Mitglieder die Plattformen sozusagen ein zweites Leben darstellen und sie dadurch auch mehr Kontakt zu ihren Freunden haben. Besonders deutlich wird dies bei Andrea, die konstatiert, dass der Kontakt zu einer entfernt wohnenden Freundin ohne das Netzwerk nicht so ausgeprägt sein würde (vgl. Interview Andrea, Z 856-866).

Die gläserne Architektur der Plattformen führt zu einer janusköpfigen Entwicklung. Einerseits entsteht dadurch, wie über die verschiedenen Kategorien verdeutlicht, ein sozialer Druck, da die Bezugsgruppe und das potenziell weitere Publikum der Netzwerke enormen Einfluss auf die Nutzung haben und internalisiert werden. Disziplinierung und Kontrolle sind aber nur eine Seite dieser Perspektive. Auch Foucault weist darauf hin, dass das Panopticon ebenso produktive Kräfte entfalten und nahezu »jede Funktion (Erziehung, Heilung, Produktion Bestrafung)« (Foucault 1976, S. 265) beinhalten kann. In den *Social Network Sites* wird Zugehörigkeit und Verbundenheit produziert. Auch wenn die mediale Umgebung als sehr prägend herausgestellt wird, reagieren die Nutzer aufgrund ihres Wissens um die Öffentlichkeit der Plattformen mit bestimmten Strategien. In diesem Sinne schöpfen sie die Potenziale dieser Öffentlichkeit aus, um sich über Personen zu informieren, ihre Freundesliste aufzubauen und sind beispielsweise auch dadurch in der Lage, bei Umzügen zu schauen, welche der Kontakte in der entsprechenden Stadt zu finden sind, die soziale Anknüpfungspunkte darstellen. Auch das Gefühl der Verbundenheit wird durch die Speicherung und Sichtbarkeit der Profile reproduziert. So etablieren, wie Kerstin es formuliert, die Plattformen eine Form des nachvollziehbaren Kennens und Anerkennens, die Zugehörigkeit und Verbundenheit symbolisiert (vgl. Kapitel 7.4.3 und 7.5.4).

Letztlich wird noch der abbildende Charakter der Netzwerke in den Fokus gerückt. Selbstbeschreibung und soziale Verbindungen werden gespeichert, sind nicht nur für ein potenzielles Publikum nachvollziehbar, sondern auch für jeden Profilinhaber persönlich. Selbst- und Sozialbezug sind durch die Plattformen somit immer miteinander verwoben. Dadurch kann das Mitglied sich einen Überblick über sich selbst als auch über seine sozialen Verbindungen verschaffen. In Differenz zu den Alltagserfahrungen können durch diese Speicherung, also die relativ persistente Art des Selbst- und Sozialbezugs, Erfahrungswerte darüber entstehen, wie gelungene Selbstbeschreibung und Beziehungspflege auf den Plattformen zu gestalten sind. Diese These bestätigt sich bereits durch die Entwicklungsprozesse der Nutzer, indem sie durch die Dauer der Nutzung sukzessiv mehr über das Funktionieren der Netzwerke erfahren und ihre Selbstbeschreibungen und sozialen Aushandlungen dementsprechend verändern (vgl. auch Kapitel 7.2). Übergreifend erwächst daraus auch ein Bewusstsein dafür, dass es wichtig ist, etwas über sich selbst auszusagen und dies auch entsprechend artikulieren zu können. So weist Andrea darauf hin, dass sie es traurig findet, dass ihre Arbeitskollegen aufgrund mangelnder Erfahrung mit und ausgeprägter Ressentiments gegenüber den Plattformen keine solchen Selbstaussagen tätigen konnten.

Zudem wurden noch Entwicklungen thematisiert, die sich jenseits der bewussten Ebene vollziehen können. Die Netzwerke bieten durch ihren abbildhaften Charakter einen Blick auf das Individuum als selbst und sozial konstituiertes Ganzes. Gerade im Hinblick auf die offline stattfindenden sozialen Erosionsprozesse durch Umzüge, Interessens- und Lebensveränderungen ist die online vollzogene Speicherung dieser sozialen Verbindung besonders interessant. Somit sollen erfahrene soziale Bruchsituation nicht abgebildet, sondern online weiterhin gepflegt oder überbrückt werden. Soziale Kontinuität stellt in der offline-Sphäre einen Mangel dar, der online zumindest medial behoben werden soll. Auch als bloßes Oberflächenphänomen, das heißt, nur über die Herstellung der Verbindung durch Freundschaftseinladung und Bestätigung, also durch Kennen und Anerkennen, wird weiterhin am Leben dieser Personen teilgenommen. Diese Teilnahme begründet sich zumeist nicht in regelmäßigen Kommunikationen mit dieser Bezugsgruppe, sondern in der Tatsache, dass über Profilbeschreibungen, Aktualisierungen, Fotos und öffentlich einsehbare Kommunikationen Informationen zugänglich sind. Dennoch, so belegen es die empirischen Ergebnisse, ist diese Form den *Kontakt zu halten* sehr wichtig für die Mitglieder, da dies eine kontinuierliche Teilhabe am Leben der Kontakte repräsentiert. Auch auf der Ebene des Selbstbezugs bietet sich eine solche Lesart an. Die Mitglieder können somit nicht nur die Existenz, Genese und Pflege der sozialen Bezugspersonen nachvollziehen, sondern darüber hinaus auch ihre eigene. Dieses Moment lässt sich durch die persönliche Bedeutung der Nachvollzugs der eigenen Entwicklung innerhalb des Kapitels Selbstbeschreibung und Selbstthematisierung vor allem bei Kerstin, Martin und Andrea erschließen. Diese Argumentation fortführend, entsteht hier ein durchaus bedeutungsvoller Blick, der Individuen auf sich selbst als totale, Selbst- und Sozialbezug beinhaltende, Gestalt. Die Plattformen scheinen die in den Heuristiken angesprochenen individuellen wie sozialen Zersetzungserscheinungen abzufedern und somit ein sich kontinuierlich entwickelndes und gespeichertes Bild des Selbst- und Sozialbezugs entgegenzusetzen. Ob es sich hierbei, wie in Lacans Theorie des Spiegelstadiums herausgestellt, nur um ein Verkennen handelt, soll hier nicht weiter analysiert werden, da dies eine rein theoretische Diskussion darstellen würde und an dieser Stelle nur die Überlegungen verhandelt werden sollen, die sich durch die empirischen Ergebnisse anschließen.

Wie bisher dargelegt, entstehen durch die Selbstbeschreibung und Selbstthematisierung, durch die sozialen Aushandlungsprozesse und durch die mediale Umgebung viele Anknüpfungspunkte, um die spezifische Sozialität in den *Social Network Sites* zu beschreiben. In diesem Sinne gilt es, die eingangs formulierte Forschungsfrage nun wieder aufzugreifen. Zu Beginn wurde mit Mead Sozialität als etwas beschrieben, was sich zwischen Individuum und Kollektiv vollzieht (vgl. Kapitel 2). Das Individuum befindet sich demnach immer schon in sozialen Zusammenhängen und wird durch Normen und Regeln geprägt. So stellt Sozialität im Sinne Meads sowohl die Voraussetzung als auch ein Bedürfnis des Individuums dar. Mit Jetzkowitz und Krotz wurden Bezüge der sozialen Aushandlungsprozesse für Sozialität erschlossen, weil Menschen über Kommunikation und symbolische Prägungen Sozialität erfahren. Ergänzend dazu wurden die Ausführungen Paetaus aufgegriffen, um den Fokus auf Sozialität in computervermittelten Sphären zu erfassen. Bei Paetau werden in dieser Hinsicht das Verhältnis von Anwesenden und Abwesenden und damit die Vermittlung aufgrund von Medien relevant. In dieser Perspektive stellt sich die Frage, inwieweit Medien Anschlussmöglichkeiten sozialer Einbettungsprozesse anbieten (vgl. ebd.). Diese grundlegenden Fragen der Sozialität auf den Ebenen Individuum, Zugehörigkeit, Kommunikation sowie symbolische Prägung und Medienbezug wurden im weiteren Verlauf durch die Heuristiken *Selbstbeschreibung und Selbstthematisierung, Sozialbezug* und *mediale Bezüge* im Hinblick auf das Phänomen *Social Network Sites* ausformuliert. Diese bildeten die Grundlage für die Sichtung und Analyse der Interviews und wurden in der Auswertung der Heuristiken separat dargestellt. Dies bietet den Vorteil, deren spezifischen Dimensionen aufzubereiten und dementsprechend darzustellen. Jedoch sind die Heuristiken, wie zu Beginn des Auswertungskapitels beschrieben, tiefgreifend miteinander verwoben, so dass eine integrative Betrachtung erforderlich ist, um sich einen Eindruck über Sozialität zu verschaffen, der sowohl *Selbstthematisierung, Sozialbezug* und *mediale Umgebung* konkret zueinander in Verbindung setzt.

Die Profile repräsentieren im Sinne der Selbstbeschreibung und Selbstthematisierung den jeweiligen Profilinhaber mit seiner sozialen Bezugsgruppe (vgl. Kapitel 7.3). Diese werden ausdrücklich für die Bezugsgruppe bzw. das potenzielle Publikum angelegt und stellen so ein Kontakt- bzw. Kommunikationsangebot für andere Mitglieder der Plattform dar. Aus einer Kombination von persönlichen Angaben (wie Name, Geburtsdatum, Studienort, Wohnort etc.), Fotoalben, Zugehörigkeitsbekundungen (wie die Gruppen oder ›Gefällt mir-Seiten‹) sowie die Sektionen Pinnwand und die Statusmeldungen wird ein Netz aus Bedeutungen aufgespannt, was jeweils verschieden festgelegten Öffentlichkeitsgraden zugänglich ist. Aus diesem Bedeutungsnetz können sich potenzielle Besucher des Profils einen Eindruck des Profilinhabers verschaffen und gegebenenfalls die diversen Informationen oder Kommunikationen als Kontaktinitiierung oder Kommunikationsanlass wahrnehmen. Da dieses Bedeutungsnetz keiner festgelegten Lesart unterliegt, können somit auch die Interpretationen des Profils durchaus sehr unterschiedlich ausfallen. Aufgrund der Fülle der Profilinformationen und deren dazugehörigen Verbreitungsgraden, erinnern sich die Interviewten nicht in Gänze an ihr Profil und können auch den Verbreitungsgrad verschiedener Inhalte oftmals nicht abschätzen. Dies verursacht im Hinblick auf die sozialen Verbindungen häufiger Irritationen. So werden über die Freundschaftsbestätigungen dauerhafte Verbindungen geschaffen, die dem tatsächlichen Kontakt mit diesen Personen häufig nicht entspricht. Die Interviewten finden bspw. die Abbildung der ehemaligen Schulkameraden und Freunde wichtig, weil sie einmal Teil ihres Lebens waren und so auch eine gewisse Bedeutung dieser Personen dargestellt wird. Einerseits ist es für die Interviewten interessant über die Plattformen weiterhin an dem Leben dieser Personen durch die verschiedenen Informationen teilhaben zu können und deren Lebensentwicklung nachzuvollziehen, anderseits möchten sie selbst die Informationen ihres Profils möglichst allgemein halten und nicht allzu viele private, emotionale oder zu ausufernde Details preisgeben (vgl. ebd.).

Eine möglichst unproblematische Art der Selbstbeschreibung stellen die sozialen Zugehörigkeitsbekundungen dar. Diese Zugehörigkeiten zu mehr oder weniger großen Gruppenstrukturen symbolisieren Charaktereigenschaften und Präferenzen, was in der Auswertung als sozial verursachte Individualität interpretiert wurde. Diese Form der Beschreibung ist für die Nutzer sehr sinnvoll, da sie sich dadurch beschreiben können »ohne privat zu werden« (Interview Sabine, Z 1049). Gedenk der Tatsache, dass die Profile trotz der vielen Möglichkeiten, Einträge zu verändern, neue Fotos einzustellen usw. dennoch gespeichert werden und auch die Verbindung zur Freundesliste eine Speicherung derselben darstellt, erhöht sich die Notwendigkeit, zunächst ein möglichst allgemeines und unproblematisches Profil zu erarbeiten. Angesichts der vielen verschiedenen Bezugsgruppen, die durch die Freundschaftsverbindung einen Zugang zum Profil erhalten und der vielen möglichen unbekannten Betrachter, die ohne Verbindung einen Teil des Profils einsehen können, ist diese Form der sozialen Selbstbeschreibung mit geringen Risiken der Selbstentblößung verbunden. Gleichzeitig werden aber dennoch Facetten der Identität angeboten, die sozialen Austausch ermöglichen. Dieser Austausch wird je nach Bekanntschafts- oder Freundschaftsgrad unterschiedlich ausgehandelt. So stellen die Kommunikationen über die Plattformen für den engeren Freundeskreis lediglich eine Ergänzung aller gemeinsamen Erfahrungen miteinander dar. Für die entfernteren Bekannten oder ehemalige Freunde und Schulkameraden, die immerhin einen beachtlichen Teil der Freundesliste darstellen, sind die Profile jedoch die einzig kontinuierliche Verbindung, die zueinander existiert (vgl. Kapitel 7.3). Grundsätzlich stellen die Profile nicht nur eine Speicherung der Selbstbeschreibung dar, sondern ebenso der sozialen Verbindungen. Mit dieser Form der Selbstthematisierung ist zudem ein Entwicklungsgedanke des Individuums verbunden, so dass Aktualisierungen aufgrund Veränderungen im Leben obligatorisch sind und erwartet werden (vgl. ebd.).

Durch die Heuristik der sozialen Aushandlungsprozesse wurde ersichtlich, dass die Netzwerke eine Möglichkeit darstellen, sich über Menschen zu informieren und dass damit eine Veränderung der Suchbewegungen im Internet einhergeht (vgl. Kapitel 7.4). Es wird nicht nur nach Prominenten oder Themen recherchiert, sondern über die Plattformen werden auch Informationen über Menschen eingeholt, zu denen mehr oder weniger eine Verbindung besteht oder zumindest bestand. Die Markierung der Bezugsgruppe funktioniert sehr regelgeleitet[78] durch bidirektionale Verbindungsgesten, die Kennen und Anerkennen symbolisieren.[79] Diese so geschaffene Verbindung stellt eine

---

78 In den Interviews wird darauf verwiesen, dass es unhöflich wäre, eine Freundschaftseinladung abzulehnen, wenn sich beide Parteien bereits einmal gesehen und miteinander geredet hätten. Ausführlich findet sich dies in Kapitel 7.4.1.

79 Dazu muss eine Freundschaftsanfrage gesendet und vom Empfänger bestätigt werden. Der Modus der Kontaktaufnahme findet sich ausführlich in Kapitel 7.4.1.

gegenseitige Wertschätzung dar, auf deren Basis, auch zu entfernteren Bezugsgruppen, eine Intensivierung bzw. Wiederaufnahme des Kontakts ermöglicht wird. Die Abbildung der Bezugsgruppen durch die Freundesliste, die diversen Kommunikationen sowie zugänglichen Inhalte evozieren Auseinandersetzungs- und Reflexionsprozesse, die wiederum zu weiteren Kontaktaufnahmen führen können. Die verschiedenen Kommunikationsangebote und deren impliziter Verbreitungsgrad sind den Nutzern bewusst und werden je nach öffentlichen oder privaten Kommunikationsinhalten und Bedürfnissen genutzt. Besonders ausgeprägt sind hierbei die öffentlichen Formen der Kommunikation, die durch Pinnwandeinträge, Kommentare oder Statusmeldungen stets Neuigkeiten für die Bezugsgruppe bereithalten und so die Aktivitäten der Bezugsgruppe nachvollziehbar gestalten. Da diese Formen des Austausches einem großen Bezugskreis zugänglich sind, weisen sie einen öffentlichen und allgemein verständlichen Charakter auf. Hierbei handelt es sich um Anschlusskommunikation, da über kurze, möglichst nicht allzu private Mitteilungen der Kontakt zur Bezugsgruppe ständig aufrechterhalten wird (vgl. Kapitel 7.4.2).[80]

Die Frequenz und die ständige Verfügbarkeit der Kommunikationen und Informationen trägt dazu bei, dass die Nutzer das Gefühl haben, am Leben ihrer Kontakte teilzuhaben und Zugehörigkeit zu erfahren. Diese Zugehörigkeit lässt sich jedoch nicht als ästhetische Gemeinschaft[81] interpretieren, da die Ereignisse auf den Plattformen keineswegs konsequenzlos sind und Auswirkungen auf Offline-Kontexte nach sich ziehen. Die tiefgreifende Verbindung, die durch die Freundesliste, also eines eigenen Bezugskreises entsteht, wird besonders anschaulich, wenn Freundschaften oder Beziehungen in die Brüche gehen. Zahlreiche Strategien, wie das Löschen der Freundschaftsverbindung sowie das Blockierungen sämtlicher Kommunikationen, die über Freundesfreunde dennoch nachvollzogen werden könnten, sind notwendig, um Die- oder Denjenigen tatsächlich aus dem eigenen Leben zu verbannen (vgl. Kapitel 7.4.3).

Durch die Heuristik des Medienbezugs konnte herausgestellt werden, dass durch die Netzwerke eine ganz spezifische Form der Öffentlichkeit entsteht, die

---

80 In den Interviews wird sehr schnell deutlich, dass jeder Personen in der Freundesliste hat, die diese Regeln nicht beachten und zu viele, zu persönliche oder zu uninteressante Inhalte kommunizieren. Auch wenn diese Mitteilungen verpönt sind, üben sie doch einen besonderen Reiz auf die Nutzer aus und bieten zahlreiche Kommunikationsanlässe, um mit Freunden über diese Inhalte zu reden und das eigene plattformangemessene Verhalten zu bestärken.

81 Bauman beschreibt, wie in der Heuristik 6.2.2 ausführlich beschrieben, ästhetische Gemeinschaften als Zugehörigkeit, die sich nur an der Oberfläche vollzieht, im gemeinschaftlichen Moment erfahren wird und danach sofort zerfällt.

aus Persistenz, Sichtbarkeit und Beobachtung resultiert. Diese Nachvollziehbarkeit evoziert zunächst Orientierung und eine Vielzahl sozialer Standards, die insgesamt eine Norm des Verhaltens innerhalb der Netzwerke bewirkt. Diejenigen, die diese sozialen Standards nicht beherrschen, können aufgrund des öffentlichen Charakters der Plattformen leicht identifiziert werden. Dies kann auch deshalb so leicht nachvollzogen werden, da diese Personen sich häufig der öffentlichen Kommunikationsangebote bedienen, die von der Freundesliste beobachtet werden kann. Diesen Personen wird von der Bezugsgruppe ein allzu öffentlicher Habitus unterstellt, der ohne vorherige Reflexion ausgelebt wird. Darauf aufbauend entwickeln sich aber weitere soziale Verbindlichkeiten. Freundschaftseinladungen oder Gruppenbeitrittsaufforderungen können nicht einfach abgelehnt werden – zu groß wäre die Offenkundigkeit dieser Ablehnung, da sie auf dem Profil nachlesbar wäre. Die Ablehnung von Freundschaftsanfragen wird bspw. mit dem bewussten Wegschauen beim Grüßen auf der Straße gleichgesetzt. Ebenso wird das Bild bemüht, dass man zunächst an der Tür schaut, wer um Einlass bittet, um ihm oder ihr dann explizit den Zutritt zu verwehren. Dementsprechend symbolisieren diese Annahmen und Ablehnungen aufgrund ihrer Speicherung eine nachvollziehbare Positionierung zur jeweiligen sozialen Verbindung (vgl. Kapitel 7.5.1 und 7.5.2).

Jedoch stellen die Alltagsanalogien ein Verkennen der tatsächlichen Tragweite dieser Gesten dar. Denn mit diesen Annahmeriten werden dauerhafte Verbindungen geschaffen, die sich nicht nur auf den Moment des Grüßens oder die Dauer des Besuchs reduzieren lassen. Sehr prägnant werden die sozialen Verbindlichkeiten bei der Verbindung mit ehemaligen Freunden und Schulkameraden. Diese Bezugsgruppe ist für die Interviewten wichtig, da sie einmal Teil des Lebens war und so soll über die Plattformen deren Relevanz gespiegelt werden. Dies kann jedoch durchaus problematische Züge annehmen, da nun auf beiden Seiten Informationen nachvollzogen werden können, die teilweise mit diesem Bekanntschaftsgrad unvereinbar erscheinen (vgl. Kapitel 7.5.3). Durch die Betrachtung der Netzwerke als panoptische Architekturen wurde ersichtlich, dass dadurch sowohl soziale Disziplinierung als auch ein Gefühl von mehr Zugehörigkeit entsteht, da diese Verbindungen gespeichert und somit für den Einzelnen nachvollziehbar sind und vielfältige Optionen des sozialen Anschlusses bereithalten, wie die Wiederaufnahme von ehemaligen Freundschaften. Bei Umzügen ist es ebenso möglich, auf die Freundesliste zuzugreifen, um zu erfahren, wer in der neuen Stadt lebt, um sich so ein neues soziales Umfeld aufzubauen. Durch die Abbildung des Selbst- und Sozialbezugs bietet sich letztlich für die Nutzer die Gelegenheit, einen durchaus bedeutungsvollen Blick auf sich selbst und die sozialen Bezugspunkte, auf die individuelle und soziale Genese zu werfen (vgl. Kapitel

7.5.4). Diese Erkenntnis ist umso relevanter, je mehr individuelle wie soziale Zersetzungs- oder Fragmentierungsprozesse aus soziologischen Zeitdiagnosen miteinbezogen werden (vgl. Kapitel 6.1 und 6.2).

Aus den Ergebnissen resultieren bei eingehender Betrachtung auch Bruchstellen hinsichtlich des sozialen Charakters der Netzwerke, die auf dieser Ebene nicht aufzulösen sind. So lässt sich grundsätzlich eine sehr ambivalente Haltung zu den Plattformen feststellen, indem einerseits sehr viel Zeit mit der Pflege des Profils und der dort abgebildeten Beziehungen investiert und andererseits die Bedeutung der Netzwerke marginalisiert werden. Differenzen finden sich ebenso in der Abbildung des Beziehungsnetzwerkes, da alle Kontakte abgebildet werden, zu denen aber verschiedenartige Verbindungen bestehen. Besonders bei ehemaligen Freunden und alten Klassenkameraden wird hier eine Verbindung hergestellt, die in der Form nicht mehr gelebt wird. Insgesamt liegt die Vermutung nahe, dass hier soziale Beziehungen festgehalten, legitimiert bzw. fixiert und gespeichert werden. Dieses Verhalten wird im Folgenden noch einmal im Hinblick auf die Konstruktion eines Sozialraums in den Netzwerken eingehender betrachtet. Damit einhergehend stehen zudem die Sphären Online und Offline bzw. real versus virtuell zur Disposition und müssen an die Konzepte von Sozialität gebunden werden, um die Durchwirkung der Sphären schlüssiger beschreiben zu können. Somit werden im folgenden Kapitel diese Bruchstellen der Forschung aufgegriffen, theoretisch aufgearbeitet und an die Ergebnisse zurückgebunden, um die Frage nach der Sozialität in *Social Network Sites* abschließend zu beantworten.

Die zuvor explizierten Bruchstellen der Forschung, werden nun abstrahierend diskutiert, um das Phänomen Sozialität in *Social Network Sites* mittels theoretischer Konzeptionen konkreter beschreiben zu können. So vollzieht sich Sozialität nicht nur im Rahmen der Netzwerke, sondern wirkt zugleich auf das Offline-Leben der Interviewten zurück (vgl. Kapitel 7.5.4). Der aufgebaute Dualismus von Offline- und Online-Kontexten gestaltet sich, obwohl der Differenzierung für die Analyse durchaus dienlich, zunehmend artifiziell und bedarf im weiteren Verlauf einer differenzierten Betrachtung. Durch die Analyse von *Social Network Sites* als panoptische Anordnungen werden zudem Bezüge einer Umgebung, ein gestalteter und zu gestaltender sozialer Raum, angedeutet, dessen Spezifika ebenfalls konturiert werden müssen (vgl. Kapitel 7.5.5). Diese Ergebnisse wirken nun wie folgt: Zunächst überlagern sich On- und Offline-Sphären gegenseitig. Um diese Sphären und deren Wechselwirkungen eindeutiger zu fassen, sind theoretische Bezüge von Raum und Ort notwendig, da sie die Bedeutung von Sozialität im Hinblick auf Nähe und Distanz nach wie vor nachhaltig prägen. Durch diesen Diskurs wird deutlich, wie sehr die Begriffe Raum und Ort in soziologischer Tradition bereits mit Bedeutungen aufgeladene Kategorien sind. In diesem Sinne wird nun die eingangs aufgeworfene Fragestellung zur spezifischen Form der Sozialität in *Social Network Sites* in der Verbindung von empirischen Ergebnissen und theoretischer Diskussion aufgegriffen. Dementsprechend werden im Folgenden schrittweise theoretische Perspektiven mit den empirischen Ergebnissen verbunden, um die Konstruktionen des sozialen Raums in den Netzwerken nachzuvollziehen. Erst wenn die entsprechenden Begriffe und Theorien sowie deren Implikationen und empirische Relevanz diskutiert wurden, lässt sich fundiert eine abschließende These zur spezifischen Form der Sozialität der Netzwerke formulieren. Zuerst erfolgt nun die Diskussion zur Nähe und Distanz des Sozialen und somit die Bedeutung von Ort und Raum als Prolog, um die offenen Fragen der Sozialität beantworten zu können

9.1   Prolog: Nähe und Distanz des Sozialen

Um die Eigenschaften, Bedeutungen und Strukturen der Sozialität in *Social Network Sites* hinreichend ausführen zu können, wird im Folgenden das Umfeld, in welchem diese Sozialität stattfindet, thematisiert. In diesem Sinne gilt es, das Verhältnis von Sozialität, Raum und Ort zu klären, deren historische Wandlungsprozesse nachzuvollziehen und dadurch zu einer aktuellen Perspektive zu gelangen, innerhalb derer sich Zugehörigkeitsbezüge in *Social Network Sites* analysieren lassen. Selbstverständlich kann hier nicht die gesamte soziale sowie kulturwissenschaftliche Diskussion zu Raumkonstruktionen abgebildet werden, jedoch werden mittels exemplarischer theoretischer Perspektiven wichtige Bezugspunkte zur Beschreibung und Konzeption der Sozialität in *Social Network Sites* herausgearbeitet.[82] Der erste Theoretiker, der Zugehörigkeit im Sinne von Gemeinschaft ausformulierte, war Ferdinand Tönnies (1963, S. 8ff.). Für ihn ist die Gemeinschaft als eine Form von Sozialität an physische Nähe der Mitglieder dieser Gemeinschaft geknüpft. So definiert er zunächst drei verschiedene Formen: Die Gemeinschaft des Blutes bezeichnet Verwandtschaftsbeziehungen, die er als Einheit des Wesens und als die ursprünglichste und stärkste Verbindung interpretiert. Die Gemeinschaft des Ortes resultiert aus der Nähe des Zusammenlebens. Die Gemeinschaft des Geistes bezeichnet eine Art von Verbindung, die ihren Ursprung im gleichen Denken und Handeln findet. So führt er aus, dass die Gemeinschaft des Blutes in einer gemeinsamen Verbindung des Wesens begründet ist, die Gemeinschaft des Ortes, an gemeinsamen Grund und Boden und zuletzt die Gemeinschaft des Geistes an religiöse gemeinsame Riten geknüpft sind (vgl. ebd.).

---

82 Eine umfassende Abbildung der Diskussion der Raumsoziologie würde diese Forschungsarbeit schlicht überfrachten und einen anderen Forschungsfokus nach sich ziehen. Dennoch prägen Raumvorstellungen Sozialität in ihrer Konzeption und Bedeutung maßgeblich. In diesem Sinne werden Perspektiven aufgegriffen, die das Verhältnis von Zugehörigkeit und Verbundenheit an räumliche Konzeptionen binden und so einerseits die historische Genese der räumlichen Sozialität verdeutlichen und andererseits Anschlüsse zu den *Social Network Sites* zulassen.

»Alle drei Arten der Gemeinschaft hängen unter sich auf das engste zusammen, so
im Raume wie in der Zeit: daher in allen einzelnen solchen Phänomenen und deren
Entwicklung, wie in der menschlichen Kultur überhaupt und in deren Geschichte«
(ebd., S. 14).

Soziale Phänomene sind in diesen Überlegungen an einen Ort oder Raum gebunden. Allerdings haben sich seit Tönnies im historischen Verlauf durch
Fortschritt und Entwicklung die Bedingungen des Sozialen verändert. Dementsprechend werden im Folgenden zunächst die Terminologien und deren Zusammenhang mit sozialen Phänomenen durch die Überlegungen von Anthony
Giddens (1995) erläutert. Den Beginn der Moderne verortet er auf das 17. Jahrhundert in Europa und beschreibt damit neue Formen des Sozialen. Dazu greift
er Lyotards (1986) Überlegungen zur Postmoderne[83] auf. Lyotards ist der Ansicht,
dass sich eine neue Zeit abzeichnet, die nicht mehr durch die großen zusammen-
hängenden, das Individuum und seinen Platz in der Gesellschaft einschließenden
Erzählungen gestaltet wird (vgl. Giddens 1995. S 9ff.). Auch Erkenntnisse der
Wissenschaft erweisen sich zunehmend als diffus, miteinander konkurrierend, so
dass Erkenntnisse kaum noch allgemein verbindlichen Bestand haben. An diesem
Punkt spricht sich Giddens gegen Termini wie Postmoderne, zweite Moderne und
dergleichen aus, da seiner Ansicht nach das Wesen der Moderne noch kaum ergründet ist und somit auch darauf aufbauende Überlegungen nicht erschlossen
werden können (vgl. ebd.).

Giddens stellt fest, dass die Moderne ein Phänomen ist, das im 17. Jahrhundert
in Europa beginnt und sich im Laufe der Zeit immer weiter entwickelt und damit
deutlicher zum Tragen kommt und im wesentlichen neue Formen des Sozialen
umschreibt. Die neuen Formen des Sozialen resultieren für ihn maßgeblich aus den
veränderten Bedingungen von Raum und Zeit. Dazu greift er zunächst das vielen
soziologischen Interpretationen zugrundeliegende Postulat von Diskontinuitäten
auf. Jedoch nimmt er an, dass viele dieser auf Diskontinuitäten fokussierenden
Theorien, durch die Vorannahme eines stetigen Entwicklungscharakters der

---

83 Die Terminologien *Moderne, Postmoderne, zweite Moderne* und dergleichen mehr
    werden in dieser Arbeit nicht ausdifferenziert, da sich die Diskussion um die Be-
    grifflichkeiten bis heute als Kontroverse nachzeichnen lässt und dieser Diskurs der
    Forschungsarbeit wenig dienlich wäre. Es sei dennoch angemerkt, dass Giddens These
    einer *radikalisierten Moderne* in seiner Argumentation durchaus plausibel dargestellt
    wird, meiner Meinung nach aber in dem Zusatz *radikalisiert*, wie Giddens es auch
    kennzeichnet, die Vorahnung einer neuen Zeit ausdrückt. In diesem Sinne scheinen
    mir die Begriffe *Postmoderne, reflexive Moderne* u.a., obgleich anders hergeleitet,
    ebenso legitim, diese Umbruchssituation zu markieren.

Geschichte, der Blick auf eine eingehende Zeitdiagnose verstellt bleibt. In diesem Sinne arbeitet er die Veränderungsgeschwindigkeit, den Wirkungsraum der Veränderungen und den Charakter moderner Institutionen als die drei zentralen Diskontinuitäten heraus. So gab es sicherlich auch vor der Moderne Veränderungserscheinungen, jedoch nicht so rasant wie unter den Bedingungen der Moderne, nicht so global folgenwirksam und auch nicht in den Charakteristiken der Institutionen so deutlich zu Tage tretend. Da die ersten beiden Kategorien der Geschwindigkeit und der Ausdehnung gänzlich nachvollziehbar sind, sei hier nur auf die moderne Stadt im Gegensatz zu traditionellen und vormodernen Städten als Giddens Beispiel für den Änderungscharakter moderner Institutionen eingegangen. Obwohl sich die Städte in ihrer Form ähneln und lediglich ausgedehnt erscheinen, unterliegt die moderne Stadt gänzlich anderen sozialen Strukturen als in der Vormoderne (vgl. ebd., S. 12ff.).

Als Voraussetzung für die Dynamik der Moderne sind für ihn vor allem die Kategorien Zeit und Raum ausschlaggebend (vgl. ebd., S. 28ff.). Die Ermittlung der Zeit war in vormodernen Epochen an einen Ort gebunden. Um die Uhrzeit zu ermitteln, mussten dementsprechend geographische Gegebenheiten einkalkuliert werden, um zu einem Ergebnis zu kommen. Dieses Ergebnis war jedoch nicht exakt, sondern eher ein an Umweltbedingungen geknüpfter Schätzwert. Dies ändert sich mit der Erfindung der mechanischen Uhr ab dem 18. Jahrhundert. Die Zeit wurde mit dieser Erfindung nicht direkt vom Raum abgelöst, dies geschah erst zunehmend im Zuge einer gesellschaftlichen Allgemeingültigkeit der Verwendung der Zeit. Giddens führt hier als Argument die Organisation der Arbeitszeit ein, die gut die Standardisierung der Verwendung bestimmter Zeitabschnitte des Tages markiert. Darauf basierend kann nun die Trennung von Raum und Ort analysiert werden. Mit der Moderne beginnt sich der Raum vom Ort zu lösen. Der Ort ist für Giddens eine physische Dimension, die durch Anwesende und deren soziale Interaktion geprägt wird. Der Raum hingegen ist in Giddens Rhetorik »phantasmagorisch« (ebd., S. 30), weil er durch Abwesende geprägt wird. Genauer gefasst, wird der Raum durch soziale Interaktionen entfernter Abwesender beeinflusst. Die »Entleerung des Raums« (ebd.) ist nach Giddens nicht in gleicher Weise von Messverfahren seiner Feststellung abhängig wie die Zeit. Vielmehr ergibt sich der »leere Raum« (ebd.) durch dessen Veranschaulichung unabhängig vom Standpunkt und die Entwicklung alternativer Raummaße. Dies verdeutlicht Giddens durch die geographische Erschließung und Abbildung der Welt, die unabhängig vom Standpunkt des Betrachters durch Materialien wie etwa Karten oder den Globus nachvollzogen werden kann. Aber die Trennung von Raum und Zeit ist für Giddens kein abgeschlossenes, unidirektionales Phänomen. Er verweist im Gegenteil darauf, dass die Ablösung von Zeit und Raum zunächst

Entbettungen darstellen, auf deren Basis verschiedene Prozesse der Einbettung aufsetzen können (vgl. ebd., S. 33ff.).

Damit wird Giddens Argumentation nun eindringlicher. Die Trennung von Raum und Zeit sowie deren Entleerung sind die Voraussetzung für diverse Formen der Entbettung als auch der Einbettung. Mit dem Begriff Entbettung meint er Prozesse, die soziale Beziehungen ortsunabhängig gestalten und somit Sozialität vom physischen Ort ablösen. Diese Mechanismen werden durch die Entwicklung symbolischer Zeichen und von Expertensystemen angetrieben. Die symbolischen Zeichen sind für ihn universell, das heißt individuell unspezifisch. Das paradigmatische Medium symbolischer Zeichen ist für ihn das Geld, da dadurch Güter, Dienstleistungen und Vertrauensbeziehungen in einen allgemein verbindlichen Wertmaßstab überführt werden. Da ›Geld im engeren Sinne‹[84] auf Banken angewiesen ist, die den Wert des Geldes im Auftrag des Staates legitimieren, ermöglicht es die Abstandsvergrößerung zwischen Schuldner und Kreditgeber sowie die zeitliche Verzögerung der Schuldbegleichung. Die Expertensysteme stellen Technikwissen und Professionen dar, die in der Moderne weit verbreitet, aber für den einzelnen nicht in Gänze durchschaubar sind. Als Beispiele seien hier Architektur und Ingenieurwissenschaften genannt, die das moderne Leben prägen. Gebäude werden betreten, jedoch hat der Normalbürger nur geringes Wissen über deren Statik, Flugzeuge werden genutzt, ohne deren technischen Aufbau zu durchschauen. So verlässt sich der Einzelne auf die Profession anderer, die dieses Wissen besitzen und stellt dieses nicht in Frage. So dienen auch die Expertensysteme als Raum-Zeit-Disparationen. Der Architekt eines Hauses muss nicht persönlich bekannt sein, sondern nur einen Bildungstitel innehaben, da dieser den Garant für das notwenige Wissen darstellt. Für den Einzelnen, der öffentliche Gebäude betritt, ist noch nicht einmal das von Belang, da die Qualifikationssicherung von Trägerstelle bereits erfolgt sein muss und dieses vorausgesetzt wird (vgl. ebd.).

Diesen Entbettungsprozessen stellt Giddens Rückbettungsmechanismen gegenüber, die soziale Interaktionen an spezifische Orte zurückbinden (vgl. ebd., S. 104ff.). Dementsprechend stellt er fest, dass Beziehungen unter modernen Bedingungen sowohl auf gesichtsabhängigen als auch gesichtsunabhängigen Interaktionen basieren. Die gesichtsabhängigen Bindungen drängen auf die Anwesenheit der sozialen Interaktionspartner und bewirken so eine Rückbettung des Individuums. Die gesichtsunabhängigen Bindungen basieren auf der Etablierung der abstrakten Systeme, also auf symbolische Zeichen und Expertenwissen (vgl. ebd., S. 111ff.). Giddens geht hierbei davon aus, dass sich somit Entbettungs- und Rückbettungs-

---

84 Die ausdifferenzierte Argumentation findet sich bei Giddens ab Seite 34ff.

mechanismen reziprok beeinflussen. Im weiteren Verlauf zeigt sich jedoch, dass Giddens seine eigene Rhetorik der Differenz zwischen Raum und Ort aufweicht und zudem, wie Martina Löw ausführt, in seiner gesamten Argumentation der Logik des Behälterraums verhaftet bleibt (vgl. Löw 2001, S. 37f.). Dennoch bietet er eine sehr gute Differenzierung der Begriffe Raum und Ort an, die auch im Folgenden verwendet wird. Grundsätzlich soll jedoch darauf verwiesen sein, dass Giddens mit seiner Ausdifferenzierung der gesichtsabhängigen wie gesichtsunabhängigen Bindungen, wie es Markus Schroer beschreibt, diesen Dualismus nicht dazu nutzt, die gesichtsabhängigen Bindungen a priori als natürlicher, besser und somit als bindender zu charakterisieren (vgl. Schroer 2005, S. 128). Vielmehr legt diese Argumentation nahe, dass auch den gesichtsabhängigen Bindungen aufgrund ihrer vollständigen Durchdringung von gesichtsunabhängigen Bindungen ebenso misstraut werden sollte. Diese Überlegung nimmt auch Paetau zum Anlass, um computervermittelte Sozialität anders zu fassen. So stellt physische Anwesenheit der Akteure für ihn keineswegs ein Garant für Zugehörigkeit dar. Das moderne Leben in Städten mit der dazugehörigen Ignoranz, bzw. »Blasiertheit« (Simmel 1984, S. 196), wie Simmel es beschrieb, legen Zeugnis darüber ab, dass physische Nähe nicht gleichzusetzen ist mit gelebter, geistiger oder emotionaler Zugehörigkeit. In diesem Sinne muss Zugehörigkeit von den Menschen, ob nun physisch am gleichen Ort anwesend oder nicht, erfahren und gefühlt werden. Eine weitere Erkenntnis, die sich aus Giddens Ausführungen ergeben, ist die Tatsache, dass sich gesichtsabhängige und gesichtsunabhängige Bindungen reziprok beeinflussen und dadurch verschiedene Formen der Entbettung und Einbettung gestalten können. Diese Perspektive kann ohne weiteres mit den Erkenntnissen Sherry Turkles (2008) zum Tethered Self verbunden werden. Turkle konstatiert durch den nun permanenten Anschluss des Individuums an verbindende Technologien, dass sich daraus eine ständige Ko-Präsenz zwischen computervermittelter und physischer Sphäre etabliert. Aber auch Turkle fokussiert, trotz der vielen aufschlussreichen Erkenntnisse, zu sehr auf Anwesenheit und Abwesenheit und damit einhergehend einer Rhetorik von ›natürlich versus künstlich‹, ›Ort versus Raum‹, die letztlich in Bezug auf die *Social Network Sites* zu kurz greift. Die Motivation, sich auf den Plattformen anzumelden, resultiert aus dem Wunsch heraus, mit der sozialen Bezugsgruppe in Kontakt zu bleiben. Das heißt konkret, dass zu einem Teil der sozialen Bezugsgruppe aufgrund von Veränderungen im Leben kein auf physischer Anwesenheit basierender Kontakt mehr gepflegt werden kann und durch die Netzwerke eine computervermittelte Bindung hergestellt werden soll. Mit dieser Verbindung ist die Hoffnung verbunden, den Kontakt zu diesen Personen aufrechterhalten zu können. Darüber hinaus sind die Austauschprozesse auf den Plattformen ein relevantes Thema in Alltagsgesprächen der engeren Bezugsgruppe, so dass mit der Anmeldung sowohl Teilhabe als auch Mitsprache verfolgt werden.

Ohne diese computervermittelte Teilhabe würden also viele Diskussionen und Erfahrungen mit den Netzwerken für den Einzelnen nicht nachvollziehbar sein (siehe Kapitel 7.1). Bereits etablierte soziale Beziehungen sind die Grundlage für den Austausch innerhalb der Netzwerke, die wiederum ihrerseits auf soziale Aushandlungsprozesse jenseits der digitalen Sphäre zurückwirken. In Giddens Rhetorik wären somit diese Entwicklungen schlicht Entbettungen, da sie mit physischer Distanz verknüpft sind. Der Verlust eines Teils der sozialen Bezugsgruppe stellt jedoch eine Entbettung aufgrund von Distanz dar, die vermittels der Netzwerke kompensiert werden soll. Wenn gesichtsunabhängige und gesichtsabhängige Bindungen bereits eine unauflösbare Symbiose eingegangen sind, ist Entbettung in diesem Sinne irreversibel und die darauf aufsetzenden Einbettungsversuche lediglich illusorischer Natur. Diese Rhetorik erwächst durch die Grundidee, dass physische Nähe, also der Ort der Ursprung des Sozialen sei. Da die spezifischen Zugehörigkeitsstrukturen über diese Perspektiven nicht erschlossen werden können, sollen nun Ansätze von Markus Schoer (2003) diskutiert werden, die einen anderen Blick auf das Verhältnis Raumkonstruktionen und Internet vorschlagen.

9.2 Raummetaphern und Grenzmarkierungen der Netzwerke

Die Konzeptionen von Raum in Bezug auf das Internet von Markus Schroer scheinen dienlicher zu sein, um die Konstruktion des sozialen Raums in *Social Network Sites* erschließen zu können (vgl. ebd., S. 55ff.). Er versucht die Bedingungen des virtuellen Raums anhand der Metaphern zu beleuchten, die mit diesen verbunden sind. So diskutiert er die Begriffe ›Datenautobahn‹, ›Global Village‹, ›Digitale Stadt‹ und ›Datenmeer‹ und deren Implikationen und Konnotationen.[85] Dabei verweist er insbesondere auf die Meeresanalogien des Internet und stellt fest, dass die damit verbundenen Vorstellungen von Land versus Meer ähnlich gelagert sind wie der Dualismus von virtuell versus real. Um dies kurz zu verdeutlichen: Das Meer galt vor seiner systematischen Erschließung als unbegrenzter Freiheitsraum, mit dem sowohl Abenteuer als auch Gefahren verbunden wurden. Doch mit der Vermessung, Erforschung und staatlichen Besetzung des Meeres gerieten die Gegensatzpole Land und Meer ins Wanken und glichen sich zunehmend

---

85 Schroer diskutiert die Termini und deren Implikationen sehr eingehend. Hier sei lediglich darauf verwiesen, dass, entsprechend der Begriffe, vor allem die Ansichten von Al Gore, Marshall-McLuhan, Florian Rötzer, Villem Flusser und John Perry Barlow analysiert werden.

an. Diese Entwicklung sieht er auch hinsichtlich des virtuellen Raums. Anfangs waren mit dem Cyberspace, dem Datenmeer, ebenso ein Raum ohne Grenzen und Beschränkungen verknüpft. Die Utopie eines Gegenentwurfs zu der realen Gesellschaft war damit verbunden, welche Abenteuer das Netz bereithielt, wie etwa fremde Menschen kennenzulernen und neue Identitäten zu konstruieren. Sicherlich sind diese Abenteuer auch abhängig davon, wie versiert der Einzelne seine Surfbewegungen steuern kann. Markus Schroer sieht allerdings schon 2003 eine Vermessung und Parzellierung dieses grenzenlosen Raums und belegt dies mit dem Aufbau von Intranet-Netzwerken, Passwort geschützten Arealen, Firewalls und Filtersoftware und nicht zuletzt kostenpflichtigen Diensten. Ebenso tragen auch die Eroberung abgegrenzter Räume durch die Nutzer dazu bei, dass das Datenmeer sukzessiv vermessen, eingenommen und somit überschaubarer wird (vgl. ebd.).

Das Resümee der raumbezogenen Perspektiven verhandelt Schroer in dieser Darstellung über verschiedene Theoretiker. Den Fokus auf Metaphern aufgreifend, bietet es sich geradezu an, die Bezüge von Raum und Sozialität der Interviewten zu betrachten, um den von Schroer konstatierten Wandel der Bedeutungskonstruktionen in der Perspektive der Nutzer zu beschreiben. Über alle Interviews hinweg erstrecken sich die Begriffe ›Plattform‹, ›soziales Netzwerk‹ oder ›Community‹. Auch wenn mit diesen Ausdrücken viele Bedeutungsdimensionen erschlossen werden können, markieren sie doch jeweils einen eingegrenzten Raum im Internet. Dieser Bereich fächert sich wiederum in verschiedene Teilbereiche auf, die im Interview beschrieben werden: Die Start- oder Profilseite, die Freundesliste, die Nachrichten, der *Buschfunk* bzw. die *Neuigkeiten*, die Fotos und weitere Bereiche. Diese können in sich noch unterteilt sein, wie die Profilseite in ihren diversen Elementen oder aber auch die Freundesliste, die nach unterschiedlichen Bekanntheitsgraden kategorisiert werden kann. So entsteht in den Interviews, nicht zuletzt durch die generelle Verwendung einer Freundesliste und damit einhergehend einer Abgrenzung gegenüber Fremden, der Eindruck von hochgradig differenzierten und parzellierten Räumen im Raum. In den Verhaltensmetaphern verdeutlichen sich alltägliche Bewegungen und Vorgehensweisen. So stellen die Nutzer Informationen ein, gehen auf verschiedene Profile und gucken kurz, ob es Neuigkeiten gibt. Ebenso ist auffällig, wie sehr die Beschreibung und Bedeutung der Netzwerke in Analogie zu Situationen im Alltag erfolgen. Hier lassen sich das Grüßen auf der Straße (vgl. Interview Andrea, Z 892-894) bzw. das Klingeln an der Tür (vgl. Interview Markus, Z 751-757) als Veranschaulichung der Freundschaftseinladung und Bestätigung anführen, oder aber der Nestbau oder das Einrichten des Jugendzimmers als Sinnbild für die Profilgestaltung (vgl. ebd., Z 90-97). Ebenso wird die Kategorisierung der Freunde und Bekannten beschrieben. Diejenigen, die nur zum erweiterten Freundeskreis gehören, bittet man in dieser Rhetorik zur Tür herein und platziert sie in der Küche, während der Profilinhaber selbst im Wohnzimmer sitzt (vgl. ebd., Z 751-757). Diese expliziten Bezüge finden sich nicht in allen Interviews, dafür aber viele weitere implizite Beschreibungen. So berichtet David davon, dass seine Schwester ihm zur Anmeldungsempfehlung auf *studiVZ* sagte »Hier, meld dich doch mal an, die andern sind da auch alle« (Interview David, Z 14) und auch Carolin meldete sich an, »weil eigentlich alle da sind« (Interview Carolin, Z 12). Silvia beschreibt im weiteren Verlauf ihrer Nutzung die Auseinandersetzung mit ihrer Freundesliste so: »[...] da habe ich natürlich alle mal wieder gesehen. Mensch dich hab ich lange nicht mehr gesehen [...]« (Interview Silvia, Z 190-191). Einen ähnlichen Bezug stellt Martin her, indem er seine Anmeldung und die Suche nach Freunden und Bekannten auf *studiVZ* so schildert:

> »[...] und dann waren die da alle plötzlich mit Foto. Und man dachte so, da sind ja nur zwei, drei so und das ist dann mehr so wie Chatten bei ICQ oder so, wo man keinen kennt, und ich hab die aber alle gesehen und dann fand ich das total geil« (Interview Martin, Z 3-14).

Darüber hinaus sind die Nutzer bei manchen Profilen nicht irritiert, sondern sie »stolpern« über Profile und Inhalte (vgl. Interview Carsten, Z 663, Interview David, Z 51 und 235) oder sogar über die Personen selbst (vgl. Interview Carolin, Z 85 und 225, Interview David, Z 293). Schön abzulesen ist dies, in der beschriebenen Szene von Markus:

> »Das hatt ich jetzt neulich, da hab ich 'ne Schulfreundin aus der Realschule da oder aus, ABI haben wir auch zusammen gemacht da bin ich, bin ich über sie gestolpert« (Interview Markus, Z 670-672).

Diese Verweise belegen in Gänze durch die physisch konnotierten Konstruktionen und die verschiedenen Parzellierungen die Etablierung eines Raumes mit verschiedenen Plätzen, in denen Sozialität ausgehandelt wird. Zudem implizieren die Alltagsanalogien die Vorstellung eines vertrauten und bekannten Raums. Dieser beinhaltet öffentliche Bereiche, innerhalb derer ein beschränkter Zugang für Bekannte als Küche beschrieben wird. Private Bereiche zeichnen sich durch umfassendere Zugangsberechtigungen und intensiveren kommunikativen Austausch aus und werden metaphorisch ein Wohnzimmer für Freunde. Auch Martina Löw geht auf räumliche Konstruktionen und deren Differenzierung in ›privat versus öffentlich‹ ein und konstatiert, dass das Wohnzimmer den Bereich der Wohnung darstellt, der öffentlich zugänglich und somit für Besuche prädestiniert ist, wohingegen das Schlafzimmer einen ausschließlich privaten Bereich darstellt (vgl. Löw 2001, S. 166ff.). Nun ist die Konzeption aus dem Interview aber ›Küche versus Wohnzimmer‹,[86] was darauf schließen lässt, das innerhalb der Netzwerke weitere Besuchergruppen als diejenigen, die offline zu Besuch kämen, mitgedacht werden und somit ein weiterer noch öffentlicherer Raum von Nöten ist. Um dieses Beispiel komplett auszuführen, werden die Personen, zu denen keine Bekanntschaft geführt oder erwünscht wird, direkt an der Tür also durch die Freundschaftsablehnung abgewiesen. Wie sich bereits in der Auswertung zeigte, gehen diese Alltagsanalogien in Bezug auf die Organisation der sozialen Bezüge innerhalb der Netzwerke nicht widerspruchsfrei auf. Jedoch belegen die Interviewergebnisse, dass die sozialen Prozesse ganz alltäglich gedacht und artikuliert werden. Um nun die Existenz verschieden geprägter Räume in Verbindung mit sozialen Prozessen zu erfassen, werden nachfolgend weitere raumsoziologische Betrachtungen diskutiert.

9.3   Ergänzungs- und Kompensationsräume

Martina Löw nimmt die bis dahin unzureichende soziologische Betrachtung des Raums zum Anlass, die verschiedenen Raumkonzepte zu rekapitulieren und so einen integrativen Raumbegriff für die Soziologie zu entwickeln (vgl. Löw 2001). Sie beschreibt zunächst die verschiedenen Raumkonzepte und stellt die damit verbundenen Anschauungen dar. Ausgangspunkt sind für sie absolute Raumvorstellungen, die den Raum als Behälter betrachten (vgl. ebd., S. 24ff.). Diese sind maßgeblich durch ein euklidisches Raumverständnis geprägt, beinhalten örtliche und territoriale Bezüge und stellen somit unbewegliche Größen dar, in denen Handeln organisiert wird. Der Raum ist in dieser Perspektive eine gegebene Größe, die den Menschen umgibt und sein Handeln strukturiert. Jedoch wird diese Anschauung »im Raum zu leben« (ebd., S. 72) durch andere, nicht euklidische Modelle ergänzt. Dazu geht sie auf Marc Augé (1994) ein, der konstatiert, dass es durch technischen Fortschritt nun möglich ist, schnell an die verschiedensten Orte zu gelangen und auch mit weit entfernt lebenden Menschen zu kommunizieren. So dehnt sich der Erfahrungsraum einerseits aus, aber

---

86 Diese Begriffe finden sich nur in dem Interview von Markus. Jedoch sind die Zugangsbarrieren innerhalb der Freundesliste, die zumindest nach Freunden und Bekannten differenziert werden, ebenso konzipiert. Zur Veranschaulichung wurde jedoch aufgrund des symbolischen Charakters die Formulierung von Markus gewählt.

andererseits zieht er sich angesichts der Bevölkerungsdichte moderner Städte auch wieder zusammen. In diesem Sinne scheint es mehrere Raumwahrnehmungen zu geben, die Löw zudem mit der Sozialisation von Kindern, unter anderem anhand einer Untersuchung von Piaget und Inhelder (1975), verdeutlicht. So weisen Piaget und Inhelder nach, dass die Raumwahrnehmung bei Kindern zunächst »präeuklidisch und präperspektivisch« (Löw 2001, S. 75) erfolgt. Das heißt, dass Kinder noch keine Vorstellung vom objektiven Raum besitzen und in ihrem Denken noch kein geometrisches Bezugssystem existiert. So erlernen Kinder erst im Laufe ihres Lebens durch pädagogische Erziehung und sozialisatorische Einflüsse die Einübung des euklidischen Raums.[87] Durch technische Entwicklungen wie etwa neue und schnelle Transportmöglichkeiten und die damit verbundenen Möglichkeiten Räume zu überwinden und schnell an Orte zu gelangen, die weit entfernt liegen, verändert sich die Wahrnehmung des einheitlichen Raums. Zudem sind mit diesen technischen Entwicklungen auch Medien verbunden, die mediale Erfahrungen über fremde Orte ermöglichen, Kommunikation nicht an physische Präsenz binden und somit weitere Raumkonstrukte anbieten. So entstehen durch Medien immaterielle Räume. Aufgrund dieser Überlegungen plädiert Löw für einen integrativen Raumbegriff, der sowohl absolutistische wie relativistische Konstruktionen umfasst.[88] Dieser müsse jedoch dahingehend modifiziert werden, dass Raum »nicht als Hinter- oder Untergrund des Handelns konzipiert wird, sondern Raum in den Handlungsverlauf eingerückt wird« (ebd., S. 113). In diesem Sinne muss »Menschen eine Verknüpfungsfähigkeit zugeschrieben werden, durch die einzelne Körper zu einer Anordnung verbunden werden« (ebd.). Diese Integrationsarbeit des Menschen wird für Löw angesichts der Erfahrung vieler verstreuter Orte, die zu erreichen sind und medialer Räume mit immateriellem Charakter zunehmend wichtiger, da Menschen durch diese Integrationsleistungen relevante Verknüpfungen und somit Zusammenhänge herstellen können. In diesem Sinne plädiert Löw für einen relationalen Raum, der durch Verknüpfung und Platzierung, in ihren Termini durch »Syntheseleistung« und »Spacing« (Löw 2001, S. 158f.), begründet ist. Mit dem Begriff Spacing versucht Löw die Positionierung von Gütern und Menschen zu fassen. Auf die Netzwerke bezogen, stellt das Spacing die Netzwerkseite im Netz dar, die markiert, dass

---

87 In der Zusammenfassung der geschlechterspezifischen Entwicklung und Sozialisation der Raumkonstruktionen von Mädchen und Jungen verdeutlicht Löw den sozial konstruierten Charakter von Raumvorstellungen sehr eindringlich.

88 Ihre Theoriekonzeption resultiert aus einer fundierten Analyse verschiedenster Konzeptionen und Theorien des Raums. Ihr integratives Raumkonzept wird dabei maßgeblich von verschiedenen Theoretikern geprägt. Vgl. hierzu etwa: Läpple 1991, S. 157-207; Giddens 1995; Durkheim 1981; Foucault 1991, S. 65-72.

mit dem Login nun ein besonderer Bereich im Internet betreten wird. Gleichzeitig weiß das Individuum, dass es sich physisch an einem konkreten Ort befindet. Somit werden Syntheseleistungen notwendig, also die Prozessleistungen des Menschen die Verknüpfungen und Zusammenhang herstellen. So müssen Dinge und Menschen, durch Perzeption, Imagination und Erinnerungen zu Räumen verknüpft werden, damit sie als solche interpretiert werden. Diese Konstruktion von Raum basiert auf dem Handeln im Sinne von Spacing und Syntheseleistung im Alltag, was wiederum bedeutet, dass dieses Handeln sich stetig vollzieht und somit ein routiniertes und repetitives Handeln darstellt. Damit geht die Erkenntnis einher, dass diese Prozesse nicht notwendigerweise bewusst verlaufen müssen. Dies ist jedoch nur eine Seite der Konstruktion. An dieser Stelle plädiert Löw auch dafür, gesellschaftliche Strukturen in die Konstruktion von Raum einzubeziehen, da Handeln und Gesellschaftsstruktur tiefgreifend miteinander verwurzelt sind. Gesellschaftliche Strukturen rahmen das Handeln der Menschen und eröffnen oder verstellen Handlungsoptionen. Gleichzeitig sind gesellschaftliche Strukturen maßgeblich auf das Handeln der Menschen angewiesen, um zu bestehen und Relevanz zu besitzen. Damit wird also eine Dualität der Raumkonstruktion postuliert, die sich sowohl in gesellschaftlichen Strukturen als auch im menschlichen Handeln manifestiert. Darüber hinaus sind beide Dimensionen miteinander verbunden.[89]

Social Network Sites sind mit Bezug auf Löws Raumkonzeption zunächst relationale Erfahrungs- und Ergänzungsräume, die vor allem soziale Aspekte der Zugehörigkeit behandeln. Dieser Erfahrungs- und Ergänzungsraum wird immer mit den alltäglichen Erfahrungen aufgeladen und ergänzt, gleichwohl beeinflusst er seinerseits die alltäglichen nicht digitalen Räume. Um diese Dimension konkret zu erfassen, bietet sich Foucaults Konstrukt von Utopien und Heterotopien an (vgl. Foucault 2006). Für Foucault sind Heterotopien ebenso wie Utopien besondere Räume, die einen Konnex zu anderen Orten herstellen, darstellen und diesen zugleich in Frage stellen. Utopien sind irreal und ortslos, da sie entweder ein Idealbild oder einen Gegenentwurf einer Gesellschaft entwerfen. Heterotopien hingegen sind »verwirklichte Utopien, in denen die realen Orte, all die anderen realen Orte, die man in der Kultur finden kann, zugleich repräsentiert, in Frage gestellt und ins Gegenteil verkehrt werden« (ebd. S. 320). Auch wenn Foucaults Konzept der Heterotopien mit seinen sechs Grundsätzen sich nicht in

---

89 Die Diskussion von Löws Raumkonzeption kann hier nur ausschnitthaft dargestellt werden. Die Bedeutungsdichte der Konzeptionen von Handeln und Strukturen ist bei Löw ausgeprägter. Da hier aber lediglich die Anknüpfungspunkte der Raumsoziologie Löws für die *Social Network Sites* herausgearbeitet werden sollen, können nicht alle Aspekte der Theorie im Detail diskutiert werden.

Gänze, auch aufgrund der topologischen Perspektive, übertragen lässt, bietet es doch eine gute Basis, den ambiguen Charakter der Netzwerke zu beschreiben. In der wechselseitigen Bezugnahme der Argumentationen der Nutzer zeigt sich einerseits, dass die Netzwerke in Strukturen alltäglicher Räume gedacht werden. Bei der Übertragung der Alltagsanalogien verdeutlichen sich aber auch Bruchstellen. Die Freundschaftslegitimierung wird bspw. durch das Grüßen auf der Straße erfasst, obwohl es in der Rhetorik der Netzwerke eine dauerhafte digitale Verbindung darstellt. Ebenso sind Silvias Ausführungen zu betrachten, wenn sie beschreibt, dass sie zu viele Freunde hat, bei denen sie selbst gern auf der Profilseite nach Neuigkeiten schaut aber von deren Seite kein Zugang zu den eigenen Informationen und Kommunikationen gewünscht ist (vgl. Interview Silvia, Z 161-170). Einerseits werden die Netzwerke als virtuelle Sphären wahrgenommen. Andererseits wird dadurch der Kontakt zur Bezugsgruppe hergestellt und gepflegt. So resümiert Martin die soziale Relevanz von *studiVZ* so:

> »Aber bei *Facebook* habe ich das schon mal gemacht, mich ab- und dann wieder angemeldet. Aber im *studiVZ* nicht, weil es eine echte Bereicherung für mein echtes Leben und meine echten Kontakte ist« Interview Martin, Z 449-451).

Diese Besetzung der Netzwerke lässt sich am besten durch Foucaults Analyse des Spiegels als Raum, der sowohl eine Utopie als auch eine Heterotopie darstellt, konzeptualisieren und sich sehr gut mit den Auswertungsergebnissen der Perspektive Lacans auf das Spiegelstadium vereinbaren. Als Utopie betrachtet, ist der Spiegel ortslos und virtuell. Das Spiegelbild eröffnet eine Perspektive, die das Individuum real gar nicht einnehmen kann. Es sieht sich dort, wo es nicht ist und nimmt eine Außenperspektive zu sich selbst ein. Gleichzeitig geht Foucault über die Perspektive des Spiegels als Utopie und somit auch über die Anknüpfungspunkte Lacans hinaus, indem er den Spiegel auch als Heterotopie beschreibt:

> »Aber zugleich handelt es sich um eine Heterotopie, insofern der Spiegel wirklich existiert und gewissermaßen eine Rückwirkung auf den Ort ausübt, an dem ich mich befinde. Durch den Spiegel entdecke ich, dass ich nicht an dem Ort bin, an dem ich bin, da ich mich dort drüben sehe. Durch diesen Blick, der gleichsam tief aus dem virtuellen Raum hinter dem Spiegel zu mir dringt, kehre ich zu mir selbst zurück, richte meinen Blick auf mich selbst und sehe mich nun wieder dort, wo ich bin. Der Spiegel funktioniert als Heterotopie, weil er den Ort, an dem ich bin, während ich mich im Spiegel betrachte, absolut real in Verbindung mit dem gesamten umgebenden Raum und zugleich absolut irreal wiedergibt, weil dieser Ort nur über den virtuellen Punkt jenseits des Spiegels wahrgenommen werden kann« (Foucault 2006, S. 321).

Diese Argumentation lässt sich nun weiter ausdifferenzieren. Der geographische Ort hat im Zuge historischer Veränderungen, wie durch Giddens skizziert, seine Relevanz für kontinuierliche Sozialität verloren. So ist über die *Social Network Sites* ein Raum entstanden, der kontinuierliche soziale Aushandlungsprozesse und das Gefühl der Zugehörigkeit ermöglicht. Dieses Ergebnis ist jedoch nicht so zu lesen, dass nur der Raum der Netzwerke relevant wäre. Vielmehr durchwirken sich diese Dimensionen gegenseitig und besitzen beide ihre spezifischen Bedeutungen. Das zentrale Argument der Umkehrung der Relevanzen erschließt sich demnach über Kontinuität. Der physische Ort ist kaum noch in der Lage, wie es in den Interviews beschrieben wird, soziale Beziehungen zu allen Menschen, die einmal Teil des Lebens waren, aufrecht zu erhalten. Dies scheint jedoch ein Bedürfnis der Nutzer zu sein, welches nun über den sozialen Raum der Plattformen befriedigt werden soll. Dieser hätte wiederum kaum Bedeutung, würde er nicht zu einem prägenden Teil aus sozialen Beziehungen bestehen, die tagtäglich gepflegt werden. So gehen Raum und Ort hinsichtlich der Netzwerke eine ganz besondere Allianz ein, die im Zusammenschluss die spezifische Form der Sozialität erklärt. Die Netzwerke stellen einen Ergänzungsraum zur unmittelbaren sozialen Bezugsgruppe dar und ermöglichen so einen umfassenderen Kontakt. Dieser Kontakt ist jedoch nur relevant, weil die Menschen in der Freundesliste zum großen Teil bekannt sind, mit ihnen schon konkrete Erlebnisse, Erfahrungen und Erinnerungen verknüpft wurden. Die permanente und überdauernde Beziehungspflege aller sozialer Kontakte kann offline weder in der Quantität noch in der Kontinuität bewältigt werden. In diesem Sinne gehen die Netzwerke, obwohl sie maßgeblich durch die Offline-Kontexte geprägt werden, durch die Möglichkeit Sozialität kontinuierlich zu gestalten über diese hinaus. Um die Spiegelmetapher noch einmal aufzugreifen, bilden die Netzwerke einerseits bereits verlorene soziale Beziehungen ab, erlauben einen kompensatorischen Blick auf das, was physisch nicht mehr existent und in seiner Komplexität kaum abzubilden ist und spiegeln diesen Verlust und diese Reduktion von Komplexität gleichzeitig wider. Ebenso werden die Profile, die Kommunikationen und Informationen gespeichert, sind nachvollziehbar und stellen für die Nutzer Aushandlungsprozesse mit Menschen, nicht mit der Oberfläche oder dem Computer dar. Somit ist dieser Raum einerseits irreal, eine Utopie, indem er etwas zeigt, was nicht mehr existent oder nicht repräsentierbar ist und andererseits ist er real, eine Heterotopie, indem er reale soziale Aushandlungsprozesse mit wichtigen Bezugspersonen darstellt, die ihre Bezugslinien sowohl on- als auch offline vermittelt besitzen. In diesem Sinne werden die verschiedenen Orte der sozialen Genese miteingeschlossen.

Wie durch den Exkurs auf Giddens verdeutlicht, ist Sozialität im Zuge historischer Entwicklungen weitreichenden Veränderungen unterworfen (vgl. Giddens 1995). Von Beziehungen, die auf physischer Nähe basieren, bis hin zu medial vermittelten Formen der Beziehungspflege sind heute vielfältige Arten des sozialen Umgangs möglich. Diese sind zunehmend grundsätzlich auch durch weit entfernt stattfindende Ereignisse geprägt und somit in der Moderne nie nur auf unmittelbare, auf Anwesenheit basierende Beziehungen zu reduzieren. Dennoch ist das Konzept von Sozialität, im Sinne einer emotionalen Verbindung, immer noch mit der Vorstellung von der Unmittelbarkeit physischer Nähe verknüpft (vgl. Paetau 2003). Jedoch wird diese Sozialform durch zahlreiche weitere Arten des Kontakts erweitert. In diesem Sinne sind auch Aushandlungsprozesse, die durch *Social Network Sites* bewirkt werden, als Formen des Sozialbezugs zu denken, die in spezifischer Weise mit anderen Arten des Sozialen, seien diese nun physisch anwesend oder medial bedingt, verbunden sind.

Sozialität in *Social Network Sites* vollzieht sich auf vielen verschieden Ebenen. So sind mit den Elementen der Selbstbeschreibung und der Form der Selbstthematisierung bereits ganz bestimmte soziale Motivationen verbunden. Die Profile werden auf das Publikum gerichtet gestaltet und dienen dem sozialen Austausch mit zum großen Teil bekannten Personen. Die Profile stellen somit ein Kommunikationsangebot bzw. eine Kontaktinitiierungsoption für die Mitglieder dar. Da die Profile möglichst allgemein und sozial unproblematisch konstruiert werden sollen, nutzen die Mitglieder vor allem die Möglichkeiten der sozialen Beschreibung, um einen individuelleren Eindruck zu erzielen. Dies wird durch Gruppenzugehörigkeiten oder die Markierung der ›Gefällt mir-Seiten‹ artikuliert. Durch diese mit anderen Mitgliedern geteilten Präferenzen, Hobbies und Interessen wird Individualität durch soziale Zugehörigkeitsstrukturen abgebildet. Angesichts der diversen Zusammensetzung der Freundesliste, von engen Freunden bis hin zu flüchtigen Bekannten, ist diese Art der Beschreibung nicht risikobehaftet, da spezifische Präferenzen mit anderen geteilt werden. Zudem befreit diese Art der Beschreibung von dem Vorwurf, das Profil sei zu sehr auf Selbstdarstellung ausgerichtet, was verpönt ist (vgl. Kapitel 7.3).

Der Aufbau des persönlichen Netzwerkes gelingt durch die soziale Verweisstruktur der (Freundes-)Freunde und der Suchfunktion der Plattformen sehr schnell und unkompliziert. Teil dieses Netzwerkes sind zum großen Teil bekannte Menschen, die sich in enge Freunde, Familienmitglieder, Arbeitskollegen, Freunde und Bekannte differenzieren. Zu diesen Menschen existierte in der Regel bereits eine nicht computervermittelte Beziehung, die nun über die Plattformen bestätigt, legitimiert, ergänzt und weitergeführt wird. Diese Beziehungen werden durch die zahlreichen Kommunikationsangebote der Plattformen gepflegt, die hinsichtlich ihres öffentlichen oder geschlossenen Charakters den Kommunikationsbedürfnissen entsprechend genutzt werden. Dabei stellt die gegenseitige Aufnahme in die Freundesliste bereits eine dauerhafte Verbindung dar, weil über diese Verbindung die Aktualisierungen der Profile nachvollzogen und so eine Teilhabe an dem Leben der Anderen erfolgt. Diese Aktualisierungen können immer wieder Auslöser für erneute Kontaktaufnahmen mit den jeweiligen Profilinhabern initiieren. Die öffentlichen Kommunikationsformen wie bspw. Kommentare, Pinnwandeinträge oder Statusmeldungen werden häufig in Anspruch genommen und prägen somit eine dichte und rege Kommunikation innerhalb der Netzwerke. Da es sich hierbei um kurze Grüße und kleine Anekdoten des Alltags handelt, die einem großen Teil der Freundesliste mitgeteilt werden, ist diese Praxis als Anschlusskommunikation zu interpretieren, die den Kontakt und die Zugehörigkeit zur sozialen Bezugsgruppe immer wieder herstellt und aktualisiert. Die Netzwerke ermöglichen es, durch die öffentlichen Kommunikationsformen alle Bezugspersonen mit zugehörigkeitsstiftenden Anschlusskommunikationen zu erreichen und stellen somit eine Erweiterung der Anschlusskommunikation dar. Dass es sich bei dieser Beziehungspflege nicht um konsequenzlose Handlungen in einem virtuellen Raum handelt, wird deutlich durch die Normen der Höflichkeit und der Auswirkungen auf die nicht mediale Sphäre des Alltags. Das Zerbrechen vormals enger Bindungen, die über die Plattformen abgebildet und gepflegt wurden, belegt die emotionale Bedeutung der Netzwerke sehr anschaulich. Hier sind entweder zahlreiche Strategien notwendig, um die Person tatsächlich aus diesem Netzwerk zu verbannen oder dieser Bruch wird nicht vollzogen und die Verbindung weiter aufrecht erhalten, weil das betreffende Profil immer wieder auf Neuigkeiten hin untersucht, oder weiterhin kommunikativer Austausch gesucht wird (vgl. Kapitel 7.4).

Die Implikationen der Gestaltung der Plattformen haben ebenso Auswirkungen auf die Sozialität. So entstehen durch Sichtbarkeit und Persistenz soziale Standards. Diese ermöglichen eine gewisse Orientierung und erzeugen bestimmte soziale Verbindlichkeiten. So gibt es die Norm, ein nicht selbstdarstellerisches Profil zu erarbeiten, nicht zu viele, zu uninteressante oder zu emotionale öffentliche Kommunikationen zu tätigen. Darüber hinaus bilden Profile zudem das soziale Verhältnis zur Bezugsgruppe ab und sind von dieser einsehbar. So gestalten sich Ablehnungen von Freundschaftsanfragen oder Einladungen zu Mitgliedschaften sowie deren Löschungen sehr problematisch, da sie als nachvollziehbare Positionierungen zur Anerkennung der jeweiligen sozialen Verbindung gelesen werden. Zudem entsteht durch die Sicht- und Nachvollziehbarkeit der Profile mehr sozialer Austausch, weil mehr Informationen und Kommunikationen, z. T. auch von Menschen außerhalb der Freundesliste, eingesehen werden können und somit Optionen für weitere Kommunikationen und Auseinandersetzungen anbieten. Dies wird besonders deutlich, wenn die Plattformen dazu genutzt werden, sich anonym Informationen über Personen einzuholen. Andererseits lassen die Entwicklungsprozesse der Mitglieder im Laufe ihrer Plattformzugehörigkeit darauf schließen, dass die Orientierungsfunktion ebenso geschätzt wird. Zudem resultiert aus den abgebildeten sozialen Bezügen eine emotionale Zugehörigkeit, die den Interviewten das Gefühl sozialer Kontinuität vermittelt, welches jenseits dieser Sphäre aufgrund der Veränderungen im Leben nicht mehr aufrecht zu erhalten ist. So bieten die Netzwerke einen Blick auf sich selbst als sozial eingebundenes Wesen an, der zudem durch die Speicherung der Bilder und Kommunikationen nachvollzogen werden kann. Angesichts der theoretischen Diagnose von Identitätsdiffusion und sozialen Erosionsprozessen liegt die These nahe, dass diese Zersetzungsprozesse durch die Plattformen abgemildert und so die Bindung an die Netzwerke erklärt werden kann.

Die Mitglieder konstruieren im Verbund mit den medialen wie sozialen Strukturen, diese spezifische Sozialität. Diese ist sowohl medial wie nicht-medial bedingt, weil die Nutzer hier explizit den Kontakt zu bereits bekannten Personen suchen. Diese zuvor etablierten Beziehungen werden durch die Netzwerke abgebildet, erweitert und ergänzt. Im Sinne von »Syntheseleistung« und »Spacing« (Löw 2001, S. 158f.) werden die verschiedenen Erfahrungsebenen und Situationen miteinander verbunden. Dementsprechend durchwirken sich die Sphären permanent gegenseitig. Handlungen und Kommunikationen innerhalb der Plattform haben ebenso Einfluss auf die nicht computervermittelten

Beziehungsgeflechte wie umgekehrt. In diesem Sinne sind die Plattformen als legitime Ergänzungs- und Erweiterungsräume des Sozialen zu sehen. Auch wenn sie die physische Anwesenheit der Beteiligten nicht herstellen, so sind sie doch grundsätzlich darauf verwiesen. Dies bedeutet jedoch auch, dass nicht nur die Kommunikationen der Plattform relevant sind, sondern auch der konkrete Ort des Sozialen sowie die erlebten Erfahrungen und Situationen, die mit anderen geteilt werden. So gestalten die Mitglieder ihren sozialen Raum durch Handeln, das heißt »Syntheseleistung und Spacing« (ebd.), der zudem durch soziale wie mediale Strukturen seine Konturen gewinnt. Innerhalb dieser Forschung ließ sich die Gestaltung des sozialen Raums über die Elemente Selbstthematisierung, soziale Aushandlungen und mediale Umgebung nachvollziehen. Alle Elemente enthalten somit Handeln und soziale sowie mediale Strukturen und prägen gemeinsam den sozialen Raum der *Social Network Sites*. Dieser soziale Raum wird durch die Interviewten semantisch in Analogien zum Alltag als bekannter und übersichtlicher Raum besetzt. So gibt es mehrere Sektionen dieses Raumes und auch die sozialen Beziehungen werden, dem sozialen Beziehungsstatus entsprechend, in öffentlichen oder privaten Räumen verhandelt. Zudem zeigt sich in den Interviewaussagen, dass die sozialen Aushandlungsprozesse sehr physisch anwesend gedacht werden, was die Durchwirkung der Sphären zusätzlich unterstreicht und verdeutlicht, dass die unmittelbar gelebten sozialen Beziehungen eng mit den Erweiterungen innerhalb der Netzwerke verbunden werden, so dass diese eine ähnliche Bedeutung haben. Grundsätzlich wurde die Bedeutung der Netzwerke in den Interviews aber auch marginalisiert. Daraus entsteht eine sehr ambigue Haltung der Nutzer zu den Plattformen, da sie einerseits wichtig und sozial bedeutungsvoll sind, andererseits aber als artifiziell und oberflächlich beschrieben werden. Diese disparate Einschätzung lässt sich dadurch erklären, dass die Netzwerke sowohl eine Utopie als auch eine Heterotopie darstellen, die sich am besten mit der Metapher des Spiegels versinnbildlicht. Einerseits bilden die Netzwerke im Sinne der sozialen Kontinuität und auch der Selbstbeschreibung Utopien dar, die nicht existent oder nicht darstellbar sind. Andererseits verweisen die Netzwerke durch die Durchwirkung der Sphären auf die sozialen Beziehungen mit wichtigen Bezugspersonen und nicht auf die Interaktion mit einem webbasierten Kommunikationsdienst. In diesem Sinne spiegeln die Netzwerke Sozialität, erweitern und verstetigen den Kontakt zur Bezugsgruppe und offenbaren zugleich in dieser Spiegelung ihren kompensatorischen Charakter.

11

Diese Forschungsarbeit wurde, wie in ihrem Verlauf gezeigt, unter Berücksichtigung spezifischer Perspektiven erarbeitet. So sind mit diesen Perspektiven bestimmte Zugänge zum Phänomen *Social Network Sites* möglich, andere wiederum bleiben dadurch unberücksichtigt. So finden sich über das gesamte Forschungsdesign hinweg, im Sinne der Forschungsmethodologie, der Erhebungsinstrumente, der Auswertungsmethode und nicht zuletzt der grundsätzlichen Formulierung der Forschungsfrage und deren Überführung in die spezifischen Heuristiken relevante Weichenstellungen.

Zunächst geht mit der Entscheidung für die Forschungsperspektive der Grounded Theory ein Forschungsfokus einher, der andere Herangehensweisen an das Phänomen ausschließt. Das Resultat dieser Entscheidung ist der Fokus auf die Verbindung von Theorie und Empirie sowie die Betrachtung von Strukturen und der prozesshaften Entwicklung. Somit sind die konkreten und tiefenanalytischen Dimensionen der individuellen Bewertungen der Nutzer bereits mit der Kombination von Grounded Theory Methodologie, Symbolischem Interaktionismus und Cultural Studies explizit nicht der Fokus dieser Forschung. Gleichzeitig würden diese Dimensionen sicherlich ebenso spannende und aufschlussreiche Forschungsthemen bereitstellen. Dennoch sind Strukturen und Prozesshaftigkeit, wie auch an der Historie der *Social Network Sites* sehr gut verdeutlicht, eine spannende Forschungsperspektive, in Anbetracht der rasanten Innovations- und Entwicklungszyklen der Netzwerke und zugleich der Gewohnheiten und Bedürfnisse der Nutzer. Auch die konsequente Verbindung von Theorie und Empirie im Hinblick auf Strukturen und Prozesshaftigkeit bewirken insgesamt einen stärkeren Abstraktionsgrad der Forschung, der jedoch in den empirischen Evidenzen fundiert wurde. Angesichts der empirischen Fokussierung der Mehrzahl empirischer Forschungsarbeiten könnte diese Vorgehensweise etwas gewöhnungsbedürftig sein. Dennoch hat sich diese Forschungslogik im Laufe der Arbeit als adäquate Verbindung dieser verschiedenen Forschungstraditionen erwiesen, die das Phänomen Sozialität in *Social Network Sites* umfassender zu beschreiben vermag.

Ähnlich verhält es sich mit dem Forschungsdesign. Narrative leitfadengestützte Interviews bringen andere Inhalte hervor, als bspw. biographische narrative Interviews oder Gruppendiskussionen. Da es sich bei den *Social Network Sites* zum Zeitpunkt der Erhebungen um ein relativ neues Phänomen handelte, waren jedoch die narrativen leitfadengestützten Interviews das adäquate Erhebungsinstrument, da diese sowohl eine Offenheit in der Interviewsituation als auch festgelegte Relevanzbereiche umfasst. Natürlich gehen grundsätzlich mit der Entscheidung zu qualitativen Forschungsdesigns geringe Fallzahlen einher. Dies bedeutet, dass im Zuge dieser Forschung 14 Interviews erhoben und 13 analysiert werden konnten. Mit quantitativen Messverfahren hätten sicherlich höhere Fallzahlen erreicht werden können, allerdings wären die tieferen Bedeutungsdimensionen damit verstellt geblieben. Zudem hätte eine solche Konzeption schon Vorannahmen vorausgesetzt oder schlicht gesetzt werden müssen, die in Gänze den Forschungsbereich *Social Network Sites* nicht erhellt hätten. Die qualitativen Forschungen leisten in diesem Sinne wichtige Grundlagenarbeit, die nicht nur Vorarbeiten darstellen, da die komplexen Bedeutungsdimensionen und die Prozesshaftigkeit der sozialen Aushandlungen nicht in einem standardisierten Fragebogen mit vorgegebenen Antworten aufgehen. Dementsprechend besitzen die Ergebnisse keineswegs Allgemeingültigkeit. Dies war jedoch nicht das Ziel dieser Forschung. Vielmehr wurde damit das Anliegen verfolgt, über die Erforschung der Strukturen der Sozialität in *Social Network Sites* eine möglichst umfassende und transparente Perspektive auf dieses Phänomen zu erschließen, deren Relevanz sich in Zukunft beweisen muss. Da *Facebook* sicherlich nicht die letzte Plattform dieser Art darstellt oder die Nutzer im weiteren Verlauf andere Internetdienste als geeigneter zur Befriedigung ihrer sozialen Bedürfnisse erachten können, ist an dieser Stelle überhaupt nicht abzusehen, wie sich die weitere Entwicklung gestaltet. Mit der Konzeption dieser Forschungsarbeit, insbesondere mit dem Fokus auf die reziproke Beeinflussung von Theorie und Empirie ist jedoch die Hoffnung verbunden, grundsätzliche Strukturen des Sozialen in computervermittelten Sphären herausgearbeitet zu haben, die auch Anknüpfungspunkte zu weiteren Entwicklungen bereithalten.

Die Heuristiken mit dem Fokus auf Selbstthematisierung, Sozialbezug und mediale Umgebung stellen insgesamt eine Ausrichtung auf soziale Phänomene dar. Das Konzept der Selbstthematisierung wurde gewählt, um die soziale Ebene von Selbstbeschreibungen erforschen zu können. Ebenso interessant wäre die Erforschung der Identitätskonstruktion mit einer anderen Heuristik. Jedoch belegt die gesamte Forschungsarbeit, dass auch der Fokus des Sozialen sehr aufschlussreich und zudem komplex ist, so dass weitere Forschungsdimensionen die Forschungsarbeit überfrachtet und die Ergebnisse zu diffus für eine stringente Argumentation gestaltet hätten. Ebenso verhält es sich bei vielen weiteren Teildimensionen, wie dem Datenschutz und der Manipulationsgefahr, wie sie durch eine andere Bezugnahme auf Foucault und Deleuze hätte verfolgt werden können. Auch diese durchaus wichtigen und notwendigen Dimensionen wurden zugunsten der gewählten Forschungsperspektive vernachlässigt. Zudem bieten sich andere Lesarten der Netzwerke an, indem Sennett auch als Theorieperspektive genutzt werden könnte, um die Ökonomisierung des Privaten herauszuarbeiten. Vor diesem Hintergrund könnten die Profile als eine Form der Verdatung des Individuums und dessen sozialer Bezugnahmen aufgefasst werden. Da jedoch die Bedeutungsaushandlungen aus der Nutzerperspektive im Vordergrund standen, ließ sich diese Sichtweise nicht weiter verfolgen.

Im Laufe dieser Forschung wurde durch den Rekurs auf theoretische und empirische Perspektiven ein spezifischer Einblick in die Sozialität der *Social Network Sites* erarbeitet. Durch die Verwendung der Heuristiken konnten die verschiedenen Elemente der Netzwerke *Individuum, soziale Bezüge* und *mediale Umgebung,* deren Elemente und sozialitätsstiftender Charakter analysiert und in Beziehung zueinander gesetzt werden. Es zeigt sich, dass die Nutzer vor allem sozial motiviert an den Netzwerken partizipieren. Das Hauptmotiv für die Anmeldungen ist die Aussicht mit relevanten Bezugspersonen weiterhin über die Plattformen in Kontakt stehen können. Dementsprechend werden auch die Profile auf dieses Publikum ausgerichtet: Nicht eine anonyme Öffentlichkeit sondern Freunde und Bekannte sollen diese Beschreibungen sehen. Die Aufmerksamkeit von und die Verbindung zu relevanten Bezugspersonen ist somit elementar für die Mitglieder. Ebenso ist der Anreiz, sich über diesen Personenkreis selbst zu informieren und mit ihnen zu kommunizieren sehr zentral für die Nutzer. Die soziale Ausrichtung der Nutzung lässt sich zudem in der Selbstthematisierung an sich nachweisen, da die Orientierung an Anderen außerordentlich ausgeprägt ist und so soziale Normen entstehen. Diese ergeben sich aus der Sicht- und Vergleichbarkeit der Profile und dem damit einhergehenden regen Austausch über adäquate und unangemessene Selbstthematisierungen und evozieren eine *subjektiv ausgehandelte Außenlenkung* (vgl. Sennett 2013 und Riesman 1958). Mit dieser Formulierung wird verdeutlicht, dass die anderen Mitglieder in der Masse eine Orientierungsfunktion haben, die einzelnen Nutzer jedoch individuell aus diesen zahlreichen Orientierungen eine eigene Form der Selbstthematisierung wählen.

Um das Profil möglichst unproblematisch zu konstruieren, werden Selbstbeschreibungen besonders durch soziale Zugehörigkeiten ausgedrückt und somit eine sozial bedingte Individualität präferiert. Jedoch gibt es für diese komplexe und umfangreiche Selbstthematisierung keine konventionalisierte Lesart, so dass sie polysem, veränderbar, aber dennoch persistent ist. Zu den diversen Bezugskreisen werden heterogene Beziehungen gepflegt, die jeweils anderen sozialen Rollen unterliegen. Dementsprechend vollzieht sich auch die Selbstthematisierung im Spannungsgefüge zwischen dem Schutz der Privatsphäre und dem Wunsch sozialer Zugehörigkeit. Auch wenn diese Überlagerungen teilweise zu Problemen führen, scheinen die Form der *sozial verursachten Selbstthematisierung* und die Polysemie die Verbindung zu all diesen Bezugspersonen zu ermöglichen.

Die Logik der Selbstthematisierungen erweist sich zudem als konstruktiv für das soziale Gefüge der Plattformen, da sich die Freundeslisten aus *unterschiedlichsten Bezugsgruppen* wie Freunde, Verwandte, Arbeitskollegen, alte Schulfreunde und Bekannte zusammensetzt. Um mit diesen Personen in Kontakt zu treten, bedarf es den *Praktiken des Kennens und Anerkennens*, die innerhalb der Plattformen mit der Freundschaftsanfrage und deren Annahme dargestellt wird. Die Nutzer vergleichen diese Vorgehensweise mit dem Grüßen in Alltagssituationen. Diese Analogie erfasst jedoch nicht die Tragweite dieser Praktiken, denn durch die Freundschaftsanfrage und deren Annahme entstehen *dauerhafte Verbindungen* zwischen den Profilen sowie der mehr oder weniger eingeschränkte Zugang zu den darauf existierenden Daten. Die öffentlichen Kommunikationen werden entsprechend angepasst, um die Form des heterogenen Kontakts zu erleichtern. So entwickelt sich die Norm *nicht zu viele, zu uninteressante und zu intime Inhalte* über diese öffentlichen Austauschmöglichkeiten zu kommunizieren. Dies hat zur Folge, dass viele öffentliche Inhalte der *Anschlusskommunikation* zuzuordnen sind, die den Kontakt zur Bezugsgruppe stetig reproduzieren soll. Persönliche Themen und weitergehende Kommunikationen werden mit privaten Kommunikationsformen, wie Nachrichten und Chat ausgehandelt. So entsteht eine Zugehörigkeit, die sich zur gesamten Freundesliste eher allgemein und unverbindlich gestaltet. Dennoch stellen diese Zugehörigkeiten soziale Optionen dar; schließlich können jederzeit Bemühungen investiert werden, diesen allgemeinen Kontakt zu intensivieren. Die Verbindung zu allen Personen, die relevant sind und waren ist für die Mitglieder von beträchtlicher Relevanz. Dies lässt sich durch die alten Schulfreunde besonders gut nachvollziehen: Jeder sucht nach bestimmten Leuten aus der Schulzeit, stellt über die Freundschaftsanfrage und -annahme eine Beziehung her, die unterschiedlich intensiv gepflegt wird. Diese Personen sowie die mit ihnen verbundenen Erlebnisse werden häufig auch auf den Fotos abgebildet ebenso wie der aktuelle Freundeskreis. Die Beziehungen zu den jeweils wichtigsten Personen werden jedoch sowohl über die Plattform als auch ständig darüber hinausgehend, medial sowie nicht medial, ausgehandelt und erweitert. Die Bedeutung der Verbindung durch die Netzwerke, also das *Sehen und Gesehen werden* und das damit einhergehende *Wissen um und über den Anderen* wird offensichtlich wenn diese Beziehungen zerbrechen. Dann sind diverse Strategien notwendig, um diesen Bruch auch in dieser Sphäre zu vollziehen. Andernfalls bleiben Verbindungen bestehen, die einen Ablösungsprozess erschweren, da sich die Personen dort immer noch sehen und durch öffentliche Kommunikationen wie Statusmeldungen fortwährend aneinander erinnert werden. Was also bei intakten, mehr oder weniger intensiven Beziehungen eine grundlegende Verbindung mit zahlreichen Optionen des sozialen Austauschs darstellt, erweist sich bei problematischen sozialen Beziehungen als Komplikation. Die Plattformen wirken mit den medialen Implikationen *Persistenz, Sichtbarkeit und Beobachtung* maßgeblich auf alle Nutzungs- und Bedeutungskontexte ein, so dass die Mitglieder die *symmetrische Machtstrukturen der potenziellen, gegenseitigen Beobachtung internalisieren.*

Mit dieser kurzen Skizze der Sozialstruktur wird deutlich, wie wichtig es ist, diese Ergebnisse auf der Basis aktueller Gesellschaftsdiagnosen zu lesen: Die Plattformen dienen dazu, soziale Beziehungen zu fixieren, fast schon *im physischen Sinne festzuhalten.* In (post-)modernen Gesellschaftstheorien stehen besonders die sozialen wie individuellen Erosionsprozesse im Sinne von Flüchtigkeit, Flexibilisierung und Orientierungslosigkeit im Vordergrund, die auf den Plattformen nicht beseitigt, aber dennoch bearbeitet werden.[90] So resultieren aus Selbstthematisierungen, sozialen Aushandlungsprozessen sowie deren Abbildung und Fixierung innerhalb der Netzwerke *Formen der Beständigkeit und Verfügbarkeit von sozialen Beziehungen, aber auch der eigenen Identität.* Durch die Selbstthematisierungen werden Identitäten mit unterschiedlichsten Facetten beschrieben, die zudem durch Polysemie bedeutungs-, und durch die relative Persistenz entwicklungsoffen sind. Diese können im Sinne der Patchworkidentität, immer wieder überarbeitet, erweitert, angepasst, entwickelt und durch die Speicherung dennoch konserviert werden. Ähnlich verhält es sich bei der Abbildung der sozialen Beziehungen. Durch die Aufnahme in die Freundesliste wird eine grundsätzliche Verbindung zu den Personen sowie deren Relevanz bestätigt und öffentlich demonstriert. Auf dieser Basis besteht die Option, Verbindungen

---

90 Die verhandelten Gesellschaftstheorien fokussieren nicht nur einseitig auf Erosionsprozesse, sondern thematisieren ebenso Inklusions- und Reintegrationsstrukturen. Zugleich sind frühere Formen der Gemeinschaft und Gesellschaft nicht romantisierend als natürlich, besser und unproblematisch zu sehen. Vielmehr unterliegen die Gesellschaftsformen je unterschiedlichen Bedingungen, die somit jeweils spezifische Herausforderungen an das Individuum stellt.

bei Bedarf wieder zu intensivieren. In den Ergebnissen wurde deutlich, dass diese *Option wichtiger ist, als deren Verwirklichung.* Die Speicherung der bisherigen Kommunikationen miteinander kann nachvollzogen und durch neue Aushandlungsprozesse, medial sowie nicht-medial, ergänzt und erweitert werden. Insgesamt entsteht dadurch eine Struktur, die Verfügbarkeit und Kontinuität, sowohl für die eigene Identität als auch der sozialen Zugehörigkeit, symbolisiert.

Die Bearbeitung dieser Erosionsprozesse stellen jedoch keinesfalls Eliminierungen derselben dar. Dies lässt sich anhand der *disparaten Bewertung der Plattformen* nachvollziehen. Einerseits werden die Netzwerke hoch geschätzt und als eine Bereicherung für soziale Beziehungen angesehen andererseits aber wiederum marginalisiert und als artifiziell beschrieben. Diese Haltung kann durch die *Überlagerung der Online- und Offline-Sphären* und die damit einhergehende *Konstruktion sozialer Räume* erklärt werden. Die Netzwerke stellen im Verbund mit den Handlungen der Mitglieder zunächst *Ergänzungsräume* dar, indem bereits vorhandene soziale Beziehungen digital abgebildet und online gepflegt werden. Weitere mediale wie nicht-mediale Erfahrungen beeinflussen die Beziehungen innerhalb der Netzwerke ebenso wie diese die anderen Erfahrungsebenen. Die verschiedenen Ebenen werden von den Nutzern miteinander verknüpft, so dass soziale Zusammenhänge entstehen. Diese *Integrations- und Syntheseleistungen* manifestieren sich in den Alltagsanalogien und räumlichen Metaphern der Interviewten. So entstehen soziale Ergänzungsräume in den Netzwerken, die ausgesprochen physisch existent gedacht werden. Dennoch gehen »Spacing« und »Syntheseleistungen« (Löw 2001, S. 158f.) gerade aufgrund der verschiedenen Sphären nicht gänzlich auf, so dass *Brüche entstehen, die den Konstruktionscharakter der Netzwerke offenbaren.* In diesen Brüchen sind die Netzwerke Utopien, da sie den Selbst- und Sozialbezug zwar abbilden, diese Abbildung der tatsächlichen Ausdifferenzierungen und Komplexität von Identität und Sozialität aber nicht entsprechen kann. Gleichwohl werden Selbst- und Sozialbezug durchaus bearbeitet. Viel Zeit und Mühe werden in die Profile und deren Aktualisierungen investiert, um den Freunden ein adäquates Bild der eigenen Identität zu vermitteln. Durch zahlreiche Statusmeldungen, Fotos, Kommentare, Pinnwandeinträge, Nachrichten und dergleichen werden soziale Beziehungen gepflegt und ausgehandelt und besitzen medial wie nicht medial ihre ganz spezifische Relevanz. An diesen beiden Polen stellen die *Netzwerke einen sozialen wie individuellen Spiegel im Sinne von Foucaults Utopien und Heterotopien dar,* der an der Oberfläche einen Blick auf das Individuum als, Identität und Zugehörigkeit umfassendes, Ganzes ermöglicht. In der Wahrnehmung der Spiegelung als solcher vollzieht sich jedoch ein Bruch, der den utopischen Charakter dieser Anordnung ins Bewusstsein rückt. *Obwohl die Sphären sich also mittlerweile selbst-*

verständlich überlagern und durchwirken, ist das Dilemma ihrer unterschiedlichen Implikationen nicht aufzulösen. Besonders deutlich wird dies bei der Betrachtung sozialer Kontinuität. So hat der geographische Ort durch die Umwälzungsprozesse der Moderne, wie besonders anschaulich durch Giddens verdeutlicht, an Relevanz für kontinuierliche Sozialität verloren. Dieses *Bedürfnis nach kontinuierlicher Sozialität* kann über den sozialen Raum der Netzwerke befriedigt werden. Damit diese Form der Sozialität jedoch relevant und bedeutungsvoll sein kann, ist der soziale Raum der Netzwerke ganz *grundlegend auf die Konstruktionsleistungen der Individuen angewiesen*, da sie die Synthesen zwischen den Sphären herstellen. Diese integrieren den geographischen Ort und die damit verbundenen sozialen Beziehungen, Erinnerungen und Erfahrungen mit den sozialen Räumen der Netzwerke und konstruieren so bedeutungsvolle soziale Kontinuität.

Das dialogische und iterative Verhältnis von Theorie und Empirie hat sich, wenngleich für empirische Arbeiten ungewöhnlich, als sehr bereichernd erwiesen. Dadurch gingen, wie aufgezeigt, sowohl empirische als auch theoretische Erkenntnisse einher, die ohne diese reziproken Bezugnahmen kaum möglich gewesen wären. Mit diesen detaillierten Erkenntnissen war darauf aufbauend eine Konkretion der Sozialität in den Netzwerken möglich, die über diese Ebene hinaus die Relevanz der Konstruktion des sozialen Raums und das Bedürfnis nach sozialer Kontinuität herausstellte. Da die Entwicklung der Netzwerke kaum vorauszusagen ist und somit viele Szenarien von der weiteren Genese neuer Plattformen bis hin zum vollständigen Verlust ihrer Relevanz denkbar wären, bleibt mit dieser Arbeit die Hoffnung verbunden, die soziale Bedeutung der *Social Network Sites* in ihrer Komplexität herausgearbeitet zu haben und durch die theoretische Fundierung Anknüpfungspunkte für weitere Forschungen anzubieten.

Literatur

Abels Heinz (2006) Identität. Über die Entstehung des Gedankens, dass der Mensch ein Individuum ist, den nicht leicht zu verwirklichenden Anspruch auf Individualität und die Tatsache, dass Identität in Zeiten der Individualisierung von der Hand in den Mund lebt. Wiesbaden, VS.

Adamic Lada A., Büyükkökten Orkut, & Adar Eytan (2003) A social network caught in the Web. In: First Monday, 8 (6). http://firstmonday.org/article/view/ 1057/977. Zugegriffen: 27.02.13.

Ahrens Daniela (2001) Grenzen der Enträumlichung – Weltstädte, Cyberspace und transnationale Räume in der globalisierten Moderne. Opladen, Westdeutscher Verlag.

Albert Gert, Greshoff Rainer, Schützeichel Rainer (Hrsg) (2010) Dimensionen und Konzeptionen von Sozialität. Wiesbaden, Springer VS.

Alheit Peter (1999) »Grounded Theory«: Ein alternativer methodologischer Rahmen für qualitative Forschungsprozesse. Göttingen: unveröffentlichtes Manuskript. http://www.fallarchiv.uni-kassel.de/wp-content/uploads/2010/07/alheit_grounded_theory_ofas.pdf. Zugegriffen: 27.02.13.

Anastasiadis Mario (Hrsg) (2011) Social Media. Theorie und Praxis digitaler Sozialität. Frankfurt a. M., Lang.

Anfang Günther, Demmler Kathrin, Ertelt Jürgen, Schmidt Ulrike (Hrsg) (2006) Handy. Eine Herausforderung für die Pädagogik. München, Kopaed.

Aßmann Sandra (2013) Medienhandeln zwischen formalen und informellen Kontexten: Doing Connectivity. Wiesbaden, Springer VS.

Augé Marc (1994) Orte und Nicht-Orte. Vorüberlegungen zu einer Ethnologie der Einsamkeit. Frankfurt a. M., S. Fischer.

Autenrieth Ulla (2011a) Gemeinschaft. In: Neumann-Braun Klaus, Autenrieth Ulla (Hrsg) Freundschaft und Gemeinschaft im Social Web. Bildbezogenes Handeln und Peergroup-Kommunikation auf Facebook und Co. Baden-Baden, Nomos, S. 14-17.

Authenrieth Ulla (2011b) MySelf. MyFriends. MyLife. MyWorld: Fotoalben auf Social Network Sites und ihre kommunikativen Funktionen für Jugendliche und junge Erwachsene. In: Neumann-Braun Klaus, Autenrieth Ulla (Hrsg) Freundschaft und Gemeinschaft im Social Web. Bildbezogenes Handeln und Peergroup-Kommunikation auf Facebook und Co. Baden-Baden, Nomos, S. 123-162.

Baacke Dieter (1980) Der sozialökologische Ansatz zur Beschreibung und Erklärung des Verhaltens Jugendlicher. In: Deutsche Jugend, 38. Jg., H.11, 493-505.

Baacke Dieter (1996) Medienkompetenz – Begrifflichkeit und sozialer Wandel. In: Rein Antje von (Hrsg) Medienkompetenz als Schlüsselbegriff. Bad Heilbrunn, Klinkhardt, S. 112-124.

Baacke Dieter (1998) Medienkompetenzen – Herkunft, Reichweite und strategische Bedeutung eines Begriffs. In: Kubicek Herbert, Braczyk Hans-Joachim, Klumpp Dieter, Müller Günter, Neu Werner, Raubold Eckhart, Roßnagel Alxander (Hrsg) Lernort Multimedia. Heidelberg, v. Decker, S. 22-27.

Baacke Dieter, Volbrecht Ralf, Sander Uwe (1990) Lebenswelten sind Medienwelten. Lebenswelten Jugendlicher Bd 1. Opladen, Leske+Budrich.

Bächle Thomas Christian (2011) Von der digitalen Visitenkarte zum Ort der Subjektivation. Ein Ordnungsvorschlag zur Theorienbildung um das Online-Selbst. In: Anastasiadis Mario (Hrsg) Social Media. Theorie und Praxis digitaler Sozialität. Frankfurt a. M., Peter Lang, S. 41-60.

Bahl Anke (1997) Zwischen On- und Offline – Identität im Internet. München, Kopaed.

Barnes Susan B. (2006) A privacy paradox: Social networking in the United States. In: First Monday, 11 (9). http://firstmonday.org/issues/issue11_9/barnes /index.html Zugegriffen: 27.02.13.

Barthes Roland (1990) Der entgegenkommende und der stumpfe Sinn. Frankfurt a. M, Suhrkamp.

Bauer Ullrich, Bittlingmayer Uwe H., Scherr Albert (Hrsg) (2012) Handbuch Bildungs- und Erziehungssoziologie. Wiesbaden, Springer VS

Bauman Zygmunt (2009) Gemeinschaften. Auf der Suche nach Sicherheit in einer bedrohlichen Welt. Frankfurt, Suhrkamp.

Beck Ulrich (1986) Risikogesellschaft. Auf dem Weg in eine andere Moderne. Frankfurt a. M., Suhrkamp.

Beck Ulrich, Beck-Gernsheim Elisabeth (Hrsg) (1994) Riskante Freiheiten. Individualisierung in modernen Gesellschaften. Frankfurt a. M., Suhrkamp.

Beck Ulrich, Beck-Gernsheim Elisabeth (2004) Individualisierung in modernen Gesellschaften – Perspektiven und Kontroversen einer subjektorientierten Soziologie. In: Beck Ulrich, Beck-Gernsheim Elisabeth (2004). Riskante Freiheiten. Individualisierung in modernen Gesellschaften. Frankfurt a. M., Suhrkamp, S. 10-39.

Becker Barbara, Paetau, Michael (Hrsg) (1997) Virtualisierung des Sozialen. Die Informationsgesellschaft zwischen Fragmentierung und Globalisierung. Frankfurt/ New York, Campus.

Beer David, Burrows Roger (2007) Sociology and, of and in Web 2.0: Some initial Considerations. In: Sociological Research Online, 12(5). doi:10.5153/sro.1560.

Benke Karlheinz (2005) Virtualität als Lebensraum(gefühl): Einsamkeit, Gemeinschaft und Hilfe im virtuellen Raum. In: E-Beratungsjournal, Heft 1 (8). http://www.e-beratungsjournal.net/ausgabe_0105/benke.pdf. Zugegriffen: 27.02.13.

Bernecker Michael, Beilharz Felix (2012) Social Media Marketing: Strategien, Tipps und Tricks für die Praxis. Köln, Johanna-Verlag.

Bertschi Stefan (2010) Im Dazwischen von Individuum und Gesellschaft. Topologie eines blinden Flecks der Soziologie. Bielefeld, Transcript.

Blumer Herbert (1981) Der methodologische Standort des Symbolischen Interaktionismus. In: Arbeitsgruppe Bielefelder Soziologen (Hrsg) Alltagswissen, Interaktion und gesellschaftliche Wirklichkeit, Reinbeck, rowohlt, S. 80–101.

Bohn Cornelia, Hahn Alois (1999) Selbstbeschreibung und Selbstthematisierung. Facetten der Identität in der modernen Gesellschaft. In: Willems Herbert, Hahn Alois (Hrsg) Identität und Moderne. Frankfurt a. M., Suhrkamp, S. 33-61.

Bourdieu Pierre (1983) Ökonomisches Kapital, kulturelles Kapital, soziales Kapital. In: Kreckel Reinhard. (Hrsg) Soziale Ungleichheiten (Soziale Welt, Sonderheft 2), Göttingen, Schwartz, 183-198.

Boyd Danah, Ellison Nicole (2007) Social Network Sites: Definition, history, and scholarship. Journal of Computer-Mediated Communication, 13(1).article 11. doi:10.1111/ j.1083-6101.2007.00393.x

Bromley Roger, Göttlich Udo, Winter Rainer (Hrsg.) (1999) Cultural Studies. Grundlagentexte zur Einführung, Lüneburg, zu Klampen.

Bronfenbrenner Urie (1976) Ökologische Sozialisationsforschung. Stuttgart, Klett-Cotta.

Brofenbrenner Urie (1981) Die Ökologie der menschlichen Entwicklung. Stuttgart, Klett-Cotta.

Bronfenbrenner Urie (2012) Ökologische Sozialisationsforschung. Ein Bezugsrahmen. In: Bauer Ullrich, Bittlingmayer Uwe H., Scherr Albert (Hrsg) Handbuch Bildungs- und Erziehungssoziologie. Wiesbaden, Springer VS, S. 167-176.

Bruns Axel (2008) Blogs, Wikipedia, Second Life, and Beyond: From Production to Produsage. (Digital Formations). New York, Peter Lang.

Bublitz Hannelore (2010) Im Beichtstuhl der Medien. Die Produktion des Selbst im öffentlichen Bekenntnis. Bielefeld, Transcript.

Budke Alexandra, Kanwischer Detlef, Pott Andreas (Hrsg.) (2004) Internetgeographien. Beobachtungen zum Verhältnis von Internet, Raum und Gesellschaft. Stuttgart, Franz Steiner.

Burkart Günter (Hrsg) (2006) Die Ausweitung der Bekenntniskultur – neue Formen der Selbstthematisierung? Wiesbaden, VS.

Busemann Katrin, Fisch Martin, Frees Beate (2011) Dabei sein ist alles – zur Nutzung privater Communitys. Ergebnisse der ZDF-Studie Community 2011. In: Media Perspektiven 2012(5).

Deleuze Gilles (1993) Postskriptum über die Kontrollgesellschaften. In: Ders.: Unterhandlungen. 1972-1990. Frankfurt a. M., Suhrkamp, S. 254-262.

Denzin Norman K. (1992) Symbolic Interactionism and Cultural Studies. The Politics of Interpretation. Cambridge, Blackwell.

Denzin Norman K (Hrsg) (1994). Handbook of Qualitative Research. London, New York, Sage.

Denzin Norman K. (1999) Ein Schritt voran mit den Cultural Studies. In: Hörning Karl H., Winter Rainer (Hrsg) Widerspenstige Kulturen. Cultural Studies als Herausforderung. Frankfurt a. M., Suhrkamp, S. 116-145.

Denzin, Norman K. (2000) Symbolischer Interaktionismus. In: Flick Uwe, Kardorff Ernst von, Steinke Ines (Hrsg) Qualitative Forschung. Ein Handbuch. Hamburg, Rowohlt, S. 136-150.

Derrida Jacques (1972) Die Schrift und die Differenz. Frankfurt a. M., Suhrkamp.

Dittler Ullrich, Hoyer Michael (Hrsg) (2006) Machen Computer Kinder dumm? Wirkung interaktiver, digitaler Medien auf Kinder und Jugendliche aus medienpsychologischer und mediendidaktischer Sicht. München, KoPaed.

Donald James, Hall Stuart (Hrsg) (1986) Politics and Ideology: A Reader. Milton Keynes, Open University Press.

Döring Nicola (2006) Handy-Kids: Wozu brauchen sie das Mobiltelefon? In: Dittler Ullrich, Hoyer Michael (Hrsg) Machen Computer Kinder dumm? Wirkung interaktiver, digitaler Medien auf Kinder und Jugendliche aus medienpsychologischer und mediendidaktischer Sicht. München, KoPaed, S. 45-65. http://www.izmf.de/sites/default/files/download/Studien/20060400_Handy_Kids.pdf. Zugegriffen: 27.02.13.

Dünne Jörg, Günzel Stephan (Hrsg) (2006) Raumtheorie. Grundlagentexte aus Philosophie und Kulturwissenschaften. Frankfurt a. M., Suhrkamp

Durkheim Emile (1967) Soziologie und Philosophie. Frankfurt a. M., Suhrkamp.

Durkheim Emile (1981) Die elementaren Formen des religiösen Lebens. Frankfurt a. M., Suhrkamp.

Dwyer Catherine, Hiltz Starr Roxanne, Passerini Katia (2007) Trust and privacy concern within social networking sites: A comparison of Facebook and MySpace. In: Proceedings of AMCIS 2007. http://csis.pace.edu/~dwyer/research/ DwyerAMCIS 2007.pdf. Zugegriffen 27.02.13.

Eisemann Christoph (2008) Why do they tube? Aspekte zur Nutzung von Videoplattformen durch Jugendliche und junge Erwachsene. In: Ludwigsburger Beiträge zur Medienpädagogik, H. 11/2008. http://www.ph-ludwigsburg.de/fileadmin/subsites/1b-mpxx-t-01/user_ files/Online-Magazin/Ausgabe11/Forschung11.pdf. Zugegriffen: 16.08.14.

Elias Norbert (1989) The Symbol Theory: An Introduction, Part One. In: Theory, Culture & Society, 6. Jg., S. 169-217.Part Two, In: Theory, Culture & Society, 6. Jg., S. 499-537.

Ellison Nicole B., Steinfield Charles, Lampe Cliff (2007) The benefits of Facebook »friends«: Exploring the relationship between college students' use of online social networks and social capital. In: Journal of Computer-Mediated Communication, 12 (3), doi:10.1111/j.1083-6101.2007.00367.x.

Erikson Erik (1971) Identität und Lebenszyklus. Drei Aufsätze. Frankfurt a. M., Suhrkamp.

Feierabend Sabine, Kutteroff Albrecht (2008) Medien im Alltag Jugendlicher – multimedial und multifunktional. Ergebnisse der JIM-Studie 2008. In: Media Perspektiven 12/2008. S. 612-624. http://www.media-perspektiven.de/uploads/tx_mppublications/Feierabend.pdf. Zugegriffen 27.02.13.

Fiske John (2001) Die Populäre Ökonomie: In: Winter Rainer, Mikos Lothar (Hrsg) Die Fabrikation des Populären. Der John-Fiske-Reader (Reihe: Cultural Studies – Bd. I). Bielefeld, Transcript, S. 111-137.

Flick Uwe (2002) Qualitative Sozialforschung. Eine Einführung. 6. überarb. und erweiterte Aeuaufl. Hamburg, Rowohlt.

Flick Uwe (2006) Qualitative Sozialforschung. Eine Einführung. 5. überarb. und erweiterte Neuaufl. Hamburg, Rowohlt.

Flick, Uwe, Kardorff Ernst von, Keupp Heiner, Rosenstiel Lutz von, Wolff Stephan (Hrsg) (1995) Handbuch Qualitative Sozialforschung. Grundlagen, Methoden, Konzepte, Methoden und Anwendungen. 2. Aufl. Weinheim, Beltz.

Flick Uwe, Kardorff Ernst von, Steinke Ines (Hrsg) (2000) Qualitative Forschung. Ein Handbuch. Reinbeck, Rowohlt.

Flick Uwe, Kardorff Ernst von, Steinke Ines (Hrsg) (2007) Qualitative Forschung. Ein Handbuch. 5. Aufl. Reinbeck, Rowohlt.

Foucault Michel (1973) Archäologie des Wissens. Frankfurt a. M., Suhrkamp.

Foucault, Michel (1976) Überwachen und Strafen. Die Geburt des Gefängnisses. Frankfurt a.M., Suhrkamp.

Foucault Michel (1991) Andere Räume. In: Wentz Martin (Hrsg) Stadt-Räume. Die Zukunft des Städtischen. Frankfurter Beiträge Bd. 2. Frankfurt a. M./New York, Campus, S. 65-72.

Foucault Michel (1992) Archäologie des Wissens. Frankfurt a. M., Suhrkamp.

Foucault Michel (1993) Technologien des Selbst. In: Martin Luther H., Gutman Huck, Hutton Patrick H. (Hrsg) Technologien des Selbst. Frankfurt a. M., S. Fischer, S. 24-62.

Foucault Michel (2006) Von anderen Räumen. In: Dünne Jörg, Günzel Stephan (Hrsg) Raumtheorie. Grundlagentexte aus Philosophie und Kulturwissenschaften. Frankfurt a. M., Suhrkamp, S.317-329. [Erstveröffentlichung 1967].

Freud Anna (Hrsg). (1955). Jenseits des Lustprinzips. Gesammelte Werke Bd. 13. London, Imago Publ.

Freud Sigmund (1955) Das Ich und das Es. In: Freud Anna (Hrsg) Jenseits des Lustprinzips. Gesammelte Werke Bd. 13. London, Imago Publ.

Fuhse Jan, Stegbauer Christian (Hrsg) (2011) Kultur und mediale Kommunikation in sozialen Netzwerken. Reihe: Netzwerkforschung. Wiesbaden, VS.

Funken Christiane, Löw Martina (Hrsg) (2003) Raum–Zeit–Medialität. Interdisziplinäre Studien zu neuen Kommunikationstechnologien. Opladen, Leske+Budrich.

Ganguin Sonja (2008) Medienökologie. In: Sander Uwe, Gross Friederike von, Hugger Kai-Uwe (Hrsg) Handbuch Medienpädagogik. Wiesbaden, VS, S. 136-141.

Gapski Harald, Gräßer Lars (Hrsg) (2009) Medienkompetent in Communitys. Sensibilisierungs-, Beratungs- und Lernangebote. Düsseldorf, München, kopaed.

Gehrke Gernot, Gräßer Lars (2007) Neues Web, neue Kompetenz? In: Gräßer Lars (Hrsg) Web 2.0 – Schlagwort oder Megatrend? Fakten, Analysen, Prognosen. Düsseldorf, München, kopaed, S.11-36.

Geroimenko Vladimir, Chen Chaomei (Hrsg) Visualizing the Semantic Web. Berlin, Springer.

Giddens Anthony (1995) Konsequenzen der Moderne. Frankfurt a. M., Suhrkamp.

Giddens Anthony (2010) Konsequenzen der Moderne. Frankfurt a. M., Suhrkamp.

Glaser Barney G. (1978) Theoretical sensitivity: Advances in the methodology of Grounded Theory. Mill Valley, CA, Sociology Press.

Goffman Erving (2006) Wir alle spielen Theater. Die Selbstdarstellung im Alltag. 4. Aufl. München, Piper.

Golder Scott A., Wilkinson Dennis, Huberman Bernado A. (2007) Rhythms of social interaction: Messaging within a massive online network. In: Steinfield Charles, Pentland Brian T., Ackerman Mark, Contractor Noshir (Hrsg) Proceedings of Third International Conference on Communities and Technologies. London, Springer, S. 41-66.

Gräßer Lars (Hrsg) (2007) Web 2.0 – Schlagwort oder Megatrend? Fakten, Analysen, Prognosen. Düsseldorf, München, kopaed.

Gross Friederike von, Marotzki Winfried, Sander Uwe (Hrsg) (2008) Internet – Bildung – Gemeinschaft. Wiesbaden, VS.

Gscheidle Christoph, Fisch Martin (2007) Onliner 2007: Das »Mitmach-Netz« im Breitbandzeitalter. In: Media Perspektiven, 8/2007, S. 393-405.

Habermas Jürgen (1990) Strukturwandel der Öffentlichkeit. 2. Aufl. Frankfurt a. M., Suhrkamp.

Hahn Alois, Kapp Volker (Hrsg) (1987) Selbstthematisierung und Selbstzeugnis: Bekenntnis und Geständnis. Frankfurt a. M., Suhrkamp.

Hahn, Alois. (1987). Identität und Selbstthematisierung. In: Ders, Kapp Volker (Hrsg) Selbstthematisierung und Selbstzeugnis: Bekenntnis und Geständnis. Frankfurt a. M., Suhrkamp, S. 9-24.

Hall Stuart (1994) Rassismus und Identität. Ausgewählte Schriften 2. Hamburg, Argument Verlag.

Hall Stuart (Hrsg) (1997) Representation. Cultural Representations and Signifying Practices. London, Sage

Hall Stuart (1997) The Work of Representation. In: Hall Stuart (Hrsg) Representation. Cultural Representations and Signifying Practices. London, Sage, S. 13-64.

Hall Stuart (1999) Cultural Studies. Zwei Paradigmen. In: Bromley Roger, Göttlich Udo, Winter Rainer (Hrsg) Cultural Studies. Grundlagentexte zur Einführung, Lüneburg, zu Klampen, S.113-138.

Hall Stuart (1999) Kulturelle Identität und Globalisierung. In: Hörning Karl H., Winter Rainer (Hrsg) Widerspenstige Kulturen. Cultural Studies als Herausforderung. Frankfurt a. M., Suhrkamp, S.393-441.

Hartmann Maren, Hepp Andreas (Hrsg) (2010) Die Mediatisierung der Alltagswelt. Wiesbaden, VS.

Häußermann Hartmut, Ipsen Detlev, Krämer-Badoni Thomas (Hrsg) (1991) Stadt und Raum. Soziologische Analysen. Pfaffenweiler, Centaurus.

Haupt Friederike (2010) Soziale Netzwerke. Facebook weiß alles über uns. http://www.faz.net/aktuell/feuilleton/medien/soziale-netzwerke-facebook-wiess-alles-ueber-uns-1936297.html. Zugegriffen 23.04.13.

Heer Jeffrey, Boyd Danah M. (2005) Vizster: Visualizing online social networks. In: Proceedings of Symposium on Information Visualization (S. 33-40). Minneapolis, MN: IEEE Press. http://www.danah.org/papers/Info Viz2005.pdf. Zugegriffen: 27.02.13.

Helle Horst Jürgen (1999) Verstehende Soziologie. München, Oldenbourg.

Hepp Andreas (2010) Cultural Studies und Medienanalyse. Eine Einführung. Wiesbaden, VS.

Hepp Andreas, Krotz Friedrich, Thomas Tanja (Hrsg) (2009) Schlüsselwerke der Cultural Studies. Wiesbaden, VS.

Hepp Andreas, Winter Rainer (Hrsg) (2006) Kultur – Medien – Macht. Cultural Studies und Medienanalyse. Wiesbaden, VS.

Herrmann Jörg, Metelmann Jörg, Schwandt Hans-Gerd (Hrsg) (2012) Wissen sie, was sie tun? Zur filmischen Inszenierung jugendlicher Gewalt. Marburg, Schüren.

Herzig Bardo, Meister Dorothee M., Moser Heinz, Niesyto Horst (Hrsg) (2010) Jahrbuch Medienpädagogik 8. Medienkompetenz und Web 2.0. Wiesbaden, VS.

Hickethier Knut (2010) Einführung in die Medienwissenschaft. Stuttgart/Weimar, J.B. Metzler.

Hitzler Ronald, Honer Anne (1994) Bastelexistenz. Über subjektive Konsequenzen der Individualisierung. In: Beck Ulrich, Beck-Gernsheim Elisabeth (Hrsg) Riskante Freiheiten. Individualisierung in modernen Gesellschaften. Frankfurt a. M., Suhrkamp, S. 307-315.

Hoffmann Dagmar, Neuß Norbert, Thiele Günter (Hrsg) (2011) stream your life!? Kommunikation und Medienbildung im Web 2.0. München, kopaed.

Hoggart Richard (1968) The uses of literacy: aspects of working-class life, with special references to publications and entertainments. Harmondsworth u.a., Penguin Book. [Erstveröffentlichung 1957].

Holenstein Elmar (1975) Roman Jakobsons phänomenologischer Strukturalismus. Frankfurt a. M., Suhrkamp.

Honneth Axel (1994) Kampf um Anerkennung: zur moralischen Grammatik sozialer Konflikte. Frankfurt a. M., Suhrkamp.

Hopf Christel (1995) Qualitative Interviews in der Sozialforschung. Ein Überblick. In: Flick Uwe, Kardorff, Ernst von, Keupp Heiner, Rosenstiel Lutz von, Wolff Stephan (Hrsg) Handbuch Qualitative Sozialforschung. Grundlagen, Methoden, Konzepte, Methoden und Anwendungen. Weinheim, Beltz, S. 177-181.

Hörning Karl H., Winter Rainer (Hrsg) (1999 Widerspenstige Kulturen. Cultural Studies als Herausforderung. Frankfurt a. M., Suhrkamp.

Jäckel Michael (Hrsg) (2005) Mediensoziologie. Grundlagen und Forschungsfelder. Wiesbaden, VS.

James William (1994) Was ist Pragmatismus? Weinheim, Beltz Athenäum.

Jetzkowitz Jens (2010) Menschheit, Sozialität und Gesellschaft als Dimensionen der Soziologie. Anregungen aus der Nachhaltigkeitsforschung. In: Albert Gert, Greshoff Rainer, Schützeichel Rainer (Hrsg) Dimensionen und Konzeptionen von Sozialität. Wiesbaden, VS, S. 257-268.

Jörissen Benjamin, Marotzki Winfried (2008) Neue Bildungskulturen im »Web 2.0«: Artikulation, Partizipation, Syndikation. In: Gross Friederike von, Marotzki Winfried, Sander Uwe (Hrsg) Internet – Bildung – Gemeinschaft. Wiesbaden, VS, S. 203-225.

Kamin Anna-Maria (2013) Beruflich Pflegende als Akteure in digital unterstützten Lernwelten. Wiesbaden, Springer VS.

Kamleitner Michael (2012) Facebook-Programmierung. Entwicklung von Social Apps und Websites. Bonn, Galileo Press.

Katz, James (Hrsg) (2008) Handbook of Mobile Communication Studies. Cambridge, MA, MIT Press.

Keil Reinhard (2010) E-Learning vom Kopf auf die Füße gestellt. In: Herzig Bardo, Meister Dorothee M., Moser Heinz, Niesyto Horst (Hrsg) Jahrbuch Medienpädagogik 8. Medienkompetenz und Web 2.0. Wiesbaden: VS, S. 121-146.

Kelle Udo (2007) Theoretisches Vorwissen und Kategorienbildung in der »Grounded Theory«. In: Kuckartz Udo, Grunenberg Heiko, Dresing Thorsten (Hrsg) Qualitative Datenanalyse: computergestützt. Methodische Hintergründe und Beispiele aus der Forschungspraxis. Wiesbaden, VS, S. 32-49.

Kelle Udo (2011) »Emergence« oder »Forcing«? Einige methodologische Überlegungen zu einem zentralen Problem der Grounded Theory. In Mey Günther, Mruck Katja (Hrsg) Grounded Theory Reader. Wiesbaden, VS, S. 235-260.

Keller Reiner (2012) Das interpretative Paradigma. Eine Einführung. Wiesbaden, VS.

Keppler Angela (2005) Medien und soziale Wirklichkeit. In: Jäckel Michael (Hrsg) Mediensoziologie. Grundlagen und Forschungsfelder. Wiesbaden, VS, S.91-106.

Keuneke Susanne (2005) Qualitatives Interview. In: Mikos Lothar, Wegener Claudia (Hrsg) Qualitative Medienforschung. Ein Handbuch. Konstanz, UVK, S. 254-267.

Keupp Heiner (2008) Identitätskonstruktionen in der spätmodernen Gesellschaft. Riskante Chancen bei prekären Ressourcen. In: Zeitschrift für Psychodrama und Soziometrie. Vol 7/No. 2, S. 291-308.

Kneidinger Bernadette (2010) Facebook und Co. Eine soziologische Analyse von Interaktionsformen in Online Social Networks. Wiesbaden, VS.

Koch Christoph (2010) Ich bin dann mal offline. Ein Selbstversuch. Leben ohne Internet und Handy. München, Blanvalet.

Kreckel Reinhard (Hrsg) (1983) Soziale Ungleichheiten (Soziale Welt, Sonderheft 2), Göttingen, Schwartz.

Krotz Friedrich (2006) Gesellschaftliches Subjekt und kommunikative Identität: Zum Menschenbild von Cultural Studies und Symbolischem Interaktionismus. In: Hepp Andreas, Winter Rainer (Hrsg) Kultur – Medien – Macht. Cultural Studies und Medienanalyse. Wiesbaden, VS, S.125-138.

Krotz Friedrich (2007) Mediatisierung: Fallstudien zum Wandel von Kommunikation. Wiesbaden, VS.

Krotz Friedrich (2009) Stuart Hall: Encoding / Decoding und Identität. In: Hepp Andreas, Krotz Friedrich, Thomas Tanja (Hrsg) Schlüsselwerke der Cultural Studies. Wiesbaden, VS, S. 210-223.

Krotz Friedrich (2010) Leben in mediatisierten Gesellschaften. Kommunikation als anthropologische Konstante und ihre Ausdifferenzierung heute. In: Pietraß Manuela, Funiok Rüdiger (Hrsg) Mensch und Medien. Philosophische und sozialwissenschaftliche Perspektiven. Wiesbaden, VS, S. 91-113.

Kubicek Herbert, Braczyk Hans-Joachim, Klumpp Dieter, Müller Günter, Neu Werner, Raubold Eckhart, Roßnagel Alxander (Hrsg) (1998) Lernort Multimedia. Heidelberg, v. Decker.

Kuckartz Udo, Grunenberg Heiko, Dresing Thorsten (Hrsg) (2007) Qualitative Datenanalyse: computergestützt. Methodische Hintergründe und Beispiele aus der Forschungspraxis. Wiesbaden, VS.

Lacan Jacques (1973) Das Spiegelstadium als Bildner der Ich-Funktion, wie sie uns in der psychoanalytischen Erfahrung erscheint. In: Schriften. I. Olten, Walter-Verlag.

Laclau Ernesto (1990) New Reflections on the Revolutions of our Time. London, Verso.

Lampe Cliff, Ellison Nicole B., Steinfeld Charles (2007) A familiar Face(book): Profile elements as signals in an online social network. In: Proceedings of Conference on Human Factors in Computing Systems. New York, ACM Press, S. 435-444.

Läpple Dieter (1991) Essay über den Raum. In: Häußermann Hartmut, Ipsen Detlev, Krämer-Badoni Thomas (Hrsg) Stadt und Raum. Soziologische Analysen. Pfaffenweiler, Centaurus, S. 157-207.

Lehmann Kai, Schetsche Michael (Hrsg) (2005) Die Google-Gesellschaft. Vom Digitalen Wandel des Wissens. Bielefeld, Transcript.

Leistert Oliver, Röhle Theo (2011) (Hrsg) Generation Facebook. Über das Leben im Social Net. Bielefeld, Transcript.

Lewin Kurt (1935) A dynamic theory of personality. New York, McGraw-Hill.

Liu Hugo, Maes Pattie, Davenport Glorianna (2006) Unraveling the taste fabric of social networks. In: International Journal on Semantic Web and Information Systems, 2 (1), S. 42-71.

Lohmöller Bö (2005) Blogs sind? Blogs sind! In: Lehmann Kai, Schetsche Michael (Hrsg) Die Google-Gesellschaft. Vom Digitalen Wandel des Wissens. Bielefeld, Transcript, S. 221-228.

Löw Martina (2001) Raumsoziologie. Frankfurt a. M., Suhrkamp.

Lyotard Jean-François (1986) Das postmoderne Wissen. Graz, Edition Passagen.

Martin Luther H., Gutman Huck, Hutton Patrick H. (Hrsg) (1993) Technologien des Selbst. Frankfurt a. M., S. Fischer.

Marx Karl, Engels Friedrich (1848) Manifest der kommunistischen Partei. In: Marx Karl, Engels Friedrich (Hrsg) Werke, Bd. 4, Berlin, Dietz 1859.

Mayntz Renate, Rosewitz Bernd, Schimank Uwe (Hrsg) (1988) Differenzierung und Verselbständigung. Zur Entwicklung gesellschaftlicher Teilsysteme. Frankfurt a. M., Campus.

McQuail Denis (1994) Mass Communication Theory. 3. Aufl. London, Sage.

Mead George Herbert (1978) Geist, Identität und Gesellschaft aus der Sicht des Sozialbehaviorismus. 3. Aufl. Frankfurt a. M., Suhrkamp.

Meise Bianca, Meister Dorothee M. (2011) Identität, Sozialität und Strukturen innerhalb von Social Network Sites. Theoretische und empirische Bezüge. In: Hoffmann Dagmar, Neuß Norbert, Thiele Günter (Hrsg) stream your life!? Kommunikation und Medienbildung im Web 2.0. München, kopaed, S. 21-32.

Meister, Dorothee M.; Meise, Bianca. (2008). Medienkompetenz als lebenslange Herausforderung. In: UNESCO heute, Themenheft Wissen im Web, 55. Jg. (1/2008), S. 53-55.

Meister Dorothee M., Meise Bianca (2009) Sozial und medienkompetent – Jugendliche in Virtuellen Sozialen Netzwerken. In: Gapski Harald, Gräßer Lars (Hrsg) Medienkompetent in Communitys. Sensibilisierungs-, Beratungs- und Lernangebote. Düsseldorf, München, kopaed, S. 21-32.

Meister Dorothee M., Meise Bianca (2010) Emergenz neuer Lernkulturen – Neue Bildungsaneignungsperspektiven im Web 2.0. In: Herzig Bardo, Meister, Dorothee M., Moser Heinz, Niesyto Horst (Hrsg) Jahrbuch Medienpädagogik 8. Medienkompetenz und Web 2.0. Wiesbaden, VS, S.183-199.

Meister Dorothee M., Meise Bianca (2012) Genese und Spezifika jugendlichen Medienhandelns unter besonderer Berücksichtigung von Social Network Sites. In: Schweer Martin K. W. (Hrsg): Schriftenreihe Psychologie und Gesellschaft. Medien in unserer Gesellschaft – Chancen und Risiken. Frankfurt, Peter Lang, S. 51-72.

Meister Dorothee M., Meise Bianca, Neudert Sieglinde (2009) Das Handy als Technologie sozialer Raumaneignung Jugendlicher. In. Tully Claus J. (Hrsg) Multilokalität und Vernetzung. Beiträge zur technikbasierten Gestaltung jugendlicher Sozialräume. Weinheim, München, Juventa, S. 41-58.

Mende Anette, Oehmichen Ekkehardt, Schröter Christian (2013) Gestaltwandel und Aneignungsdynamik des Internets. Befunde aus den ARD/ZDF-Onlinestudien 1997 bis 2012. In: Media Perspektiven, 2013(1), S. 33-49.

Mey Günther, Mruck Katja (2011) Grounded-Theory-Methodologie: Entwicklung, Stand, Perspektiven. In: Mey Günther, Mruck Katja (Hrsg) Grounded Theory Reader. Wiesbaden, VS, S. 11-48.

Mey Günther, Mruck Katja (Hrsg) (2011) Grounded Theory Reader. Wiesbaden, VS.

Mikos Lothar, Wegener Claudia (Hrsg) (2005) Qualitative Medienforschung. Ein Handbuch. Konstanz: UVK.

Möller Erik (2005) Die heimliche Medienrevolution – Wie Weblogs, Wikis und freie Software die Welt verändern. Hannover, Heise.

Montaigne Michel de (1969) Essais. Stuttgart, Reclam.

Neumann-Braun Klaus (unter Mitarbeit von Dominic Wirz) (2010) Fremde Freunde im Netz? Selbstpräsentation und Beziehungswahl auf Social Network Sites – ein Vergleich von Facebook.com und Festzeit.ch. In: Hartmann Maren, Hepp Andreas (Hrsg) Die Mediatisierung der Alltagswelt. Wiesbaden, VS, S. 163-182.

Neumann-Braun Klaus, Authenrieth Ulla P. (2011) Zur Einleitung: Soziale Beziehungen im Web 2.0 und deren Visualisierung, In: Neumann-Braun Klaus, Authenrieth Ulla P. (Hrsg) Freundschaft und Gemeinschaft im Social Web. Bildbezogenes Handeln und Peergroup-Kommunikation auf Facebook& Co. Baden-Baden, Nomos, S.9-30.

Neumann-Braun Klaus, Autenrieth Ulla (Hrsg) (2011) Freundschaft und Gemeinschaft im Social Web. Bildbezogenes Handeln und Peergroup-Kommunikation auf Facebook und Co. Baden-Baden, Nomos.

Niedermeier Hubertus, Schroer Markus (2004) Sozialität im Cyberspace. In: Budke Alexandra; Kanwischer Detleff, Pott Andreas (Hrsg) Internetgeographien. Beobachtungen zum Verhältnis von Internet, Raum und Gesellschaft. Stuttgart, Franz Steiner, S. 125-141.

O'Reilly Tim (2005) What is Web 2.0? http://www.oreillynet.com /lpt/a/6228. Zugegriffen: 27.02.13.

Paetau Michael (1997) Sozialität in virtuellen Räumen? In: Becker Barbara, Paetau Michael (Hrsg) Virtualisierung des Sozialen. Die Informationsgesellschaft zwischen Fragmentierung und Globalisierung. Frankfurt/New York, Campus, S.103-134.

Paetau Michael (2003) Raum und soziale Ordnung – Die Herausforderung der digitalen Medien. In: Funken Christiane, Löw Martina (Hrsg) Raum–Zeit–Medialität. Interdisziplinäre Studien zu neuen Kommunikationstechnologien. Opladen, Leske+Budrich, S. 191-215.

Paolillo John C., Wright Elijah (2006) Social network analysis on the semantic web: Techniques and challenges for visualizing FOAF. In: Geroimenko Vladimir, Chen Chaomei (Hrsg) Visualizing the Semantic Web. Berlin, Springer, S. 229-242.

Park Robert Ezra, Burgess Ernest Watson (1928) Introduction in the Science of Socialology. Chicago, University Press.

Peirce Charles Sanders (1839-1914) Über die Klarheit unserer Gedanken. In: Oehler Klaus (Hrsg.) (1968) Frankfurt a. M., Klostermann.

Peirce Charles Sanders (1983) Phänomen und Logik des Zeichens. Frankfurt a. M., Suhrkamp.

Perner Achim (o. J.) Einführende Bemerkungen zu Jaques Lacan: Das Spiegelstadium als Bildner der Ich-Funktion (Schriften I, S. 61-70) im Hinblick auf die Arbeiten von Cindy Sherman. http://www.freud-lacan-berlin.de/res/ Perner_Einfuehrung_ Spiegelstadium. pdf. Zugegriffen 15.04.2013.

Pfeffer Jürgen, Neumann-Braun Klaus, Wirz Dominic (2011) Nestwärme im Social Web. Bildvermittelte interaktionszentrierte Netzwerke am Beispiel vom Festzeit.ch. In: Fuhse Jan, Stegbauer Christian (Hrsg) Kultur und mediale Kommunikation in sozialen Netzwerken. Reihe: Netzwerkforschung. Wiesbaden, VS, S. 125-148.

Piaget Jean, Inhelder Bärbel (1975) Die Entwicklung des räumlichen Denkens beim Kinde. Stuttgart, Klett-Cotta.

Pietraß Manuela, Funiok Rüdiger (Hrsg) (2010) Mensch und Medien. Philosophische und sozialwissenschaftliche Perspektiven. Wiesbaden, VS.

Popitz Heinrich (1975) Der Begriff der sozialen Rolle als Element der soziologischen Theorie. Tübingen, Mohr.

Postman Neil (1983) Das Verschwinden der Kindheit. Frankfurt, S. Fischer.

Prommer Elizabeth et al. 2009. »Real life extension« in Web-basierten sozialen Netzwerken. Studie zur Selbstrepräsentation von Studierenden in studiVZ. http://www.media-culture-online.de/fileadmin/bibliothek/prommer_selbstpraesentation /Medienwiss_Forschungsbericht_studivz.pdf. Zugegriffen: 27.02.13.

Przyborski Aglaja, Wohlrab-Sahr Monika (2009) Qualitative Sozialforschung. Ein Arbeitsbuch. München, Oldenbourg.

Redfield Robert (1955) The Little Community. Viewpoints for the Study of a Human Whole. Chicago, The University of Chicago Press.

Rein Antje von (Hrsg) (1996) Medienkompetenz als Schlüsselbegriff. Bad Heilbrunn, Klinkhardt.

Rehfus Wulff D. (Hrsg) (2003) Handwörterbuch Philosophie. Göttingen, Vandenhoeck & Ruprecht.

Reißmann Wolfgang (2013) Warum Netzwerkplattformen (keine) Räume sind: Ein Beitrag aus medienökologischer Perspektive. In: Junge, Thorsten (Hrsg) Soziale Netzwerke im Diskurs. S. 88-101. http://ifbm.fernuni-hagen.de/lehrgebiete/bildmed/medien-im-diskurs. Zugegriffen: 16.08.14

Riesman David (1958) Die einsame Masse. Eine Untersuchung der Wandlungen des amerikanischen Charakters. Hamburg, Rowohlt.

Rimbaud Arthur (1975) Lettres du voyant: (13 et 15 mai 1871). Textes littéraires français; Bd. 21. Genève, Drosz

Rosenberg Göran (2000) Wärmekreise der Politik. Recht, Loyalität, Emotion in der post-ethnischen Gesellschaft. In: Lettre International, Nr. 48/2000, S. 4.

Rötzer Florian (2006) Das Handy als Freund und Leibwächter. In: Telepolis. http://www.heise.de/tp/r4/artikel/23/23175/1.html. Zugegriffen: 27.02.13

Rousseau Jean-Jaques (1978) Bekenntnisse. 4. Aufl. Frankfurt a. M.: Insel-Verl. [Erstveröffentlichung Les Confessions. 1782]

Sander Uwe, Gross Friederike von, Hugger Kai-Uwe (2008) (Hrsg) Handbuch Medienpädagogik. Wiesbaden: VS.

Saussure Ferdinand de (1967) Grundlagen der Allgemeinen Sprachwissenschaft. Berlin, New York: de Gruyter.

Schäffer, Burkhard (2003) Generationen – Medien – Bildung. Medienpraxiskulturen im Generationenvergleich. Opladen, Leske und Budrich.

Schmidt Jan (2006) Weblogs. Eine kommunikationssoziologische Studie. Konstanz: UVK.

Schmidt Jan-Hinrik, Paus-Hasebrink Ingrid, Hasebrink Uwe, Lampert Claudia (2009) Heranwachsen mit dem Social Web. Zur Rolle von Web 2.0-Angeboten im Alltag von Jugendlichen und jungen Erwachsenen. In: Schriftenreihe Medienforschung der Landesanstalt für Medien NRW. Bd. 62. http://www.lfm-nrw.de/fileadmin/lfm-nrw/Forschung/LfM-Band-62.pdf. Zugegriffen 27.02.13.

Schroer Markus (2003) Raumgrenzen in Bewegung. Zur Interpenetration realer und virtueller Räume. In: Sociologia Internationalis. H.1, S. 55-76.

Schroer Markus (2005) Räume, Orte, Grenzen: Auf dem Weg zu einer Soziologie des Raums. Frankfurt a. M., Suhrkamp.

Schroer Markus (2006) Selbstthematisierung. Von der (Er-)Findung des Selbst und der Suche nach Aufmerksamkeit. In: Burkart Günter (Hrsg) Die Ausweitung der Bekenntniskultur – neue Formen der Selbstthematisierung? Wiesbaden, VS, S. 42-72.

Schuegraf Martina (2008) Medienkonvergenz und Subjektbildung. Mediale Interaktionen am Beispiel von Musikfernsehen und Internet. Wiesbaden, VS Verlag.

Schweer Martin K.W. (Hrsg) (2012) Schriftenreihe Psychologie und Gesellschaft. Medien in unserer Gesellschaft – Chancen und Risiken. Frankfurt, Peter Lang.

Scruton Roger (1986) Authority and Allegiance. In: Donald James, Hall Stuart (Hrsg) Politics and Ideology: a reader. Milton Keynes: Open University Press, S.105-109.

Seidler Christoph (2009) Werbung in Facebook: Tausche Zehn Freunde gegen einen Burger. http://www.spiegel.de/netz welt/web/ werbung-in-facebook-tausche-zehn-freunde-gegen-einen-burger-a-600541.html. Zugegriffen 23.04.13.

Sennett Richard (1983) Verfall und Ende des öffentlichen Lebens. Die Tyrannei der Intimität. Frankfurt a. M., Fischer.

Sennett Richard (1998) Der flexible Mensch. Die Kultur des neuen Kapitalismus. Berlin, Berlin-Verlag.

Sennett Richard (2013) Verfall und Ende des öffentlichen Lebens. Die Tyrannei der Intimität. 2. Aufl. Berlin, Berlin Verlag.

Shannon Claude, Weaver Warren (1949) The Mathematical Theory of Communication. Illinois, University of Illinois Press.

Simmel Georg (1984) Die Großstädte und das Geistesleben, in: Ders.: Das Individuum und die Freiheit. Essais, Berlin, Wagenbach, S. 192-204. [Erstveröffentlichung 1903].

Simmel Georg (1908) Der Raum und die räumliche Ordnung der Gesellschaft. In: Ders. (Hrsg) Soziologie. Untersuchungen über die Formen der Gesellschaft. Leipzig, S. 614-708.

Simmel Georg (1950) The Sociology of Georg Simmel. In: Wolff Kurt H. (Hrsg) Glencoe (Ill.), The Free Press.

Simmel Georg (1908) Die Kreuzung sozialer Kreise. In: Ders. Soziologie. Untersuchungen über die Formen der Vergesellschaftung. Berlin, Duncker & Humblot, S. 305-344.

Simmel Georg (1908) Soziologie. Untersuchungen über die Formen der Vergesellschaftung. Berlin, Duncker & Humblot.

Sonnberger Roman (2012) Facebook im Kontext medialer Umbrüche. Boizenburg, vwh.

Spree Axel (2003) Pragmatismus. In: Rehfus Wulff D. (Hrsg) Handwörterbuch Philosophie. Göttingen, Vandenhoeck & Ruprecht, S. 561-563.

Spreen Dierk (2012) Jugend und gewalthaltige Massenkultur. Zur Soziologie der Unterhaltung und der Sozialisationsfunktion der Medien. In: Herrmann Jörg, Metelmann Jörg, Schwandt Hans-Gerd (Hrsg) Wissen sie, was sie tun? Zur filmischen Inszenierung jugendlicher Gewalt. Marburg, Schüren, S. 16-48.

Steinfield Charles, Pentland Brian T., Ackerman Mark, Contractor Noshir (Hrsg) (2007) Proceedings of Third International Conference on Communities and Technologies. London, Springer.

Stichweh Rudolf (1988) Inklusion in Funktionssysteme der modernen Gesellschaft. In: Mayntz Renate, Rosewitz Bernd, Schimank Uwe (Hrsg) Differenzierung und Verselbständigung. Zur Entwicklung gesellschaftlicher Teilsysteme. Frankfurt a. M., Campus, S. 261-293.

Strauss Anselm, Glaser Barney (1967) The discovery of grounded theory. Strategies for qualitative research. Chicago Ill, Aldine.

Strauss Anselm, Corbin Juliet (1994) Grounded Theory Methodology. An Overview. In: Denzin Norman K (Hrsg) Handbook of Qualitative Research. London/New York, Sage, S. 273-285.

Strauss Anselm, Corbin Juliet (1996) Grounded Theory. Grundlagen qualitativer Sozialforschung. Weinheim, Beltz.

Strübing Jörg (2004) Grounded Theory. Zur theoretischen und epistemologischen Fundierung des Verfahrens der empirische begründeten Theoriebildung. Wiesbaden, VS.

Strübing Jörg (2011) Zwei Varianten von Grounded Theory? Zu den methodologischen und methodischen Differenzen zwischen Barney Glaser und Anselm Strauss. In: Mey Günther, Mruck Katja (Hrsg) Grounded Theory Reader. Wiesbaden, VS, S.261-277.

Thimm Caja (2011) Ökosystem Internet – Zur Theorie digitaler Sozialität. In: Anastasiadis Mario (Hrsg) Social Media Theorie und Praxis digitaler Sozialität. Frankfurt a. M., Lang, S.21-42.

Thompson E.P. (1980) Making of the English Working Class. London, Gollancz. [Erstveröffentlichung 1963].

Tischleder Bärbel, Winkler Hartmut (2001) Portable Media. Beobachtungen zu Handys und Körpern im öffentlichen Raum. In: Ästhetik und Kommunikation, Nr. 112, Frühjahr 2001, S. 97-104.

Tönnies Ferdinand (1963) Gemeinschaft und Gesellschaft. Grundbegriffe der reinen Soziologie. Darmstadt, Wissenschaftliche Buchgesellschaft. Originalveröffentlichung 1887 unter dem Titel Gemeinschaft und Gesellschaft. Abhandlung des Communismus und des Socialismus als empirischer Culturformen.

Trotier Kilian (2013) Heimat Facebook. Freunde wir sind ein Dorf. In: Die Zeit, 11.04.2013, Nr.16. http://www.zeit.de/ 2013/16/facebook-heimat-smartphone. Zugegriffen 23.04.2013.

Trump Thilo, Klingler Walter, Gerhards Maria (2007) »Web 2.0«. Begriffsdefinition und eine Analyse der Auswirkungen auf das allgemeine Mediennutzungsverhalten. Köln: result media. http://www.result.de/wp-content/uploads/2009/10/web-2.0-studie_result_swr_ februar_2007.pdf. Zugegriffen 27.02.13.

Tully Claus J. (Hrsg) (2009) Multilokalität und Vernetzung. Beiträge zur technikbasierten Gestaltung jugendlicher Sozialräume. Weinheim, München, Juventa.

Tully Claus J, Zerle Claudia (2006) Handys und jugendliche Alltagswelt. In: Anfang Günther, Demmler Kathrin, Ertelt Jürgen, Schmidt Ulrike (Hrsg) Handy. Eine Herausforderung für die Pädagogik. München, Kopaed, S. 16-21.

Turkle Sherry (1999) Leben im Netz. Identität in Zeiten des Internet. Reinbek/Hamburg, Rowohlt.

Turkle Sherry (2008) Always-on/Always-on-you: The Tethered Self. In Katz James (Hrsg) Handbook of Mobile Communication Studies. Cambridge, MA, MIT Press, S.121-137. http://web.mit.edu/sturkle/www/pdfsforstwebpage/ST_Always%20 On.pdf. Zugegriffen: 27.02.13.

Volosinov Valentin N. (1975) Marxismus und Sprachphilosophie. Grundlegende Probleme der soziologischen Methode in der Sprachwissenschaft. Frankfurt a. M. u. a., Ullstein.

Walser Rahel, Neumann-Braun Klaus (2012) Freundschaftsnetzwerke und die Welt ihrer Fotoalben – gestern und heute. In: Wijnen Christine. W., Trültzsch Sascha, Ortner

Christina (Hrsg) Medienwelten im Wandel. Kommunikationswissenschaftliche Positionen, Perspektiven und Konsequenzen. Wiesbaden, Springer VS, S. 151-166.

Wanhoff Thomas (2011) Wa(h)re Freunde. Wie sich unsere Beziehungen in sozialen Online-Netzwerken verändern. Heidelberg, Spektrum Akademischer Verlag.

Wentz Martin (Hrsg) (1991) Stadt-Räume. Die Zukunft des Städtischen. Frankfurter Beiträge Bd. 2. Frankfurt a. M./New York, Campus.

Wijnen Christine. W., Trültzsch Sascha, Ortner Christina (Hrsg) (2012) Medienwelten im Wandel. Kommunikationswissenschaftliche Positionen, Perspektiven und Konsequenzen. Wiesbaden, Springer VS.

Willems Herbert, Hahn Alois (Hrsg) (1999) Identität und Moderne. Frankfurt a. M., Suhrkamp.

Williams Raymond (1983) Culture and Society. 1780-1950. New York, Columbia Univ. Press. [Erstveröffentlichung 1960].

Williams Raymond (1985) The Long Revolution. An Analysis of the Democratical, Industrial, and Cultural Changes transforming our Society. New York, Columbia Univ. Press.

Wilson Robert E., Gosling Samuel D., Graham Lindsay T (2012) A Review of Facebook Research in the Social Sciences. In.: Perspectives on Psychological Science 7 (3), S. 203-220.

Winter Rainer (2010) Handlungsmächtigkeit und technologische Lebensformen. Cultural Studies, digitale Medien und die Demokratisierung der Lebensverhältnisse. In: Pietraß Manuela, Funiok Rüdiger (Hrsg) Mensch und Medien. Philosophische und sozialwissenschaftliche Perspektiven. Wiesbaden, VS, S.139-157.

Winter Rainer (2000) Cultural Studies. In: Flick Uwe, Kardorff Ernst von, Steinke Ines (Hrsg) Qualitative Forschung. Ein Handbuch. Reinbeck, Rowohlt. S.204-213.

Winter Rainer, Mikos Lothar (Hrsg) (2001) Die Fabrikation des Populären. Der John-Fiske-Reader (Reihe: Cultural Studies – Bd. I). Bielefeld, Transcript.

Internetlinks

www.deezer.com
www.facebook.com
www.festzeit.ch
www.friendster.de
www.hyves.nl
www.lastfm.de
www.lokalisten.de
www.myspace.com
www.spotify.com
www.studiVZ.net
www.twitter.com
www.wer-kennt-wen.de
www.xing.com
www.youtube.com

Danksagung

Eine Qualifikationsarbeit wie die Dissertation ist nicht nur ein Produkt des jeweiligen Autors, sondern entwickelt sich sukzessiv durch den intensiven und konstruktiven Austausch mit und die Unterstützung durch andere WissenschaftlerInnen und ArbeitskollegInnen. Darüber hinaus stellt die Promotion auch ganz besondere Herausforderungen an den Freundeskreis, den Partner und die Familie. Daher möchte ich mich an dieser Stelle für diese großartige Unterstützung bedanken.

Zuerst bedanke ich mich herzlich bei meiner Doktormutter Prof. Dr. Dorothee Meister, die mich während dieser Phase unterstützte und mir in den zahlreichen Gesprächen mit hilfreichen Anmerkungen, Hinweisen und Ratschlägen zur Seite stand. Ihre inspirierende, herzliche und engagierte Betreuung hat diesen akademischen wie persönlichen Reifeprozess maßgeblich beeinflusst und damit ermöglicht. Ebenfalls bedanke ich mich bei meinem Zweitgutachter, Privat Dozent Dr. Dierk Spreen, der durch seine Perspektiven und seinen Überblick wichtige Impulse und Ergänzungen angeregt hat und die Arbeit damit enorm bereicherte. Ich danke meinen Interviewpartnerinnen und -partnern dafür, sich die Zeit für das Interview genommen zu haben sowie für die offenen, interessanten und persönlichen Einsichten, die sie mir während der Gespräche gewährten. Ein herzliches Dankschön an Hendrik van Kampen, Jana Eichmann, Matthias Koch und Alina Schultz für Ihre geduldige und intensive Korrekturarbeit.

Während der Promotion habe ich sehr viele Gespräche mit meinen Arbeitskollegen geführt, die zugleich in dieser Zeit enge Freunde geworden sind. Sie haben mich während der gesamten Promotion mit anregenden Diskussionen und intensivem Austausch begleitet. Hiermit bedanke mich bei allen Kolleginnen und Kollegen des Arbeitsbereiches Medienpädagogik und empirische Medienforschung an der Universität Paderborn. Besonders hervorheben möchte ich die unschätzbar wertvollen Gespräche mit Sonja Kröger, Dr. Anna-Maria Kamin und Jana Eichmann, die für mich zu jeder Zeit eine Bereicherung waren und sind. Auch die KolloquiumsteilnehmerInnen der Arbeitsgruppe Meister haben mich mit vielen guten Hinweisen bei der Konstruktion der Arbeit unterstützt.

Letztlich ist es fast unmöglich die Dankbarkeit für die Unterstützung durch meinen Lebensgefährten und meine Familie in Worte zu fassen. Meinem Lebensgefährten, Danny Burgfeld, danke ich dafür, dass er mich mit Herz, Verstand und viel Humor durch alle Phasen und Zustände der Dissertation begleitete, zu jeder Tageszeit Theorien mit mir diskutierte und sich um die notwendigen Atempausen sorgte. Meiner Familie danke ich für ihre Geduld und ihr Verständnis in dieser Zeit. Gewidmet ist diese Arbeit meinen Eltern, insbesondere meinem Vater. Ich weiß, er hätte diesen und viele weitere Momente noch gern miterleben wollen. Ohne die liebevolle Unterstützung meiner Familie und meines Lebensgefährten wäre dies alles nicht denkbar gewesen.

                                                                    Bianca Meise